완역(完譯)

유럽연합창설조약

국민대학교 출판부
KOOKMIN UNIVERSITY PRESS

역자의 말

초벌 번역본 파일에 적어둔 메모를 보니 내가 유럽연합 리스본 조약 번역을 마친 날짜는 정확히 2011년 11월 25일이었다. 거의 8년 전의 일이다. 진부한 표현 같아도 세월이 참 무상하다는 소회 밖에 달리 할 말이 없다.

그간 이 초벌 번역본으로 EU법 강의시에 수업 자료로만 활용하고, 따로 출판까지는 계획하지 않고 있었는데 2019년 봄 학기에 들어 생각이 바뀌었다. 수년 전에 번역을 해 놓고도 따로 책으로 엮을 마음을 먹지 못했던 것은 두 가지 이유에서였다. 하나는 유럽연합(기능)조약과 같이 중요한 조약은 법제처와 같은 국가기관에서 언젠가 번역을 할 것이고, 그렇게 되면 다양한 용어도 공식적으로 정리될 터인데, 구태여 내 번역본을 세상에 내보낼 필요가 있겠는가 하는 것이었고, 두 번째 이유는 법적, 정서적, 문화적으로 다양한 국가들을 한데 묶는 헌법적 질서를 제대로 읽고 우리 말로 소화시켜 전달하는 문제는 단순한 번역 능력에 달린 것이 아니라, 그 공동체의 씨줄과 날줄을 좀 더 입체적·포괄적으로 들여다 볼 수 있는 안목에 달려 있다는 판단 때문이었다.

그런데 유감스럽게도 아직까지 우리 국가의 공신력있는 기관에서 이 조약을 번역하지 않고 있고, 앞으로도 그럴 기미가 보이지 않는데다 나의 안목 또한 그다지 더 높아질 것 같지 않은 상황에서 더 시간이 가기 전에 결단을 내리기로 했다. 그렇잖아도 척박한 우리 학문 토양에서 내가 기여할 작은 기회라도 이를 사장(死藏)시킨다면 명색이 EU법을 공부했고, 대학에서 가르친다고 하는 사람의 책임있는 자세가 아니라는 결론을 내리고 금년 5월부터 기왕의 번역을 초벌로 하여 윤문 작업에 들어갔던 것이다.

역시 시간과 경험은 훌륭한 조언자였다. 8년의 시간이 지난 뒤에 자세히 보니 내가 잘못 이해하고 있었던 부분, 맥락에서 벗어난 내용도 더러 눈에 띄었다. 이런 점에서 보면 이 번역본도 지금은 눈에 안 띄는 오류를 포함하고 있을 수 있기 때문에 잠자고 있던 원고를 끄집어 내 책으로 낸다는 데 대하여 부담이 있다. 하지만 누군가는 비판과 지적을 감수하고 먼저 길을 가야만 후일의 발전도 기약할 수 있을 것이라는데서 용기와 위로를 얻는다.

책의 제목은 리스본 조약 대신 영어 조약문에 있는 'The Treaties'를 '창설조약'으로 의역한 뒤 이것으로 정했다. 과거 유럽연합 통합의 역사, 그리고 각종 조약의 변천사를 보면 나름대로 적절한 용어라고 본다. 따라서 책을 읽는 사람들은 창설조약을 유럽연합조약과 유럽연합기능조약, 두 가지를 포함하는 개념으로 이해하면 될 것이다.

창설조약의 목차를 보면 알 수 있듯이 이 조약들이 다루는 범위는 한 국가 공동체의 작동 영역을 총망라하고 있다. 그래서 단지 법이나 정책을 공부하는 사람들뿐만 아니라 일반 시민들에게도 이 번역 조약문은 훌륭한 사회 교과서가 될 수 있다.

그리고 법조인, 예비 법조인, 법학 전공자들에게는 대륙법과 영미법이 교차하는 현장을 목도하도록 함으로써 법률가들이 보다 넓은 시야를 갖는데 도움이 될 것으로 생각한다.

법규범과 정책이 만나는 과정에서 정치적 타협과 사법적 원칙이 어떤 식으로 국가간 약속에 녹아있는지, 법 기술적으로 어떻게 해결해가고자 하는지 본다는 것은 매우 유용하고 흥미있는 일이다.

번역 상의 오류를 발견하였거나 자신의 전공 분야와 관련하여 유럽연합의 법·제도와 관련하여 조언을 해 주고 싶은 독자들은 언제든지 아래 이메일로 연락주시길 부탁드린다. 그리하여 21세기 인류의 타협과 화해의 산물로서 가장 큰 희망과 낙관을 주고 있는 이 공동체를 참고로 삼아 우리 대한민국을 위한 전망과 지혜를 함께 나눌 수 있다면 역자로서는 더 바랄 수 없는 기쁨이 될 것이다.

2019. 8. 15. 광복절 아침에

이 호선

hosunlee@kookmin.ac.kr

완역

유럽연합창설조약

유럽연합조약(Treaty on the European Union)

유럽연합기능조약(Treaty on the Functioning of the European Union)

유럽연합조약

Treaty on the European Union

유럽연합조약

Treaty on the European Union

전문

벨기에 국왕, 덴마크 여왕, 독일 연방 공화국 대통령, 아일랜드 대통령, 그리스 공화국 대통령, 스페인 국왕, 프랑스 공화국 대통령, 이태리 공화국 대통령, 룩셈부르그 대공, 네델란드 여왕, 포르투갈 공화국 대통령, 영국·북아일랜드 여왕은[1],

○ 유럽공동체의 설립과 함께 시작된 유럽통합 과정에서의 새로운 진전을 결의함에 있어,

○ 불가침의 양도불가능한 인간의 권리, 자유, 민주주의, 평등 및 법치라는 보편적 가치를 발전시켜 온 유럽의 문화적, 종교적 및 인간 존중의 전통으로부터 영감을 끌어내고,

○ 유럽 대륙의 분단 종식의 역사적 중요성과 미래의 유럽 건설을 위한 확고한 기초를 만들어내야 할 필요성을 상기하면서

○ 자유, 민주주의, 인권·기본적 자유·법치 원칙을 견지하기로 확인하고,

○ 1961. 10. 18. 토리노에서 체결된 유럽사회헌장과 1989년 근로자의 기본적 사회권에 관한 유럽공동체 헌장에서 정하고 있는 기본적 사회권을 견지할 것을 확인하며,

○ 시민들의 역사, 문화 및 전통을 존중하는 한편 이들 사이의 연대 심화를 염원하고,

○ 유럽연합 기관들이 부여받은 임무를 단일한 기관적 틀 안에서 보다 잘 수행할 수 있도록 이들의 민주적이면서 효율적인 작동을 강화해 나갈 수 있기를 염원하며,

○ 회원국들 경제의 강화와 수렴을 달성하고 본 조약과 유럽연합기능조약이 정하는 바에 따라 안정적 단일 통화제도를 포함한 경제·통화동맹을 설립하기로 결의하고,

○ 지속가능한 발전의 원칙을 고려해가면서 역내 시장을 달성하고 또한 결속 및 환경보호를 강화한다는 맥락 하에 시민을 위한 경제, 사회적 발전을 촉진하고, 아울러 경제 통합 분야에서의 진전이 다른 분야와도 병행하여 전개되도록 하기 위한 정책 수행을 해 나가기로 결정하며,

○ 각 국가들의 국민들에게 공동 시민권을 확보해 줄 것을 결의하고,

○ 제42조에 따라 공동 방위에 이를 수 있는 공동 방위 정책의 점진적 수립을 포함한 공동외교안보정책을 실행하고, 이를 통해 유럽과 세계에서 평화, 안전 및 발전을 촉진하기 위한 유럽 정체성과 그 독자성을 강화하기로 결의하며,

○ 시민들의 안전과 보안을 보장하는 동시에 본 조약 및 유럽연합기능조약에 따라 시민의 자유, 안전 및 사법 분야를 마련함으로써 사람의 자유이동을 촉진할 것을 결의하고,

○ 보충성의 원칙에 따라 연합 내에서의 결정이 가능한 시민들과 밀접하게 이뤄질 수 있도록 유럽 시민들 사이에 더욱 친밀한 연합을 만드는 과정을 부단히 지속할 것을 결의하고,

○ 유럽통합을 진전시켜 나가기 위한 추가적인 단계를 감안하여,

○ 유럽연합을 설립하기로 결정하고, 그 목적을 위하여 전권대표로 아래의 사람들을 임명하였다. (전권대표의 이름은 생략)

○ 전권대표들은 정본 확인 및 전권 위임장을 교환하고 다음과 같이 합의하였다.

[1] 이후 불가리아 공화국, 체코 공화국, 에스토니아 공화국, 키프러스 공화국, 라트비아 공화국, 리투아니아 공화국, 헝가리 공화국, 몰타 공화국, 오스트리아 공화국, 폴란드 공화국, 루마니아, 슬로베니아 공화국, 슬로바키아 공화국, 핀란드 공화국 그리고 스웨덴 왕국이 회원국이 되었다.

Preamble

HIS MAJESTY THE KING OF THE BELGIANS, HER MAJESTY THE QUEEN OF DENMARK, THE PRESIDENT OF THE FEDERAL REPUBLIC OF GERMANY, THE PRESIDENT OF IRELAND, THE PRESIDENT OF THE HELLENIC REPUBLIC, HIS MAJESTY THE KING OF SPAIN, THE PRESIDENT OF THE FRENCH REPUBLIC, THE PRESIDENT OF THE ITALIAN REPUBLIC, HIS ROYAL HIGHNESS THE GRAND DUKE OF LUXEMBOURG, HER MAJESTY THE QUEEN OF THE NETHERLANDS, THE PRESIDENT OF THE PORTUGUESE REPUBLIC, HER MAJESTY THE QUEEN OF THE UNITED KINGDOM OF GREAT BRITAIN AND NORTHERN IRELAND[1],

RESOLVED to mark a new stage in the process of European integration undertaken with the establishment of the European Communities,
DRAWING INSPIRATION from the cultural, religious and humanist inheritance of Europe, from which have developed the universal values of the inviolable and inalienable rights of the human person, freedom, democracy, equality and the rule of law,
RECALLING the historic importance of the ending of the division of the European continent and the need to create firm bases for the construction of the future Europe,
CONFIRMING their attachment to the principles of liberty, democracy and respect for human rights and fundamental freedoms and of the rule of law,
CONFIRMING their attachment to fundamental social rights as defined in the European Social Charter

signed at Turin on 18 October 1961 and in the 1989 Community Charter of the Fundamental Social Rights of Workers,

DESIRING to deepen the solidarity between their peoples while respecting their history, their culture and their traditions,

DESIRING to enhance further the democratic and efficient functioning of the institutions so as to enable them better to carry out, within a single institutional framework, the tasks entrusted to them,

RESOLVED to achieve the strengthening and the convergence of their economies and to establish an economic and monetary union including, in accordance with the provisions of this Treaty and of the Treaty on the Functioning of the European Union, a single and stable currency,

DETERMINED to promote economic and social progress for their peoples, taking into account the principle of sustainable development and within the context of the accomplishment of the internal market and of reinforced cohesion and environmental protection, and to implement policies ensuring that advances in economic integration are accompanied by parallel progress in other fields,

RESOLVED to establish a citizenship common to nationals of their countries,

RESOLVED to implement a common foreign and security policy including the progressive framing of a common defence policy, which might lead to a common defence in accordance with the provisions of Article 42, thereby reinforcing the European identity and its independence in order to promote peace, security and progress in Europe and in the world,

RESOLVED to facilitate the free movement of persons, while ensuring the safety and security of their peoples, by establishing an area of freedom, security and justice, in accordance with the provisions of this Treaty and of the Treaty on the Functioning of the European Union,

RESOLVED to continue the process of creating an ever closer union among the peoples of Europe, in which decisions are taken as closely as possible to the citizen in accordance with the principle of subsidiarity,

IN VIEW of further steps to be taken in order to advance European integration,

HAVE DECIDED to establish a European Union and to this end have designated as their Plenipotentiaries:

(List of plenipotentiaries not reproduced)

WHO, having exchanged their full powers, found in good and due form, have agreed as follows:

[1] The Republic of Bulgaria, the Czech Republic, the Republic of Estonia, the Republic of Cyprus, the Republic of Latvia, the Republic of Lithuania, the Republic of Hungary, the Republic of Malta, the Republic of Austria, the Republic of Poland, Romania, the Republic of Slovenia, the Slovak Republic, the Republic of Finland and the Kingdom of Sweden have since become members of the European Union.

제1편 공통 조항

Title I Common Provisions

제1조(ex Article 1 TEU)

○ 이 조약에 의하여 최고체약당사자들은 당사자들 간에 유럽 연합(이하 '연합'이라고 함)을 창설하고 회원국들의 공동 목적을 달성함에 필요한 권한을 부여하기로 한다.

○ 이 조약은 유럽 인민들 사이의 보다 긴밀한 연합 관계를 형성해 가는 과정 중의 새로운 진전으로서, 이 조약에 의한 각종 결정들은 연합 시민들에게 가능한 공개적으로, 밀접하게 이뤄진다.

○ 연합은 본 조약 및 유럽연합기능조약(이하 두 조약을 '창설조약'으로 칭함)에 터잡아 설립된다. 위 두 조약들은 동등한 법적 가치를 지닌다. 연합은 유럽공동체를 대체·승계한다.

Article 1

○ By this Treaty, the HIGH CONTRACTING PARTIES establish among themselves a EUROPEAN UNION, hereinafter called 'the Union' on which the Member States confer competences to attain objectives they have in common.

○ This Treaty marks a new stage in the process of creating an ever closer union among the peoples of Europe, in which decisions are taken as openly as possible and as closely as possible to the citizen.

○ The Union shall be founded on the present Treaty and on the Treaty on the Functioning of the European Union (hereinafter referred to as 'the Treaties'). Those two Treaties shall have the same legal value. The Union shall replace and succeed the European Community.

제2조

연합은 인간의 존엄, 자유, 민주주의, 평등, 법치주의의 가치와 소수자의 권리를 포함한 인권에 대한 존중의 가치의 바탕 위에 설립한다. 이러한 가치들은 다원주의, 차별 금지, 관용, 정의, 연대 및 양성 평등이 보편적으로 지배하는 회원국들 사이에 공통된다.

Article 2

The Union is founded on the values of respect for human dignity, freedom, democracy, equality, the rule of law and respect for human rights, including the rights of persons belonging to minorities. These values are common to the Member States in a society in which pluralism, non-discrimination, tolerance, justice, solidarity and equality between women and men prevail.

제3조(ex Article 2 TEU)

⑴ 연합의 목적은 평화와 그 가치, 시민들의 안녕을 촉진함에 둔다.

⑵ 연합은 그 시민들에게 외부 국경 통제, 망명, 이민 및 범죄 예방 및 퇴치와 관련한 적절한 조치들을 취하고 아울러 사람의 자유 이동이 보장되는 국경 없는 자유, 안보 및 사법 지역을 제공하여야 한다.

⑶ ○ 연합은 역내시장을 확립하여야 한다. 연합은 완전고용과 사회적 발전, 환경에 대한 고도의 보호 및 질적 개선을 목표로 경제 성장과 물가 안정 사이의 균형, 높은 수준의 경쟁력 있는 사회적 시장 경제 위에 토대를 둔 지속 가능한 유럽의 발전을 도모하여야 한다. 연합은 과학 및 기술적 발전을 장려하여야 한다.

○ 연합은 사회적 배제·차별과 싸우며 사회적 정의와 보호, 양성 평등, 세대 간의 결속 및 아동의 권리 보호를 촉진하여야 한다.

○ 연합은 회원국들 사이에 경제적, 사회적 및 영토적 화합과 결속을 추진한다.

○ 연합은 역내의 풍성한 문화 유산과 언어적 다양성을 존중하며 유럽의 문화적 유산에 대한 안전을 확보하고 이를 선양하도록 하여야 한다.

⑷ 연합은 유로화를 사용하는 경제·화폐 동맹을 만들어야 한다.

⑸ 역외 관계와 관련하여 연합은 연합의 가치와 이익을 견지하고 장려하며 역내 시민들의 보호에 힘써야 한다. 연합은 유엔 헌장 상의 원칙에 대한 존중을 포함한 국제법의 엄격한 준수와 발전뿐만 아니라 평화, 안보, 지구촌의 지속 가능한 발전, 결속, 사람들 사이의 상호 존중, 자유롭고 공정한 교역, 빈곤 퇴치, 인권 특히 아동의 권리 보호에 기여하여야 한다.

⑹ 연합은 창설 조약들에 의해 부여된 권한에 상응하는 적절한 수단들을 통해 그 목적을 추구하여야 한다.

Article 3(ex Article 2 TEU)

(1) The Union's aim is to promote peace, its values and the well-being of its peoples.

(2) The Union shall offer its citizens an area of freedom, security and justice without internal frontiers,

in which the free movement of persons is ensured in conjunction with appropriate measures with respect to external border controls, asylum, immigration and the prevention and combating of crime.

(3) ○ The Union shall establish an internal market. It shall work for the sustainable development of Europe based on balanced economic growth and price stability, a highly competitive social market economy, aiming at full employment and social progress, and a high level of protection and improvement of the quality of the environment. It shall promote scientific and technological advance.

○ It shall combat social exclusion and discrimination, and shall promote social justice and protection, equality between women and men, solidarity between generations and protection of the rights of the child.

○ It shall promote economic, social and territorial cohesion, and solidarity among Member States.

○ It shall respect its rich cultural and linguistic diversity, and shall ensure that Europe's cultural heritage is safeguarded and enhanced.

(4) The Union shall establish an economic and monetary union whose currency is the euro.

(5) In its relations with the wider world, the Union shall uphold and promote its values and interests and contribute to the protection of its citizens. It shall contribute to peace, security, the sustainable development of the Earth, solidarity and mutual respect among peoples, free and fair trade, eradication of poverty and the protection of human rights, in particular the rights of the child, as well as to the strict observance and the development of international law, including respect for the principles of the United Nations Charter.

(6) The Union shall pursue its objectives by appropriate means commensurate with the competences which are conferred upon it in the Treaties.

제4조

(1) 제5조에 따라 조약상 연합에 부여되지 않은 권한은 각 회원국들에 유보된다.

(2) 연합은 각 회원국들의 지역 및 지방 정부를 포함하여 각 국의 정치적 및 헌법적 기본 질서에 고유한 국가 정체성과 함께 조약 앞에서 회원국들 간의 평등을 구현하여야 한다. 연합은 영토 보전, 법과 질서의 유지 및 국가 안보의 확보를 포함하여 각 회원국의 필수적인 국가 기능을 존중하여야 한다. 특히 국가 안보는 각 회원국의 고유한 책임으로 유보한다.

(3) ○ 연합과 회원국들은 진실한 협력의 원칙에 따라 충분한 상호 존중의 바탕 위에 조약에 기한 과제

를 수행함에 있어 상호 부조한다.

○ 각 회원국들은 조약에 기하여 또는 연합의 각 기관들의 업무로부터 파생되는 의무의 완전한 이행을 담보하기 위한 보편적 또는 특정한 조치들을 취하여야 한다.

○ 회원국들은 연합의 과업 달성에 조력할 의무를 지고 연합의 목표 달성에 위험을 야기할 수 있는 여하한 조치도 하여서는 아니 된다.

Article 4

(1) In accordance with Article 5, competences not conferred upon the Union in the Treaties remain with the Member States.

(2) The Union shall respect the equality of Member States before the Treaties as well as their national identities, inherent in their fundamental structures, political and constitutional, inclusive of regional and local self-government. It shall respect their essential State functions, including ensuring the territorial integrity of the State, maintaining law and order and safeguarding national security. In particular, national security remains the sole responsibility of each Member State.

(3) ○ Pursuant to the principle of sincere cooperation, the Union and the Member States shall, in full mutual respect, assist each other in carrying out tasks which flow from the Treaties.

○ The Member States shall take any appropriate measure, general or particular, to ensure fulfilment of the obligations arising out of the Treaties or resulting from the acts of the institutions of the Union.

○ The Member States shall facilitate the achievement of the Union's tasks and refrain from any measure which could jeopardise the attainment of the Union's objectives.

제5조(ex Article 5 TEC)

(1) 연합의 수권 범위는 양도의 원칙에 의해 규율 된다. 연합은 이 권한을 사용함에 있어 보충성과 비례성의 원칙에 따른다.

(2) 양도의 원칙에 따라 연합은 각 회원국들이 조약상의 목적을 달성하기 위하여 부여한 권한 범위 내에서만 행위 능력을 갖는다. 조약상 연합에 부여되지 않은 권한은 각 회원국들에 유보된다.

(3) ○ 연합은 보충성의 원칙에 따라 그 배타적 권한에 속하는 영역을 제외하고는 당해 조치의 목적이 각 회원국의 중앙 또는 지방 정부 차원에서 충분히 달성될 수 없고, 그 조치의 범위와 효과 면에서 연합 차원에서 더 잘 수행될 수 있을 때에만 행동하여야 한다.

○ 연합의 기관들은 〈보충성 및 비례성의 원칙 적용에 관한 의정서〉 상의 보충성의 원칙을 준수하여야 한다. 각 회원국 의회들은 위 부속서에 명시된 절차에 따라 보충성의 원칙에 부합되도록 하여야 한다

(4) ○ 비례성의 원칙을 좇아 연합이 취하는 조치의 범위와 형식은 조약의 목적 달성을 위해 필요한 범위를 넘지 않아야 한다.

○ 연합의 기관들은 〈보충성 및 비례성의 원칙 적용에 관한 의정서〉 상의 비례성의 원칙을 준수하여야 한다.

Article 5(ex Article 5 TEC)

(1) The limits of Union competences are governed by the principle of conferral. The use of Union competences is governed by the principles of subsidiarity and proportionality.

(2) Under the principle of conferral, the Union shall act only within the limits of the competences conferred upon it by the Member States in the Treaties to attain the objectives set out therein. Competences not conferred upon the Union in the Treaties remain with the Member States.

(3) ○ Under the principle of subsidiarity, in areas which do not fall within its exclusive competence, the Union shall act only if and in so far as the objectives of the proposed action cannot be sufficiently achieved by the Member States, either at central level or at regional and local level, but can rather, by reason of the scale or effects of the proposed action, be better achieved at Union level.

○ The institutions of the Union shall apply the principle of subsidiarity as laid down in the Protocol on the application of the principles of subsidiarity and proportionality. National Parliaments ensure compliance with the principle of subsidiarity in accordance with the procedure set out in that Protocol.

(4) ○ Under the principle of proportionality, the content and form of Union action shall not exceed what is necessary to achieve the objectives of the Treaties.

○ The institutions of the Union shall apply the principle of proportionality as laid down in the Protocol on the application of the principles of subsidiarity and proportionality.

제6조(ex Article 6 TEU)

(1) ○ 연합은 2000년 유럽연합기본권헌장에 명시된 권리와 자유 및 원칙들을 인정하는 바, 이들은 창설

조약들과 동일한 법적 가치를 지닌다.

○ 헌장 상의 규정들은 어떤 형태로건 창설조약들에 규정한 연합의 권한을 확장하는 것으로 해석되어서는 아니 된다.

○ 헌장 상의 권리, 자유 및 원칙들은 헌장 상의 조항들의 연원을 밝히고 있는 헌장 해석 및 적용에 관한 헌장 제7편의 일반 규정에 따르되 헌장 상에 언급된 설명을 충분히 고려하여 해석되어야 한다.

(2) 연합은 〈인권과 기본적 자유의 보호에 관한 유럽 협약〉에 가입해야 한다. 이 가입은 창설 조약들에 규정된 연합의 권한에 영향을 미쳐서는 아니 된다.

(3) 유럽인권협약에 의해, 그리고 회원국들의 헌법적 전통에서 유래하여 공통적으로 보장되는 기본적 권리들은 연합 법률들의 일반 원칙들을 구성한다.

Article 6(ex Article 6 TEU)

(1) ○ The Union recognizes the rights, freedoms and principles set out in the Charter of Fundamental Rights of the European Union of 7 December 2000, as adapted at Strasbourg, on 12 December 2007, which shall have the same legal value as the Treaties.

○ The provisions of the Charter shall not extend in any way the competences of the Union as defined in the Treaties.

○ The rights, freedoms and principles in the Charter shall be interpreted in accordance with the general provisions in Title VII of the Charter governing its interpretation and application and with due regard to the explanations referred to in the Charter, that set out the sources of those provisions.

(2) The Union shall accede to the European Convention for the Protection of Human Rights and Fundamental Freedoms. Such accession shall not affect the Union's competences as defined in the Treaties.

(3) Fundamental rights, as guaranteed by the European Convention for the Protection of Human Rights and Fundamental Freedoms and as they result from the constitutional traditions common to the Member States, shall constitute general principles of the Union's law.

제7조(ex Article 7 TEU)

(1) ○ 어느 회원국이 제2조에 규정된 조약상의 가치들을 침해하고 이에 대하여 3분의 1 이상의 회원국

들, 유럽 의회, 또는 집행위원회가 이유를 소명하여 제안을 한 경우, 각료 이사회는 유럽의회의 동의를 득하고 회원국의 5분의 4의 다수결로 당해 회원국의 행위에 심각한 위반의 위험성이 명백하다고 판정할 수 있다. 위와 같은 판정을 하기 전 각료이사회는 당해 회원국에게 소명의 기회를 주어야 하며 위와 동일한 절차를 거쳐 권고안을 제시할 수 있다.

○ 각료 이사회는 그와 같은 판정을 내리게 된 사유가 지속되는지 정기적으로 확인해야 한다.

(2) 유럽정상회의는 회원국 3분의 1 이상의 제안 또는 유럽의회의 동의를 얻은 집행위원회로부터 제안이 있을 경우 만장일치로 어느 회원국이 조약 제2조 소정의 가치들을 심각하고도 지속적으로 위반하고 있다는 판정을 내릴 수 있다. 다만 이러한 판정 전에 유럽정상회의는 당해 회원국에게 의견을 제시할 기회를 주어야 한다.

(3) ○ 제2항에 따른 판정이 있는 경우 각료이사회는 가중다수결에 따라 각료이사회 내에서의 당해 회원국 정부를 대표한 투표권을 포함하여 조약 상 회원국들에 부여되는 일정한 권리를 잠정적으로 중단한다는 결정을 내릴 수 있다. 위와 같은 결정을 내림에 있어 각료 이사회는 제반 행위 주체들의 권리와 의무에 미칠 수 있는 결과들을 고려하여야 한다.

○ 이 조약에 따라 위반 회원국이 지는 의무는 여하한 경우라도 당해 국가를 지속적으로 구속한다.

(4) 각료이사회는 위와 같은 결정을 하게 된 상황의 변화에 따라 가중다수결로서 제3항의 조치들을 변경 또는 철회할 수 있다.

(5) 본 조를 적용하기 위한 유럽의회, 유럽정상회의 및 각료이사회의 투표 방식에 관하여는 유럽연합기능조약 제354조에 정한 바에 따른다.

Article 7(ex Article 7 TEU)

(1) ○ On a reasoned proposal by one third of the Member States, by the European Parliament or by the European Commission, the Council, acting by a majority of four fifths of its members after obtaining the consent of the European Parliament, may determine that there is a clear risk of a serious breach by a Member State of the values referred to in Article 2. Before making such a determination, the Council shall hear the Member State in question and may address recommendations to it, acting in accordance with the same procedure.

○ The Council shall regularly verify that the grounds on which such a determination was made continue to apply.

(2) The European Council, acting by unanimity on a proposal by one third of the Member States or by the Commission and after obtaining the consent of the European Parliament, may determine the existence of a serious and persistent breach by a Member State of the values referred to in Article 2, after inviting the Member State in question to submit its observations.

(3) ○ Where a determination under paragraph 2 has been made, the Council, acting by a qualified majority, may decide to suspend certain of the rights deriving from the application of the Treaties to the Member State in question, including the voting rights of the representative of the government of that Member State in the Council. In doing so, the Council shall take into account the possible consequences of such a suspension on the rights and obligations of natural and legal persons.

○ The obligations of the Member State in question under this Treaty shall in any case continue to be binding on that State.

(4) The Council, acting by a qualified majority, may decide subsequently to vary or revoke measures taken under paragraph 3 in response to changes in the situation which led to their being imposed.

(5) The voting arrangements applying to the European Parliament, the European Council and the Council for the purposes of this Article are laid down in Article 354 of the Treaty on the Functioning of the European Union.

제8조

(1) 연합은 그 가치에 토대를 두고 협력의 바탕 위에서 밀접하고 평화적인 관계를 갖는 번영과 선린 지역을 만들어 나가는 것을 목표로 주변국들과 특별한 관계를 발전시켜 나가야 한다.

(2) 제1항의 목적을 위해 유럽연합은 주변국들과 특별 협정들을 체결할 수 있다. 이 협정들에는 상호 권리의무뿐만 아니라 공동 활동 수행의 여지도 포함할 수 있다. 협정의 이행 상황은 주기적으로 협의되어야 한다.

Article 8

(1) The Union shall develop a special relationship with neighbouring countries, aiming to establish an area of prosperity and good neighbourliness, founded on the values of the Union and characterised by close and peaceful relations based on cooperation.

(2) For the purposes of paragraph 1, the Union may conclude specific agreements with the countries concerned. These agreements may contain reciprocal rights and obligations as well as the possibility of undertaking activities jointly. Their implementation shall be the subject of periodic consultation.

제2편 민주적 원칙들에 관한 조항

Title II Provisions on Democratic Principles

제9조

연합은 시민들이 기관, 기구, 부서 및 수탁자로부터 대등한 관심을 받을 수 있도록 시민들 간의 평등의 원칙을 준수하여야 한다. 각 회원국의 모든 국민들은 연합의 시민이 된다. 연합의 시민권은 고유의 국적에 따른 시민권에 부가되며 이를 대체하지 않는다.

Article 9

In all its activities, the Union shall observe the principle of the equality of its citizens, who shall receive equal attention from its institutions, bodies, offices and agencies. Every national of a Member State shall be a citizen of the Union. Citizenship of the Union shall be additional to national citizenship and shall not replace it.

제10조

(1) 유럽연합의 운용은 대의민주정에 입각하여야 한다.

(2) ○ 시민들은 연합 차원에서 유럽의회의 직접 구성권을 가진다.

○ 회원국들은 유럽정상회의에서는 국가 또는 정부의 수반을 통해, 그리고 각료이사회에서는 민주적으로 자국 의회 또는 자국 국민에게 책임을 지는 정부 구성원들을 통해 대표권을 행사한다.

(3) 모든 시민들은 연합의 민주적 삶에 참여할 권리를 갖는다. 각종 결정은 가능한 시민들에게 공개되고 밀접하게 이뤄져야 한다.

(4) 유럽 연합 차원의 정당들은 유럽인들의 정치 의식을 형성하고 연합 시민들의 의지를 표현하는데 기여한다.

Article 10

(1) The functioning of the Union shall be founded on representative democracy.

(2) ○ Citizens are directly represented at Union level in the European Parliament.

○ Member States are represented in the European Council by their Heads of State or Government and in the Council by their governments, themselves democratically accountable either to their national Parliaments, or to their citizens.

(3) Every citizen shall have the right to participate in the democratic life of the Union. Decisions shall be taken as openly and as closely as possible to the citizen.

(4) Political parties at European level contribute to forming European political awareness and to expressing the will of citizens of the Union.

제11조

(1) 연합의 기관들은 적절한 수단들을 통해서 시민들 및 각종 대의 결사체에 대하여 연합의 제반 활동 영역에서 자신의 견해를 알리고 공적으로 교환할 수 있는 기회를 부여하여야 한다.

(2) 유럽연합의 기관들은 대의 결사체들과 시민사회와의 공개적이며 투명하고 정기적인 대화를 유지하여야 한다.

(3) 연합 집행위원회는 연합의 조치들이 일관성있고 투명하게 집행될 수 있도록 관련 당사자들과의 폭넓은 협의를 수행해야 한다.

(4) ○ 조약의 목적을 달성함에 있어 연합 차원의 법적 행위가 필요하다고 여기는 경우 시민들은 상당한 숫자 이상의 회원국들의 시민 100만명 이상의 동의를 얻어 유럽연합집행위원회에 대하여 그 권한의 범위 내에서 당해 사안에 관하여 적절한 발의를 하도록 청원할 수 있다.

○ 위와 같은 시민 청원권 행사에 필요한 절차와 요건들은 유럽연합기능에관한조약 제24조 제1단의 규정에 따른다.

Article 11

(1) The institutions shall, by appropriate means, give citizens and representative associations the opportunity to make known and publicly exchange their views in all areas of Union action.

(2) The institutions shall maintain an open, transparent and regular dialogue with representative associations and civil society.

(3) The European Commission shall carry out broad consultations with parties concerned in order to ensure that the Union's actions are coherent and transparent.

(4) ○ Not less than one million citizens who are nationals of a significant number of Member States may take the initiative of inviting the European Commission, within the framework of its powers, to submit any appropriate proposal on matters where citizens consider that a legal act of the Union is required for the purpose of implementing the Treaties.

○ The procedures and conditions required for such a citizens' initiative shall be determined in accordance with the first paragraph of Article 24 of the Treaty on the Functioning of the European Union.

제12조

회원국의 의회들은 연합의 원활한 기능을 위해 다음과 같이 적극적으로 기여한다.

(a) 연합의 기관들로부터 정보를 제공받고 〈유럽연합내에서의 회원국 의회의 역할에 관한 의정서〉에 따라 연합의 법안 초안을 전달받음

(b) 〈보충성 및 비례성 원칙의 적용에 관한 의정서〉가 정하는 절차에 따른 보충성 원칙이 준수되도록 함

(c) 기능조약 제70조에 따른 자유, 안보 및 사법 분야의 정책 이행 평가, 그리고 제88조와 제85조에 따른 유로폴에 대한 정책 감시와 유로사법활동의 평가에의 참여

(d) 본 조약 제48조에 따른 창설조약 개정에의 참여

(e) 본 조약 제49조에 따른 유럽연합 가입 신청에 대한 통지 수령

(f) 〈유럽연합내에서의 회원국 의회의 역할에 관한 의정서〉에 따른 회원국 의회들과 유럽연합 의회 간의 의회 간 협력에의 참여

Article 12

National Parliaments contribute actively to the good functioning of the Union:

(a) through being informed by the institutions of the Union and having draft legislative acts of the Union forwarded to them in accordance with the Protocol on the role of national Parliaments in the European Union;

(b) by seeing to it that the principle of subsidiarity is respected in accordance with the procedures provided for in the Protocol on the application of the principles of subsidiarity and proportionality;

(c) by taking part, within the framework of the area of freedom, security and justice, in the evaluation mechanisms for the implementation of the Union policies in that area, in accordance with Article 70 of the Treaty on the Functioning of the European Union, and through being involved in the political monitoring of Europol and the evaluation of Eurojust's activities in accordance with Articles 88 and 85 of that Treaty;

(d) by taking part in the revision procedures of the Treaties, in accordance with Article 48 of this Treaty;

(e) by being notified of applications for accession to the Union, in accordance with Article 49 of this Treaty

(f) by taking part in the inter-parliamentary cooperation between national Parliaments and with the European Parliament, in accordance with the Protocol on the role of national Parliaments in the European Union.

제3편 기관에 관한 조항

Title III Provisions on the Institutions

제13조

(1) 연합은 연합의 가치를 증진하고 목표 달성을 촉진하며 그 연합과 그 시민 및 회원국의 이익에 봉사하고 그 정책과 조치들의 일관성, 실효성 및 지속성을 목적으로 다음과 같은 기관적 틀을 갖춰야 한다.

- 유럽의회
- 유럽정상회의
- 각료이사회
- 유럽집행위원회
- 유럽연합법원
- 유럽중앙은행
- 회계감사원

(2) 각 기관들은 조약에 의하여 부여된 권한의 범위 내에서, 그리고 기관에 부여된 절차, 요건 및 목적에 부합되게 활동한다. 각 기관들은 상호 성실하게 협력하여야 한다.

(3) 유럽중앙은행과 회계감사원과 관련한 규정들 및 기타 다른 기관들에 관한 상세한 규정들은 유럽연합 기능조약에 정한다.

(4) 유럽의회, 각료이사회 및 집행위원회는 자문기구인 경제사회위원회 및 지역위원회의 조력을 받는다.

Article 13

(1) The Union shall have an institutional framework which shall aim to promote its values, advance its objectives, serve its interests, those of its citizens and those of the Member States, and ensure the consistency, effectiveness and continuity of its policies and actions.

- European Parliament
- European Council
- Council
- European Commission
- Court of Justice of the European Union
- European Central Bank
- Court of Auditors

(2) Each institution shall act within the limits of the powers conferred on it in the Treaties, and in conformity with the procedures, conditions and objectives set out in them. The institutions shall practice mutual sincere cooperation.

(3) The provisions relating to the European Central Bank and the Court of Auditors and detailed provisions on the other institutions are set out in the Treaty on the Functioning of the European Union.

(4) The European Parliament, the Council and the Commission shall be assisted by an Economic and Social Committee and a Committee of the Regions acting in an advisory capacity.

제14조

(1) 유럽의회는 각료이사회와 공동으로 입법 및 예산의 기능을 담당한다. 의회는 조약에 규정된 바에 따라 정치적 통제와 협의를 행한다. 의회는 집행위원회의 위원장을 선출한다.

(2) ○ 유럽의회는 유럽연합 시민들의 대표자들로 구성된다. 의회의 구성은 의장을 더하여 750명을 초과할 수 없다. 의원의 숫자는 각 회원국당 최저 6명, 최대 96명의 범위 내에서 인구에 비례하여 할당한다.

○ 유럽정상회의는 제1단에 언급된 원칙을 존중하여 유럽의회의 발의 및 동의에 따라 만장일치로 유럽의회의 구성에 관한 결정을 채택한다.

(3) 유럽의회의 의원은 5년의 임기로 시민들에 의해 보통, 자유 및 비밀 선거의 방식으로 직접 선출한다.

(4) 유럽의회는 의원들 중에서 의장 및 소관 위원들을 선출한다.

Article 14

(1) The European Parliament shall, jointly with the Council, exercise legislative and budgetary functions. It shall exercise functions of political control and consultation as laid down in the Treaties. It shall elect the President of the Commission.

(2) ○ The European Parliament shall be composed of representatives of the Union's citizens. They shall not exceed seven hundred and fifty in number, plus the President. Representation of citizens shall be degressively proportional, with a minimum threshold of six members per Member State. No Member State shall be allocated more than ninety-six seats.

○ The European Council shall adopt by unanimity, on the initiative of the European Parliament and with its consent, a decision establishing the composition of the European Parliament, respecting the principles referred to in the first subparagraph.

(3) The members of the European Parliament shall be elected for a term of five years by direct universal suffrage in a free and secret ballot.

(4) The European Parliament shall elect its President and its officers from among its members.

제15조

(1) 유럽정상회의는 연합의 발전을 위하여 필요한 추진력을 제공하고 일반적인 정치적 방향과 우선순위를 설정한다. 유럽정상회의는 입법의 기능을 수행하여서는 아니 된다.

(2) 유럽정상회의는 회원국들의 원수나 행정부 수반, 그리고 정상회의 의장과 집행위원회 위원장으로 구성된다. 외교안보수석대표는 유럽정상회의에 배석한다.

(3) 유럽정상회의는 매 6개월마다 2회씩 의장이 소집한다. 필요한 경우 의장은 유럽정상회의 특별회의를 소집한다. 의제의 특성상 필요한 경우 유럽정상회의 회원들은 자국의 소관 분야 각료로 보좌할 수 있도록 결정할 수 있다. 이 경우 집행위원장은 해당 집행위원의 조력을 받을 수 있다. 사정상 필요하면 의장은 유럽정상회의 특별회의를 소집한다.

(4) 조약에서 달리 정하지 않는 한 유럽정상회의의 결정은 합의에 의한다.

(5) 유럽정상회의는 가중다수결에 따라 의장을 선출하되, 그 임기는 2년 6개월로 하고 1회에 한하여 중임할 수 있다. 직무수행에 장애가 있거나 심각한 비행이 있는 경우 유럽정상회의는 선출과 동일한 규정을 밟아 임기를 종료시킬 수 있다.

(6) ○ 유럽정상회의 의장의 직무는 아래와 같다.

(a) 회의의 주재 및 안건의 상정

(b) 정무각료이사회의 업무를 토대로 집행위원회 위원장과의 협력 속에 정상회의 준비 및 진행

(c) 정상회의 내에서 단합과 합의를 끌어내기 위한 노력 경주

(d) 매 정상회의 후 유럽의회에 보고서 제출

○ 유럽정상회의 의장은 권한 내에서 외교안보수석대표의 권한에 영향을 미침 없이 공동 외교 및 안보 정책과 관련한 사안에서 연합을 대외적으로 대표한다.

○ 정상회의 의장은 특정 국가의 공직을 가져서는 아니 된다.

Article 15

(1) The European Council shall provide the Union with the necessary impetus for its development and shall define the general political directions and priorities thereof. It shall not exercise legislative functions.

(2) The European Council shall consist of the Heads of State or Government of the Member States, together with its President and the President of the Commission. The High Representative of the Union for Foreign Affairs and Security Policy shall take part in its work.

(3) The European Council shall meet twice every six months, convened by its President. When the agenda so requires, the members of the European Council may decide each to be assisted by a minister and, in the case of the President of the Commission, by a member of the Commission. When the situation so requires, the President shall convene a special meeting of the European Council.

(4) Except where the Treaties provide otherwise, decisions of the European Council shall be taken by consensus.

(5) The European Council shall elect its President, by a qualified majority, for a term of two and a half years, renewable once. In the event of an impediment or serious misconduct, the European Council can end the President's term of office in accordance with the same procedure.

(6) ○ The President of the European Council:

(a) shall chair it and drive forward its work

(b) hall ensure the preparation and continuity of the work of the European Council in cooperation with the President of the Commission, and on the basis of the work of the General Affairs Council

(c) shall endeavour to facilitate cohesion and consensus within the European Council

(d) shall present a report to the European Parliament after each of the meetings of the European Council

○ The President of the European Council shall, at his level and in that capacity, ensure the external representation of the Union on issues concerning its common foreign and security policy, without prejudice to the powers of the High Representative of the Union for Foreign Affairs and Security Policy.

○ The President of the European Council shall not hold a national office.

제16조

(1) 각료이사회는 유럽의회와 공동으로 입법 및 예산 업무를 수행한다. 각료 이사회는 조약이 정하는 바에 따라 정책 형성과 조율 기능을 수행한다.

(2) 각료이사회는 각 회원국의 장관급의 대표자로 구성하고, 이들은 사안에 따라 자국 정부를 대변하고 투표권을 행사할 수 있다.

(3) 각료이사회의 결의는 조약에서 달리 정하지 않은 경우 가중다수결에 의한다.

(4) ○ 2014년 11월 1일부터 가중다수결은 각료이사회 구성원 중 15명 이상으로 찬성으로서 그 비율은 전 구성원의 55퍼센트 이상이 되어야 하며, 찬성한 국가들의 인구의 총계가 연합 인구의 65퍼센트 이상이 되어야 한다.

○ 안건저지정족수에는 4명 이상의 각료이사회 구성원의 동의가 있어야 하며, 이 요건이 충족되지 않으면 가중다수결에 의한 결의는 통과된 것으로 간주한다.

○ 기타 가중다수결의 요건에 관하여는 유럽연합기능조약 제238조 제2항에 명시한다.

(5) 2014년 10월 31일까지, 그리고 2014년 11월 1일부터 2017년 3월 31일까지 적용될 가중다수결의 정의에 관한 임시 규정은 임시 규정에 관한 의정서에 정한다.

(6) ○ 각료이사회는 사안별로 구성되며 그 명단은 유럽연합기능조약 제236조에 따른다.

○ 정무각료이사회는 각각의 상이한 각료 이사회의 업무 수행에서의 일관성이 유지되도록 한다. 정무각료이사회는 유럽정상회의 의장 및 집행위원장과 지속적인 연락을 가지면서 유럽정상회의의 준비와 후속 조치를 담당한다.

○ 외교각료이사회는 유럽정상회의에 따른 전략적 방침을 바탕으로 한 대외적인 조치들을 정교하게 다듬고 연합의 대외 활동이 일관성을 유지하도록 담보한다.

(7) 회원국정부들의 대표자로 구성된 상설위원회는 각료이사회의 준비 업무를 책임진다.
(8) 각료이사회의 법률 초안에 대한 심사 및 결의는 공개적으로 시행한다. 이를 위해 각 각료이사회의 회의는 법안 심사에 관한 것과 비 법안심사에 관한 활동 두 부문으로 나뉜다.
(9) 각 각료이사회의 의장권은 외교각료이사회를 제외하고는 유럽연합기능조약 제236조의 규정에 따라 각 회원국들이 동등하게 윤번제로 담당한다.

Article 16

(1) The Council shall, jointly with the European Parliament, exercise legislative and budgetary functions. It shall carry out policy-making and coordinating functions as laid down in the Treaties.
(2) The Council shall consist of a representative of each Member State at ministerial level, who may commit the government of the Member State in question and cast its vote.
(3) The Council shall act by a qualified majority except where the Treaties provide otherwise.
(4) ○ As from 1 November 2014, a qualified majority shall be defined as at least 55 % of the members of the Council, comprising at least fifteen of them and representing Member States comprising at least 65 % of the population of the Union.
○ A blocking minority must include at least four Council members, failing which the qualified majority shall be deemed attained.
○ The other arrangements governing the qualified majority are laid down in Article 238(2) of the Treaty on the Functioning of the European Union.
(5) The transitional provisions relating to the definition of the qualified majority which shall be applicable until 31 October 2014 and those which shall be applicable from 1 November 2014 to 31 March 2017 are laid down in the Protocol on transitional provisions.
(6) ○ The Council shall meet in different configurations, the list of which shall be adopted in accordance with Article 236 of the Treaty on the Functioning of the European Union.
○ The General Affairs Council shall ensure consistency in the work of the different Council configurations. It shall prepare and ensure the follow-up to meetings of the European Council, in liaison with the President of the European Council and the Commission.
○ The Foreign Affairs Council shall elaborate the Union's external action on the basis of strategic guidelines laid down by the European Council and ensure that the Union's action is consistent.
(7) A Committee of Permanent Representatives of the Governments of the Member States shall be responsible for preparing the work of the Council.
(8) The Council shall meet in public when it deliberates and votes on a draft legislative act. To this

end, each Council meeting shall be divided into two parts, dealing respectively with deliberations on Union legislative acts and non-legislative activities.

(9) The Presidency of Council configurations, other than that of Foreign Affairs, shall be held by Member State representatives in the Council on the basis of equal rotation, in accordance with the conditions established in accordance with Article 236 of the Treaty on the Functioning of the European Union.

제17조

⑴ 집행위원회는 연합의 보편적 이익을 도모하고 이를 위해 적절하게 주도권을 행사한다. 집행위원회는 조약의 적용 및 각 기관이 그 목적에 따라 채택한 조치들의 실효성을 담보하며 유럽연합법원의 통제하에 연합 법령의 적용을 감독한다. 집행위원회는 예산을 집행하고 프로그램을 운영한다. 집행위원회는 창설조약에 따른 조정, 집행 및 운영 기능을 갖는다. 창설조약에서 달리 정하지 않는 한 공동외교안보정책에 관한 사항을 제외하고는 집행위원회가 대외적 대표권을 갖는다. 집행위원회는 기관들 간의 협의에 따른 목적 달성을 위해 연간 및 다년간 단위의 계획을 입안한다.

⑵ 연합의 입법적 조치들은 조약에서 달리 정하지 않는 한 오직 집행위원회의 입안을 바탕으로만 할 수 있다. 조약에 명시된 경우엔 기타 조치들도 집행위원회의 발의에 근거해야만 한다.

⑶ ○ 집행위원회의 임기는 5년으로 한다.

○ 집행위원회의 구성원들은 적절한 자격과 의문의 여지 없이 독립적으로 연합에 전념할 자 중에서 선정되어야 한다.

○ 그 책무를 수행함에 있어 집행위원회는 완전히 독립적이어야 한다. 집행위원들은 어떤 정부나 기타 기관, 기구, 부서 또는 단체에 대하여 지시를 구하거나 이를 받아서는 아니 된다. 다만, 이는 제18조 제2항의 적용에는 영향을 미치지 아니한다. 집행위원들은 자신의 의무나 직무 수행과 양립할 수 없는 여하한 행위도 하여서는 아니 된다.

⑷ 리스본 조약의 발효일로부터 2014년 10월 31일까지 사이에 임명되는 집행위원회는 위원장 및 외교안보 수석대표를 포함하여 각 회원국 당 한 명씩으로 구성한다. 외교안보 수석대표는 부위원장 중의 한 명이 된다.

⑸ ○ 2014년 11월 1일부터 유럽정상회의에서 만장일치로 숫자를 변경하지 않는 한 집행위원회는 집행위원장 및 외교안보수석대표를 포함하여 회원국 숫자의 3분의 2에 해당하는 인원으로 구성된다.

○ 집행위원회의 위원들은 전 회원국들의 인구 및 지정학적 다양성을 반영한 엄격한 평등 윤번제에 쫓아 회원국들의 국민들 중에서 선정한다. 이 선정 방식은 유럽연합기능조약 제244조에 따라 유럽정상회의에서 만장일치로 결정되어야 한다.

(6) ○ 집행위원장의 직무는 다음과 같다.

(a) 집행위원회의 직무에 대한 방향 설정

(b) 집행위위원회 내부 구성에 관한 결정 및 집단협의기구로서의 조치의 일관성과 효율성 담보

(c) 집행위원들 중에서 외교안보 수석대표를 제외한 나머지 부위원장에 대한 임명

○ 집행위원은 위원장의 요구가 있는 경우 사임해야 한다. 외교안보 수석대표는 위원장의 요구가 있는 경우 제18조 제1항의 절차에 따라 사임한다.

(7) ○ 정상회의는 유럽의회의 선거를 감안하여 의회와의 적절한 협의를 거쳐 가중다수결에 의하여 의회에 집행위원장 후보자를 추천하여야 한다. 유럽의회는 구성원의 과반의 결의에 의하여 후보자를 선출한다. 과반을 득표하지 못한 경우 유럽정상회의는 한 달 이내에 새로운 후보자를 추천하여야 하며, 이 후보자 역시 의회 구성원 과반의 결의로 선출한다.

○ 각료이사회는 집행위원장 당선자와 합의하여 여타 집행위원회 위원 임명을 위한 후보자 명단을 채택하여야 한다. 집행위원 후보들은 회원국들의 제안을 바탕으로 하되 그 자격은 제3항 제2단, 제5항 제2단에 명시된 기준에 따른다.

○ 집행위원장, 외교안보수석대표 및 기타 집행위원들은 일체로서 유럽의회의 동의 의결의 대상이 된다. 이 동의를 바탕으로 유럽정상회의는 가중다수결에 의하여 집행위원회를 임명한다.

(8) 집행위원회는 단일체로서 유럽의회에 책임을 진다. 유럽연합기능조약 제234조에 의해 유럽의회는 집행위원회에 대한 불신임안에 대한 투표를 할 수 있다. 불신임안이 가결되는 경우 집행위원회는 단일체로서 사임하고, 외교안보수석대표는 집행위원회 내에서의 모든 직무 수행에서 배제된다.

Article 17

(1) The Commission shall promote the general interest of the Union and take appropriate initiatives to that end. It shall ensure the application of the Treaties, and of measures adopted by the institutions pursuant to them. It shall oversee the application of Union law under the control of the Court of Justice of the European Union. It shall execute the budget and manage programmes. It shall exercise coordinating, executive and management functions, as laid down in the Treaties. With the exception of the common foreign and security policy, and other cases provided for in the Treaties, it shall ensure the Union's external representation. It shall initiate the Union's annual and multiannual programming with a view to achieving interinstitutional agreements.

(2) Union legislative acts may only be adopted on the basis of a Commission proposal, except where the Treaties provide otherwise. Other acts shall be adopted on the basis of a Commission proposal where the Treaties so provide.

(3) ○ The Commission's term of office shall be five years.

○ The members of the Commission shall be chosen on the ground of their general competence and European commitment from persons whose independence is beyond doubt.

○ In carrying out its responsibilities, the Commission shall be completely independent. Without prejudice to Article 18(2), the members of the Commission shall neither seek nor take instructions from any Government or other institution, body, office or entity. They shall refrain from any action incompatible with their duties or the performance of their tasks.

(4) The Commission appointed between the date of entry into force of the Treaty of Lisbon and 31 October 2014, shall consist of one national of each Member State, including its President and the High Representative of the Union for Foreign Affairs and Security Policy who shall be one of its Vice-Presidents.

(5) ○ As from 1 November 2014, the Commission shall consist of a number of members, including its President and the High Representative of the Union for Foreign Affairs and Security Policy, corresponding to two thirds of the number of Member States, unless the European Council, acting unanimously, decides to alter this number.

○ The members of the Commission shall be chosen from among the nationals of the Member States on the basis of a system of strictly equal rotation between the Member States, reflecting the demographic and geographical range of all the Member States. This system shall be established unanimously by the European Council in accordance with Article 244 of the Treaty on the Functioning of the European Union.

(6) ○ The President of the Commission shall:

(a) lay down guidelines within which the Commission is to work

(b) decide on the internal organisation of the Commission, ensuring that it acts consistently, efficiently and as a collegiate body

(c) appoint Vice-Presidents, other than the High Representative of the Union for Foreign Affairs and Security Policy, from among the members of the Commission

○ A member of the Commission shall resign if the President so requests. The High Representative of the Union for Foreign Affairs and Security Policy shall resign, in accordance with the procedure set out in Article 18(1), if the President so requests.

(7) ○ Taking into account the elections to the European Parliament and after having held the appropriate consultations, the European Council, acting by a qualified majority, shall propose to the European Parliament a candidate for President of the Commission. This candidate shall be elected by the European Parliament by a majority of its component members. If he does not obtain the required majority, the European Council, acting by a qualified majority, shall within

one month propose a new candidate who shall be elected by the European Parliament following the same procedure.

○ The Council, by common accord with the President-elect, shall adopt the list of the other persons whom it proposes for appointment as members of the Commission. They shall be selected, on the basis of the suggestions made by Member States, in accordance with the criteria set out in paragraph 3, second subparagraph, and paragraph 5, second subparagraph.

○ The President, the High Representative of the Union for Foreign Affairs and Security Policy and the other members of the Commission shall be subject as a body to a vote of consent by the European Parliament. On the basis of this consent the Commission shall be appointed by the European Council, acting by a qualified majority.

(8) The Commission, as a body, shall be responsible to the European Parliament. In accordance with Article 234 of the Treaty on the Functioning of the European Union, the European Parliament may vote on a motion of censure of the Commission. If such a motion is carried, the members of the Commission shall resign as a body and the High Representative of the Union for Foreign Affairs and Security Policy shall resign from the duties that he carries out in the Commission.

제18조

(1) 유럽정상회의는 가중다수결과 집행위원장의 동의를 받아 외교안보수석대표를 임명한다. 정상회의는 외교안보수석대표의 임기 중 같은 절차를 밟아 해임할 수 있다.

(2) 외교안보수석대표는 연합의 공동외교 및 안보정책을 수행한다. 외교안보수석 대표는 외교 안보 분야의 진전을 위한 제안을 하고 각료이사회로부터 권한을 위임 받은 권한을 수행한다. 이 규정은 공동안보 및 방위 정책에도 적용한다.

(3) 외교안보수석대표는 외교각료이사회를 주재한다.

(4) 외교안보수석대표는 집행위원회의 부위원장 중 한 명이 된다. 외교안보수석대표는 연합의 대외적 조치의 일관성을 담보하여야 한다. 외교안보수석대표는 대외 관계와 관련하여 현재 집행위원회가 관장하고 있는 사안에 대해 집행위원회 내에서 책임을 지고 연합의 대외적 활동의 기타 요소들을 조율한다. 외교안보수석대표는 집행위원회 안에서 이러한 책임을 이행함에 있어서, 그리고 오직 이 책임과 관련하여서만 제2항 및 제3항의 취지에서 일탈하지 않는 범위 내에서 집행위원회의 절차에 구속된다.

Article 18

(1) The European Council, acting by a qualified majority, with the agreement of the President of the Commission, shall appoint the High Representative of the Union for Foreign Affairs and Security Policy. The European Council may end his term of office by the same procedure.

(2) The High Representative shall conduct the Union's common foreign and security policy. He shall contribute by his proposals to the development of that policy, which he shall carry out as mandated by the Council. The same shall apply to the common security and defence policy.

(3) The High Representative shall preside over the Foreign Affairs Council.

(4) The High Representative shall be one of the Vice-Presidents of the Commission. He shall ensure the consistency of the Union's external action. He shall be responsible within the Commission for responsibilities incumbent on it in external relations and for coordinating other aspects of the Union's external action. In exercising these responsibilities within the Commission, and only for these responsibilities, the High Representative shall be bound by Commission procedures to the extent that this is consistent with paragraphs 2 and 3.

제19조

(1) ○ 유럽연합법원은 최고법원, 일반법원 및 전문법정을 포함한다. 연합법원은 창설 조약의 해석 및 적용에 있어 연합 법령의 준수가 담보되도록 하여야 한다.

○ 회원국들은 연합 법령이 적용되는 영역에서 효과적인 법 집행이 이뤄 지도록 충분한 구제 수단들을 제공하여야 한다.

(2) ○ 최고법원은 각 회원국 당 한 명씩의 판사로 구성한다. 최고법원은 연구재판관의 조력을 받는다.

○ 일반법원에는 최소한 각 회원국당 한 명씩의 판사를 포함시켜야 한다.

○ 최고법원의 판사들과 연구재판관들 및 일반법원의 판사는 그 독립성에 의문의 여지가 없어야 하며 기능조약 제253조 및 제254조의 요건을 충족하는 자이어야 한다. 판사 및 연구 재판관들은 6년을 임기로 하여 회원국 정부들 간의 공통의 합의에 따라 임명한다. 퇴임 판사들과 연구재판관들은 재임용될 수 있다.

(3) 유럽연합법원은 창설조약에 따라 다음과 같은 업무를 수행한다.

(a) 회원국, 연합의 기관 및 자연인이나 법인이 제기한 소송에 대한 판정

(b) 연합의 법규의 해석이나 각 기관들의 조치의 적법성에 관해 회원국들의 법원이나 기타 판정 기관에서 요청한 사안에 대한 전심결정

(c) 기타 조약들에서 정한 사건들에 관한 판정

Article 19

(1) ○ The Court of Justice of the European Union shall include the Court of Justice, the General Court and specialised courts. It shall ensure that in the interpretation and application of the Treaties the law is observed.

○ Member States shall provide remedies sufficient to ensure effective legal protection in the fields covered by Union law.

(2) ○ The Court of Justice shall consist of one judge from each Member State. It shall be assisted by Advocates-General.

○ The General Court shall include at least one judge per Member State.

○ The Judges and the Advocates-General of the Court of Justice and the Judges of the General Court shall be chosen from persons whose independence is beyond doubt and who satisfy the conditions set out in Articles 253 and 254 of the Treaty on the Functioning of the European Union. They shall be appointed by common accord of the governments of the Member States for six years. Retiring Judges and Advocates-General may be reappointed.

(3) The Court of Justice of the European Union shall, in accordance with the Treaties

(a) rule on actions brought by a Member State, an institution or a natural or legal person

(b) give preliminary rulings, at the request of courts or tribunals of the Member States, on the interpretation of Union law or the validity of acts adopted by the institutions

(c) rule in other cases provided for in the Treaties

제4편 강화협력체제에 관한 조항

Title IV Provisions on Enhanced Cooperation

제20조(ex Articles 27a to 27e, 40 to 40b and 43 to 45 TEU and ex Articles 11 and 11a TEC)

(1) ○ 유럽연합 차원의 배타적 권한에 속하지 않는 범위 내에서 상호간에 강화협력체제를 확립하고자 하는 회원국들은 본조 및 기능조약 제326조 및 제334조에 따른 제한에 따를 것을 전제로 연합의 기관들을 활용하고 창설조약상의 관련 조항 적용의 권한을 가질 수 있다.

○ 강화협력체제는 연합이 지닌 목표들의 성공적 전개와 그 이익을 보호하며, 통합 과정을 강화하는 것을 목적으로 하여야 한다. 이러한 협력체제는 유럽연합기능조약 제328조에 따라 모든 회원국들에게 상시 개방되어 있어야 한다.

(2) 강화협력체제는 적정한 기한 내에 연합 차원에서는 전체적으로 그러한 협력을 전반적으로 끌어낼 수 없다는 점이 확실시되고, 최소한 9개 회원국 이상이 참여함을 요건으로 하여 최후의 수단으로서 각료이사회가 승인하여야 한다. 각료이사회는 유럽연합기능조약 제329조 소정의 절차에 따라 행동하여야 한다.

(3) 각료이사회의 모든 구성원들은 강화협력체제와 관련한 사안의 심의에 참여할 수 있으나, 투표권은 당해 협력체제에 참여하는 회원국들의 각료에게만 부여한다. 투표에 관한 규정은 유럽연합기능조약 제330조에 따른다.

(4) 강화협력체제 내에서 채택된 법령이나 조치들은 참여 회원국들에 한하여 구속력을 가진다. 이들은 연합에 신규 가입 하고자 하는 국가들이 수용해야 할 공동체 체제로 간주되어서는 아니 된다.

Article 20(ex Articles 27a to 27e, 40 to 40b and 43 to 45 TEU and ex Articles 11 and 11a TEC)

(1) ○ Member States which wish to establish enhanced cooperation between themselves within the framework of the Union's non-exclusive competences may make use of its institutions and exercise those competences by applying the relevant provisions of the Treaties, subject to the limits and in accordance with the detailed arrangements laid down in this Article and in Articles 326 to 334 of the Treaty on the Functioning of the European Union.

○ Enhanced cooperation shall aim to further the objectives of the Union, protect its interests and reinforce its integration process. Such cooperation shall be open at any time to all Member

States, in accordance with Article 328 of the Treaty on the Functioning of the European Union.

(2) The decision authorising enhanced cooperation shall be adopted by the Council as a last resort, when it has established that the objectives of such cooperation cannot be attained within a reasonable period by the Union as a whole, and provided that at least nine Member States participate in it. The Council shall act in accordance with the procedure laid down in Article 329 of the Treaty on the Functioning of the European Union.

(3) All members of the Council may participate in its deliberations, but only members of the Council representing the Member States participating in enhanced cooperation shall take part in the vote. The voting rules are set out in Article 330 of the Treaty on the Functioning of the European Union.

(4) Acts adopted in the framework of enhanced cooperation shall bind only participating Member States. They shall not be regarded as part of the acquis which has to be accepted by candidate States for accession to the Union.

제5편 연합의 대외 활동에 관한 일반 조항 및 공동외교안보정책에 관한 특별조항

Title V General Provision on the Union's External Action and Specific Provisions on the Common Foreign and Security Policy

제1장 연합의 대외 활동에 관한 일반 조항

Chapter 1 General Provision on the Union's External Action

제21조

(1) ○ 국제 정세 속에서 연합 활동은 연합을 형성, 발전, 확장에 영감을 불어 넣는 원칙들에 따라 인도되어야 하며, 이를 통해 민주주의, 법치주의, 인권과 기본적 자유의 보편성 및 불가분성, 인간 존엄에 대한 존중, 평등과 결속의 원리, 유엔헌장과 국제법에 대한 존중의 원칙의 발전을 추구한다.

○ 연합은 전단에 언급된 원칙들을 공유하는 역외 국가들, 국제 기구, 지역적 또는 범 지구적 조직들과 관계를 향상시키고 동반자적 관계 형성을 모색하여야 한다. 연합은 당면한 공동의 문제들을 다양한 차원, 특히 유엔의 틀 안에서 해결하도록 노력한다.

(2) 연합은 다음과 같은 목적을 위해 공동 정책 및 조치들을 획정하고 추구하여야 하며, 제반 국제적 관계에서 고도의 협력이 이뤄 지도록 해야 한다.

(a) 연합의 가치, 기본적 이해관계, 안보, 독립성 및 온전성의 담보

(b) 민주주의, 법치주의, 인권 및 국제법 원칙들에 대한 강화와 지지

(c) 대외 국경선과 관련된 사항을 포함한 유엔 헌장의 목적과 원칙들, 헬싱키 조약의 원칙들 및 파리 헌장이 지향하는 바에 따른 평화 유지, 분쟁 예방 및 국제 안보 강화

(d) 빈곤 퇴치를 우선의 목적으로 개발도상국들에 대한 지속 가능한 경제, 사회, 환경 발전 함양

(e) 점진적인 국제 교역에 대한 제한 철폐를 포함하여 모든 국가들이 세계 경제권으로 통합되도록 장려

(f) 지속 가능한 발전을 보장할 수 있도록 환경의 질과 지구촌 천연 자원의 지속적 관리를 보존, 개선하기 위한 국제적 조치들에 대한 조력

(g) 자연 재해나 인재를 당한 사람들, 국가들 및 지역들에 대한 원조

(h) 보다 강력한 다자간 협력 및 좋은 글로벌 지배구조에 기반한 국제 체제 장려

(3) ○ 연합은 이 편 및 유럽연합기능조약 제5장에 따른 연합의 대외 활동 및 기타 대외와 연관된 여타 정책들을 진전시키고 이행함에 있어 제1항 및 제2항에 규정된 원칙들을 존중하고 그 목표들을 추구하여야 한다.

○ 연합은 다양한 분야의 대외적 조치들 사이에서, 그리고 이런 대외적 조치들과 기타 다른 정책들 사이에서 일관성이 유지되도록 해야만 한다. 각료이사회와 집행위원회는 외교안보수석대표의 조력을 받아 위와 같은 일관성이 유지되도록 담보하고, 그 실효성을 위해 협력하여야 한다.

Article 21

(1) ○ The Union's action on the international scene shall be guided by the principles which have inspired its own creation, development and enlargement, and which it seeks to advance in the wider world: democracy, the rule of law, the universality and indivisibility of human rights and fundamental freedoms, respect for human dignity, the principles of equality and solidarity, and respect for the principles of the United Nations Charter and international law.

○ The Union shall seek to develop relations and build partnerships with third countries, and international, regional or global organisations which share the principles referred to in the first subparagraph. It shall promote multilateral solutions to common problems, in particular in the framework of the United Nations.

(2) The Union shall define and pursue common policies and actions, and shall work for a high degree of cooperation in all fields of international relations, in order to:

(a) safeguard its values, fundamental interests, security, independence and integrity

(b) consolidate and support democracy, the rule of law, human rights and the principles of international law

(c) preserve peace, prevent conflicts and strengthen international security, in accordance with the purposes and principles of the United Nations Charter, with the principles of the Helsinki Final Act and with the aims of the Charter of Paris, including those relating to external borders
(d) foster the sustainable economic, social and environmental development of developing countries, with the primary aim of eradicating poverty
(e) encourage the integration of all countries into the world economy, including through the progressive abolition of restrictions on international trade
(f) help develop international measures to preserve and improve the quality of the environment and the sustainable management of global natural resources, in order to ensure sustainable development
(g) assist populations, countries and regions confronting natural or man-made disasters
(h) promote an international system based on stronger multilateral cooperation and good global governance

(3) ○ The Union shall respect the principles and pursue the objectives set out in paragraphs 1 and 2 in the development and implementation of the different areas of the Union's external action covered by this Title and by Part Five of the Treaty on the Functioning of the European Union, and of the external aspects of its other policies.

○ The Union shall ensure consistency between the different areas of its external action and between these and its other policies. The Council and the Commission, assisted by the High Representative of the Union for Foreign Affairs and Security Policy, shall ensure that consistency and shall cooperate to that effect.

제22조

(1) ○ 제21조에 규정된 원리와 목표들에 근거하여 유럽정상회의는 연합의 전략적 이익과 목표를 모색, 수립한다.

○ 연합의 이해와 목표를 둘러싼 정상회의 결정들은 공동외교안보정책 및 연합의 기타 대외적 활동과 연관성이 있어야 한다. 이런 결정들은 연합과 특정 국가 또는 지역의 관계에 관한 것일 수도 있고, 특정 주제를 놓고 접근하는 형태를 띨 수도 있다. 이런 결정 속에는 기간 및 연합과 회원국들이 취할 수 있는 수단이 명시되어야 한다.

○ 정상회의는 각료이사회가 각 분야별로 정해 놓은 방식에 따라 채택한 권고안에 대하여 만장일치로 행동을 취하여야 한다. 정상회의의 결정은 창설조약에서 정해진 절차에 따라 이행되어야 한다.

(2) 외교안보수석대표는 공동외교안보정책 분야를, 집행위원회는 기타 대외적 활동과 관련된 분야를 소관으로 하여 각료이사회에 대하여 합동 제안을 할 수 있다.

Article 22

(1) ○ On the basis of the principles and objectives set out in Article 21, the European Council shall identify the strategic interests and objectives of the Union.

○ Decisions of the European Council on the strategic interests and objectives of the Union shall relate to the common foreign and security policy and to other areas of the external action of the Union. Such decisions may concern the relations of the Union with a specific country or region or may be thematic in approach. They shall define their duration, and the means to be made available by the Union and the Member States.

○ The European Council shall act unanimously on a recommendation from the Council, adopted by the latter under the arrangements laid down for each area. Decisions of the European Council shall be implemented in accordance with the procedures provided for in the Treaties.

(2) The High Representative of the Union for Foreign Affairs and Security Policy, for the area of common foreign and security policy, and the Commission, for other areas of external action, may submit joint proposals to the Council.

제2장 공동외교안보정책에 관한 특별조항

Chapter 2 Specific Provisions on the Common Foreign and Security Policy

| 제1절 공통조항 |

Section 1 Common Provisions

제23조

국제적 차원에서 연합이 취하는 행동은 본 장에 따르되, 제1장에 규정된 일반 조항의 원칙에 의해 지도되고, 그 목표를 추구하며, 그에 따라 수행되어야 한다.

Article 23

The Union's action on the international scene, pursuant to this Chapter, shall be guided by the principles, shall pursue the objectives of, and be conducted in accordance with, the general provisions laid down in Chapter 1.

제24조(ex Article 11 TEU)

(1) ○ 공동외교안보정책에 관한 유럽연합의 권한은 향후 공동 방어로 이어질 수도 있는 점진적인 공동 방어정책의 형성을 포함하여 연합의 안보와 관련된 모든 외교정책과 쟁점을 포괄한다.

○ 공동외교안보정책은 특별 규칙과 절차의 적용을 받는다. 이 정책은 조약에서 달리 정하지 않는 한 유럽정상회의와 각료이사회의 만장일치에 의해 입안되고 집행되어야 한다. 입법적 채택은 배제된다. 공동외교안보정책은 외교안보수석대표 및 회원국들이 조약에 따라 시행하여야 한다. 이 분야에 있어서의 유럽 의회 및 집행위원회의 특별한 역할은 조약에 의하여 규정된다. 유럽연합법원은 본 조약 제40조 준수 여부에 관한 확인 및 기능조약 제275조 제2항에 규정된 특정 결정들의 합법성을 심사하는 외에는 이 조항들에 대한 사법 관할권을 가지지 않는다.

(2) 연합은 대외적 조치의 원칙과 목표들의 틀 안에서 회원국들 상호 간의 정치적 결속의 향상, 일반적 이해관계에 대한 파악, 회원국들이 취하는 조치들의 집중도 제고의 성과를 바탕으로 공동외교안보정책을 수립, 시행하여야 한다.

(3) ○ 회원국들은 성실과 상호 결속의 정신으로 연합의 대외 활동 및 안보 정책을 적극적으로 아낌없이 지지하고, 이 분야에서 연합이 취하는 조치에 따라야만 한다.

○ 회원국들은 상호간의 정치적 결속을 강화, 발전시켜야 한다. 회원국들은 연합의 이해에 반하거나 국제 관계에 있어서 연합이 취하는 강제력의 실효성을 위태롭게 할 가능성이 있는 여하한 행위도 하여서는 아니 된다.

○ 각료이사회와 외교안보수석대표는 이러한 원칙들이 견지될 수 있도록 담보하여야 한다.

Article 24(ex Article 11 TEU)

(1) ○ The Union's competence in matters of common foreign and security policy shall cover all areas of foreign policy and all questions relating to the Union's security, including the progressive framing of a common defence policy that might lead to a common defence.

○ The common foreign and security policy is subject to specific rules and procedures. It shall be defined and implemented by the European Council and the Council acting unanimously, except where the Treaties provide otherwise. The adoption of legislative acts shall be excluded. The common foreign and security policy shall be put into effect by the High Representative of the Union for Foreign Affairs and Security Policy and by Member States, in accordance with the Treaties. The specific role of the European Parliament and of the Commission in this area is defined by the Treaties. The Court of Justice of the European Union shall not have jurisdiction with respect to these provisions, with the exception of its jurisdiction to monitor compliance with Article 40 of this Treaty and to review the legality of certain decisions as provided for by the second paragraph of Article 275 of the Treaty on the Functioning of the European Union.

(2) Within the framework of the principles and objectives of its external action, the Union shall conduct, define and implement a common foreign and security policy, based on the development of mutual political solidarity among Member States, the identification of questions of general interest and the achievement of an ever-increasing degree of convergence of Member States' actions.

(3) ○ The Member States shall support the Union's external and security policy actively and unreservedly in a spirit of loyalty and mutual solidarity and shall comply with the Union's action in this area.

○ The Member States shall work together to enhance and develop their mutual political solidarity. They shall refrain from any action which is contrary to the interests of the Union or likely to impair its effectiveness as a cohesive force in international relations.

○ The Council and the High Representative shall ensure compliance with these principles.

제25조(ex Article 12 TEU)

연합은 다음과 같이 공동외교안보정책을 시행하여야 한다.

(a) 일반적인 지침의 수립

(b) 아래 사항들을 명시하는 결정의 채택

(i) 연합에 의해 시행될 조치들

(ii) 연합이 취할 대외적 입장

(iii) 위 (i) 및 (ii) 소정의 결정들을 이행하거나 이에 따른 각종 준비 사항

(c) 정책 시행 과정에서의 회원국들 상호간의 체계적 협력 강화

Article 25(ex Article 12 TEU)

The Union shall conduct the common foreign and security policy by:

(a) defining the general guidelines

(b) adopting decisions defining

(i) actions to be undertaken by the Union

(ii) positions to be taken by the Union

(iii) arrangements for the implementation of the decisions referred to in points (i) and (ii); and by

(c) strengthening systematic cooperation between Member States in the conduct of policy.

제26조 (ex Article 13 TEU)

(1) ○ 정상회의는 방어권 행사와 관련한 문제를 포함하여 연합의 전략적 이해관계를 확인하고 공동외교안보정책에 관한 목표를 결정하며, 일반적 지침을 제시하여야 한다. 정상회의는 필요한 결정을 채택하여야 한다.

○ 국제정세상 필요한 경우 정상회의의 의장은 당면한 문제에 있어서 연합의 정책에 관한 전략적 방향을 설정하기 위해 임시회의를 소집한다.

(2) ○ 각료이사회는 정상회의에서 설정된 일반적 지침과 전략적 방향에 기초하여 공동외교안보정책의 틀을 짜고 이를 수립, 이행하는데 필요한 결정을 내려야 한다.

○ 각료이사회와 외교안보수석대표는 연합이 취하는 조치의 통일성, 지속성 및 실효성을 담보하여야 한다.

(3) 공동외교안보정책은 각 회원국 및 연합의 자원을 이용하여 외교안보수석대표와 회원국들에 의하여 시행된다.

Article 26(ex Article 13 TEU)

(1) ○ The European Council shall identify the Union's strategic interests, determine the objectives of and define general guidelines for the common foreign and security policy, including for matters with defence implications. It shall adopt the necessary decisions.

○ If international developments so require, the President of the European Council shall convene an extraordinary meeting of the European Council in order to define the strategic lines of the Union's policy in the face of such developments.

(2) ○ The Council shall frame the common foreign and security policy and take the decisions necessary for defining and implementing it on the basis of the general guidelines and strategic lines defined by the European Council.

○ The Council and the High Representative of the Union for Foreign Affairs and Security Policy shall ensure the unity, consistency and effectiveness of action by the Union.

(3) The common foreign and security policy shall be put into effect by the High Representative and by the Member States, using national and Union resources.

제27조

(1) 외교안보수석대표는 외교각료이사회를 주재하며 공동외교안보정책에 관한 제안을 하며 정상회의와 각료이사회에 의해 채택된 결정의 이행을 담보한다.

(2) 외교안보수석대표는 공동외교안보정책과 관련하여 연합을 대표한다. 외교안보수석대표는 연합을 대표하여 제3국과의 정치적 대화를 하고 국제 기구 및 기타 국제 회담에서 연합의 입장을 개진하여야 한다.

(3) 수권 사항을 이행함에 있어 외교안보수석대표는 유럽대외조치지원단의 조력을 받는다. 이 지원은 회원국들의 외교 활동과의 협력을 통해 이뤄지고, 그 구성은 정무각료이사회와 집행위원회의 소관 부서 담당자들 및 각 회원국의 외교 업무의 차관급으로 한다. 유럽대외조치지원단의 조직과 기능은 각료이사회의 결정에 의한다. 각료이사회의 이 결정은 유럽의회와의 협의를 거치고 집행위원회의 동의를 받은 외교안보수석대표의 제안을 기초로 하여야 한다.

Article 27

(1) The High Representative of the Union for Foreign Affairs and Security Policy, who shall chair the Foreign Affairs Council, shall contribute through his proposals towards the preparation of the common foreign and security policy and shall ensure implementation of the decisions adopted by the European Council and the Council.

(2) The High Representative shall represent the Union for matters relating to the common foreign and security policy. He shall conduct political dialogue with third parties on the Union's behalf and shall express the Union's position in international organisations and at international conferences.

(3) In fulfilling his mandate, the High Representative shall be assisted by a European External Action Service. This service shall work in cooperation with the diplomatic services of the Member

States and shall comprise officials from relevant departments of the General Secretariat of the Council and of the Commission as well as staff seconded from national diplomatic services of the Member States. The organisation and functioning of the European External Action Service shall be established by a decision of the Council. The Council shall act on a proposal from the High Representative after consulting the European Parliament and after obtaining the consent of the Commission.

제28조 (ex Article 14 TEU)

(1) ○ 국제적 상황이 연합의 군사 작전을 요구하는 경우 각료이사회는 필요한 결정을 채택하여야 한다. 이 결정에는 목적, 범위, 연합이 취할 수 있는 수단들, 그리고 필요한 경우 기간과 임무 수행을 위한 조건이 포함되어야 한다.

○ 위와 같은 결정을 내리게 된 사항에 실질적인 영향을 미칠 상황의 변화가 있는 경우 각료 이사회는 당해 결정의 원칙과 목표를 검토하고 필요한 결정을 내려야 한다.

(2) 회원국들은 자신들이 취한 제1항의 결정들에 따른 입장 및 행동에 따라야 한다.

(3) 제1항의 결정들이 회원국의 입장을 취하거나 국가적 차원의 조치들을 취하여야 할 계획까지 담고 있는 경우, 관련 회원국은 필요한 경우 적절한 기한 내에 각료 이사회와의 사전 협의를 위한 정보를 제공하여야 한다. 사전정보 제공의무는 각료이사회의 결정을 단지 회원국 차원으로 전환하는 경우에는 적용하지 아니한다.

(4) 급격한 상황 변화의 대두 및 제1항에 따른 각료이사회의 결정을 검토할 수 없는 긴급한 필요가 있는 경우 회원국들은 당해 결정의 일반적 목적을 감안하여 필요한 조치들을 취할 수 있다. 이 경우 관련 회원국들은 각료이사회에 즉시 그와 같은 조치들을 알려야 한다.

(5) 이 조항에 따른 결정을 이행함에 있어 중대한 난관이 있는 경우 관련 회원국은 이러한 사실을 각료이사회에 회부하여 문제를 논의하고 적절한 해결책을 모색하도록 하여야 한다. 여기서 나온 방안들은 제1항의 결정들의 목적에 반하거나 그 효력을 손상하여서는 아니 된다.

Article 28(ex Article 14 TEU)

(1) ○ Where the international situation requires operational action by the Union, the Council shall adopt the necessary decisions. They shall lay down their objectives, scope, the means to be made available to the Union, if necessary their duration, and the conditions for their implementation.

○ If there is a change in circumstances having a substantial effect on a question subject to such a decision, the Council shall review the principles and objectives of that decision and take the necessary decisions.

(2) Decisions referred to in paragraph 1 shall commit the Member States in the positions they adopt and in the conduct of their activity.

(3) Whenever there is any plan to adopt a national position or take national action pursuant to a decision as referred to in paragraph 1, information shall be provided by the Member State concerned in time to allow, if necessary, for prior consultations within the Council. The obligation to provide prior information shall not apply to measures which are merely a national transposition of Council decisions.

(4) In cases of imperative need arising from changes in the situation and failing a review of the Council decision as referred to in paragraph 1, Member States may take the necessary measures as a matter of urgency having regard to the general objectives of that decision. The Member State concerned shall inform the Council immediately of any such measures.

(5) Should there be any major difficulties in implementing a decision as referred to in this Article, a Member State shall refer them to the Council which shall discuss them and seek appropriate solutions. Such solutions shall not run counter to the objectives of the decision referred to in paragraph 1 or impair its effectiveness.

제29조(ex Article 15 TEU)

각료이사회는 특정 지역 또는 특정 관심 사안에 관해 유럽연합이 취하여야 할 접근 방식 수립에 관한 결정을 채택한다. 회원국들은 자국의 국가 정책들이 연합의 입장에 부합하도록 담보하여야 한다.

Article 29(ex Article 15 TEU)

The Council shall adopt decisions which shall define the approach of the Union to a particular matter of a geographical or thematic nature. Member States shall ensure that their national policies conform to the Union positions.

제30조(ex Article 22 TEU)

(1) 각 회원국, 외교안보수석대표 또는 집행위원회의 위임을 받은 대표자는 각료이사회에 대하여 공동외교안보정책에 관한 질의를 하고 적절하다고 생각하는 바에 따라 발의나 제안을 할 수 있다.
(2) 신속한 결정을 요하는 경우 외교안보수석대표는 직권 또는 회원국의 요청으로 48 시간 이내 혹은 비상시에는 이 보다 더 짧은 시간 내에 긴급 각료이사회를 소집하여야 한다.

Article 30(ex Article 22 TEU)

(1) Any Member State, the High Representative of the Union for Foreign Affairs and Security Policy, or the High Representative with the Commission's support, may refer any question relating to the common foreign and security policy to the Council and may submit to it initiatives or proposals as appropriate.
(2) In cases requiring a rapid decision, the High Representative, of his own motion, or at the request of a Member State, shall convene an extraordinary Council meeting within 48 hours or, in an emergency, within a shorter period.

제31조(ex Article 23 TEU)

(1) ○ 이 장의 규정에 따른 결정들은 이 장에서 따로 정하지 않는 한 정상회의와 각료이사회에 의해 만장일치제로 집행된다. 입법적 채택은 배제된다.
○ 각료이사회의 구성원은 아래 조항에 따라 기권의 의사표시를 공식적으로 선언함으로써 기권을 할 수 있다. 기권의 의사가 표시된 경우 당해 회원국은 결정을 적용할 의무는 부담하지 않으나, 연합이 당해 결정을 따라야 한다는 점은 받아 들여야 한다. 상호 결속의 정신을 기치로 당해 기권 회원국은 그 결정에 기초한 연합의 조치와 상충되거나 저해할 우려가 있는 일체의 행위를 하지 않아야 하며, 다른 회원국들은 기권 회원국의 입장을 존중한다. 기권회원국이 각료이사회 구성원의 3분의 1 이상이며 해당 회원국들의 국민의 합계가 연합 시민들의 3분의 1 이상인 경우 그 결정은 채택되지 아니한다.
(2) ○ 다음과 같은 경우 각료이사회의 결정은 제1항에 대한 예외로서 가중다수결의 원리에 따른다.
- 제22조 제1항 소정의 연합의 전략적 이해와 목표와 관련되어 내려진 정상회의의 결정에 터잡은 연합 차원의 조치나 입장을 정하는 결정의 채택

– 외교안보수석대표가 직권 또는 정상회의의 특별한 요청에 따라 제출한 제안에 따라 연합의 조치나 입장을 정하는 결정의 채택
– 연합의 조치나 입장을 정한 결정에 대한 집행을 위한 결정
– 제33조에 따라 특별전권대표를 임명할 경우

○ 각료이사회의 어느 구성원이 자국 정책의 핵심적인 이해관계가 달려 있음을 명시하여 가중다수결에 의한 결정 채택을 반대하는 경우 투표 절차는 이행되지 아니한다. 외교안보수석대표는 관련 회원국과 긴밀한 협의를 통해 수용 가능한 해결책을 모색한다. 여기서 타협이 이뤄지지 아니하면 각료이사회는 가중다수결에 의하여 당해 사안을 정상회의에 회부하여 만장일치로 결정할 수 있도록 요청할 수 있다.

(3) 정상회의는 제2항에 따른 경우 외의 사안에 대하여도 각료이사회에서의 결의 요건을 가중다수결로 정하도록 하는 내용의 결정을 만장일치로 채택할 수 있다.

(4) 제2항 및 제3항은 군사적 또는 방어전의 성격을 띄는 결정에는 적용하지 아니한다.

(5) 절차적 사항은 각료이사회가 다수결로 결정한다.

Article 31(ex Article 23 TEU)

(1) ○ Decisions under this Chapter shall be taken by the European Council and the Council acting unanimously, except where this Chapter provides otherwise. The adoption of legislative acts shall be excluded.

○ When abstaining in a vote, any member of the Council may qualify its abstention by making a formal declaration under the present subparagraph. In that case, it shall not be obliged to apply the decision, but shall accept that the decision commits the Union. In a spirit of mutual solidarity, the Member State concerned shall refrain from any action likely to conflict with or impede Union action based on that decision and the other Member States shall respect its position. If the members of the Council qualifying their abstention in this way represent at least one third of the Member States comprising at least one third of the population of the Union, the decision shall not be adopted.

(2) ○ By derogation from the provisions of paragraph 1, the Council shall act by qualified majority

– when adopting a decision defining a Union action or position on the basis of a decision of the European Council relating to the Union's strategic interests and objectives, as referred to in Article 22(1),
– when adopting a decision defining a Union action or position, on a proposal which the High Representative of the Union for Foreign Affairs and Security Policy has presented following

a specific request from the European Council, made on its own initiative or that of the High Representative,

- when adopting any decision implementing a decision defining a Union action or position,
- when appointing a special representative in accordance with Article 33

○ If a member of the Council declares that, for vital and stated reasons of national policy, it intends to oppose the adoption of a decision to be taken by qualified majority, a vote shall not be taken. The High Representative will, in close consultation with the Member State involved, search for a solution acceptable to it. If he does not succeed, the Council may, acting by a qualified majority, request that the matter be referred to the European Council for a decision by unanimity.

(3) The European Council may unanimously adopt a decision stipulating that the Council shall act by a qualified majority in cases other than those referred to in paragraph 2.

(4) Paragraphs 2 and 3 shall not apply to decisions having military or defence implications.

(5) For procedural questions, the Council shall act by a majority of its members.

제32조(ex Article 16 TEU)

○ 회원국들은 공동의 접근 방안을 마련하기 위해 일반적인 이해관계가 달린 외교안보정책에 관한 것이라면 무엇이건 정상회의와 각료이사회 내에서 상호 협의하여야 한다. 연합의 이해관계에 영향을 미칠 수 있는 국제적 상황과 관련된 조치를 취하거나 언질을 하기 전, 각 회원국은 정상회의 또는 각료이사회에서 다른 회원국들과 협의하여야만 한다. 회원국들은 자신들이 취하는 조치들의 수렴을 통해 연합이 국제 무대에서 그 이익과 가치를 견지해 낼 수 있도록 담보해야 한다. 회원국들은 상호 결속을 보여야 한다.

○ 유럽정상회의 또는 각료이사회에서 전단 소정의 공동 접근방식을 정한 경우 외교안보수석대표와 회원국들의 외무 장관들은 각료이사회 내에서 각자의 활동을 조율하여야 한다.

○ 제3국 및 국제기구에서의 회원국들의 외교단과 연합의 대표들은 공동 입장을 만들어 내고 이를 이행하는데 협력하고 기여하여야 한다.

Article 32(ex Article 16 TEU)

○ Member States shall consult one another within the European Council and the Council on any matter of foreign and security policy of general interest in order to determine a common approach.

Before undertaking any action on the international scene or entering into any commitment which could affect the Union's interests, each Member State shall consult the others within the European Council or the Council. Member States shall ensure, through the convergence of their actions, that the Union is able to assert its interests and values on the international scene. Member States shall show mutual solidarity.

○ When the European Council or the Council has defined a common approach of the Union within the meaning of the first paragraph, the High Representative of the Union for Foreign Affairs and Security Policy and the Ministers for Foreign Affairs of the Member States shall coordinate their activities within the Council.

○ The diplomatic missions of the Member States and the Union delegations in third countries and at international organisations shall cooperate and shall contribute to formulating and implementing the common approach.

제33조(ex Article 18 TEU)

각료이사회는 외교안보수석대표의 제안을 받아 특정한 정책 사항과 관련한 특별전권대표를 임명할 수 있다. 특별전권대표는 외교안보수석대표가 부여하는 권한에 따라 임무를 수행하여야 한다.

Article 33(ex Article 18 TEU)

The Council may, on a proposal from the High Representative of the Union for Foreign Affairs and Security Policy, appoint a special representative with a mandate in relation to particular policy issues. The special representative shall carry out his mandate under the authority of the High Representative.

제34조(ex Article 19 TEU)

(1) ○ 회원국들은 국제 기구와 국제 회의에서 각자의 외교적 입장과 조치들을 조율하여야 한다. 회원국들은 토론의 장에서 연합의 입장을 지지하여야 한다. 이러한 조율은 외교안보수석대표에 의하여 이뤄 져야 한다.

○ 모든 회원국들이 참가하지 않는 국제 기구나 국제 회의에서 참가 회원국들은 연합의 입장을 옹호하여야 한다.

(2) ○ 제24조 제3항에 따라 전 회원국이 참여하지 못하는 국제기구나 국제회의에 참여하는 회원국들은 연합 공동 이해 관계가 달려 있는 한 다른 회원국들과 외교안보수석대표에게 제반 내용을 알려 주어야 한다.

○ 유엔안전보장이사회의 구성원인 회원국들은 타 회원국들 및 외교안보수석대표와 입장을 조율하며 충분한 정보를 제공한다. 유엔 안보리 구성원 회원국들은 유엔에서의 역할을 수행함에 있어 유엔 헌장에서 정하는 책임에 영향을 주지 않는 범위 내에서 연합의 입장과 이해관계를 방어하여야 한다.

○ 유엔 안전보장이사회의 현안과 관련된 사항에 대하여 연합이 입장을 정한 경우, 안보리 구성원인 회원국들은 외교안보수석대표로 하여금 연합의 입장을 개진할 수 있도록 안보리 내에서 이를 요청하여야 한다.

Article 34(ex Article 19 TEU)

(1) ○ Member States shall coordinate their action in international organisations and at international conferences. They shall uphold the Union's positions in such forums. The High Representative of the Union for Foreign Affairs and Security Policy shall organise this coordination.

○ In international organisations and at international conferences where not all the Member States participate, those which do take part shall uphold the Union's positions.

(2) ○ In accordance with Article 24(3), Member States represented in international organisations or international conferences where not all the Member States participate shall keep the other Member States and the High Representative informed of any matter of common interest.

○ Member States which are also members of the United Nations Security Council will concert and keep the other Member States and the High Representative fully informed. Member States which are members of the Security Council will, in the execution of their functions, defend the positions and the interests of the Union, without prejudice to their responsibilities under the provisions of the United Nations Charter.

○ When the Union has defined a position on a subject which is on the United Nations Security Council agenda, those Member States which sit on the Security Council shall request that the High Representative be invited to present the Union's position.

제35조(ex Article 20 TEU)

○ 제3국, 국제회의 및 국제기구에서 활동하는 회원국들의 외교 사절과 영사들 및 연합의 대표단은 이 장이 정하는 바에 따라 채택된 연합의 입장 및 조치를 정하고 있는 결정들이 준수되고 이행이 담보되도록 협력하여야 한다.

○ 회원국들과 연합의 외교 사절들은 정보를 교환하고 공동 평가를 수행함으로써 협력을 강화하여야 한다.

○ 회원국과 연합의 외교단은 기능조약 제20조 제2항 (c) 및 위 조약 제23조에 따라 채택된 조치들에서 언급된 바와 같이 제3국 영토 내에서 연합 시민의 권리 실현에 기여하여야 한다.

Article 35(ex Article 20 TEU)

○ The diplomatic and consular missions of the Member States and the Union delegations in third countries and international conferences, and their representations to international organisations, shall cooperate in ensuring that decisions defining Union positions and actions adopted pursuant to this Chapter are complied with and implemented.

○ They shall step up cooperation by exchanging information and carrying out joint assessments.

○ They shall contribute to the implementation of the right of citizens of the Union to protection in the territory of third countries as referred to in Article 20(2)(c) of the Treaty on the Functioning of the European Union and of the measures adopted pursuant to Article 23 of that Treaty.

제36조 (ex Article 21 TEU)

○ 외교안보수석대표는 정기적으로 공동외교안보정책 및 공동방위정책의 기본적 방향과 주요 관심 사항에 관하여 유럽 의회와 협의를 갖고, 이러한 정책들의 전개 과정을 알려 주어야 한다. 외교안보수석대표는 유럽 의회의 입장들이 적절히 고려될 수 있도록 하여야 한다. 특별전권대표도 유럽 의회에 보고할 수 있다.

○ 유럽 의회는 각료이사회 또는 외교안보수석대표에 대하여 질의를 하거나 권고를 할 수 있다. 유럽 의회는 2년에 한 번씩 공동방위정책을 포함하여 공동외교안보정책의 이행 과정에 관한 논의를 진행하여야 한다.

Article 36(ex Article 21 TEU)

○ The High Representative of the Union for Foreign Affairs and Security Policy shall regularly consult the European Parliament on the main aspects and the basic choices of the common foreign and security policy and the common security and defence policy and inform it of how those policies evolve. He shall ensure that the views of the European Parliament are duly taken into consideration. Special representatives may be involved in briefing the European Parliament.
○ The European Parliament may ask questions of the Council or make recommendations to it and to the High Representative. Twice a year it shall hold a debate on progress in implementing the common foreign and security policy, including the common security and defence policy.

제37조(ex Article 24 TEU)

이 장이 적용되는 범위 내에서 연합은 하나 또는 그 이상의 국가들 또는 국제 기구와 조약을 체결할 수 있다.

Article 37(ex Article 24 TEU)

The Union may conclude agreements with one or more States or international organisations in areas covered by this Chapter.

제38조(ex Article 25 TEU)

○ 정치안보위원회는 기능조약 제240조에 영향을 미치지 않는 범위 내에서 공동외교안보정책에서 다루는 부문과 관련된 국제정세를 감시하고 각료이사회나 외교안보수석대표의 요청에 의해 또는 직권으로 각료이사회에 의견을 제공하여 정책 수립에 기여하여야 한다. 정치안보위원회는 외교안보수석대표의 권한을 침해함 없이 기존의 합의된 정책 이행을 점검한다.
○ 이 장의 범위 내에서 정치안보위원회는 각료이사회 및 외교안보수석대표의 책임 하에 제43조에 언급된 위기관리운영의 정치적 통제와 전략적 방향을 시행하여야 한다.
○ 각료이사회는 위기관리운영의 목적과 기간을 감안하여 운영의 정치적 통제와 전략적 방향에 관하여 적절한 결정을 내릴 수 있는 권한을 정치안보위원회에 부여할 수 있다.

Article 38(ex Article 25 TEU)

○ Without prejudice to Article 240 of the Treaty on the Functioning of the European Union, a Political and Security Committee shall monitor the international situation in the areas covered by the common foreign and security policy and contribute to the definition of policies by delivering opinions to the Council at the request of the Council or of the High Representative of the Union for Foreign Affairs and Security Policy or on its own initiative. It shall also monitor the implementation of agreed policies, without prejudice to the powers of the High Representative.

○ Within the scope of this Chapter, the Political and Security Committee shall exercise, under the responsibility of the Council and of the High Representative, the political control and strategic direction of the crisis management operations referred to in Article 43.

○ The Council may authorise the Committee, for the purpose and for the duration of a crisis management operation, as determined by the Council, to take the relevant decisions concerning the political control and strategic direction of the operation.

제39조

유럽연합기능에 관한 조약 제16조에 따라 같은 조 제2항에 대한 예외로서 각료이사회는 이 장에 속하는 조치들을 취함에 있어 회원국들에 의한 개인정보처리와 관련한 개인 보호 및 이러한 정보의 자유로운 이동에 관한 규칙들 담고 있는 결정을 채택하여야 한다. 이러한 규칙들의 준수는 독립 기관의 통제 대상이 된다.

Article 39

In accordance with Article 16 of the Treaty on the Functioning of the European Union and by way of derogation from paragraph 2 thereof, the Council shall adopt a decision laying down the rules relating to the protection of individuals with regard to the processing of personal data by the Member States when carrying out activities which fall within the scope of this Chapter, and the rules relating to the free movement of such data. Compliance with these rules shall be subject to the control of independent authorities.

제40조(ex Article 47 TEU)

○ 공동외교안보정책의 이행은 기능조약 제3조 내지 제6조에 명시된 연합의 권한 행사를 위하여 조약상 명시된 절차들의 적용 및 기관들의 권한의 범위에 영향을 미치지 아니한다.

○ 위 조항들에서 나열되고 있는 정책들의 이행 역시 이 장에 따른 연합의 권한 행사를 위해 조약에 명시된 절차들의 적용 및 기관들의 권한 범위에 영향을 미치지 아니한다.

Article 40(ex Article 47 TEU)

○ The implementation of the common foreign and security policy shall not affect the application of the procedures and the extent of the powers of the institutions laid down by the Treaties for the exercise of the Union competences referred to in Articles 3 to 6 of the Treaty on the Functioning of the European Union.

○ Similarly, the implementation of the policies listed in those Articles shall not affect the application of the procedures and the extent of the powers of the institutions laid down by the Treaties for the exercise of the Union competences under this Chapter.

제41조(ex Article 28 TEU)

(1) 이 장에 따른 업무의 수행을 위해 각 기관에 발생된 행정적 비용은 연합의 예산으로 충당한다.

(2) ○ 군사적 또는 방어적 작전 및 각료이사회가 만장일치로 달리 결정하는 경우를 제외하고는 이 장에 따른 조치를 시행함으로써 발생하는 운영 경비는 연합의 예산으로 한다.

○ 연합의 예산으로 충당되지 않는 비용은 각료이사회에서 만장일치로 달리 정하지 않는 한 각 회원국들의 국내 총생산 규모에 따라 분담된다. 군사적 또는 방어적 성격의 작전으로 인해 발생한 비용에 관하여 제31조 제1항에 따라 각료이사회 내에서 기권의 의사표시를 공식적으로 표명한 회원국들은 그에 따른 재정적 부담을 지지 아니한다.

(3) ○ 각료이사회는 공동외교안보정책의 틀 안에서 긴급 자금 조달을 위한 연합 예산의 전용을 신속히 할 수 있도록 보장하고, 특히 제42조 제1항 및 제43조에 언급된 임무를 위한 사전 준비 조치를 할 수 있도록 하는 내용의 결정을 채택하여야 한다. 이 결정은 유럽 의회와의 협의를 거쳐야 한다.

○ 조약 제42조 제1항 및 제43조 소정의 임무를 위한 사전 활동에 따른 비용으로서 연합의 예산에 편성되지 않는 것은 회원국들의 출연에 의해 조성된 개시 기금으로 충당한다.

○ 각료이사회는 외교안보수석대표의 제청에 따라 아래와 같은 내용을 담고 있는 결정을 가중 다수결로 채택한다.

(a) 개시 기금의 조성 및 재원 조달, 특히 기금에 할당된 금액

(b) 개시 기금의 운용 절차

(c) 회계 통제절차

○ 제42조 제1항 및 제43조에 따른 임무 수행에 소요되는 비용이 연합 예산으로 충당될 수 없는 경우, 각료이사회는 외교안보수석대표로 하여금 위 기금을 사용할 수 있는 권한을 부여한다. 외교안보수석대표는 각료이사회에 대하여 이 소관 업무의 이행을 보고하여야 한다.

Article 41(ex Article 28 TEU)

(1) Administrative expenditure to which the implementation of this Chapter gives rise for the institutions shall be charged to the Union budget.

(2) ○ Operating expenditure to which the implementation of this Chapter gives rise shall also be charged to the Union budget, except for such expenditure arising from operations having military or defence implications and cases where the Council acting unanimously decides otherwise.

○ In cases where expenditure is not charged to the Union budget, it shall be charged to the Member States in accordance with the gross national product scale, unless the Council acting unanimously decides otherwise. As for expenditure arising from operations having military or defence implications, Member States whose representatives in the Council have made a formal declaration under Article 31(1), second subparagraph, shall not be obliged to contribute to the financing thereof.

(3) ○ The Council shall adopt a decision establishing the specific procedures for guaranteeing rapid access to appropriations in the Union budget for urgent financing of initiatives in the framework of the common foreign and security policy, and in particular for preparatory activities for the tasks referred to in Article 42(1) and Article 43. It shall act after consulting the European Parliament.

○ Preparatory activities for the tasks referred to in Article 42(1) and Article 43 which are not charged to the Union budget shall be financed by a start-up fund made up of Member States' contributions.

○ The Council shall adopt by a qualified majority, on a proposal from the High Representative of the Union for Foreign Affairs and Security Policy, decisions establishing:

(a) the procedures for setting up and financing the start-up fund, in particular the amounts allocated to the fund

(b) the procedures for administering the start-up fund

(c) the financial control procedures

○ When the task planned in accordance with Article 42(1) and Article 43 cannot be charged to the Union budget, the Council shall authorise the High Representative to use the fund. The High Representative shall report to the Council on the implementation of this remit.

| 제2절 공동안보방위정책에 관한 조항 |

Section 2 Provisions on the Common Security and Defense Policy

제42조(ex Article 17 TEU)

(1) 공동안보방위정책은 공동외교안보정책의 필수적 부분이 되어야만 한다. 공동안보방위 정책에 따라 연합은 민간 및 군사적 자산에 대한 운용 능력을 갖는다. 연합은 유엔 헌장의 원리에 따라 평화 유지, 분쟁 예방 및 국제 안전보장의 강화를 위하여 위 자산들을 역외에서 활용할 수 있다. 이러한 업무 수행은 회원국들에 의해 제공된 역량을 사용하여 이루어진다.

(2) ○ 공동안보방위정책에는 점진적으로 연합의 공동방위정책의 틀을 형성하는 것이 포함되어야 한다. 유럽정상회의는 공동방위를 결정할 수 있다. 공동방위의 경우 각 회원국은 자국의 개별적인 헌법 질서의 요건에 따라 그 결정을 채택하도록 권고 받는다.

○ 이 절에서 정하는 연합의 정책은 특정 회원국들의 안보 및 방위 정책의 특수성을 침해하지 않으며, 북대서양조약기구(NATO)의 공동방위정책을 따라야 하는 특정 국가들의 의무를 존중하고, 위 조약 안에서 수립된 공동 안보 및 방위 정책과 양립할 수 있어야 한다.

(3) ○ 회원국들은 공동방위정책 수행을 위해 연합에서 활용할 수 있는 민간 및 군사적 역량을 제공하고, 각료이사회에 의해 수립된 목표를 위해 기여하여야 한다. 함께 다국적군을 구성하고 있는 회원국들은 이 군대를 공동안보방위정책에 활용할 수도 있다.

○ 회원국들은 점진적으로 자국의 군사적 역량을 개선시켜야 한다. 방위 역량 개발, 연구, 획득 및 군비 담당 기관 (이하 '유럽방위청'으로 칭함)은 운영 요건을 수립하고, 그러한 요구 사항을 충족시키기 위한 조치들을 촉진하며, 필요한 경우 방위 분야의 산업 및 기술 기반 강화에 필요한 조치들을 파악, 시행하는데 기여하며, 유럽 차원의 역량과 군비 정책 수립에 참여하고, 각료이사회가 군사 역량의 개선을 평가함에 있어 조력하여야 한다.

(4) 이 조항에서 언급되는 임무의 개시를 포함하여 공동안보방위정책과 관련한 결정들은 외교안보수석대

표의 제안 또는 회원국의 제청에 따라 각료이사회에 의해 만장일치로 채택되어야 한다. 외교안보수석대표는 필요한 경우 집행위원회와 공동으로 회원국의 자원 및 연합의 수단들의 이용을 제안할 수 있다.

(5) 각료이사회는 연합 체제 내에서 연합의 가치를 보호하고 그 이익에 봉사하도록 하기 위해 임무의 이행을 회원국들 중 일부 집단에 위임할 수 있다. 위임 업무의 수행은 조약 제44조에 따라 통제되어야 한다.

(6) 군사적 역량에서 더 높은 기준을 충족하고 가장 시급한 임무를 위한 목적으로 공동안보방위 분야에서 상호 간 보다 높은 구속력을 가진 책무를 지기로 한 회원국들은 연합 체제 내에서 상설 협력 체제를 구축한다. 이러한 협력 체제는 조약 제46조에 의하여 통제된다. 이러한 협력은 제43조의 규정에 영향을 미치지 아니한다.

(7) ○ 어느 회원국이 자국의 영토에서 군사적 공격을 받는 경우 다른 회원국들은 유엔 헌장 제51조의 규정에 따라 모든 수단을 동원하여 원조하고 지원할 의무가 있다. 이는 몇몇 회원국들이 갖고 있는 안보방위정책의 특별한 성격에 영향을 미치지 아니한다.

○ 이 부문에 있어서의 책무와 협력은 집단 방위의 토대와 그 이행의 장을 유지하고 있는 대서양조약기구의 회원국들이 지는 책무와 일치되어야 한다.

Article 42(ex Article 17 TEU)

(1) The common security and defence policy shall be an integral part of the common foreign and security policy. It shall provide the Union with an operational capacity drawing on civilian and military assets. The Union may use them on missions outside the Union for peace-keeping, conflict prevention and strengthening international security in accordance with the principles of the United Nations Charter. The performance of these tasks shall be undertaken using capabilities provided by the Member States.

(2) ○ The common security and defence policy shall include the progressive framing of a common Union defence policy. This will lead to a common defence, when the European Council, acting unanimously, so decides. It shall in that case recommend to the Member States the adoption of such a decision in accordance with their respective constitutional requirements.

○ The policy of the Union in accordance with this Section shall not prejudice the specific character of the security and defence policy of certain Member States and shall respect the obligations of certain Member States, which see their common defence realised in the North Atlantic Treaty Organisation (NATO), under the North Atlantic Treaty and be compatible with the common security and defence policy established within that framework.

(3) ○ Member States shall make civilian and military capabilities available to the Union for the implementation of the common security and defence policy, to contribute to the objectives defined by the Council. Those Member States which together establish multinational forces may also make them available to the common security and defence policy.

○ Member States shall undertake progressively to improve their military capabilities. The Agency in the field of defence capabilities development, research, acquisition and armaments (hereinafter referred to as 'the European Defence Agency') shall identify operational requirements, shall promote measures to satisfy those requirements, shall contribute to identifying and, where appropriate, implementing any measure needed to strengthen the industrial and technological base of the defence sector, shall participate in defining a European capabilities and armaments policy, and shall assist the Council in evaluating the improvement of military capabilities.

(4) Decisions relating to the common security and defence policy, including those initiating a mission as referred to in this Article, shall be adopted by the Council acting unanimously on a proposal from the High Representative of the Union for Foreign Affairs and Security Policy or an initiative from a Member State. The High Representative may propose the use of both national resources and Union instruments, together with the Commission where appropriate.

(5) The Council may entrust the execution of a task, within the Union framework, to a group of Member States in order to protect the Union's values and serve its interests. The execution of such a task shall be governed by Article 44.

(6) Those Member States whose military capabilities fulfil higher criteria and which have made more binding commitments to one another in this area with a view to the most demanding missions shall establish permanent structured cooperation within the Union framework. Such cooperation shall be governed by Article 46. It shall not affect the provisions of Article 43.

(7) ○ If a Member State is the victim of armed aggression on its territory, the other Member States shall have towards it an obligation of aid and assistance by all the means in their power, in accordance with Article 51 of the United Nations Charter. This shall not prejudice the specific character of the security and defence policy of certain Member States.

○ Commitments and cooperation in this area shall be consistent with commitments under the North Atlantic Treaty Organisation, which, for those States which are members of it, remains the foundation of their collective defence and the forum for its implementation.

제43조

(1) 연합이 민간 및 군사적 수단의 이용을 통하여 제42조 제1항에 따라 달성하려는 임무에는 평화 구축 및 분쟁 후 안정화를 포함하여 공동 무장해제 작전, 인도주의적 구조 임무, 군사 자문 및 지원, 분쟁 예방 및 평화 유지 업무, 위기 관리를 위한 전투력의 사용 등이 들어간다. 이러한 제반 임무는 테러와의 전쟁에도 적용될 수 있는 바, 제3국이 그들의 영토 내에서 테러와의 전쟁을 하는 경우도 포함한다.

(2) 각료이사회는 제1항 소정의 임무와 관련한 결정을 채택하여 그 목적, 범위 및 임무 수행에 관한 일반적 요건들을 정해야 한다. 외교안보수석대표는 각료이사회의 권한 하에 정치안보위원회와 상시 긴밀한 접촉 속에 위와 같은 임무 속에 따르는 민간 및 군사적 측면의 조율을 담보해야 한다.

Article 43

(1) The tasks referred to in Article 42(1), in the course of which the Union may use civilian and military means, shall include joint disarmament operations, humanitarian and rescue tasks, military advice and assistance tasks, conflict prevention and peace-keeping tasks, tasks of combat forces in crisis management, including peace-making and post-conflict stabilisation. All these tasks may contribute to the fight against terrorism, including by supporting third countries in combating terrorism in their territories.

(2) The Council shall adopt decisions relating to the tasks referred to in paragraph 1, defining their objectives and scope and the general conditions for their implementation. The High Representative of the Union for Foreign Affairs and Security Policy, acting under the authority of the Council and in close and constant contact with the Political and Security Committee, shall ensure coordination of the civilian and military aspects of such tasks.

제44조

(1) 제43조에 따라 채택된 결정 내에서 각료이사회는 임무 수행을 위해 필요한 능력을 갖추고 있으면서 자발적인 일단의 회원국들에게 임무 수행을 위임할 수 있다. 위 회원국들의 임무 수행은 외교안보수석대표와의 협력 속에 내부적 합의에 의한다.

(2) 임무 수행에 참여하는 회원국들은 주도적으로 또는 다른 회원국들의 요청에 따라 각료이사회에 정기적으로 그 진행 상황을 통지하여야 한다. 임무 수행이 중요한 결과를 초래하거나 제1항에 따른 결정

에 담긴 목적, 범위 및 요건의 수정을 필요로 하는 경우 참여 회원국들은 즉시 각료이사회에 이 사실을 통지하여야 한다. 이 경우 각료이사회는 필요한 결정들을 채택하여야 한다.

Article 44

(1) Within the framework of the decisions adopted in accordance with Article 43, the Council may entrust the implementation of a task to a group of Member States which are willing and have the necessary capability for such a task. Those Member States, in association with the High Representative of the Union for Foreign Affairs and Security Policy, shall agree among themselves on the management of the task.

(2) Member States participating in the task shall keep the Council regularly informed of its progress on their own initiative or at the request of another Member State. Those States shall inform the Council immediately should the completion of the task entail major consequences or require amendment of the objective, scope and conditions determined for the task in the decisions referred to in paragraph 1. In such cases, the Council shall adopt the necessary decisions.

제45조

(1) 제42조 제3항 소정의 유럽방위청은 각료이사회의 권한 하에 아래와 같은 임무를 수행한다.

(a) 회원국들의 군사적 역량 목표를 파악하고 회원국들이 약속한 역량 준수 평가에의 기여

(b) 군사 작전 상의 필요 조율 및 효과적인 군수 조달 방법 채택의 촉진

(c) 군사적 역량의 목표 달성을 위한 다방면의 기획 제안 및 회원국들에 의해 시행되고 있는 프로그램들 간의 조정 및 특별 협력 프로그램의 관리를 보장

(d) 방위기술연구에 대한 지원 및 장래 군사 작전의 필요에 부응하기 위한 공동 연구 활동과 기술적 대안 연구 협력과 계획 수립

(e) 방위사업부문의 산업적 및 기술적 기반 강화, 그리고 군비 지출의 효율성 달성을 위한 유용한 조치들에 대한 파악 및 필요한 경우 그 이행에의 기여

(2) 유럽방위청은 그 일원이 되길 원하는 모든 회원국에게 개방되어야 한다. 각료이사회는 가중다수결에 의하여 방위청의 규칙, 의석 및 운영 규정을 담는 결정을 채택한다. 이 결정에는 방위청의 활동에 대한 원활한 참여 수준이 고려되어야 한다. 방위청 내에는 공동 프로젝트에 관여하고 있는 회원국들로 구성된 특별 그룹들을 둘 수 있다. 방위청은 필요한 경우 집행위원회와의 연락을 취하며 그 임무를 수행한다.

Article 45

(1) The European Defence Agency referred to in Article 42(3), subject to the authority of the Council, shall have as its task to:

(a) contribute to identifying the Member States' military capability objectives and evaluating observance of the capability commitments given by the Member States

(b) promote harmonisation of operational needs and adoption of effective, compatible procurement methods

(c) propose multilateral projects to fulfil the objectives in terms of military capabilities, ensure coordination of the programmes implemented by the Member States and management of specific cooperation programmes

(d) support defence technology research, and coordinate and plan joint research activities and the study of technical solutions meeting future operational needs

(e) contribute to identifying and, if necessary, implementing any useful measure for strengthening the industrial and technological base of the defence sector and for improving the effectiveness of military expenditure

(2) The European Defence Agency shall be open to all Member States wishing to be part of it. The Council, acting by a qualified majority, shall adopt a decision defining the Agency's statute, seat and operational rules. That decision should take account of the level of effective participation in the Agency's activities. Specific groups shall be set up within the Agency bringing together Member States engaged in joint projects. The Agency shall carry out its tasks in liaison with the Commission where necessary.

제46조

(1) 〈상설협력체제에 관한 의정서〉 상의 기준을 충족하고 군사 역량 책무를 준수한 회원국들로서 조약 제42조 제6항 소정의 상설협력체제에 참여하고자 하는 회원국들은 각료이사회와 외교안보수석대표에게 그 뜻을 통지하여야 한다.

(2) 제1항 따른 통지를 받은 뒤 3개월 이내에 각료이사회는 상설협력체제 설치 및 참여 회원국들의 목록을 확정하는 결정을 채택한다. 각료이사회의 결정은 외교안보수석대표와의 협의를 거쳐 가중다수결에 의한다.

(3) ○ 차회에 상설협력체제에 가입하고자 하는 회원국은 각료이사회와 외교안보수석대표에게 이를 통지

하여야 한다.

○ 각료이사회는 〈상설협력체제에 관한 의정서〉 제1항 및 제2항 소정의 기준을 충족하고 책무를 이행하는 회원국에 대하여 그 참여를 확인하는 결정을 내려야 한다. 각료이사회가 결정을 내림에 있어서는 외교안보수석대표와의 협의를 거쳐 가중다수결에 의한다. 이 결정에는 상설협력체제에 참여하고 있는 회원국들에만 투표권이 주어진다.

○ 가중다수결은 기능조약 제238조 제3항 (a)에서 정하는 바에 따른다.

(4) ○ 가가입회원국이 위 기준을 충족시키지 못하거나 〈상설협력체제에 관한 의정서〉 제1조 및 제2조 소정의 책무를 준수하지 못하는 경우 각료이사회는 당해 회원국의 참여를 잠정 중단한다는 결정을 채택할 수 있다.

○ 각료이사회의 결정은 가중다수결에 의하되, 의사정족수는 문제의 회원국을 제외한 나머지 참여국가들만으로 산정한다.

○ 가중다수결은 기능조약 제238조 제3항 (a)에서 정하는 바에 따른다.

(5) 상설협력체제로부터 탈퇴하고자 하는 참여 회원국은 각료이사회에 그 의사를 통지하여야 하며, 각료이사회는 당해 회원국이 참여를 중단하고 있는지 파악하여야 한다.

(6) 제2항 내지 제5항의 경우를 제외하고 상설협력체제 내에서의 각료이사회의 결정과 권고안은 만장일치로 채택되어야 한다. 이 항에서의 만장일치는 참여회원국들의 대표들의 투표만으로 결정한다.

Article 46

(1) ○ Those Member States which wish to participate in the permanent structured cooperation referred to in Article 42(6), which fulfil the criteria and have made the commitments on military capabilities set out in the Protocol on permanent structured cooperation, shall notify their intention to the Council and to the High Representative of the Union for Foreign Affairs and Security Policy.

(2) ○ Within three months following the notification referred to in paragraph 1 the Council shall adopt a decision establishing permanent structured cooperation and determining the list of participating Member States. The Council shall act by a qualified majority after consulting the High Representative.

(3) ○ Any Member State which, at a later stage, wishes to participate in the permanent structured cooperation shall notify its intention to the Council and to the High Representative.

○ The Council shall adopt a decision confirming the participation of the Member State concerned which fulfils the criteria and makes the commitments referred to in Articles 1 and 2 of the Protocol on permanent structured cooperation. The Council shall act by a qualified majority after consulting the High Representative. Only members of the Council representing the participating Member States shall take part in the vote.

○ A qualified majority shall be defined in accordance with Article 238(3)(a) of the Treaty on the Functioning of the European Union.

(4) ○ If a participating Member State no longer fulfils the criteria or is no longer able to meet the commitments referred to in Articles 1 and 2 of the Protocol on permanent structured cooperation, the Council may adopt a decision suspending the participation of the Member State concerned.

○ The Council shall act by a qualified majority. Only members of the Council representing the participating Member States, with the exception of the Member State in question, shall take part in the vote.

○ A qualified majority shall be defined in accordance with Article 238(3)(a) of the Treaty on the Functioning of the European Union.

(5) Any participating Member State which wishes to withdraw from permanent structured cooperation shall notify its intention to the Council, which shall take note that the Member State in question has ceased to participate.

(6) The decisions and recommendations of the Council within the framework of permanent structured cooperation, other than those provided for in paragraphs 2 to 5, shall be adopted by unanimity. For the purposes of this paragraph, unanimity shall be constituted by the votes of the representatives of the participating Member States only.

제6편 최종조항

Title VI Final Provisions

제47조

연합은 법인격을 지닌다.

Article 47

The Union shall have legal personality.

제48조(ex Article 48 TEU)

⑴ 창설조약들은 통상개정절차에 따라 개정될 수 있으며, 또한 간이개정절차에 따라 개정될 수도 있다.

통상개정절차

⑵ 회원국 정부, 유럽의회 또는 집행위원회는 각료이사회에 대하여 조약 개정안을 제출할 수 있다. 이 제안들에는 특히 조약을 통해 연합에 부여된 권한을 강화하거나 축소하는 내용이 포함될 수 있다. 안건은 각료이사회에 의하여 유럽정상회의에 제출되고 각 회원국의 의회에 통지되어야 한다.

⑶ ○ 유럽의회와 집행위원회와의 협의를 거쳐 유럽정상회의에서 단순과반수로 개정안에 대한 심의 개시를 결정하면 유럽정상회의 의장은 회원국의 국가 원수 또는 정부 수반, 각 회원국 의회, 유럽의회 및 집행위원회의 대표자들로 구성된 전(全) 유럽협의회를 소집한다. 개정 안건이 통화 부문의 제도적 변경을 가져오는 것일 때에는 유럽 중앙은행도 협의의 상대가 되어야 한다. 유럽협의회는 개정안에 대한 심의를 하고 합의를 통해 제4항이 정하는 바에 따라 회원국 정부 대표자들로 이루어진 회담에 보낼 권고안을 채택한다.

○ 개정안의 범위가 유럽협의회 소집 사유로서 정당하지 않은 경우 유럽정상회의는 유럽의회의 동의를 받아 단순 과반수를 통해 유럽협의회 소집을 하지 않기로 하는 결정을 채택할 수 있다. 이 경우 유럽정상회의는 회원국 정부 대표자 간 회담에 회부할 조건을 명시하여야 한다.

⑷ ○ 조약 개정을 공동으로 결정하기 위한 목적의 회원국 정부간 회담은 각료 이사회 의장이 소집한다.

○ 개정안은 전 회원국이 자국의 헌법 절차에 따라 각각 비준 절차를 마친 뒤에 효력을 발생한다.

(5) 개정 조약안에 대한 서명 후 2년이 경과한 시점에서 5분의 4 이상의 회원국들로부터 비준이 이루어진 상태에서, 하나 그 이상의 회원국들이 비준 절차에 난항을 겪고 있는 경우 개정안은 유럽정상회의에 회부되어야 한다.

간이개정절차

(6) ○ 회원국 정부, 유럽의회 또는 집행위원회는 연합의 역내 정책 및 조치와 관련하여 유럽연합기능조약 제3장에 규정된 조항들의 전부 또는 일부에 대한 개정안을 유럽정상회의에 제출할 수 있다.

○ 유럽정상회의는 유럽연합기능조약 제3장에 규정된 조항들의 전부 또는 일부에 대한 개정을 담는 결정을 채택할 수 있다. 이 결정은 유럽의회 및 집행위원회와, 그리고 통화 부문에 관한 제도적 변경에 관한 것인 때에는 유럽중앙은행과의 협의도 거쳐 만장일치로 채택되어야 한다. 이 결정은 전 회원국들에 의해 각 자국의 헌법 질서에 따라 승인을 얻을 때까지는 효력을 발생하지 않는다. 이 규정에 따른 조약 개정안에는 유럽 연합에 부여된 권한을 강화하는 내용은 담을 수 없다.

(7) ○ 유럽연합기능조약 또는 이 조약 제5편에 의해 일정한 분야나 구체적 상황에서 각료이사회가 만장일치로 의결하여야 하도록 되어 있는 경우, 유럽정상회의는 해당 분야나 사건에 있어서 각료이사회로 하여금 가중다수결에 의하여 의결할 수 있도록 권한을 부여하는 결정을 채택할 수 있다. 이 규정은 군사적 영향이 있거나 방위 분야에 관한 결정에는 적용되지 아니한다.

○ 유럽연합기능조약이 각료이사회로 하여금 특별입법절차에 따라 입법 조치를 하도록 규정하고 있는 경우, 유럽정상회의는 통상입법절차에 따라 법안 채택을 할 수 있도록 허용하는 결정을 내릴 수 있다

○ 유럽정상회의가 제1단 또는 제2단에 근거하여 취하는 발의는 각 회원국의 의회에 통보되어야 한다. 어느 회원국의 의회가 이러한 통지를 받고 6개월 이내에 이에 반대하는 뜻을 표명하는 경우 유럽정상회의의 위 결정들은 채택되지 아니한다. 위 기간 내에 반대가 없는 경우 유럽정상회의는 당해 결정을 채택할 수 있다.

○ 제1단 및 제2단에 따른 유럽정상회의의 결정 채택은 유럽의회에서 재적의원 과반수의 동의를 얻은 뒤 만장일치로 이루어져야 한다.

Article 48(ex Article 48 TEU)

(1) The Treaties may be amended in accordance with an ordinary revision procedure. They may also be amended in accordance with simplified revision procedures.

Ordinary revision procedure

(2) The Government of any Member State, the European Parliament or the Commission may submit to the Council proposals for the amendment of the Treaties. These proposals may, inter alia, serve either to increase or to reduce the competences conferred on the Union in the Treaties. These

proposals shall be submitted to the European Council by the Council and the national Parliaments shall be notified.

(3) ○ If the European Council, after consulting the European Parliament and the Commission, adopts by a simple majority a decision in favour of examining the proposed amendments, the President of the European Council shall convene a Convention composed of representatives of the national Parliaments, of the Heads of State or Government of the Member States, of the European Parliament and of the Commission. The European Central Bank shall also be consulted in the case of institutional changes in the monetary area. The Convention shall examine the proposals for amendments and shall adopt by consensus a recommendation to a conference of representatives of the governments of the Member States as provided for in paragraph 4.

○ The European Council may decide by a simple majority, after obtaining the consent of the European Parliament, not to convene a Convention should this not be justified by the extent of the proposed amendments. In the latter case, the European Council shall define the terms of reference for a conference of representatives of the governments of the Member States.

(4) ○ A conference of representatives of the governments of the Member States shall be convened by the President of the Council for the purpose of determining by common accord the amendments to be made to the Treaties.

○ The amendments shall enter into force after being ratified by all the Member States in accordance with their respective constitutional requirements.

(5) If, two years after the signature of a treaty amending the Treaties, four fifths of the Member States have ratified it and one or more Member States have encountered difficulties in proceeding with ratification, the matter shall be referred to the European Council.

Simplified revision procedures

(6) ○ The Government of any Member State, the European Parliament or the Commission may submit to the European Council proposals for revising all or part of the provisions of Part Three of the Treaty on the Functioning of the European Union relating to the internal policies and action of the Union.

○ The European Council may adopt a decision amending all or part of the provisions of Part Three of the Treaty on the Functioning of the European Union. The European Council shall act by unanimity after consulting the European Parliament and the Commission, and the European Central Bank in the case of institutional changes in the monetary area. That decision shall not enter into force until it is approved by the Member States in accordance with their respective constitutional requirements. The decision referred to in the second subparagraph shall not increase the competences conferred on the Union in the Treaties.

(7) ○ Where the Treaty on the Functioning of the European Union or Title V of this Treaty provides for the Council to act by unanimity in a given area or case, the European Council may adopt a decision authorising the Council to act by a qualified majority in that area or in that case. This subparagraph shall not apply to decisions with military implications or those in the area of defence.

○ Where the Treaty on the Functioning of the European Union provides for legislative acts to be adopted by the Council in accordance with a special legislative procedure, the European Council may adopt a decision allowing for the adoption of such acts in accordance with the ordinary legislative procedure.

○ Any initiative taken by the European Council on the basis of the first or the second subparagraph shall be notified to the national Parliaments. If a national Parliament makes known its opposition within six months of the date of such notification, the decision referred to in the first or the second subparagraph shall not be adopted. In the absence of opposition, the European Council may adopt the decision.

○ For the adoption of the decisions referred to in the first and second subparagraphs, the European Council shall act by unanimity after obtaining the consent of the European Parliament, which shall be given by a majority of its component members.

제49조(ex Article 49 TEU)

○ 제2조 소정의 가치들을 존중하며 이 가치들의 촉진을 준수하는 유럽 내의 국가는 연합의 회원국이 되기 위한 신청을 할 수 있다. 이 신청은 유럽 의회와 각 회원국 의회에 통지되어야 한다. 가입 신청국은 각료이사회에 신청 의사를 표명해야 한다. 각료이사회는 집행위원회와의 협의를 거치고 재적 의원 과반수에 의한 유럽의회의 동의를 얻은 후 만장일치로 조치를 취한다. 유럽정상회의에서 합의된 가입 자격 요건이 고려되어야 한다.

○ 가입 조건 및 가입 내용에 따라 수반되는 창설조약들 상의 조율은 각 회원국들과 신청국 사이의 개별 조약의 대상이 된다. 이 조약은 각 체약국들의 헌법적 요건에 따라 비준되어야 한다.

Article 49(ex Article 49 TEU)

○ Any European State which respects the values referred to in Article 2 and is committed to promoting them may apply to become a member of the Union. The European Parliament and national Parliaments shall be notified of this application. The applicant State shall address its application to the Council, which shall act unanimously after consulting the Commission and after receiving the consent of the European Parliament, which shall act by a majority of its component members. The conditions of eligibility agreed upon by the European Council shall be taken into account.

○ The conditions of admission and the adjustments to the Treaties on which the Union is founded, which such admission entails, shall be the subject of an agreement between the Member States and the applicant State. This agreement shall be submitted for ratification by all the contracting States in accordance with their respective constitutional requirements.

제50조

(1) 회원국들은 자국의 헌법 요건에 따라 연합으로부터 탈퇴를 결정할 수 있다.

(2) 탈퇴를 결정한 회원국은 유럽정상회의에 이를 통지하여야 한다. 유럽정상회의에서 정하는 지침의 취지를 반영하여 연합은 향후 연합과의 미래 관계를 위한 틀을 감안하여 당해 국가와 탈퇴 조건을 정하는 협상을 진행하고, 탈퇴 조약을 체결하여야 한다. 탈퇴 조약을 위한 협상은 유럽연합기능조약 제218조 제3항에 의한다. 각료이사회는 연합을 대표하여 유럽의회의 동의를 얻은 뒤 가중다수결에 의하여 최종적으로 탈퇴조약을 마무리한다.

(3) 탈퇴 조약의 효력이 발생한 날로부터, 탈퇴 조약 체결에 실패하는 경우 유럽정상회의에서 만장일치로 그 기간을 연장하지 않는 한 탈퇴 의사 통지일로부터 2년이 경과함으로써 창설조약들의 당해 회원국에 대한 적용은 중단된다.

(4) ○ 제2항 및 제3항의 목적을 위한 각종 결의 시 탈퇴 표명 회원국의 대표는 유럽정상회의 또는 각료이사회 내에서 당해 탈퇴와 관련된 의제를 다루는 논의에 참석하여서는 아니 된다.

○ 이 경우 가중다수결의 정족수에 관하여는 기능조약 제238조 제3항 (b)의 규정에 따른다.

(5) 연합에서 탈퇴한 회원국이 재가입을 요청하는 경우, 그 신청은 제49조 소정의 절차에 따라 진행된다.

Article 50

(1) Any Member State may decide to withdraw from the Union in accordance with its own constitutional requirements.

(2) A Member State which decides to withdraw shall notify the European Council of its intention. In the light of the guidelines provided by the European Council, the Union shall negotiate and conclude an agreement with that State, setting out the arrangements for its withdrawal, taking account of the framework for its future relationship with the Union. That agreement shall be negotiated in accordance with Article 218(3) of the Treaty on the Functioning of the European Union. It shall be concluded on behalf of the Union by the Council, acting by a qualified majority, after obtaining the consent of the European Parliament.

(3) The Treaties shall cease to apply to the State in question from the date of entry into force of the withdrawal agreement or, failing that, two years after the notification referred to in paragraph 2, unless the European Council, in agreement with the Member State concerned, unanimously decides to extend this period.

(4) ○ For the purposes of paragraphs 2 and 3, the member of the European Council or of the Council representing the withdrawing Member State shall not participate in the discussions of the European Council or Council or in decisions concerning it.

○ A qualified majority shall be defined in accordance with Article 238(3)(b) of the Treaty on the Functioning of the European Union.

(5) If a State which has withdrawn from the Union asks to rejoin, its request shall be subject to the procedure referred to in Article 49.

제51조

창설조약들에 부수된 의정서들과 부속서는 조약의 필수적 부분을 이룬다.

Article 51

The Protocols and Annexes to the Treaties shall form an integral part thereof.

제52조

(1) 이 조약들은 벨기에 왕국, 불가리아 공화국, 체코 공화국, 덴마크 왕국, 독일연방공화국, 에스토니아 공화국, 아일랜드, 그리스 공화국, 스페인 왕국, 프랑스 공화국, 이태리 공화국, 키프러스 공화국, 라트비아 공화국, 리투아니아 공화국, 룩셈부르그 공국, 헝가리 공화국, 몰타 공화국, 네델란드 왕국, 오스트리아 공화국, 폴란드 공화국, 포르투갈 공화국, 루마니아, 슬로베니아 공화국, 슬로바키아 공화국, 핀란드 공화국, 스웨덴 왕국 및 그리고 영국·북아일랜드 왕국에 적용된다.
(2) 창설조약들의 영토적 범위는 유럽연합기능조약 제355조에서 명시한다.

Article 52

(1) The Treaties shall apply to the Kingdom of Belgium, the Republic of Bulgaria, the Czech Republic, the Kingdom of Denmark, the Federal Republic of Germany, the Republic of Estonia, Ireland, the Hellenic Republic, the Kingdom of Spain, the French Republic, the Italian Republic, the Republic of Cyprus, the Republic of Latvia, the Republic of Lithuania, the Grand Duchy of Luxembourg, the Republic of Hungary, the Republic of Malta, the Kingdom of the Netherlands, the Republic of Austria, the Republic of Poland, the Portuguese Republic, Romania, the Republic of Slovenia, the Slovak Republic, the Republic of Finland, the Kingdom of Sweden and the United Kingdom of Great Britain and Northern Ireland.
(2) The territorial scope of the Treaties is specified in Article 355 of the Treaty on the Functioning of the European Union.

제53조(ex Article 51 TEU)

본 조약은 종기를 두지 아니하고 체결한다.

Article 53(ex Article 51 TEU)

This Treaty is concluded for an unlimited period.

제54조(ex Article 52 TEU)

(1) 본 조약은 회원국들 각자의 헌법적 질서에 따라 최고의 체약 주체들에 의하여 비준되어야 한다. 비준 문서들은 이태리 정부에 기탁한다.

(2) 이 조약은 모든 비준 문서들이 기탁되었다면 1993년 1월 1일자로, 위 날짜까지 기탁 절차가 종료되지 않은 경우엔 최종 비준 국가에 의하여 비준 원문 기탁 절차를 밟은 날이 속하는 달의 다음 달 1일부터 발효한다.

Article 54(ex Article 52 TEU)

(1) This Treaty shall be ratified by the High Contracting Parties in accordance with their respective constitutional requirements. The instruments of ratification shall be deposited with the Government of the Italian Republic.

(2) This Treaty shall enter into force on 1 January 1993, provided that all the Instruments of ratification have been deposited, or, failing that, on the first day of the month following the deposit of the Instrument of ratification by the last signatory State to take this step.

제55조(ex Article 53 TEU)

(1) 이 조약은 불가리아어, 체코어, 덴마크어, 네델란드어, 영어, 에스토니아어, 핀란드어, 불어, 독일어, 그리스어, 헝가리어, 아일랜드어, 이태리어, 라트비아어, 리투아니아어, 몰타어, 폴란드어, 포르투갈어, 루마니아어, 슬로바키아어, 슬로베니아어, 스페인어 및 스웨덴어로 각 조약 원문 한 부가 작성되며, 각 조약 원문은 동등한 법적 효력을 갖는다. 이 원문들은 이태리 정부의 문서 보관소에 보관되며 다른 체약국 각 정부에게는 등본 한 통이 교부된다.

(2) 이 조약은 회원국들 사이에 자국의 헌법 질서에 정하는 바에 따라 다른 언어로 번역될 수 있으며 이는 당해 국가의 영토의 일부 또는 전부 내에서 공식적인 지위를 갖는다. 번역 당사국은 각료이사회의 기록보관소에 보관될 수 있도록 번역본 등본을 교부하여야 한다.

Article 55(ex Article 53 TEU)

(1) This Treaty, drawn up in a single original in the Bulgarian, Czech, Danish, Dutch, English, Estonian,

Finnish, French, German, Greek, Hungarian, Irish, Italian, Latvian, Lithuanian, Maltese, Polish, Portuguese, Romanian, Slovak, Slovenian, Spanish and Swedish languages, the texts in each of these languages being equally authentic, shall be deposited in the archives of the Government of the Italian Republic, which will transmit a certified copy to each of the governments of the other signatory States.

(2) This Treaty may also be translated into any other languages as determined by Member States among those which, in accordance with their constitutional order, enjoy official status in all or part of their territory. A certified copy of such translations shall be provided by the Member States concerned to be deposited in the archives of the Council.

유럽연합기능조약

Treaty on the Functioning of the European Union

유럽연합기능조약

Treaty on the Functioning of the European Union

전문

벨기에 국왕, 독일 연방 공화국 대통령, 프랑스 공화국 대통령, 이태리 공화국 대통령, 룩셈부르그 대공, 네델란드 여왕은[1],

○ 유럽시민들 사이에 더욱 친밀한 연합을 만들 것을 결정하면서,

○ 유럽을 갈라놓고 있는 장벽들을 제거하는 공동의 조치를 통해 회원국들의 경제·사회적 발전을 확보할 것을 결의하고,

○ 회원국들의 노력의 본질적인 목표가 시민들의 삶과 노동조건의 지속적인 향상임을 확인하고,

○ 안정적 성장, 무역균형과 공정한 경쟁을 담보하기 위하여는 현존하는 장벽들의 제거가 요구된다는 점을 인정하고,

○ 다양한 지역들 간의 현존하는 격차 및 상대적으로 열악한 지역의 낙후성을 감소시킴으로써 경제적 단일성을 강화하고 발전의 조화를 모색해야 한다는 점을 깊이 유념하고,

○ 공동통상정책을 통하여 국제 교역에서의 점진적 제한 철폐에 기여할 것을 염원하고,

○ 유엔헌장의 원칙에 따라 유럽과 해외령 국가들을 묶는 결속을 확인함과 동시에 이들의 번영을 위한 발전을 담보하기로 작정하며,

○ 회원국들 자원의 공동이용을 통해 평화와 자유를 유지·강화하기로 결의하면서, 한편으로 이러한 노력에 다른 유럽 국가들도 참여하여 그 이상을 공유하도록 독려하며,

○ 교육에 대한 폭넓은 접근, 그리고 그 지속적인 개선을 통하여 회원국 국민들의 지식 수준을 가능한 최고 수준으로 발전시켜 나가도록 독려할 것을 결정하면서, 이 목표를 위해

○ 전권대표들을 다음과 같이 임명하였다.
(전권대표의 이름은 생략)

○ 전권대표들은 정본 확인 및 전권 위임장을 교환하고 다음과 같이 합의하였다.

[1] 이후 불가리아 공화국, 체코 공화국, 덴마크 왕국, 에스토니아 공화국, 아일랜드, 그리스 공화국, 스페인 왕국, 키프러스 공화국, 라트비아 공화국, 리투아니아 공화국, 헝가리 공화국, 몰타 공화국, 오스트리아 공화국, 폴란드 공화국, 포르투갈 공화국, 루마니아, 슬로베니아 공화국, 슬로바키아 공화국, 핀란드 공화국, 스웨덴 왕국 그리고 영국·북아일랜드 왕국이 회원국이 되었다.

Preamble

HIS MAJESTY THE KING OF THE BELGIANS, THE PRESIDENT OF THE FEDERAL REPUBLIC OF GERMANY, THE PRESIDENT OF THE FRENCH REPUBLIC, THE PRESIDENT OF THE ITALIAN REPUBLIC, HER ROYAL HIGHNESS THE GRAND DUCHESS OF LUXEMBOURG, HER MAJESTY THE QUEEN OF THE NETHERLANDS[1],

DETERMINED to lay the foundations of an ever closer union among the peoples of Europe,

RESOLVED to ensure the economic and social progress of their States by common action to eliminate the barriers which divide Europe,

AFFIRMING as the essential objective of their efforts the constant improvements of the living and working conditions of their peoples,

RECOGNISING that the removal of existing obstacles calls for concerted action in order to guarantee steady expansion, balanced trade and fair competition,

ANXIOUS to strengthen the unity of their economies and to ensure their harmonious development by reducing the differences existing between the various regions and the backwardness of the less favoured regions,

DESIRING to contribute, by means of a common commercial policy, to the progressive abolition of restrictions on international trade,

INTENDING to confirm the solidarity which binds Europe and the overseas countries and desiring to ensure the development of their prosperity, in accordance with the principles of the Charter of the United Nations,

RESOLVED by thus pooling their resources to preserve and strengthen peace and liberty, and calling upon the other peoples of Europe who share their ideal to join in their efforts,

DETERMINED to promote the development of the highest possible level of knowledge for their peoples through a wide access to education and through its continuous updating, and to this end

HAVE DESIGNATED as their Plenipotentiaries:

(List of plenipotentiaries not reproduced)

WHO, having exchanged their full powers, found in good and due form, have agreed as follows.

[1] The Republic of Bulgaria, the Czech Republic, the Kingdom of Denmark, the Republic of Estonia, Ireland, the Hellenic Republic, the Kingdom of Spain, the Republic of Cyprus, the Republic of Latvia, the Republic of Lithuania, the Republic of Hungary, the Republic of Malta, the Republic of Austria, the Republic of Poland, the Portuguese Republic, Romania, the Republic of Slovenia, the Slovak Republic, the Republic

of Finland, the Kingdom of Sweden and the United Kingdom of Great Britain and Northern Ireland have since become members of the European Union.

제1부 원칙

PART ONE Principles

제1조(ex Article 1 TEU)

(1) 이 조약은 연합의 기능을 조직화하고 그 권한 행사의 대상, 한계 및 방식에 관한 사항을 정한다.

(2) 이 조약 및 유럽연합조약은 연합의 토대가 되는 창설조약들을 구성한다. 이 두 조약의 법적 효력은 동등하며, 이하 '창설조약'으로 칭한다.

Article 1

(1) This Treaty organises the functioning of the Union and determines the areas of, delimitation of, and arrangements for exercising its competences.

(2) This Treaty and the Treaty on European Union constitute the Treaties on which the Union is founded. These two Treaties, which have the same legal value, shall be referred to as 'the Treaties'

제1편 연합의 권한의 유형 및 분야

Title I Categories and Areas of Union Competence

제2조

(1) 일정한 분야에 관하여 창설조약이 연합에 배타적 권한을 부여한 경우, 연합만이 입법적 사항을 결정하고 법적 구속력있는 조치를 취하며, 회원국들은 연합이 위임하였거나 또는 연합의 조치들을 이행하기 위한 목적으로만 당해 분야에 관한 권한을 행사할 수 있다.

(2) 일정한 분야에 관하여 창설조약이 회원국들과 연합에 권한을 분산시켜 놓은 경우 연합과 회원국들은 당해 분야에 있어 법안을 채택하고 법적 구속력 있는 조치들을 취할 수 있다. 회원국들은 연합이 그 권한을 행사하지 않는 경우에 한하여 권한을 행사하여야 한다. 회원국들은 연합이 행사하였던 권한을 중단하기로 결정한 한도 내에서 다시 권한을 행사한다.

(3) 회원국들은 이 조약이 정하는 바에 따라 자국의 경제 및 고용 정책을 조율하여야 하며, 그 조율 방식은 연합이 제공한다.

(4) 연합은 유럽연합조약에서 정한 바에 따라 점진적인 공동방어체제의 수립을 포함한 공동외교안보정책을 수립하고 시행할 권한을 갖는다.

(5) ○ 창설조약이 규정하는 특정 분야 및 요건에 따라 연합은 회원국의 조치들을 원조, 조율 또는 보완하기 위한 수단을 시행할 권한을 갖는다. 다만, 이는 당해 분야에서의 회원국의 권한을 대체하여서는 아니 된다.

○ 이러한 분야들에 관하여 창설조약의 규정에 근거하여 연합이 채택하는 법적 구속력 있는 조치들은 회원국 법률 체제의 정합(整合)을 수반하여서는 아니 된다.

(6) 연합의 권한 행사의 범위와 방식은 각 분야와 관련한 창설조약의 내용이 정하는 바에 따른다.

Article 2

(1) When the Treaties confer on the Union exclusive competence in a specific area, only the Union may legislate and adopt legally binding acts, the Member States being able to do so themselves only if so empowered by the Union or for the implementation of Union acts.

(2) When the Treaties confer on the Union a competence shared with the Member States in a specific area, the Union and the Member States may legislate and adopt legally binding acts in that area.

The Member States shall exercise their competence to the extent that the Union has not exercised its competence. The Member States shall again exercise their competence to the extent that the Union has decided to cease exercising its competence.

(3) The Member States shall coordinate their economic and employment policies within arrangements as determined by this Treaty, which the Union shall have competence to provide.

(4) The Union shall have competence, in accordance with the provisions of the Treaty on European Union, to define and implement a common foreign and security policy, including the progressive framing of a common defence policy.

(5) ○ LIn certain areas and under the conditions laid down in the Treaties, the Union shall have competence to carry out actions to support, coordinate or supplement the actions of the Member States, without thereby superseding their competence in these areas.

○ Legally binding acts of the Union adopted on the basis of the provisions of the Treaties relating to these areas shall not entail harmonisation of Member States' laws or regulations.

(6) The scope of and arrangements for exercising the Union's competences shall be determined by the provisions of the Treaties relating to each area.

제3조

(1) 연합은 아래 분야에서 배타적 권한을 갖는다.

(a) 관세동맹

(b) 역내시장의 작동을 위해 필요한 경쟁법규의 확립

(c) 유로화를 자국 통화로 사용하는 회원국들을 위한 통화정책

(d) 공동어업정책에 따른 해양생물자원의 보호.

(e) 공동통상정책

(2) 국제 협정의 체결이 연합의 입법적 사항으로 규정되어 있거나 연합이 내부적으로 권한을 행사함에 있어 필요한 경우, 또는 협정의 체결로 인해 공동법규들에 영향을 주거나 그 적용 범위가 달라지게 되는 경우 연합만이 배타적으로 당해 국제 협정에 대한 체결 권한을 갖는다.

Article 3

(1) The Union shall have exclusive competence in the following areas

(a) customs union

(b) the establishing of the competition rules necessary for the functioning of the internal market

(c) monetary policy for the Member States whose currency is the euro

(d) the conservation of marine biological resources under the common fisheries policy

(e) common commercial policy

(2) The Union shall also have exclusive competence for the conclusion of an international agreement when its conclusion is provided for in a legislative act of the Union or is necessary to enable the Union to exercise its internal competence, or in so far as its conclusion may affect common rules or alter their scope.

제4조

(1) 연합은 제3조 및 제6조 소정의 분야 이외의 분야로서 창설조약에 의해 권한을 부여 받고 있는 경우에는 회원국들과 그 권한을 공유한다.

(2) 연합과 회원국들 사이의 공유 권한은 아래 주요 분야에 적용된다.

(a) 역내시장

(b) 사회 정책 중 이 조약에 의해 규정된 부분

(c) 경제, 사회 및 영토적 결속

(d) 해양 생물 자원의 보호를 제외한 농어업

(e) 환경

(f) 소비자 보호

(g) 운송

(h) 범유럽 네트워크

(i) 에너지

(j) 자유, 안보 및 사법 분야

(k) 공중 보건 문제와 관련된 공공 안전 중 이 조약에 규정된 부분

(3) 연구, 기술 개발 및 우주 분야에 있어 연합은 권한을 갖되, 특히 관련 계획을 수립하고 시행함에 있어 조치를 취할 권한을 갖는다. 다만, 연합의 이러한 권한 행사는 회원국들이 독자적으로 계획을 수립, 시행하는 것을 저해하여서는 아니 된다.

(4) 개발 협력 및 인도주의적 원조 분야에 있어 연합은 관련 조치들을 취하고 공동 정책을 실시할 권한을 갖는다. 다만, 연합의 이러한 권한 행사는 회원국들의 독자적인 조치를 저해하여서는 아니 된다.

Article 4

(1) The Union shall share competence with the Member States where the Treaties confer on it a competence which does not relate to the areas referred to in Articles 3 and 6.

(2) Shared competence between the Union and the Member States applies in the following principal areas

(a) internal market

(b) social policy, for the aspects defined in this Treaty

(c) economic, social and territorial cohesion

(d) agriculture and fisheries, excluding the conservation of marine biological resources

(e) environment

(f) consumer protection

(g) transport

(h) trans-European networks

(i) energy

(j) area of freedom, security and justice

(k) common safety concerns in public health matters, for the aspects defined in this Treaty

(3) In the areas of research, technological development and space, the Union shall have competence to carry out activities, in particular to define and implement programmes; however, the exercise of that competence shall not result in Member States being prevented from exercising theirs.

(4) In the areas of development cooperation and humanitarian aid, the Union shall have competence to carry out activities and conduct a common policy; however, the exercise of that competence shall not result in Member States being prevented from exercising theirs.

제5조

⑴ ○ 회원국들은 연합 내에서 각자의 경제정책을 조율해야 한다. 이를 위해 각료이사회는 관련 조치, 특히 제반 정책에 관한 광범한 지침을 채택하여야 한다.

○ 유로화를 자국 통화로 사용하는 회원국들에 대하여는 특별 규칙들이 적용된다.

⑵ 연합은 특별히 고용 정책의 지침 수립을 통하여 회원국들의 고용 정책 조율을 담보하기 위한 조치를 취하여야 한다.

⑶ 연합은 회원국들의 사회 정책의 조율을 담보하기 위한 발의를 할 수 있다.

Article 5

(1) ○ The Member States shall coordinate their economic policies within the Union. To this end, the Council shall adopt measures, in particular broad guidelines for these policies.

○ Specific provisions shall apply to those Member States whose currency is the euro.

(2) The Union shall take measures to ensure coordination of the employment policies of the Member States, in particular by defining guidelines for these policies.

(3) The Union may take initiatives to ensure coordination of Member States' social policies.

제6조

연합은 회원국들의 행동을 지원, 조정 또는 보완하기 위한 조치들을 이행할 권한을 갖는다. 유럽 연합 차원에서 이와 같은 조치를 취할 수 있는 분야들은 다음과 같다.

(a) 질병 예방 및 공중 보건의 향상

(b) 산업

(c) 문화

(d) 관광

(e) 교육, 직업 훈련, 청소년 및 스포츠

(f) 시민 보호

(g) 행정 협력

Article 6

The Union shall have competence to carry out actions to support, coordinate or supplement the actions of the Member States. The areas of such action shall, at European level, be:

(a) protection and improvement of human health

(b) industry

(c) culture

(d) tourism

(e) education, vocational training, youth and sport

(f) civil protection

(g) administrative cooperation

제2편 일반 적용 조항

Title II Provisions Having General Application

제7조

연합은 제반 목적을 고려하고 수권의 원리에 따라 그 정책과 조치들 사이에 일관성을 보장하여야 한다.

Article 7

The Union shall ensure consistency between its policies and activities, taking all of its objectives into account and in accordance with the principle of conferral of powers.

제8조(ex Article 3(2) TEC)

연합은 제반 활동에 있어 남성과 여성 사이의 불평등 제거와 평등을 촉진함을 그 목적으로 하여야 한다.

Article 8(ex Article 3(2) TEC)

In all its activities, the Union shall aim to eliminate inequalities, and to promote equality, between men and women.

제9조

연합은 제반 정책들과 조치들을 입안, 시행함에 있어 고용률 제고, 적절한 사회 보장, 사회적 배제 타파, 높은 수준의 교육, 직업 훈련 및 보건과 관련된 요구 사항들을 고려하여야 한다.

Article 9

In defining and implementing its policies and activities, the Union shall take into account requirements linked to the promotion of a high level of employment, the guarantee of adequate social protection, the fight against social exclusion, and a high level of education, training and protection of human health.

제10조

연합은 정책과 조치들을 입안, 시행함에 있어 성별, 인종 내지 출신 민족, 종교 내지 신념, 장애, 연령 또는 성적 취향에 따른 차별을 타파하는데 그 목적을 두어야 한다.

Article 10

In defining and implementing its policies and activities, the Union shall aim to combat discrimination based on sex, racial or ethnic origin, religion or belief, disability, age or sexual orientation.

제11조(ex Article 6 TEC)

연합의 정책과 조치들을 수립하고 실시함에 있어 환경 보호 요구, 특히 지속 가능한 발전을 향상시키기 위한 사항들이 반영되어야만 한다.

Article 11(ex Article 6 TEC)

Environmental protection requirements must be integrated into the definition and implementation of the Union policies and activities, in particular with a view to promoting sustainable development.

제12조(ex Article 153(2) TEC)

여타 연합의 정책과 조치들을 수립하고 실시함에 있어 소비자 보호를 위한 요구 사항들이 고려되어야 한다.

Article 12(ex Article 153(2) TEC)

Consumer protection requirements shall be taken into account in defining and implementing other Union policies and activities.

제13조

동물들은 지각 있는 존재인 까닭에 연합과 회원국들은 연합의 농업, 어업, 운송, 역내시장, 연구 개발 및 우주 정책을 수립하고 시행함에 있어 동물들의 복리적 요구에 충분한 주의를 기울이되, 특히 회원국들의 법률이나 행정 규정 및 관습 특히 종교적 의례나 문화적 전통, 지역 유산과 관련된 사항을 존중한다.

Article 13

In formulating and implementing the Union's agriculture, fisheries, transport, internal market, research and technological development and space policies, the Union and the Member States shall, since animals are sentient beings, pay full regard to the welfare requirements of animals, while respecting the legislative or administrative provisions and customs of the Member States relating in particular to religious rites, cultural traditions and regional heritage.

제14조(ex Article 16 TEC)

○ 연합조약 제4조 내지 본 조약 제93조, 제106조 및 제107조에 영향을 주지 아니하는 범위 내에서 보편적인 경제적 이익 추구 서비스가 연합의 공유가치에서 차지하는 위상뿐만 아니라 사회적, 지역적 결속을 촉진함에 있어 갖는 역할을 감안하여 연합과 회원국들은 각자의 권한과 창설조약의 적용범위 내에서 이러한 서비스를 통해 그 사명이 달성될 수 있도록 원칙과 요건, 특히 경제적 및 재정적 요건의 토대 위에서 작동할 수 있도록 주의를 기울여야 한다.

○ 유럽의회와 각료이사회는 회원국들의 권한에 영향을 미치지 않는 범위 내에서 조약의 취지에 부합하도록 통상적인 입법 절차에 따라 규정을 제정하여 이러한 서비스를 직접 제공 또는 위탁하거나, 기금을 출연하기 위한 원칙과 요건을 수립하여야 한다.

Article 14(ex Article 16 TEC)

○ Without prejudice to Article 4 of the Treaty on European Union or to Articles 93, 106 and 107 of this Treaty, and given the place occupied by services of general economic interest in the shared values of the Union as well as their role in promoting social and territorial cohesion, the Union and the Member States, each within their respective powers and within the scope of application of the Treaties, shall take care that such services operate on the basis of principles and conditions, particularly economic and financial conditions, which enable them to fulfil their missions.

○ The European Parliament and the Council, acting by means of regulations in accordance with the ordinary legislative procedure, shall establish these principles and set these conditions without prejudice to the competence of Member States, in compliance with the Treaties, to provide, to commission and to fund such services.

제15조(ex Article 255 TEC)

(1) 양질의 지배구조를 함양하고 시민사회의 참여를 보장하기 위하여 연합의 기관, 기구, 부서 및 수탁 기관은 가능한 업무를 공개적으로 수행하여야 한다.

(2) 유럽의회의 회의 및 각료이사회의 입법안에 대한 심의와 표결은 공개하여야 한다.

(3) ○ 유럽연합의 시민들 및 회원국 내에 거소를 두고 있거나 주소를 등록하고 있는 자연인 내지 법인은 누구든지 본 항에 따른 원칙과 요건이 정하는 바에 따라 그 보관의 방식을 불문하고 연합의 기관, 기구, 부서 및 수탁기관의 문서에 접근할 권리를 갖는다.

○ 위 문서 접근권을 공익 내지 사익에 토대를 둔 일반적 원칙과 한계는 유럽의회와 각료이사회가 통상적인 입법 절차에 따라 규정들의 형식으로 제정한다.

○ 연합의 각 기관, 기구, 부서 내지 수탁자는 그 업무 절차에서의 투명성을 보장하고, 아울러 제2단 소정의 규정들에 따라 보관 문서 접근을 위해 필요한 특별 사항들을 업무처리규칙에 상세히 포함시켜야 한다.

○ 유럽연합법원, 유럽중앙은행 및 유럽투자은행에 대하여는 행정 업무를 수행함에 있어서만 이 조항을 적용한다.

○ 유럽의회와 각료이사회는 제2단에서 언급하고 있는 규정들이 정하는 요건에 따라 입법 절차와 관련된 문서들이 공표될 수 있도록 하여야 한다.

Article 15(ex Article 255 TEC)

(1) In order to promote good governance and ensure the participation of civil society, the Union institutions, bodies, offices and agencies shall conduct their work as openly as possible.

(2) The European Parliament shall meet in public, as shall the Council when considering and voting on a draft legislative act.

(3) ○ Any citizen of the Union, and any natural or legal person residing or having its registered office in a Member State, shall have a right of access to documents of the Union institutions, bodies, offices and agencies, whatever their medium, subject to the principles and the conditions to be defined in accordance with this paragraph.

○ General principles and limits on grounds of public or private interest governing this right of access to documents shall be determined by the European Parliament and the Council, by means of regulations, acting in accordance with the ordinary legislative procedure.

○ Each institution, body, office or agency shall ensure that its proceedings are transparent and shall elaborate in its own Rules of Procedure specific provisions regarding access to its documents, in accordance with the regulations referred to in the second subparagraph.

○ The Court of Justice of the European Union, the European Central Bank and the European Investment Bank shall be subject to this paragraph only when exercising their administrative tasks.

○ The European Parliament and the Council shall ensure publication of the documents relating to the legislative procedures under the terms laid down by the regulations referred to in the second subparagraph.

제16조(ex Article 286 TEC)

(1) 모든 사람은 자신에 관한 개인적 정보를 보호받을 권리를 갖는다.

(2) ○ 유럽의회와 각료이사회는 통상입법절차에 따라 연합의 기관, 기구, 부서 및 수탁자가 개인 정보를 처리함에 있어, 그리고 회원국들이 연합 법령 범위 내에서 정보의 자유로운 이동과 관련한 소관업무를 수행함에 있어 개인정보를 보호하기 위한 법령을 제정하여야 한다. 이러한 법규들의 준수 여

부는 독립 기관의 통제 하에 둔다.

○ 본조에 따라 채택된 법규는 연합조약 제39조 소정의 특별 규칙들에는 영향을 미치지 아니한다.

Article 16(ex Article 286 TEC)

(1) Everyone has the right to the protection of personal data concerning them.

(2) ○ The European Parliament and the Council, acting in accordance with the ordinary legislative procedure, shall lay down the rules relating to the protection of individuals with regard to the processing of personal data by Union institutions, bodies, offices and agencies, and by the Member States when carrying out activities which fall within the scope of Union law, and the rules relating to the free movement of such data. Compliance with these rules shall be subject to the control of independent authorities.

○ The rules adopted on the basis of this Article shall be without prejudice to the specific rules laid down in Article 39 of the Treaty on European Union.

제17조

(1) 연합은 회원국법상 교회 및 종교 단체 내지 공동체의 지위를 존중하고 이에 영향을 미치지 아니한다.

(2) 연합은 회원국 국내법에 따른 철학적 및 무신앙적 조직들의 지위를 동등하게 존중한다.

(3) 연합은 이들의 정체성과 특별한 기여를 인정하고 위 교회들 및 조직들과 개방적이며 투명하게 정기적인 대화를 유지하여야 한다.

Article 17

(1) The Union respects and does not prejudice the status under national law of churches and religious associations or communities in the Member States.

(2) The Union equally respects the status under national law of philosophical and non-confessional organisations.

(3) Recognising their identity and their specific contribution, the Union shall maintain an open, transparent and regular dialogue with these churches and organisations.

제2부 차별금지 및 연합시민권

PART TWO Non-discrimination and Citizenship of the Union

제18조(ex Article 12 TEC)

○ 창설조약들의 적용 범위 내에서는 조약 내에서 특별히 명시된 경우를 제외하고는 국적에 따른 어떠한 차별도 금지된다.

○ 유럽의회와 각료이사회는 통상적인 입법절차에 따라 이러한 차별을 금지하기 위한 법규를 채택할 수 있다.

Article 18(ex Article 12 TEC)

○ Within the scope of application of the Treaties, and without prejudice to any special provisions contained therein, any discrimination on grounds of nationality shall be prohibited.

○ The European Parliament and the Council, acting in accordance with the ordinary legislative procedure, may adopt rules designed to prohibit such discrimination.

제19조(ex Article 13 TEC)

(1) 창설조약들상의 여타 조항들에 영향을 미치지 않고 연합이 수권받은 권한의 한계 내에서 각료이사회는 유럽의회의 동의를 얻은 뒤 특별입법절차에 따라 만장일치로서 성별, 인종 내지 출신 민족, 종교 내지 신념, 장애, 연령 또는 성적 취향에 따른 차별을 타파하기 위한 적절한 조치를 취할 수 있다.

(2) 제1항과 별개로 유럽의회와 각료이사회는 회원국들의 법령 정합을 배제하고 통상입법절차를 통해 회원국들이 제1항의 목표를 달성하기 위해 취한 행위들을 지원하기 위한 연합 차원의 장려 조치에 관한 기본 원칙들을 수립할 수 있다.

Article 19(ex Article 13 TEC)

(1) Without prejudice to the other provisions of the Treaties and within the limits of the powers conferred by them upon the Union, the Council, acting unanimously in accordance with a special legislative procedure and after obtaining the consent of the European Parliament, may take appropriate action to combat discrimination based on sex, racial or ethnic origin, religion or belief, disability, age or sexual orientation.

(2) By way of derogation from paragraph 1, the European Parliament and the Council, acting in accordance with the ordinary legislative procedure, may adopt the basic principles of Union incentive measures, excluding any harmonisation of the laws and regulations of the Member States, to support action taken by the Member States in order to contribute to the achievement of the objectives referred to in paragraph 1.

제20조(ex Article 17 TEC)

(1) 연합 시민권은 이 조약에 따라 성립한다. 회원국의 국적을 갖고 있는 사람은 누구나 연합 시민이다. 연합의 시민권은 자국 시민권에 부가되며, 이를 대체하지 않는다.

(2) ○ 연합의 시민들은 창설조약들에 의해 부여되는 권리를 향유하고, 의무에 복속하되, 특별히 아래와 같은 권리를 갖는다.

(a) 회원국들의 영토 내에서 자유롭게 이동하고 거주할 권리

(b) 자국의 국민으로서 갖는 것과 동일한 요건으로 거주 회원국내에서 유럽의회 및 지방 선거에서 선거권을 행사하고 입후보할 수 있는 권리

(c) 자국이 대표부를 두지 않고 있는 제3국 내에서 다른 회원국들에 의하여 그 회원국들의 국민들이 누리는 동일한 요건으로 외교적 및 영사적 보호를 받을 권리

(d) 조약 상의 언어를 통해 유럽의회에 대한 청원권, 옴부즈만에 대한 진정권, 연합의 기관들과 자문 기구에 질의권을 행사하고 동일한 언어로 회신 받을 권리

○ 이런 권리들은 창설조약들 및 이에 근거하여 채택된 조치들이 정하는 요건과 한계에 따라 행사되어야 한다.

Article 20(ex Article 17 TEC)

(1) Citizenship of the Union is hereby established. Every person holding the nationality of a Member State shall be a citizen of the Union. Citizenship of the Union shall be additional to and not replace national citizenship.

(2) ○ Citizens of the Union shall enjoy the rights and be subject to the duties provided for in the Treaties. They shall have, inter alia:

(a) the right to move and reside freely within the territory of the Member States

(b) the right to vote and to stand as candidates in elections to the European Parliament and in municipal elections in their Member State of residence, under the same conditions as nationals of that State

(c) the right to enjoy, in the territory of a third country in which the Member State of which they are nationals is not represented, the protection of the diplomatic and consular authorities of any Member State on the same conditions as the nationals of that State

(d) the right to petition the European Parliament, to apply to the European Ombudsman, and to address the institutions and advisory bodies of the Union in any of the Treaty languages and to obtain a reply in the same language.

○ These rights shall be exercised in accordance with the conditions and limits defined by the Treaties and by the measures adopted thereunder.

제21조 (ex Article 18 TEC)

(1) 연합의 모든 시민은 창설조약과 그 시행을 위해 채택하는 조치들이 정하는 한계와 요건에 따라 회원국들의 영토 내에서의 자유로운 이동 및 거주의 권리를 가진다.

(2) 상기 목적을 달성하기 위한 연합의 조치의 필요성이 명백함에도 창설조약이 필요한 권한을 따로 정하지 않은 경우 유럽의회와 각료이사회는 통상입법절차에 따라 전항 소정의 권리 행사를 용이하도록 하기 위한 법규를 채택할 수 있다.

(3) 제1항에서 언급하는 바와 같은 목적을 위하여 필요함에도 창설조약들에서 필요한 권한을 따로 정하지 않은 경우 각료이사회는 특별입법절차에 사회보장 내지 사회적 보호와 관련된 조치들을 채택할 수 있다. 각료이사회는 유럽의회와의 협의를 거쳐 만장일치로 조치를 취하여야 한다.

Article 21(ex Article 18 TEC)

(1) Every citizen of the Union shall have the right to move and reside freely within the territory of the Member States, subject to the limitations and conditions laid down in the Treaties and by the measures adopted to give them effect.

(2) If action by the Union should prove necessary to attain this objective and the Treaties have not provided the necessary powers, the European Parliament and the Council, acting in accordance with the ordinary legislative procedure, may adopt provisions with a view to facilitating the exercise of the rights referred to in paragraph 1.

(3) For the same purposes as those referred to in paragraph 1 and if the Treaties have not provided the necessary powers, the Council, acting in accordance with a special legislative procedure, may adopt measures concerning social security or social protection. The Council shall act unanimously after consulting the European Parliament.

제22조(ex Article 19 TEC)

(1) 비국적 회원국에 거주하는 모든 연합시민은 그 거주국에서 실시하는 지방선거에서 당해 국가의 국민들과 동일한 조건으로 선거권 및 피선거권을 갖는다. 이 권리는 각료이사회가 특별입법절차 및 유럽의회와의 협의를 거쳐 만장일치로 채택한 시행 법규에 따라 행사하되, 이 시행 법규는 어느 회원국의 특별한 사정으로 인해 정당하다고 인정되는 경우 달리 적용될 수 있다.

(2) 제223조 제1항 및 그 시행을 위해 채택한 법령에 영향을 미치지 아니하는 범위 내에서 비국적 회원국에 거주하는 모든 연합시민은 그 거주국에서 실시하는 유럽의회 선거에서 당해 국가의 국민들과 동일한 조건으로 선거권 및 피선거권을 갖는다. 이 권리는 각료이사회가 특별입법절차 및 유럽의회와의 협의를 거쳐 만장일치로 채택한 시행 법규에 따라 행사하되, 이 시행 법규는 어느 회원국의 특별한 사정으로 인해 정당하다고 인정되는 경우 달리 적용될 수 있다.

Article 22(ex Article 19 TEC)

(1) Every citizen of the Union residing in a Member State of which he is not a national shall have the right to vote and to stand as a candidate at municipal elections in the Member State in which he resides, under the same conditions as nationals of that State. This right shall be exercised subject

to detailed arrangements adopted by the Council, acting unanimously in accordance with a special legislative procedure and after consulting the European Parliament; these arrangements may provide for derogations where warranted by problems specific to a Member State.

(2) Without prejudice to Article 223(1) and to the provisions adopted for its implementation, every citizen of the Union residing in a Member State of which he is not a national shall have the right to vote and to stand as a candidate in elections to the European Parliament in the Member State in which he resides, under the same conditions as nationals of that State. This right shall be exercised subject to detailed arrangements adopted by the Council, acting unanimously in accordance with a special legislative procedure and after consulting the European Parliament; these arrangements may provide for derogations where warranted by problems specific to a Member State.

제23조(ex Article 20 TEC)

○ 자국과 외교 관계가 없는 제3국의 영토 내에 거주하는 모든 연합 시민들은 그 국가와 외교적 관계를 갖고 있는 다른 회원국들의 국민과 동일한 조건으로 외교 및 영사 보호를 받을 권리가 있다. 회원국들은 이러한 보호를 담보하기 위해 필요한 법규를 채택하고 국제협상을 개시하여야 한다.

○ 각료이사회는 이와 같은 보호가 용이하도록 하기 위해 특별입법절차 및 유럽의회와의 협의를 거쳐 필요한 조정과 협력을 담은 지시를 채택할 수 있다.

Article 23(ex Article 20 TEC)

○ Every citizen of the Union shall, in the territory of a third country in which the Member State of which he is a national is not represented, be entitled to protection by the diplomatic or consular authorities of any Member State, on the same conditions as the nationals of that State. Member States shall adopt the necessary provisions and start the international negotiations required to secure this protection.

○ The Council, acting in accordance with a special legislative procedure and after consulting the European Parliament, may adopt directives establishing the coordination and cooperation measures necessary to facilitate such protection.

제24조(ex Article 21 TEC)

○ 유럽의회와 각료이사회는 참여 시민들의 출신 회원국 최소 숫자를 포함하여 연합조약 제11조 소정의 시민입법청원에 요구되는 절차와 요건을 담은 규정을 통상입법절차에 따라 채택하여야 한다.
○ 연합의 모든 시민들은 제227조가 정하는 바에 따라 유럽의회에 청원할 권리를 갖는다.
○ 연합의 모든 시민들은 제228조에 따라 두게 되는 옴부즈만에 진정할 수 있다.
○ 연합의 모든 시민은 본조 또는 연합 조약 제13조 소정의 기관, 기구, 부서 내지 수탁자에 대하여 연합조약 제55조 제1항에 명시된 언어 중 하나로 서면 진술할 수 있고, 같은 언어로 회신받을 수 있다.

Article 24(ex Article 21 TEC)

○ The European Parliament and the Council, acting by means of regulations in accordance with the ordinary legislative procedure, shall adopt the provisions for the procedures and conditions required for a citizens' initiative within the meaning of Article 11 of the Treaty on European Union, including the minimum number of Member States from which such citizens must come.
○ Every citizen of the Union shall have the right to petition the European Parliament in accordance with Article 227.
○ Every citizen of the Union may apply to the Ombudsman established in accordance with Article 228.
○ Every citizen of the Union may write to any of the institutions, bodies, offices or agencies referred to in this Article or in Article 13 of the Treaty on European Union in one of the languages mentioned in Article 55(1) of the Treaty on European Union and have an answer in the same language.

제25조(ex Article 22 TEC)

○ 집행위원회는 제2부 조항들의 적용과 관련하여 매 3년 마다 유럽의회, 각료이사회 및 경제사회위원회에 대하여 보고하여야 한다. 이 보고서에는 연합의 발전을 위한 사항이 고려되어야 한다.
○ 각료이사회는 이에 기초하여 창설조약 상의 여타 조항에 영향을 미치지 않는 범위 내에서 특별입법절차 및 유럽의회의 동의를 얻어 만장일치로 제20조 제2항에 열거된 권리들을 강화 또는 추가하기 위한 법규를 채택할 수 있다. 이 법규들은 각 회원국들의 헌법상의 요건에 따라 승인을 얻은 뒤 효력을 발

생한다.

Article 25(ex Article 22 TEC)

○ The Commission shall report to the European Parliament, to the Council and to the Economic and Social Committee every three years on the application of the provisions of this Part. This report shall take account of the development of the Union.

○ On this basis, and without prejudice to the other provisions of the Treaties, the Council, acting unanimously in accordance with a special legislative procedure and after obtaining the consent of the European Parliament, may adopt provisions to strengthen or to add to the rights listed in Article 20(2). These provisions shall enter into force after their approval by the Member States in accordance with their respective constitutional requirements.

제3부 연합의 정책 및 역내 조치

PART THREE Union Policies and Internal Actions

제1편 역내시장

Title I The Internal Market

제26조(ex Article 14 TEC)

(1) 연합은 창설조약의 관련 조항에 따라 역내시장 구축과 기능을 보장하기 위한 조치들을 취하여야 한다.

(2) 역내시장은 내부 국경이 없는 지역으로 구성되며, 그 안에서 창설조약이 정하는 바에 따라 재화, 인력, 서비스 및 자본의 자유이동이 보장된다.
(3) 각료이사회는 집행위원회의 제안에 따라 관련 제반 분야에서의 균형있는 발전을 촉진시키기 위해 필요한 지침과 요건들을 정하여야 한다.

Article 26(ex Article 14 TEC)

(1) The Union shall adopt measures with the aim of establishing or ensuring the functioning of the internal market, in accordance with the relevant provisions of the Treaties.
(2) The internal market shall comprise an area without internal frontiers in which the free movement of goods, persons, services and capital is ensured in accordance with the provisions of the Treaties.
(3) The Council, on a proposal from the Commission, shall determine the guidelines and conditions necessary to ensure balanced progress in all the sectors concerned.

제27조(ex Article 15 TEC)

○ 집행위원회는 제26조 소정의 목적을 달성하기 위한 제안을 기획함에 있어 발전 과정에서 경제적 격차를 보이는 회원국들이 역내시장 확보를 위해 지속적으로 감당해야만 하는 활동 범위를 감안하여야 하며, 아울러 적절한 조치를 제안할 수 있다.
○ 이러한 조치들이 적용 유보의 형식을 띠게 되더라도 이는 잠정적 성격을 지녀야 하며 역내시장의 기능을 저해할 가능성은 최소화되어야 한다.

Article 27(ex Article 15 TEC)

○ When drawing up its proposals with a view to achieving the objectives set out in Article 26, the Commission shall take into account the extent of the effort that certain economies showing differences in development will have to sustain for the establishment of the internal market and it may propose appropriate provisions.
○ If these provisions take the form of derogations, they must be of a temporary nature and must cause the least possible disturbance to the functioning of the internal market.

제2편 상품의 자유이동

Title II Free Movement of Goods

제28조(ex Article 23 TEC)

(1) 연합은 모든 재화 거래를 대상으로 회원국간의 수출입 관세 및 그와 동등한 효과를 갖는 일체의 부담금을 금지하고, 제3국들과의 관계에서 공동관세율 채택을 포함하는 관세동맹을 구성하여야 한다.
(2) 제30조 및 본편 제2장의 조항들은 회원국들을 원산지로 하는 재화 및 회원국들 사이에 자유롭게 유통되는 제3국을 원산지로 하는 재화에 적용된다.

Article 28(ex Article 23 TEC)

(1) The Union shall comprise a customs union which shall cover all trade in goods and which shall involve the prohibition between Member States of customs duties on imports and exports and of all charges having equivalent effect, and the adoption of a common customs tariff in their relations with third countries.
(2) The provisions of Article 30 and of Chapter 2 of this Title shall apply to products originating in Member States and to products coming from third countries which are in free circulation in Member States.

제29조(ex Article 24 TEC)

어느 한 회원국에서 적법한 수입절차를 거쳐 관세 또는 이와 동등한 효과를 갖는 부담금이 납부된 이상 제3국을 원산지로 하는 재화들은 그 관세나 부담금의 일부 또는 전부가 환급되지 않는 한 당해 회원국에서 자유로이 유통되는 것으로 간주된다.

Article 29(ex Article 24 TEC)

Products coming from a third country shall be considered to be in free circulation in a Member

State if the import formalities have been complied with and any customs duties or charges having equivalent effect which are payable have been levied in that Member State, and if they have not benefited from a total or partial drawback of such duties or charges.

제1장 관세동맹

Chapter 1 The Customs Union

제30조(ex Article 25 TEC)

회원국 간 수출입 관세 및 이와 동등한 효과를 가지는 부담금은 금지된다. 이 금지는 재정 확보 성격의 관세에도 적용된다.

Article 30(ex Article 25 TEC)

Customs duties on imports and exports and charges having equivalent effect shall be prohibited between Member States. This prohibition shall also apply to customs duties of a fiscal nature.

제31조 (ex Article 26 TEC)

공동관세율은 집행위원회의 제안에 따라 각료이사회가 정한다.

Article 31(ex Article 26 TEC)

Common Customs Tariff duties shall be fixed by the Council on a proposal from the Commission.

제32조(ex Article 27 TEC)

본 장에 의하여 위임된 임무를 수행함에 있어 집행위원회는 아래 사항을 따라야 한다.
(a) 회원국들과 제3국들 사이의 교역 촉진의 필요성

(b) 사업자들의 경쟁력 제고로 이어지는 한도 내에서 역내 경쟁 여건의 촉진

(c) 원재료 및 반제품의 공급과 관련한 연합의 요구 사항. 이와 관련하여 집행위원회는 완제품들에 있어서의 회원국 간 경쟁 여건이 왜곡되지 않도록 주의하여야 한다.

(d) 회원국들 경제에 있어서의 심각한 혼란 회피 및 역내의 합리적 생산 향상과 소비 확대의 필요성

Article 32(ex Article 27 TEC)

In carrying out the tasks entrusted to it under this Chapter the Commission shall be guided by:

(a) the need to promote trade between Member States and third countries

(b) developments in conditions of competition within the Union in so far as they lead to an improvement in the competitive capacity of undertakings

(c) the requirements of the Union as regards the supply of raw materials and semi-finished goods; in this connection the Commission shall take care to avoid distorting conditions of competition between Member States in respect of finished goods

(d) the need to avoid serious disturbances in the economies of Member States and to ensure rational development of production and an expansion of consumption within the Union.

제2장 관세협력

Chapter 2 Customs Coopertion

제33조(ex Article 135 TEC)

창설조약의 적용범위 내에서 유럽의회와 각료이사회는 통상입법절차에 따라 회원국 간 및 회원국들과 집행위원회 간의 관세협력을 강화하기 위한 조치들을 취해야 한다.

Article 33(ex Article 135 TEC)

Within the scope of application of the Treaties, the European Parliament and the Council, acting in accordance with the ordinary legislative procedure, shall take measures in order to strengthen customs cooperation between Member States and between the latter and the Commission.

제3장 회원국간 수량제한의 금지

Chapter 3 Prohibition of Quantitative Restrictions between Member States

제34조(ex Article 28 TEC)

수입에 대한 수량제한 및 이와 동등한 효력을 갖는 모든 조치는 회원국 사이에서 금지된다.

Article 34(ex Article 28 TEC)

Quantitative restrictions on imports and all measures having equivalent effect shall be prohibited between Member States.

제35조(ex Article 29 TEC)

수출에 대한 수량제한 및 이와 동등한 효력을 갖는 모든 조치는 회원국 사이에서 금지된다.

Article 35(ex Article 29 TEC)

Quantitative restrictions on exports, and all measures having equivalent effect, shall be prohibited between Member States.

제36조(ex Article 30 TEC)

제34조 및 제35조는 공중도덕, 공공정책 내지 공공의 안전, 인간과 동식물의 생명 및 보건, 예술적, 역사적 내지 고고학적 가치를 지닌 국가적 유물의 보호, 산업 및 상업적 재산의 보호 등을 사유로 하는 수출입이나 운송 중 화물에 대한 금지 또는 제한까지 배제하여서는 아니 된다. 다만, 이러한 금지나 제한은 회원국 사이의 교역에 대한 자의적인 차별이나, 위장된 제한의 수단이 되어서는 아니 된다.

Article 36(ex Article 30 TEC)

The provisions of Articles 34 and 35 shall not preclude prohibitions or restrictions on imports, exports or goods in transit justified on grounds of public morality, public policy or public security; the protection of health and life of humans, animals or plants; the protection of national treasures possessing artistic, historic or archaeological value; or the protection of industrial and commercial property. Such prohibitions or restrictions shall not, however, constitute a means of arbitrary discrimination or a disguised restriction on trade between Member States.

제37조(ex Article 31 TEC)

(1) ○ 회원국들은 상업적 성격을 갖는 국가 독점 사업의 경우 물품 조달과 판매 조건에 있어 회원국 국민들간 차별이 생기지 않도록 이를 조정하여야 한다.
○ 본 조의 조항들은 회원국이 법률상 또는 사실상 직, 간접적으로 회원국 간 수출입에 대하여 감시 내지 의사 결정을 하거나 상당한 영향력을 미치는 모든 기구에 적용된다. 이 조항들은 국가가 제3자에게 위임한 독점에도 마찬가지로 적용되어야 한다.

(2) 회원국들은 제1항 소정의 원칙에 반하거나 회원국 사이의 관세 및 수량 제한의 금지를 다루는 조항들의 적용 범위를 제한하는 여하한 신규 조치도 취해서는 아니 된다.

(3) 영리적 성격의 국가 독점에 농산품 처분을 보다 용이하게 하거나 농산품 수익을 최대한 보장하도록 하기 위한 목적의 규제가 있는 경우, 본 조에 있는 법규를 적용함에 있어서는 해당 생산자들의 고용과 생활 수준에 대하여 동일한 정도의 보장을 담보하기 위한 조치도 취해야 한다.

Article 37(ex Article 31 TEC)

(1) ○ Member States shall adjust any State monopolies of a commercial character so as to ensure that no discrimination regarding the conditions under which goods are procured and marketed exists between nationals of Member States.
○ The provisions of this Article shall apply to any body through which a Member State, in law or in fact, either directly or indirectly supervises, determines or appreciably influences imports or exports between Member States. These provisions shall likewise apply to monopolies delegated by the State to others.

(2) Member States shall refrain from introducing any new measure which is contrary to the principles

laid down in paragraph 1 or which restricts the scope of the articles dealing with the prohibition of customs duties and quantitative restrictions between Member States.

(3) If a State monopoly of a commercial character has rules which are designed to make it easier to dispose of agricultural products or obtain for them the best return, steps should be taken in applying the rules contained in this Article to ensure equivalent safeguards for the employment and standard of living of the producers concerned.

제3편 농업 및 어업

Title III Agriculture and Fisheries

제38조(ex Article 32 TEC)

(1) ○ 연합은 공동농업 및 공동어업정책을 수립하여 시행한다.

○ 역내시장은 농업, 어업 및 농산품의 거래를 포함한다. '농산품'이라 함은 토지, 축산 및 어업을 통한 생산물과 이러한 생산물에 대한 직접적인 1차 가공품을 말한다. 이 분야의 특별한 성격을 감안하여 공동농업정책 또는 농업에 관하여 언급하거나 '농업적'이라는 용어를 사용함에 있어서는 어업 또한 언급하는 것으로 해석되어야 한다.

(2) 제39조 내지 제44조에서 달리 정하지 않는 한 역내시장의 확립과 운영을 위해 제정되는 법령은 농산품에 적용된다.

(3) 제39조 내지 제44조의 조항들의 적용 대상 품목은 부속서 1에 열거한다.

(4) 공동농업정책의 수립은 농산품 역내 시장의 운영과 발전을 수반하여야 한다.

Article 38(ex Article 32 TEC)

(1) ○ The Union shall define and implement a common agriculture and fisheries policy.

○ The internal market shall extend to agriculture, fisheries and trade in agricultural products. 'Agricultural products' means the products of the soil, of stockfarming and of fisheries and products of first-stage processing directly related to these products. References to the common agricultural policy or to agriculture, and the use of the term 'agricultural', shall be understood as also referring to fisheries, having regard to the specific characteristics of this sector.

(2) Save as otherwise provided in Articles 39 to 44, the rules laid down for the establishment and functioning of the internal market shall apply to agricultural products.

(3) The products subject to the provisions of Articles 39 to 44 are listed in Annex I.

(4) The operation and development of the internal market for agricultural products must be accompanied by the establishment of a common agricultural policy.

제39조(ex Article 33 TEC)

(1) 공동농업정책의 목표들은 다음과 같다.

(a) 기술 발전의 촉진 및 합리적 농산품 개발과 생산요소, 그 중에서도 특히 노동력의 최적 이용의 담보를 통한 농업 생산성 증대

(b) 위와 같이 함으로써, 특히 농민들의 개인 소득을 향상시킴으로써 상당한 농촌 사회의 상당한 수준의 삶의 질 확보

(c) 시장의 안정화

(d) 공급 조달성 확보

(e) 합리적 가격을 통한 소비자의 구입 보장

(2) 공동농업정책 및 그 집행을 위한 특별한 방식을 전개함에 있어서는 다음과 같은 사항들을 고려하여야 한다.

(a) 농업의 사회적 구조, 다양한 농촌 지역 사이에 존재하는 구조적 및 자연적 편차들로 인한 농업 활동의 특별한 성격

(b) 점진적으로 적절한 조정을 해 나가야 할 필요성

(c) 농업은 회원국 내에서 경제 전반에 걸쳐 밀접한 관련을 갖는 분야라는 사실

Article 39(ex Article 33 TEC)

(1) The objectives of the common agricultural policy shall be

(a) to increase agricultural productivity by promoting technical progress and by ensuring the rational development of agricultural production and the optimum utilisation of the factors of production, in particular labour

(b) thus to ensure a fair standard of living for the agricultural community, in particular by increasing the individual earnings of persons engaged in agriculture

(c) to stabilise markets

(d) to assure the availability of supplies

(e) to ensure that supplies reach consumers at reasonable prices

(2) In working out the common agricultural policy and the special methods for its application, account shall be taken of

(a) the particular nature of agricultural activity, which results from the social structure of agriculture and from structural and natural disparities between the various agricultural regions

(b) the need to effect the appropriate adjustments by degrees

(c) the fact that in the Member States agriculture constitutes a sector closely linked with the economy as a whole

제40조(ex Article 34 TEC)

(1) 제39조 소정의 목적을 달성하기 위해 농업시장의 공동조직을 구성한다. 이 조직은 관련 생산물에 따라 아래와 같은 형식을 취한다

(a) 공동경쟁규칙

(b) 다양한 회원국 시장 조직 간의 강제적인 조정

(c) 하나의 유럽시장조직

(2) ○ 제1항에 따른 공동조직에는 제39조 소정의 목적 달성을 위해 필요한 제반 조치, 특히 가격 규제, 생산 및 다양한 제품의 판매 지원, 수출입 안정을 위한 저장과 운송 설비, 공동기구 등이 포함될 수 있다.

○ 공동조직은 제39조 소정의 목적 달성을 위한 범위로 그 역할이 한정되며, 연합 내에서 생산자들과 소비자들 사이의 여하한 차별도 배제한다.

○ 모든 공동가격정책은 공통의 기준과 단일한 계산 방식에 기초하여야 한다.

(3) 제1항 소정의 공동조직이 그 목적을 달성할 수 있도록 하기 위하여 하나 이상의 농업지도 및 보장기금을 설립할 수 있다.

Article 40(ex Article 34 TEC)

(1) In order to attain the objectives set out in Article 39, a common organisation of agricultural markets shall be established. This organisation shall take one of the following forms, depending on the product concerned

(a) common rules on competition

(b) compulsory coordination of the various national market organisations

(c) a European market organization

(2) ○ The common organisation established in accordance with paragraph 1 may include all measures required to attain the objectives set out in Article 39, in particular regulation of prices, aids for the production and marketing of the various products, storage and carryover arrangements and common machinery for stabilising imports or exports.

○ The common organisation shall be limited to pursuit of the objectives set out in Article 39 and shall exclude any discrimination between producers or consumers within the Union.

○ Any common price policy shall be based on common criteria and uniform methods of calculation.

(3) In order to enable the common organisation referred to in paragraph 1 to attain its objectives, one or more agricultural guidance and guarantee funds may be set up.

제41조(ex Article 35 TEC)

제39조 소정의 목표 달성을 촉진하기 위해 공동농업정책의 틀 안에서 다음과 같은 조치들을 위한 법령들을 제정할 수 있다.

(a) 직업훈련, 농업지식의 연구와 전파 등 분야에서의 노력들 간의 실효성 있는 조율. 여기에는 단발성 프로젝트 또는 기관들에 대한 공동자금조달이 포함될 수 있다.

(b) 특정 생산물에 대한 소비 촉진을 위한 공동조치

Article 41(ex Article 35 TEC)

To enable the objectives set out in Article 39 to be attained, provision may be made within the framework of the common agricultural policy for measures such as

(a) an effective coordination of efforts in the spheres of vocational training, of research and of the dissemination of agricultural knowledge; this may include joint financing of projects or institutions

(b) joint measures to promote consumption of certain products

제42조(ex Article 36 TEC)

○ 경쟁에 관한 장에 있는 조항들은 농산품의 생산과 교역에 적용함에 있어서는 유럽의회와 각료이사회가 제43조 제2항의 틀 안에서 정하는 범위 내에서, 그리고 여기에서 명시하는 절차에 따라야 하되, 제39조 소정의 목적들이 고려되어야 한다.

○ 각료이사회는 집행위원회의 제안에 따라 아래와 같은 보조기금을 허용할 수 있다.

(a) 구조적 또는 자연적 여건에 의해 정상적 경영이 어려운 기업들에 대한 보조기금

(b) 경제개발계획의 틀 안에서의 보조기금

Article 42(ex Article 36 TEC)

○ The provisions of the Chapter relating to rules on competition shall apply to production of and trade in agricultural products only to the extent determined by the European Parliament and the Council within the framework of Article 43(2) and in accordance with the procedure laid down therein, account being taken of the objectives set out in Article 39.

○ The Council, on a proposal from the Commission, may authorise the granting of aid

(a) for the protection of enterprises handicapped by structural or natural conditions

(b) within the framework of economic development programmes

제43조(ex Article 37 TEC)

(1) ○ 집행위원회는 제40조 제1항에 규정된 공동조직 중의 하나의 형태로 회원국의 기존의 조직을 대체하는 것을 포함하여 공동농업정책의 수립 및 이행, 그리고 이 편에 명시된 조치들을 이행하기 위한 안건을 제출하여야 한다.

○ 이러한 제안들에서는 이 편에서 언급된 농업 문제들이 갖는 상호 의존성이 고려되어야 한다.

(2) 유럽의회와 각료이사회는 경제사회위원회와의 협의를 거친 뒤 통상입법절차를 통해 공동농업정책과 공동어업정책의 목적 달성에 필요한 제40조 제1항 및 기타 규정에 따라 농업시장들의 공동조직을 설립하여야 한다.

(3) 각료이사회는 집행위원회의 제안에 따라 가격결정, 부담금, 보조금 및 수량제한에 관한 조치들과 어획량 협정과 할당에 관한 조치들을 채택하여야 한다.

(4) 다음의 경우 제2항에 따라 회원국의 국내 시장조직들은 제40조 제1항 소정의 공동조직으로 대체될

수 있다.

(a) 공동조직이 가능한 조정과 시간의 경과에 따른 특성화를 감안하여 이 조치에 반대하고 문제의 생산물과 관련하여 자체적인 조직을 갖고 있는 회원국들에 대하여 해당 생산자들의 고용 및 생활수준에 대하여 그만큼의 동등한 보호를 제공하는 경우

(b) 이러한 공동조직이 연합 역내에서 회원국 시장 내의 기존 조직들을 통해 이뤄졌던 것과 유사한 정도의 교역조건을 담보하는 경우

(5) 특정 농수축산물 원자재에 관한 공동 조직이 해당 원자재를 이용한 가공 농수축산품 관련 공동조직보다 먼저 설립된 경우, 제3국들에 대한 수출을 목적으로 하는 가공 제품에 사용되는 원자재들은 역외에서 수입할 수 있다.

Article 43(ex Article 37 TEC)

(1) ○ The Commission shall submit proposals for working out and implementing the common agricultural policy, including the replacement of the national organisations by one of the forms of common organisation provided for in Article 40(1), and for implementing the measures specified in this Title.

○ These proposals shall take account of the interdependence of the agricultural matters mentioned in this Title.

(2) The European Parliament and the Council, acting in accordance with the ordinary legislative procedure and after consulting the Economic and Social Committee, shall establish the common organisation of agricultural markets provided for in Article 40(1) and the other provisions necessary for the pursuit of the objectives of the common agricultural policy and the common fisheries policy.

(3) The Council, on a proposal from the Commission, shall adopt measures on fixing prices, levies, aid and quantitative limitations and on the fixing and allocation of fishing opportunities.

(4) In accordance with paragraph 1, the national market organisations may be replaced by the common organisation provided for in Article 40(1) if:

(a) the common organisation offers Member States which are opposed to this measure and which have an organisation of their own for the production in question equivalent safeguards for the employment and standard of living of the producers concerned, account being taken of the adjustments that will be possible and the specialisation that will be needed with the passage of time

(b) such an organization ensures conditions for trade within the Union similar to those existing in a national market.

(5) If a common organisation for certain raw materials is established before a common organisation exists for the corresponding processed products, such raw materials as are used for processed products intended for export to third countries may be imported from outside the Union.

제44조(ex Article 38 TEC)

○ 어느 회원국 내에서 특정 상품이 그 회원국의 시장조직이나 국내 법령의 적용을 받음으로써 타 회원국 내에서 유사한 생산품이 갖는 경쟁적 지위에 그만큼 영향을 주는 경우, 수출국에서 부과하지 아니하는 이상 그러한 시장조직이나 법령이 존재하는 회원국으로부터 당해 제품을 수입하는 회원국들은 상쇄부담금을 부과하여야 한다.

○ 집행위원회는 형평을 회복하는데 필요한 수준에 맞춰 이 상쇄부담금액을 정하여야 한다. 또한 집행위원회는 그 결정 권한에 속하는 기타의 조치, 조건 및 세부사항을 인가할 수도 있다.

Article 44(ex Article 38 TEC)

○ Where in a Member State a product is subject to a national market organisation or to internal rules having equivalent effect which affect the competitive position of similar production in another Member State, a countervailing charge shall be applied by Member States to imports of this product coming from the Member State where such organisation or rules exist, unless that State applies a countervailing charge on export.

○ The Commission shall fix the amount of these charges at the level required to redress the balance; it may also authorise other measures, the conditions and details of which it shall determine.

제4편 사람, 서비스 및 자본의 자유이동

Title Ⅳ Free Movement of Persons, Services and Capital

제1장 근로자

Chapter 1 Workers

제45조(ex Article 39 TEC)

(1) 연합 역내에서는 근로자들의 자유로운 이동이 보장되어야 한다.

(2) 위와 같은 이동의 자유에는 회원국들 근로자들 사이에 국적을 이유로 한 고용, 보수 및 기타 근로와 고용 조건에 관한 어떠한 차별도 철폐하는 것이 포함되어야 한다.

(3) 근로자의 이동의 자유에는 공공정책, 공공안전 및 공중보건을 이유로 정당하게 제한되는 한도 내에서 다음과 같은 권리가 포함되어야 한다.

(a) 현실적으로 이루어진 고용 청약에 대한 승낙의 권리

(b) 고용 승낙을 목적으로 한 회원국내에서의 자유로운 이동의 권리

(c) 법률, 명령 또는 행정 조치를 통해 회원국이 자국민들에게 허용하고 있는 법령에 따라 고용을 목적으로 그 국가에 체류할 수 있는 권리

(d) 어느 회원국에서 고용된 이후 집행위원회에서 정하는 규정에 구체적으로 명시된 조건에 따라 그 회원국의 영토 내에 체류할 수 있는 권리

(4) 본조의 조항들은 공공 서비스 부문의 고용에는 적용하지 아니한다.

Article 45(ex Article 39 TEC)

(1) Freedom of movement for workers shall be secured within the Union.

(2) Such freedom of movement shall entail the abolition of any discrimination based on nationality between workers of the Member States as regards employment, remuneration and other conditions of work and employment.

(3) It shall entail the right, subject to limitations justified on grounds of public policy, public security or public health

(a) to accept offers of employment actually made

(b) to move freely within the territory of Member States for this purpose.

(c) to stay in a Member State for the purpose of employment in accordance with the provisions governing the employment of nationals of that State laid down by law, regulation or administrative action

(d) to remain in the territory of a Member State after having been employed in that State, subject to conditions which shall be embodied in regulations to be drawn up by the Commission.

(4) The provisions of this Article shall not apply to employment in the public service.

제46조(ex Article 40 TEC)

유럽의회와 각료이사회는 경제사회위원회와의 협의를 거친 뒤 통상입법절차에 따라 제45조에 명시되어 있는 근로자의 자유 이동을 실현하기 위해 필요한 조치들, 특히 다음과 같은 사항들을 규정이나 지시의 형식으로 발하여야 한다.

(a) 회원국 고용 관련 당국들과의 긴밀한 협력 확보

(b) 회원국의 국내법 또는 회원국들 간 기존 체결하였던 협정 여부인지를 불문하고 그 계속적인 존치로 인해 근로자의 이동의 자유화에 대한 장애를 초래하는 결과를 빚게 될 각종 행정 절차, 관행, 고용 자격과 관련한 자격 보유 기간 등의 폐지

(c) 회원국의 국내법 또는 회원국들 간 기존 체결하였던 협정 여부인지를 불문하고 고용의 자유로운 선택과 관련하여 해당 국가 외의 근로자에게 부과되는 것 이외에 다른 회원국들의 근로자들에게만 부과되는 위와 같은 자격 보유 기간이나 기타 제한에 대한 철폐

(d) 다양한 지역과 산업 내에서 생활 수준과 고용 수준에 중대한 위협을 초래하지 않는 방식으로 구인과 구직 활동을 원활하게 하고 고용 시장에서 공급과 수요의 균형 달성을 촉진하도록 하는 적절한 기구의 설치

Article 46(ex Article 40 TEC)

The European Parliament and the Council shall, acting in accordance with the ordinary legislative procedure and after consulting the Economic and Social Committee, issue directives or make regulations setting out the measures required to bring about freedom of movement for workers, as defined in Article 45, in particular

(a) by ensuring close cooperation between national employment services

(b) by abolishing those administrative procedures and practices and those qualifying periods in respect of eligibility for available employment, whether resulting from national legislation or from agreements previously concluded between Member States, the maintenance of which would form an obstacle to liberalisation of the movement of workers.

(c) by abolishing all such qualifying periods and other restrictions provided for either under national legislation or under agreements previously concluded between Member States as imposed on workers of other Member States conditions regarding the free choice of employment other than those imposed on workers of the State concerned

(d) by setting up appropriate machinery to bring offers of employment into touch with applications for employment and to facilitate the achievement of a balance between supply and demand in the employment market in such a way as to avoid serious threats to the standard of living and level of employment in the various regions and industries.

제47조(ex Article 41 TEC)

회원국들은 공동 프로그램의 틀 안에서 청년 근로자들의 교환을 장려한다.

Article 47(ex Article 41 TEC)

Member States shall, within the framework of a joint programme, encourage the exchange of young workers.

제48조(ex Article 42 TEC)

○ 유럽의회와 각료이사회는 통상입법절차에 따라 근로자들의 자유 이동을 제공하는데 필요한 사회보장 분야에서의 조치를 취한다. 이를 위해 유럽의회와 각료이사회는 피고용인, 자영이주근로자 및 이들의 부양자들 보호를 위해 다음과 같은 조치를 취하여야 한다.

(a) 실업 수당의 수령과 유지 및 수당 액수 산정에 있어서 여러 회원국의 법률에 따른 전체 경력의 합산.

(b) 회원국들의 영토 내에 있는 사람들에 대한 실업 수당 지급.

○ 제1단에 따라 입안된 법안 초안이 그 수혜 대상이나 비용 또는 재정 구조를 포함하여 자국의 사회 보

장체제에 중대한 영향을 미치거나 재정 균형에 영향을 미친다고 판단하는 각료이사회의 구성원은 그 뜻을 공표하고, 이를 유럽정상회의에 회부해 줄 것을 요청할 수 있다. 이 경우 통상입법절차는 잠정 중단된다. 유럽정상회의는 회부 받은 날로부터 4개월 이내에 토의를 거쳐 이 잠정 조치에 대하여,

(a) 각료이사회에 법안을 다시 송부하여 통상 입법 절차의 중단을 종료시키거나, 또는

(b) 여하한 행동도 하지 않거나 집행위원회로 하여금 새로운 제안을 하도록 요구한다. 이 경우 최초 제안된 법안은 채택되지 않은 것으로 간주된다.

Article 48(ex Article 42 TEC)

○ The European Parliament and the Council shall, acting in accordance with the ordinary legislative procedure, adopt such measures in the field of social security as are necessary to provide freedom of movement for workers; to this end, they shall make arrangements to secure for employed and self-employed migrant workers and their dependants:

(a) aggregation, for the purpose of acquiring and retaining the right to benefit and of calculating the amount of benefit, of all periods taken into account under the laws of the several countries

(b) payment of benefits to persons resident in the territories of Member States

○ Where a member of the Council declares that a draft legislative act referred to in the first subparagraph would affect important aspects of its social security system, including its scope, cost or financial structure, or would affect the financial balance of that system, it may request that the matter be referred to the European Council. In that case, the ordinary legislative procedure shall be suspended. After discussion, the European Council shall, within four months of this suspension, either

(a) refer the draft back to the Council, which shall terminate the suspension of the ordinary legislative procedure; or

(b) take no action or request the Commission to submit a new proposal; in that case, the act originally proposed shall be deemed not to have been adopted.

제2장 기업설립의 자유

Chapter 2 Right of Establishment

제49조(ex Article 43 TEC)

○ 아래에서 정하는 바에 따라 어느 한 회원국의 국민이 다른 회원국의 영토 내에서 기업을 설립할 자유를 제한하는 것은 금지된다. 이러한 금지는 자국 국민의 다른 회원국 내에서의 대리점, 지사 또는 자회사를 설립 제한에도 적용된다.

○ 기업 설립의 자유에는 자본에 관한 장의 조항들의 적용 한도 내에서 설립지 회원국의 법률이 자국민들에게 부여하는 것과 같은 요건 하에 자영업자로서의 사업을 개시하고 활동을 하며, 기업, 특히 제54조 제2단이 의미하는 회사 내지 사업체를 설립하고 경영하는 권리가 포함되어야 한다.

Article 49(ex Article 43 TEC)

○ Within the framework of the provisions set out below, restrictions on the freedom of establishment of nationals of a Member State in the territory of another Member State shall be prohibited. Such prohibition shall also apply to restrictions on the setting-up of agencies, branches or subsidiaries by nationals of any Member State established in the territory of any Member State.

○ Freedom of establishment shall include the right to take up and pursue activities as self-employed persons and to set up and manage undertakings, in particular companies or firms within the meaning of the second paragraph of Article 54, under the conditions laid down for its own nationals by the law of the country where such establishment is effected, subject to the provisions of the Chapter relating to capital.

제50조(ex Article 44 TEC)

(1) 특정 활동과 관련한 기업설립의 자유를 확보하기 위하여 유럽의회와 각료이사회는 경제사회위원회와의 협의를 거친 뒤 통상입법절차를 통해 지시의 형식으로 법령을 제정하여야 한다.

(2) 유럽의회, 각료이사회 및 집행위원회는 전 항에 따라 부여된 의무, 특히 아래와 같은 사항을 이행하여야 한다.

(a) 순위에 따라 일반적으로 기업설립의 자유가 보장되면 생산과 교역의 발전에 특히 유용한 기여를

할 수 있다고 판단되는 활동에 우선 순위를 부여.

(b) 연합 내에서의 다양한 활동 가운데 벌어지는 특정 상황을 파악할 필요가 있을 때 관련 회원국 당국들 사이의 긴밀한 협력 보장

(c) 회원국의 국내법 또는 회원국들 간 기존 체결하였던 협정 여부인지를 불문하고 그 존치가 기업설립의 자유를 저해할 소지가 있는 행정절차와 관행의 폐지

(d) 타 회원국에서 고용되었던 회원국의 근로자가 자영업자로서의 사업을 시작하기 위하여 당해 국가에 계속하여 체류할 수 있도록 보장. 다만, 이 경우 그 근로자는 자영업 개시를 위해 그 회원국에 입국할 경우에 요구되는 요건들을 충족해야 함

(e) 회원국의 국민으로 하여금 제39조 제2항 소정의 원칙에 반하지 않는 범위 내에서 다른 회원국의 영토 내에 소재한 부동산과 건물을 취득, 사용하도록 함

(f) 회원국 내에서 대리점, 지사 또는 자회사를 설립하기 위한 요건, 그리고 회원국 내에서 본사의 임직원들이 위와 같은 대리점, 지사 또는 자회사의 경영이나 감독직 수행을 위해 입국할 때 부과되는 요건 등 생각할 수 있는 제반 활동에서의 기업설립의 자유에 대한 제한을 점진적으로 철폐

(g) 제54조 제2항 소정의 회사 내지 사업자들이 속한 회원국들이 주주 및 제3자의 이해관계 보호를 위해 요구하는 강행규정들을 연합 전반에 걸쳐 고르게 적용하도록 하기 위하여 필요한 범위 내에서 상호 조율

(h) 회원국들의 보조로 인해 기업설립의 요건이 왜곡되지 않도록 함

Article 50(ex Article 44 TEC)

(1) In order to attain freedom of establishment as regards a particular activity, the European Parliament and the Council, acting in accordance with the ordinary legislative procedure and after consulting the Economic and Social Committee, shall act by means of directives.

(2) The European Parliament, the Council and the Commission shall carry out the duties devolving upon them under the preceding provisions, in particular:

(a) by according, as a general rule, priority treatment to activities where freedom of establishment makes a particularly valuable contribution to the development of production and trade.

(b) by ensuring close cooperation between the competent authorities in the Member States in order to ascertain the particular situation within the Union of the various activities concerned

(c) by abolishing those administrative procedures and practices, whether resulting from national legislation or from agreements previously concluded between Member States, the maintenance of which would form an obstacle to freedom of establishment

(d) by ensuring that workers of one Member State employed in the territory of another Member

State may remain in that territory for the purpose of taking up activities therein as self-employed persons, where they satisfy the conditions which they would be required to satisfy if they were entering that State at the time when they intended to take up such activities

(e) by enabling a national of one Member State to acquire and use land and buildings situated in the territory of another Member State, in so far as this does not conflict with the principles laid down in Article 39(2)

(f) by effecting the progressive abolition of restrictions on freedom of establishment in every branch of activity under consideration, both as regards the conditions for setting up agencies, branches or subsidiaries in the territory of a Member State and as regards the subsidiaries in the territory of a Member State and as regards the conditions governing the entry of personnel belonging to the main establishment into managerial or supervisory posts in such agencies, branches or subsidiaries

(g) by coordinating to the necessary extent the safeguards which, for the protection of the interests of members and others, are required by Member States of companies or firms within the meaning of the second paragraph of Article 54 with a view to making such safeguards equivalent throughout the Union

(h) by satisfying themselves that the conditions of establishment are not distorted by aids granted by Member States.

제51조(ex Article 45 TEC)

○ 이 장의 조항들은 상시적으로나 일시적으로 당해 회원국의 공적 권한 행사와 관련된 활동에 대하여는 적용되지 아니한다.

○ 유럽의회와 각료이사회는 통상입법절차를 따라 이 장의 조항들이 적용되어서는 안 되는 특정 활동들을 정할 수 있다.

Article 51(ex Article 45 TEC)

○ The provisions of this Chapter shall not apply, so far as any given Member State is concerned, to activities which in that State are connected, even occasionally, with the exercise of official authority.

○ The European Parliament and the Council, acting in accordance with the ordinary legislative procedure, may rule that the provisions of this Chapter shall not apply to certain activities.

제52조(ex Article 46 TEC)

(1) 이 장의 조항들 및 그 시행을 위해 내려진 조치들은 공공정책, 공공안전 및 공중보건을 이유로 외국인들에 대하여 특수한 처우를 예정하고 있는 법령, 규정 내지 행정처분의 적용에 영향을 미치지 아니한다.
(2) 유럽의회와 각료이사회는 통상입법절차에 따라 전 항의 조율을 위한 지시를 발령하여야 한다.

Article 52(ex Article 46 TEC)

(1) The provisions of this Chapter and measures taken in pursuance thereof shall not prejudice the applicability of provisions laid down by law, regulation or administrative action providing for special treatment for foreign nationals on grounds of public policy, public security or public health.
(2) The European Parliament and the Council shall, acting in accordance with the ordinary legislative procedure, issue directives for the coordination of the abovementioned provisions.

제53조(ex Article 47 TEC)

(1) 자영업 개시와 활동을 용이하도록 하게 하기 위하여 유럽의회와 각료이사회는 통상입법절차에 따라 학위, 자격증 및 기타 공적 자격에 관한 증명서의 상호 인정, 그리고 자영업의 개시 및 영업 활동에 관한 회원국들의 법규나 행정처분에 따른 사항들을 조율하기 위한 지시들을 발령하여야 한다.
(2) 의사와 의사 유사 직종, 약사의 경우 다양한 회원국들 내에서 이들의 종사 여건을 조율하면서 그에 맞춰 점진적으로 제한을 철폐한다.

Article 53(ex Article 47 TEC)

(1) In order to make it easier for persons to take up and pursue activities as self-employed persons, the European Parliament and the Council shall, acting in accordance with the ordinary legislative procedure, issue directives for the mutual recognition of diplomas, certificates and other evidence of formal qualifications and for the coordination of the provisions laid down by law, regulation or

administrative action in Member States concerning the taking-up and pursuit of activities as self-employed persons.

(2) In the case of the medical and allied and pharmaceutical professions, the progressive abolition of restrictions shall be dependent upon coordination of the conditions for their exercise in the various Member States.

제54조(ex Article 48 TEC)

○ 어느 회원국의 법률에 따라 설립되어 등기상의 사무소, 본사 또는 주된 영업장을 연합 내에 두고 있는 회사나 사업자들은 본 장의 취지에 맞게 회원국의 국적을 가지고 있는 자연인과 동일하게 처우하여야 한다.

○ 회사 또는 사업자란 협동조합을 포함하여 민법이나 상사법에 따라 설립된 회사들 내지 사업자들과 공법 또는 사법에 의해 규율되는 기타 법인을 의미하되, 비영리 법인은 제외한다.

Article 54(ex Article 48 TEC)

○ Companies or firms formed in accordance with the law of a Member State and having their registered office, central administration or principal place of business within the Union shall, for the purposes of this Chapter, be treated in the same way as natural persons who are nationals of Member States.

○ 'Companies or firms' means companies or firms constituted under civil or commercial law, including cooperative societies, and other legal persons governed by public or private law, save for those which are non-profit-making.

제55조(ex Article 294 TEC)

창설조약들의 기타 조항들의 적용을 침해하지 않는 한도 내에서 회원국들은 제54 소정의 회사나 사업자의 자본 구성에의 참여와 관련하여 다른 회원국의 국민들에게도 자국민들에게 있어서와 동일한 처우를 하여야 한다.

Article 55(ex Article 294 TEC)

Member States shall accord nationals of the other Member States the same treatment as their own nationals as regards participation in the capital of companies or firms within the meaning of Article 54, without prejudice to the application of the other provisions of the Treaties.

제3장 서비스

Chapter 3 Services

제56조(ex Article 49 TEC)

○ 아래 조항들의 틀 내에서 어느 회원국 내에서 설립된 회원국 국민들이 역내에서 서비스를 제공하는 자유는 서비스 수요자를 대상으로 하는 규제 외의 사유로는 제한되어서는 아니 된다.
○ 유럽의회와 각료이사회는 통상입법절차에 따라 이 장의 조항들을 역내에 설립되어 서비스를 제공하는 제3국 국민들에 대하여도 확대 적용할 수 있다.

Article 56(ex Article 49 TEC)

○ Within the framework of the provisions set out below, restrictions on freedom to provide services within the Union shall be prohibited in respect of nationals of Member States who are established in a Member State other than that of the person for whom the services are intended.
○ The European Parliament and the Council, acting in accordance with the ordinary legislative procedure, may extend the provisions of the Chapter to nationals of a third country who provide services and who are established within the Union.

제57조(ex Article 50 TEC)

○ 상품, 자본 및 사람의 자유로운 이동에 관한 조항들에 의해 규율 되지 아니하는 것으로서 통상적으로 보수를 목적으로 제공하는 활동은 서비스로 간주된다.
○ 서비스에는 특히 다음과 같은 내용들이 포함된다.

(a) 산업적 성격의 활동.

(b) 상업적 성격의 활동.

(c) 수공업자의 활동.

(d) 전문직 종사자의 활동.

○ 기업 설립의 권리에 관한 장에 명시된 조항들을 침해하지 않는 한도 내에서 서비스 제공자는 그 영업 목적을 위해 서비스를 제공하고자 하는 회원국에서 당해 국가가 자국민에게 부과하는 것과 동일한 조건 하에 임시로 서비스 제공 활동을 할 수 있다.

Article 57(ex Article 50 TEC)

○ Services shall be considered to be 'services' within the meaning of the Treaties where they are normally provided for remuneration, in so far as they are not governed by the provisions relating to freedom of movement for goods, capital and persons.

○ 'Services' shall in particular include:

(a) activities of an industrial character

(b) activities of a commercial character

(c) activities of craftsmen

(d) activities of the professions

○ Without prejudice to the provisions of the Chapter relating to the right of establishment, the person providing a service may, in order to do so, temporarily pursue his activity in the Member State where the service is provided, under the same conditions as are imposed by that State on its own nationals.

제58조(ex Article 51 TEC)

(1) 운송 부문에서의 서비스 제공의 자유는 운송에 관한 편에서 따로 정한다.

(2) 자본의 이동과 관련된 금융 및 보험 서비스의 자유화는 자본 이동의 자유화의 진척 상황에 보조를 맞추어 추진한다.

Article 58(ex Article 51 TEC)

(1) Freedom to provide services in the field of transport shall be governed by the provisions of the

Title relating to transport.

(2) The liberalisation of banking and insurance services connected with movements of capital shall be effected in step with the liberalisation of movement of capital.

제59조(ex Article 52 TEC)

(1) 특정 부문의 서비스 자유화를 달성하기 위해 유럽의회와 각료이사회는 경제사회위원회와의 협의를 거친 뒤 통상입법절차를 거쳐 지시를 발령한다.

(2) 제1항의 지시의 발령과 관련하여서는 일반적으로 생산비에 직접적으로 영향을 미치는 서비스 내지 상품의 교역 촉진에 도움이 되는 자유화에 우선순위가 주어져야 한다.

Article 59(ex Article 52 TEC)

(1) In order to achieve the liberalisation of a specific service, the European Parliament and the Council, acting in accordance with the ordinary legislative procedure and after consulting the Economic and Social Committee, shall issue directives.

(2) As regards the directives referred to in paragraph 1, priority shall as a general rule be given to those services which directly affect production costs or the liberalisation of which helps to promote trade in goods.

제60조(ex Article 53 TEC)

○ 회원국들은 자국 일반적인 경제 상황이나 해당 경제 부문의 여건이 허용하는 경우 제59조 제1항 소정의 지시에서 요구하는 수준 이상의 서비스 자유화에 착수하도록 노력하여야 한다.

○ 이를 위해 집행위원회는 해당 회원국들에게 권고안을 제시하여야 한다.

Article 60(ex Article 53 TEC)

○ The Member States shall endeavour to undertake the liberalisation of services beyond the extent required by the directives issued pursuant to Article 59(1), if their general economic situation and the situation of the economic sector concerned so permit.

○ To this end, the Commission shall make recommendations to the Member States concerned.

제61조(ex Article 54 TEC)

서비스 제공의 자유에 대한 제한이 철폐되지 않고 있는 동안에는 각 회원국은 제56조 제1단의 취지에 좇아 국적이나 거주 여부를 불문하고 그러한 제한을 모든 서비스 제공자에 대하여 차별없이 적용하여야 한다.

Article 61(ex Article 54 TEC)

As long as restrictions on freedom to provide services have not been abolished, each Member State shall apply such restrictions without distinction on grounds of nationality or residence to all persons providing services within the meaning of the first paragraph of Article 56.

제62조(ex Article 55 TEC)

이 장에서 규율되는 사항들에 대하여는 제51조에서 제54조까지의 조항들을 준용한다.

Article 62(ex Article 55 TEC)

The provisions of Articles 51 to 54 shall apply to the matters covered by this Chapter.

제4장 자본과 지불
Chapter 4 Capital and Payments

제63조(ex Article 56 TEC)

(1) 이 장에 명시된 조항들의 틀 안에서 회원국 간 및 회원국과 제3국 사이의 자본의 이동에 관한 모든 제한은 금지된다.

(2) 이 장에 명시된 조항들의 틀 안에서 회원국 간 및 회원국과 제3국 사이의 지불에 관한 모든 제한은 금지된다.

Article 63(ex Article 56 TEC)

(1) Within the framework of the provisions set out in this Chapter, all restrictions on the movement of capital between Member States and between Member States and third countries shall be prohibited.

(2) Within the framework of the provisions set out in this Chapter, all restrictions on payments between Member States and between Member States and third countries shall be prohibited.

제64조(ex Article 57 TEC)

(1) 제63조는 1993. 12. 31. 현재 직접 투자(부동산에 대한 투자 포함) 설립, 금융 서비스 제공 또는 자본시장에서의 유가증권 상장과 관련한 제3국과의 자본 수수에 대하여 회원국 국내법이나 연합의 법령에 따라 시행 중인 규제들을 제3국에 적용함에 있어서는 영향을 미치지 아니한다. 불가리아, 에스토니아 및 헝가리 국내법상 시행 중인 규제에 관하여는 위 기준일을 1999. 12. 31로 한다.

(2) 회원국과 제3국 사이의 자본의 자유 이동이라는 목표를 가능한 최대한 달성하기 위해 노력하는 한편 창설조약 상의 여타 장들을 침해하지 아니하는 한도 내에서, 유럽의회와 각료이사회는 통상입법절차에 따라 직접 투자(부동산에 대한 투자 포함) 설립, 금융 서비스 제공 또는 자본시장에서의 유가증권 참여와 관련한 제3국과의 자본 수수에 관한 조치를 채택하여야 한다.

(3) 제2항에도 불구하고 각료이사회는 유럽의회와의 협의를 거쳐 특별입법절차를 통해 만장일치로 제3국과의 자본 수수의 자유화에 관하여 기존보다 엄격한 조치들을 채택할 수 있다.

Article 64(ex Article 57 TEC)

(1) The provisions of Article 63 shall be without prejudice to the application to third countries of any restrictions which exist on 31 December 1993 under national or Union law adopted in respect of the movement of capital to or from third countries involving direct investment - including in real estate - establishment, the provision of financial services or the admission of securities to capital markets. In respect of restrictions existing under national law in Bulgaria, Estonia and Hungary, the relevant date shall be 31 December 1999.

(2) Whilst endeavouring to achieve the objective of free movement of capital between Member States and third countries to the greatest extent possible and without prejudice to the other Chapters of the Treaties, the European Parliament and the Council, acting in accordance with the ordinary legislative procedure, shall adopt the measures on the movement of capital to or from third countries involving direct investment – including investment in real estate – establishment, the provision of financial services or the admission of securities to capital markets.

(3) Notwithstanding paragraph 2, only the Council, acting in accordance with a special legislative procedure, may unanimously, and after consulting the European Parliament, adopt measures which constitute a step backwards in Union law as regards the liberalisation of the movement of capital to or from third countries.

제65조(ex Article 58 TEC)

(1) 제63조는 회원국들의 다음과 권리에 영향을 미치지 아니한다.

(a) 거주지나 자본 투자 대상지에 따라 납세자를 분류하여 관련 세법 조항을 적용할 권리.

(b) 회원국 국내법과 규정들, 특히 과세 및 금융기관들의 세밀한 감독을 요하는 분야에서의 위반 행위를 방지하기 위해 필요한 제반 조치, 행정 내지 통계 정보를 목적으로 한 자본의 이동에 대한 신고 절차 부여 조치, 공공정책이나 공공안전을 사유로 정당화될 수 있는 조치 등을 각 취할 수 있는 권리.

(2) 이 장의 조항들은 창설조약과 양립할 수 있는 기업 설립의 권리에 대한 제한을 적용함에 있어서는 영향을 미치지 아니한다.

(3) 제1항 및 제2항 소정의 조치 및 절차는 자의적 차별이나 제63조에 정하고 있는 자본 및 지불의 자유이동을 자의적으로 차별하거나 위장된 규제의 수단이 되어서는 아니 된다.

(4) 제64조 제3항에 따른 조치가 없는 경우에는 집행위원회가, 당해 회원국의 요청이 있었던 때로부터 3개월이 경과토록 집행위원회의 결정이 없는 경우에는 각료이사회가 각 연합의 목표에 의해 비춰 정당화되고 역내 시장의 적정한 기능과 부합하는 한 어느 회원국이 하나 또는 그 이상의 제3국을 대상으로 한 규제적 과세 조치가 창설조약과 양립하는 것으로 간주한다는 결정을 채택할 수 있다. 각료이사회는 회원국의 신청에 따라 만장일치로 결정하여야 한다.

Article 65(ex Article 58 TEC)

(1) The provisions of Article 63 shall be without prejudice to the right of Member States:

(a) to apply the relevant provisions of their tax law which distinguish between taxpayers who are not in the same situation with regard to their place of residence or with regard to the place where their capital is invested

(b) to take all requisite measures to prevent infringements of national law and regulations, in particular in the field of taxation and the prudential supervision of financial institutions, or to lay down procedures for the declaration of capital movements for purposes of administrative or statistical information, or to take measures which are justified on grounds of public policy or public security

(2) The provisions of this Chapter shall be without prejudice to the applicability of restrictions on the right of establishment which are compatible with the Treaties.

(3) The measures and procedures referred to in paragraphs 1 and 2 shall not constitute a means of arbitrary discrimination or a disguised restriction on the free movement of capital and payments as defined in Article 63.

(4) In the absence of measures pursuant to Article 64(3), the Commission or, in the absence of a Commission decision within three months from the request of the Member State concerned, the Council, may adopt a decision stating that restrictive tax measures adopted by a Member State concerning one or more third countries are to be considered compatible with the Treaties in so far as they are justified by one of the objectives of the Union and compatible with the proper functioning of the internal market. The Council shall act unanimously on application by a Member State.

제66조(ex Article 59 TEC)

비상한 상황에 처하여 제3국과의 자본 수수에 따른 이동이 경제·통화 동맹의 운영에 심각한 난관을 초래하거나 초래할 위험이 있을 때, 각료이사회는 유럽중앙은행과의 협의를 거쳐 집행위원회로부터 제안을 받아 조치의 필요성이 엄격하게 인정되는 경우에 한하여 6개월을 넘지 않는 기간 내에서 제3국에 관하여 세이프가드 조치를 취할 수 있다.

Article 66(ex Article 59 TEC)

Where, in exceptional circumstances, movements of capital to or from third countries cause, or threaten to cause, serious difficulties for the operation of economic and monetary union, the Council, on a proposal from the Commission and after consulting the European Central Bank, may take safeguard measures with regard to third countries for a period not exceeding six months if such measures are strictly necessary.

제5편 자유, 안전 및 사법 영역

Title V Area of Freedom, Security and Justice

제1장 일반조항

Chapter 1 General Provisions

제67조(ex Article 61 TEC and ex Article 29 TEU)

(1) 연합은 회원국들의 기본권, 상이한 법률 제도 및 전통을 존중하는 자유, 안전 및 사법 영역을 구축하여야 한다.

(2) 연합은 사람에 대한 역내의 국경 통제를 없애야 하고, 회원국 간의 결속을 근간으로 망명, 이민 및 역외 국경 통제에 관한 공동 정책을 수립하되, 제3국의 국민들을 공정하게 대하여야 한다. 본 편의 목적상 무국적자는 제3국의 국민으로 취급된다.

(3) 연합은 형사 분야에서의 판결의 상호 승인 및 필요한 경우 형사법의 근사화 작업뿐만 아니라 범죄, 인종차별주의 및 외국인혐오에 대하여 이를 예방하고 대처하며, 경찰과 사법 당국, 기타 관련 당국들 간의 조율과 협력을 위한 조치를 취함으로써 고도의 안전을 확보할 수 있도록 노력하여야 한다.

(4) 연합은 특히 민사 분야에서의 재판 및 재판 외의 결정에 대한 상호승인의 원칙을 통해 사법적 접근을 용이하게 하도록 하여야 한다.

Article 67(ex Article 61 TEC and ex Article 29 TEU)

(1) The Union shall constitute an area of freedom, security and justice with respect for fundamental rights and the different legal systems and traditions of the Member States.

(2) It shall ensure the absence of internal border controls for persons and shall frame a common policy

on asylum, immigration and external border control, based on solidarity between Member States, which is fair towards third-country nationals. For the purpose of this Title, stateless persons shall be treated as third-country nationals.

(3) The Union shall endeavour to ensure a high level of security through measures to prevent and combat crime, racism and xenophobia, and through measures for coordination and cooperation between police and judicial authorities and other competent authorities, as well as through the mutual recognition of judgments in criminal matters and, if necessary, through the approximation of criminal laws.

(4) The Union shall facilitate access to justice, in particular through the principle of mutual recognition of judicial and extrajudicial decisions in civil matters.

제68조

유럽정상회의는 자유, 안전 및 사법 영역에서의 입법 및 그 운용 계획에 관한 전략적 지침을 수립하여야 한다.

Article 68

The European Council shall define the strategic guidelines for legislative and operational planning within the area of freedom, security and justice.

제69조

회원국 의회들은 제4장 및 제5장에 따라 제출된 안건과 법안이 〈보충성 및 비례성의 원칙 적용에 관한 의정서〉에 명시된 사항에 따라 보충성의 원칙을 준수하도록 보장한다.

Article 69

National Parliaments ensure that the proposals and legislative initiatives submitted under Chapters 4 and 5 comply with the principle of subsidiarity, in accordance with the arrangements laid down by the Protocol on the application of the principles of subsidiarity and proportionality.

제70조

제258조, 제259 및 제260조에 영향을 미치지 않는 한도 내에서 각료이사회는 집행위원회로부터 제안을 받아 회원국들이 집행위원회와 협업하여 이 편에서 언급되어 있는 연합의 정책, 특히 상호 승인 원칙의 완전한 적용을 촉진하기 위하여 회원국 당국들의 정책 이행에 대한 객관적이고 공정한 평가를 할 수 있는 방안을 담고 있는 조치들을 채택할 수 있다. 유럽 의회와 각 회원국 의회에는 이 평가에 따른 내용과 결과가 통보되어야 한다.

Article 70

Without prejudice to Articles 258, 259 and 260, the Council may, on a proposal from the Commission, adopt measures laying down the arrangements whereby Member States, in collaboration with the Commission, conduct objective and impartial evaluation of the implementation of the Union policies referred to in this Title by Member States' authorities, in particular in order to facilitate full application of the principle of mutual recognition. The European Parliament and national Parliaments shall be informed of the content and results of the evaluation.

제71조(ex Article 36 TEU)

○ 연합 내에서 내부 안보에 관한 합동 작전 능력을 향상하고 강화하기 위하여 각료 이사회 내에 상임위원회를 두어야 한다. 이 상임위원회는 제240조에 영향을 미치지 않는 한도 내에서 회원국 소관 당국들이 취하는 행동 간의 조정을 촉진하여야 한다.

○ 해당 연합 기구, 부서 및 수탁기관의 대표들은 이 위원회의 절차에 참여할 수 있다. 이 절차 진행은 유럽의회와 각 회원국 의회에 상시적으로 통보되어야 한다.

Article 71(ex Article 36 TEU)

○ A standing committee shall be set up within the Council in order to ensure that operational cooperation on internal security is promoted and strengthened within the Union. Without prejudice to Article 240, it shall facilitate coordination of the action of Member States' competent authorities.

○ Representatives of the Union bodies, offices and agencies concerned may be involved in the proceedings of this committee. The European Parliament and national Parliaments shall be kept informed of the proceedings.

제72조(ex Article 64(1) TEC and ex Article 33 TEU)

본 편은 회원국들의 법질서 유지 및 국내 안보 보장과 관련하여 회원국들이 당면한 책임의 이행에 영향을 미쳐서는 아니 된다.

Article 72(ex Article 64(1) TEC and ex Article 33 TEU)

This Title shall not affect the exercise of the responsibilities incumbent upon Member States with regard to the maintenance of law and order and the safeguarding of internal security.

제73조

회원국들에게는 다른 회원국과의 공조 및 그 책임 하에 국가 안보를 관장하는 각 회원국 행정 기관 간 적절하다고 간주되는 협력과 조정을 해 나갈 수 있는 여지가 주어져야 한다.

Article 73

It shall be open to Member States to organise between themselves and under their responsibility such forms of cooperation and coordination as they deem appropriate between the competent departments of their administrations responsible for safeguarding national security.

제74조(ex Article 66 TEC)

각료이사회는 본 편에서 다루는 분야에 있어 회원국 소관 부서들과 집행위원회 사이는 물론, 회원국들 소관 부처들 사이의 행정 협력을 보장하기 위한 조치들을 채택하여야 한다. 위 조치는 제76조를 따를 것을 전제로, 집행위원회의 제안에 근거하여 유럽의회와의 협의를 거쳐 이루어져야 한다.

Article 74(ex Article 66 TEC)

The Council shall adopt measures to ensure administrative cooperation between the relevant departments of the Member States in the areas covered by this Title, as well as between those departments and the Commission. It shall act on a Commission proposal, subject to Article 76, and after consulting the European Parliament.

제75조(ex Article 60 TEC)

○ 제67조 소정의 테러 및 이와 관련된 행위의 사전 예방과 대처 목표를 위하여 필요한 경우 유럽의회와 각료이사회는 통상입법절차에 따라 규정의 형식을 통해 자연인, 법인, 단체 또는 비국가단체의 소유이거나 점유 하에 있는 각종 자금, 금융 자산 또는 경제적 수익을 동결하는 것과 같은 자본 이동 및 지불과 관련한 행정 조치에 관한 계획을 수립하여야 한다.

○ 각료이사회는 집행위원회의 제안을 받아 위에서 언급된 계획을 이행하기 위한 조치를 취하여야 한다.

○ 본 조에서 언급하는 법령에는 법적 안전장치에 관하여 필요한 조항들이 포함된다.

Article 75(ex Article 60 TEC)

○ Where necessary to achieve the objectives set out in Article 67, as regards preventing and combating terrorism and related activities, the European Parliament and the Council, acting by means of regulations in accordance with the ordinary legislative procedure, shall define a framework for administrative measures with regard to capital movements and payments, such as the freezing of funds, financial assets or economic gains belonging to, or owned or held by, natural or legal persons, groups or non-State entities.

○ The Council, on a proposal from the Commission, shall adopt measures to implement the framework referred to in the first paragraph.

○ The acts referred to in this Article shall include necessary provisions on legal safeguards.

제76조

제4장 및 제5장의 법령들은 이 장들에서 다루고 있는 분야에서의 행정적 협조를 담보하기 위해 제74조

소정의 조치들과 함께 다음과 같이 채택되어야 한다.
(a) 집행위원회의 제안, 또는
(b) 회원국들의 4분의 1 이상의 동의

Article 76

The acts referred to in Chapters 4 and 5, together with the measures referred to in Article 74 which ensure administrative cooperation in the areas covered by these Chapters, shall be adopted:
(a) on a proposal from the Commission, or
(b) on the initiative of a quarter of the Member States.

제2장 국경 검문, 망명 및 이민 정책

Chapter 2 Policies on Border Checks, Asylum and Immigration

제77조(ex Article 62 TEC)

(1) 연합은 아래 사항들을 염두에 두고 정책을 추진하여야 한다.
  (a) 역내 국경선 통과에 있어 국적을 불문하고 사람에 대한 통제 조치가 없도록 보장
  (b) 연합 접경을 통과할 때 사람들에 대한 검색과 효과적인 감시
  (c) 점진적인 연합 접경에 대한 통합 운영 체제의 도입
(2) 제1항의 목적을 위해 유럽의회 및 각료이사회는 통상입법절차를 거쳐 아래 사항들과 관련한 조치를 취하여야 한다.
  (a) 비자 및 기타 단기체류허가에 관한 공동정책
  (b) 연합 접경 통과자에 대하여 행하는 국경 검문
  (c) 제3국의 국민이 단기간 역내에서 자유로이 여행할 수 있는 요건
  (d) 점진적인 연합 접경 통합 운영 체제 수립에 필요한 조치
  (e) 역내 국경선 통과에 있어 국적을 불문하고 사람에 대한 통제 조치 폐지
(3) 제20조 제2항 소정의 권리 행사를 용이하게 하기 위한 연합 차원의 행동 필요성이 인정되면서, 창설 조약에서 필요한 수권을 정하고 있지 않은 경우 각료이사회는 특별입법절차에 따라 여권, 신분증, 체류 허가 및 이와 관련한 기타 서류에 관한 법안을 채택할 수 있다. 각료이사회의 법안 채택은 유럽 의회와의 협의를 거쳐 만장일치로 이뤄져야 한다.

(4) 본 조는 국제법에 따라 각 회원국이 국경의 지리적 경계와 관련하여 갖고 있는 권한에는 영향을 미치지 아니한다.

Article 77(ex Article 62 TEC)

(1) The Union shall develop a policy with a view to:

(a) ensuring the absence of any controls on persons, whatever their nationality, when crossing internal borders;

(b) carrying out checks on persons and efficient monitoring of the crossing of external borders;

(c) the gradual introduction of an integrated management system for external borders.

(2) For the purposes of paragraph 1, the European Parliament and the Council, acting in accordance with the ordinary legislative procedure, shall adopt measures concerning:

(a) the common policy on visas and other short-stay residence permits;

(b) the checks to which persons crossing external borders are subject;

(c) the conditions under which nationals of third countries shall have the freedom to travel within the Union for a short period;

(d) any measure necessary for the gradual establishment of an integrated management system for external borders;

(e) the absence of any controls on persons, whatever their nationality, when crossing internal borders.

(3) If action by the Union should prove necessary to facilitate the exercise of the right referred to in Article 20(2)(a), and if the Treaties have not provided the necessary powers, the Council, acting in accordance with a special legislative procedure, may adopt provisions concerning passports, identity cards, residence permits or any other such document. The Council shall act unanimously after consulting the European Parliament.

(4) This Article shall not affect the competence of the Member States concerning the geographical demarcation of their borders, in accordance with international law.

제78조(ex Articles 63, points 1 and 2, and 64(2) TEC)

(1) 연합은 국제적 보호를 필요로 하며 강제송환금지의 원칙의 준수를 보장해 주어야 할 제3국의 국민들에 대한 적절한 지위를 제공하기 위하여 망명, 보완적 보호 및 임시 보호에 관한 공동정책을 추진하

여야 한다. 이 정책은 〈1951년 7월 28일자 제네바 협정〉 및 〈난민의 지위에 관한 1967년 1월 31일자 의정서〉, 기타 관련 조약들에 부합되어야 한다.

(2) 제1항의 목적을 위해 유럽의회와 각료이사회는 통상입법절차에 따라 아래의 사항으로 이뤄 지는 유럽공동망명제도에 관한 조치를 채택한다.

(a) 역내 전역에서 유효한 제3국 국민을 위한 망명자의 통일적 지위

(b) 유럽 내에서의 망명 지위를 얻지 못하였지만 국제적 보호가 필요한 제3국의 국민을 위한 보완적 보호에 대한 통일적 지위

(c) 대량 유입의 경우 난민에 대한 임시 보호를 위한 공동체제

(d) 통일적 망명 또는 보완적 보호 지위의 부여 및 박탈을 위한 공동 절차

(e) 망명이나 보완적 보호 신청에 대한 심사 책임이 있는 회원국을 결정하기 위한 기준과 체계

(f) 망명이나 보완적 보호 신청의 수용 요건에 관한 기준

(g) 망명이나 보완적 또는 임시 보호를 신청하는 자들의 유입을 관리할 목적으로 하는 제3국들과의 제휴 및 협력

(3) 제3국 국민의 급작스러운 대량 유입으로 인해 하나 그 이상의 회원국들이 비상사태에 처하게 되는 경우, 각료이사회는 집행위원회로부터 제안을 받아 당해 회원국들의 이익을 위해 잠정조치를 취할 수 있다. 각료이사회의 위 조치는 유럽의회와의 협의를 거쳐야 한다.

Article 78(ex Articles 63, points 1 and 2, and 64(2) TEC)

(1) The Union shall develop a common policy on asylum, subsidiary protection and temporary protection with a view to offering appropriate status to any third-country national requiring international protection and ensuring compliance with the principle of non-refoulement. This policy must be in accordance with the Geneva Convention of 28 July 1951 and the Protocol of 31 January 1967 relating to the status of refugees, and other relevant treaties.

(2) For the purposes of paragraph 1, the European Parliament and the Council, acting in accordance with the ordinary legislative procedure, shall adopt measures for a common European asylum system comprising:

(a) a uniform status of asylum for nationals of third countries, valid throughout the Union;

(b) a uniform status of subsidiary protection for nationals of third countries who, without obtaining European asylum, are in need of international protection;

(c) a common system of temporary protection for displaced persons in the event of a massive inflow;

(d) common procedures for the granting and withdrawing of uniform asylum or subsidiary protection status;

(e) criteria and mechanisms for determining which Member State is responsible for considering an application for asylum or subsidiary protection;

(f) standards concerning the conditions for the reception of applicants for asylum or subsidiary protection;

(g) partnership and cooperation with third countries for the purpose of managing inflows of people applying for asylum or subsidiary or temporary protection.

(3) In the event of one or more Member States being confronted by an emergency situation characterised by a sudden inflow of nationals of third countries, the Council, on a proposal from the Commission, may adopt provisional measures for the benefit of the Member State(s) concerned. It shall act after consulting the European Parliament.

제79조(ex Article 63, points 3 and 4, TEC)

⑴ 연합은 이주 흐름의 효율적 관리, 각 회원국 내에서 적법하게 체류하고 있는 제3국 국민에 대한 공평한 처우, 불법 이주와 인신매매에 대한 예방과 강력한 대처를 제반 단계에서 확보하기 위한 공동이민 정책을 추진하여야 한다.

⑵ 제1항의 목적을 위해 유럽의회와 각료이사회는 통상입법절차에 따라 아래의 각 영역에서 필요한 조치를 취한다.

ⓐ 입국과 체류의 요건 및 가족 재회를 포함하여 장기 비자 발급과 체류 허가에 대한 회원국들의 기준

ⓑ 다른 회원국들 내에서의 자유 이동 및 체류에 관한 요건까지 포함하여 어느 한 회원국에 합법적으로 체류하는 제3국 국민의 권리 획정

ⓒ 불법 체류자에 대한 추방과 송환을 포함한 불법 이민과 불법 체재에 관한 사항

ⓓ 인신 매매, 특히 여성과 아동 매매와의 전쟁

⑶ 연합은 당초부터 혹은 일정한 사유로 더 이상 회원국 영토 내에 입국, 잔류 또는 체류 자격이 없는 제3국 국민들을 본국이나 경유국으로 재입국시킬 목적으로 제3국들과 협정을 체결할 수 있다.

⑷ 유럽의회와 각료이사회는 통상입법절차에 따라 회원국들의 자국 영토 내에 합법적으로 체류하고 있는 제3국 국민의 통합을 장려하기 위한 지원과 원조를 제공하는 조치를 취할 권한을 갖되, 회원국들의 법령 정합은 배제한다.

⑸ 본 조는 피고용인으로서 또는 자영업자로서 일자리를 갖기 위해 자국 내에 들어오는 제3국 국민들의 입국 총량을 결정하는 회원국의 권리에 영향을 미쳐서는 아니 된다.

Article 79(ex Article 63, points 3 and 4, TEC)

(1) The Union shall develop a common immigration policy aimed at ensuring, at all stages, the efficient management of migration flows, fair treatment of third-country nationals residing legally in Member States, and the prevention of, and enhanced measures to combat, illegal immigration and trafficking in human beings.

(2) For the purposes of paragraph 1, the European Parliament and the Council, acting in accordance with the ordinary legislative procedure, shall adopt measures in the following areas:

(a) the conditions of entry and residence, and standards on the issue by Member States of long-term visas and residence permits, including those for the purpose of family reunification;

(b) the definition of the rights of third-country nationals residing legally in a Member State, including the conditions governing freedom of movement and of residence in other Member States;

(c) illegal immigration and unauthorised residence, including removal and repatriation of persons residing without authorisation;

(d) combating trafficking in persons, in particular women and children.

(3) The Union may conclude agreements with third countries for the readmission to their countries of origin or provenance of third-country nationals who do not or who no longer fulfil the conditions for entry, presence or residence in the territory of one of the Member States.

(4) The European Parliament and the Council, acting in accordance with the ordinary legislative procedure, may establish measures to provide incentives and support for the action of Member States with a view to promoting the integration of third-country nationals residing legally in their territories, excluding any harmonisation of the laws and regulations of the Member States.

(5) This Article shall not affect the right of Member States to determine volumes of admission of third-country nationals coming from third countries to their territory in order to seek work, whether employed or self-employed.

제80조

이 장에 정한 연합의 정책 및 그 이행은 재정적 영향을 포함하여 회원국 간 결속 및 책임의 공평한 분배 원칙에 따라 규율 한다. 필요한 경우 이 장에 따라 채택되는 연합의 법령들은 이 원칙의 실효성 확보를 위해 적절한 조치들을 담아야 한다.

Article 80

The policies of the Union set out in this Chapter and their implementation shall be governed by the principle of solidarity and fair sharing of responsibility, including its financial implications, between the Member States. Whenever necessary, the Union acts adopted pursuant to this Chapter shall contain appropriate measures to give effect to this principle.

제3장 민사 분야에서의 사법 공조

Chapter 3 Judicial Cooperation in Civil Matters

제81조(ex Article 65 TEC)

⑴ 연합은 판결 및 준 사법적 결정의 상호 승인의 원칙에 터잡아 섭외적 성격을 갖는 민사 사건에 사법적 공조를 추진한다. 이러한 공조에는 회원국 법령들의 근사화를 위한 조치가 포함될 수 있다.

⑵ 제1항의 목적을 위해 유럽의회와 각료이사회는 통상입법절차에 따라 특히 역내 시장의 적절한 작동에 필요한 경우 아래 사항들을 담보하기 위한 조치들을 취해야 한다.

⒜ 판결 및 준 사법적 결정에 대한 회원국 간 상호 승인 및 집행

⒝ 사법 및 준 사법적 문서들의 국외 송달

⒞ 법령 및 관할 충돌에 관하여 회원국들 내에서 시행되는 법규들의 모순 제거

⒟ 증거 수집에 있어서의 협력

⒠ 사법에 대한 효과적 접근

⒡ 민사 절차의 원활한 작동에 대한 장애 요소들을 제거하고, 필요한 경우 회원국들 내에서 시행되는 민사 절차 규칙들간의 모순 제거 촉진

⒢ 대체적 분쟁 해결 대안의 개발

⒣ 법관 및 사법 보조 인력들의 훈련 지원

⑶ ○ 제2항의 규정에도 불구하고 섭외적 성격이 있는 가족법 관련 조치들은 각료이사회의 특별입법절차에 의하여야 한다. 각료이사회의 이 결정은 유럽의회와의 협의를 거쳐 만장일치로 채택되어야 한다.

○ 각료이사회는 집행위원회의 제안에 따라 통상입법절차에 따른 법안 채택의 대상이 될 수 있는 섭외적 성격의 가족법 분야를 정하는 결정을 채택할 수 있다. 각료이사회의 이 결정은 유럽의회와의 협의를 거쳐 만장일치로 채택되어야 한다.

○ 제2단에서 언급된 제안은 각 회원국 의회들에 통지되어야 한다. 이 통지 이후 6개월 이내에 어느 한 회원국이라도 반대의 뜻을 표시하는 경우, 그 결정은 채택되어서는 아니 된다. 기한 내에 반대가 없으면 각료이사회는 그 결정을 채택할 수 있다.

Article 81(ex Article 65 TEC)

(1) The Union shall develop judicial cooperation in civil matters having cross-border implications, based on the principle of mutual recognition of judgments and of decisions in extrajudicial cases. Such cooperation may include the adoption of measures for the approximation of the laws and regulations of the Member States.

(2) For the purposes of paragraph 1, the European Parliament and the Council, acting in accordance with the ordinary legislative procedure, shall adopt measures, particularly when necessary for the proper functioning of the internal market, aimed at ensuring:

(a) the mutual recognition and enforcement between Member States of judgments and of decisions in extrajudicial cases;

(b) the cross-border service of judicial and extrajudicial documents;

(c) the compatibility of the rules applicable in the Member States concerning conflict of laws and of jurisdiction;

(d) cooperation in the taking of evidence;

(e) effective access to justice;

(f) the elimination of obstacles to the proper functioning of civil proceedings, if necessary by promoting the compatibility of the rules on civil procedure applicable in the Member States;

(g) the development of alternative methods of dispute settlement;

(h) support for the training of the judiciary and judicial staff.

(3) ○ Notwithstanding paragraph 2, measures concerning family law with cross-border implications shall be established by the Council, acting in accordance with a special legislative procedure. The Council shall act unanimously after consulting the European Parliament.

○ The Council, on a proposal from the Commission, may adopt a decision determining those aspects of family law with cross-border implications which may be the subject of acts adopted by the ordinary legislative procedure. The Council shall act unanimously after consulting the European Parliament.

○ The proposal referred to in the second subparagraph shall be notified to the national Parliaments. If a national Parliament makes known its opposition within six months of the date of such notification, the decision shall not be adopted. In the absence of opposition, the Council may adopt the decision.

제4장 형사 분야에서의 사법 공조

Chapter 4 Judicial Cooperation in Criminal Matters

제82조(ex Article 31 TEU)

(1) ○ 연합 내 형사사건에서의 사법공조는 판결 및 기타 사법적 결정의 상호 승인의 원칙에 터잡으며, 제2항 및 제83조에서 언급하는 영역에서의 각 회원국 법령의 근사화를 포함하여야 한다.

○ 유럽의회와 각료이사회는 통상입법절차에 따라 아래와 같은 조치들을 취한다.

(a) 연합 전역에 걸쳐 제반 형식의 판결 및 사법적 결정의 승인을 담보하기 위한 법규와 절차의 제정

(b) 회원국 간 관할 충돌의 예방과 해결

(c) 법관 및 사법보조인력들의 훈련 지원

(d) 형사 사건과 재판 집행에서 절차와 관련하여 회원국들의 사법 당국이나 이에 준하는 당국간의 협력 촉진

(2) ○ 섭외적 성격의 형사사건에 있어서 판결과 사법적 결정의 상호인정, 경찰 및 사법 공조 촉진에 필요한 범위 내에서 유럽의회와 각료이사회는 통상입법절차에 따라 지시의 형식을 통해 최소한의 규칙을 제정할 수 있다. 이러한 지시에는 회원국 간 법적 전통 및 제도의 상이성이 고려되어야 한다.

○ 최소한의 규칙에는 아래의 사항들이 포함되어야 한다.

(a) 회원국 간 증거의 상호 승인

(b) 형사 절차에서의 개인의 권리

(c) 범죄 피해자의 권리

(d) 기타 각료이사회가 미리 결정을 통해 수립한 형사절차에서의 특수성. 이러한 각료이사회의 결정은 유럽의회의 동의를 얻어 만장일치로 이루져야 함.

○ 본 항의 최소한의 규칙 채택은 회원국들이 개인의 권리를 보다 높은 수준으로 유지하거나 도입하는 행위를 금하지 아니한다.

(3) ○ 전항의 지시 초안이 자국의 형사절차에 근본적인 영향을 줄 수 있다고 생각하는 각료이사회의 구성원은 당해 초안을 유럽정상회의에 회부될 것을 요청할 수 있다. 이 경우 통상입법절차는 잠정 중단된다. 협의 후 합의에 달한 경우 유럽정상회의는 잠정적 절차 중단이 된 후 4개월 이내에 당

해 초안을 각료이사회에 재송부하여야 하고, 이로써 통상입법절차는 다시 개시된다.

○ 위 기한 내에 합의는 이루어지지 않았으나 최소한 9개 회원국 이상이 지시 초안에 터잡아 강화협력체제를 구축하기를 원하는 경우 해당 국가들은 이를 유럽의회, 각료이사회 및 집행위원회에 통지하여야 한다. 이 경우 유럽연합조약 제20조 제2항 및 본 조약 제329조 제1항 소정의 강화협력체제를 위한 승인이 있는 것으로 간주되어 강화협력체제에 관한 조항들이 적용된다.

Article 82(ex Article 31 TEU)

(1) ○ Judicial cooperation in criminal matters in the Union shall be based on the principle of mutual recognition of judgments and judicial decisions and shall include the approximation of the laws and regulations of the Member States in the areas referred to in paragraph 2 and in Article 83.

○ The European Parliament and the Council, acting in accordance with the ordinary legislative procedure, shall adopt measures to:

(a) lay down rules and procedures for ensuring recognition throughout the Union of all forms of judgments and judicial decisions;

(b) prevent and settle conflicts of jurisdiction between Member States;

(c) support the training of the judiciary and judicial staff;

(d) facilitate cooperation between judicial or equivalent authorities of the Member States in relation to proceedings in criminal matters and the enforcement of decisions.

(2) ○ To the extent necessary to facilitate mutual recognition of judgments and judicial decisions and police and judicial cooperation in criminal matters having a cross-border dimension, the European Parliament and the Council may, by means of directives adopted in accordance with the ordinary legislative procedure, establish minimum rules. Such rules shall take into account the differences between the legal traditions and systems of the Member States.

○ They shall concern:

(a) mutual admissibility of evidence between Member States;

(b) the rights of individuals in criminal procedure;

(c) the rights of victims of crime;

(d) any other specific aspects of criminal procedure which the Council has identified in advance by a decision; for the adoption of such a decision, the Council shall act unanimously after obtaining the consent of the European Parliament.

○ Adoption of the minimum rules referred to in this paragraph shall not prevent Member States from maintaining or introducing a higher level of protection for individuals.

(3) ○ Where a member of the Council considers that a draft directive as referred to in paragraph 2 would affect fundamental aspects of its criminal justice system, it may request that the draft directive be referred to the European Council. In that case, the ordinary legislative procedure shall be suspended. After discussion, and in case of a consensus, the European Council shall, within four months of this suspension, refer the draft back to the Council, which shall terminate the suspension of the ordinary legislative procedure.

○ Within the same timeframe, in case of disagreement, and if at least nine Member States wish to establish enhanced cooperation on the basis of the draft directive concerned, they shall notify the European Parliament, the Council and the Commission accordingly. In such a case, the authorisation to proceed with enhanced cooperation referred to in Article 20(2) of the Treaty on European Union and Article 329(1) of this Treaty shall be deemed to be granted and the provisions on enhanced cooperation shall apply.

제83조(ex Article 31 TEU)

(1) ○ 유럽의회와 각료이사회는 그 성질이나 영향 또는 공동 대처를 위한 특별한 필요로 인해 특히 중대한 섭외 차원의 범죄 유형의 범죄 구성 요건 및 처벌을 정하기 위하여 통상입법절차에 따라 지시의 형식으로 최소한의 규칙을 제정할 수 있다.

○ 이에 해당하는 범죄 유형은 테러, 인신매매 및 여성과 아동에 대한 성적 착취, 불법 마약 거래, 불법 무기 밀수, 자금세탁, 부패, 결제 수단 위조, 컴퓨터 범죄 및 조직범죄이다.

○ 범죄의 고도화에 따라 각료이사회는 유럽의회의 동의를 얻은 후 만장일치로 위와 같은 기준에 부합하는 기타 유형의 범죄를 추가하는 결정을 내릴 수 있다.

(2) 근사화 조치의 대상이 되는 영역에서 연합 정책의 실효성 확보를 위해 회원국 간 형사 법령의 근사화가 필수불가결하다고 인정되는 경우 지시를 통해 해당 분야의 범죄 구성 요건 및 처벌에 관한 최소한의 규칙을 정할 수 있다. 이러한 지시들은 제76조에 영향을 미치지 아니하는 한도 내에서 문제가 되고 있는 조치들의 근사화 채택을 위하여 필요한 통상 또는 특별입법절차와 동일한 절차에 따라 채택되어야 한다.

(3) ○ 제1항 및 제2항의 지시 초안이 자국의 형사절차에 근본적인 영향을 줄 수 있다고 생각하는 각료이사회의 구성원은 당해 초안을 유럽정상회의에 회부될 것을 요청할 수 있다. 이 경우 통상입법절차는 잠정 중단된다. 협의 후 합의에 달한 경우 유럽정상회의는 잠정적 절차 중단이 된 후 4개월 이내에 당해 초안을 각료이사회에 재송부하여야 하고, 이로써 통상입법절차는 다시 개시된다.

○ 위 기한 내에 합의는 이루어지지 않았으나 최소한 9개 회원국 이상이 지시 초안에 터잡아 강화협

력체제를 구축하기를 원하는 경우 해당 국가들은 이를 유럽의회, 각료이사회 및 집행위원회에 통지하여야 한다. 이 경우 유럽연합조약 제20조 제2항 및 본 조약 제329조 제1항 소정의 강화협력체제를 위한 승인이 있는 것으로 간주되어 강화협력체제에 관한 조항들이 적용된다.

Article 83(ex Article 31 TEU)

(1) ○ The European Parliament and the Council may, by means of directives adopted in accordance with the ordinary legislative procedure, establish minimum rules concerning the definition of criminal offences and sanctions in the areas of particularly serious crime with a cross-border dimension resulting from the nature or impact of such offences or from a special need to combat them on a common basis.

○ These areas of crime are the following: terrorism, trafficking in human beings and sexual exploitation of women and children, illicit drug trafficking, illicit arms trafficking, money laundering, corruption, counterfeiting of means of payment, computer crime and organised crime.

○ On the basis of developments in crime, the Council may adopt a decision identifying other areas of crime that meet the criteria specified in this paragraph. It shall act unanimously after obtaining the consent of the European Parliament.

(2) If the approximation of criminal laws and regulations of the Member States proves essential to ensure the effective implementation of a Union policy in an area which has been subject to harmonisation measures, directives may establish minimum rules with regard to the definition of criminal offences and sanctions in the area concerned. Such directives shall be adopted by the same ordinary or special legislative procedure as was followed for the adoption of the harmonisation measures in question, without prejudice to Article 76.

(3) ○ Where a member of the Council considers that a draft directive as referred to in paragraph 1 or 2 would affect fundamental aspects of its criminal justice system, it may request that the draft directive be referred to the European Council. In that case, the ordinary legislative procedure shall be suspended. After discussion, and in case of a consensus, the European Council shall, within four months of this suspension, refer the draft back to the Council, which shall terminate the suspension of the ordinary legislative procedure.

○ Within the same timeframe, in case of disagreement, and if at least nine Member States wish to establish enhanced cooperation on the basis of the draft directive concerned, they shall notify the European Parliament, the Council and the Commission accordingly. In such a case, the authorisation to proceed with enhanced cooperation referred to in Article 20(2) of the Treaty on European Union and Article 329(1) of this Treaty shall be deemed to be granted and the provisions on enhanced cooperation shall apply.

제84조

유럽의회와 각료이사회는 회원국 간 법령 정합 조치를 제외하고는 통상입법절차에 따라 범죄예방 분야에 있어 회원국들의 행동을 촉진 및 지원하기 위한 조치들을 취할 수 있다.

Article 84

The European Parliament and the Council, acting in accordance with the ordinary legislative procedure, may establish measures to promote and support the action of Member States in the field of crime prevention, excluding any harmonisation of the laws and regulations of the Member States.

제85조(ex Article 31 TEU)

(1) ○ 유럽사법은 복수의 회원국들에 영향을 미치거나, 회원국 당국들 및 유로경찰에 의해 수행된 작전과 제공된 정보에 기초하여 공동 기소를 요하는 중대 범죄와 관련하여 회원국 수사 및 소추 당국 사이의 조율과 협력을 지원, 강화함을 그 목적으로 한다.

○ 이와 관련하여 유럽의회 및 각료이사회는 통상입법절차에 따라 채택하는 규정의 형식을 통해 유럽사법의 구조, 운영, 활동 분야 및 임무를 정해야 한다. 이러한 임무에는 아래의 사항들이 포함될 수 있다.

(a) 형사 범죄, 특히 연합의 재정적 이익을 해하는 범죄에 대한 수사의 개시뿐만 아니라 회원국의 관할 당국으로 하여금 소추에 착수토록 제안

(b) 위 (a) 소정의 수사 및 소추의 조율

(c) 관할권 분쟁의 해결 및 유럽사법네트워크와의 긴밀한 협력을 포함한 사법적 공조의 강화

○ 이 규정들은 또한 유럽사법 활동에 대한 평가에 유럽의회와 각 회원국 의회가 관여할 수 있는 방안을 담아야 한다.

(2) 제1항 소정의 소추에 있어서 사법 절차의 공식 조치들은 제86조에 영향을 미치지 아니하는 한도 내에서 회원국의 관련 공무원들에 의해 수행되어야 한다.

Article 85(ex Article 31 TEU)

(1) ○ Eurojust's mission shall be to support and strengthen coordination and cooperation between national investigating and prosecuting authorities in relation to serious crime affecting two or more Member States or requiring a prosecution on common bases, on the basis of operations conducted and information supplied by the Member States' authorities and by Europol.

○ In this context, the European Parliament and the Council, by means of regulations adopted in accordance with the ordinary legislative procedure, shall determine Eurojust's structure, operation, field of action and tasks. These tasks may include:

(a) the initiation of criminal investigations, as well as proposing the initiation of prosecutions conducted by competent national authorities, particularly those relating to offences against the financial interests of the Union;

(b) the coordination of investigations and prosecutions referred to in point (a);

(c) the strengthening of judicial cooperation, including by resolution of conflicts of jurisdiction and by close cooperation with the European Judicial Network.

○ These regulations shall also determine arrangements for involving the European Parliament and national Parliaments in the evaluation of Eurojust's activities.

(2) In the prosecutions referred to in paragraph 1, and without prejudice to Article 86, formal acts of judicial procedure shall be carried out by the competent national officials.

제86조

(1) ○ 연합의 재정적 이익에 영향을 미치는 범죄에 대처하기 위해 각료이사회는 특별입법절차에 따라 채택되는 규정의 형식에 의해 유럽사법의 일환으로 유럽검찰청을 설립할 수 있다. 위 규정의 채택은 각료이사회가 유럽의회의 동의를 얻어 만장일치에 의하여야 한다.

○ 각료이사회 내에서 만장일치에 이르지 못하였으나 최소 9개 회원국 이상이 동의하는 경우 이들은 당해 규정 초안을 유럽정상회의에 회부할 수 있다. 이 경우 각료이사회 내의 절차는 잠정 중단된다. 협의 후 합의에 달한 경우 유럽정상회의는 잠정적 절차 중단이 된 후 4개월 이내에 당해 안건의 채택을 위해 각료이사회에 재송부하여야 한다.

○ 위 기한 내에 합의는 이루어지지 않았으나 최소한 9개 회원국 이상이 지시 초안에 터잡아 강화협력체제를 구축하기를 원하는 경우 해당 국가들은 이를 유럽의회, 각료이사회 및 집행위원회에 통지하여야 한다. 이 경우 유럽연합조약 제20조 제2항 및 본 조약 제329조 제1항 소정의 강화협력체

제를 위한 승인이 있는 것으로 간주되어 강화협력체제에 관한 조항들이 적용된다.

(2) 유럽검찰청은 필요한 경우 유럽경찰과 제휴하여 제1항에 따라 채택된 규정에 의해 정해진 연합의 재정적 이익을 해하는 범죄의 정범 및 공범들에 대한 수사, 소추 및 공소 유지의 책임을 진다. 이러한 범죄와 관련하여서는 회원국의 관할 법정 내에서 유럽검찰청이 검사의 직무를 행사하여야 한다.

(3) 제1항 소정의 규정들에서는 유럽검찰청에 적용되는 일반적 규칙, 그 직무 수행 규율을 위한 조건, 그 활동과 증거능력에 관해 적용할 규칙들과 그 직무 수행 과정에 수반되는 절차적 조치들에 대한 사법적 심사에 적용되는 규칙들을 정해야 한다.

(4) 유럽정상회의는 섭외적 성격을 지닌 중대범죄에 대한 유럽검찰청의 권한을 확대하기 위한 제1항의 개정, 그리고 둘 이상의 회원국에 영향을 미치는 중대범죄의 정범 및 공범에 관한 제2항의 개정을 동시에 또는 순차적으로 할 수 있다. 유럽정상회의의 위 결정은 집행위원회와의 협의 및 유럽의회의 동의를 얻은 후 만장일치로 이루어져야 한다.

Article 86

(1) ○ In order to combat crimes affecting the financial interests of the Union, the Council, by means of regulations adopted in accordance with a special legislative procedure, may establish a European Public Prosecutor's Office from Eurojust. The Council shall act unanimously after obtaining the consent of the European Parliament.

○ In the absence of unanimity in the Council, a group of at least nine Member States may request that the draft regulation be referred to the European Council. In that case, the procedure in the Council shall be suspended. After discussion, and in case of a consensus, the European Council shall, within four months of this suspension, refer the draft back to the Council for adoption.

○ Within the same timeframe, in case of disagreement, and if at least nine Member States wish to establish enhanced cooperation on the basis of the draft regulation concerned, they shall notify the European Parliament, the Council and the Commission accordingly. In such a case, the authorisation to proceed with enhanced cooperation referred to in Article 20(2) of the Treaty on European Union and Article 329(1) of this Treaty shall be deemed to be granted and the provisions on enhanced cooperation shall apply.

(2) The European Public Prosecutor's Office shall be responsible for investigating, prosecuting and bringing to judgment, where appropriate in liaison with Europol, the perpetrators of, and accomplices in, offences against the Union's financial interests, as determined by the regulation provided for in paragraph 1. It shall exercise the functions of prosecutor in the competent courts of the Member States in relation to such offences.

(3) The regulations referred to in paragraph 1 shall determine the general rules applicable to the European Public Prosecutor's Office, the conditions governing the performance of its functions, the rules of procedure applicable to its activities, as well as those governing the admissibility of evidence, and the rules applicable to the judicial review of procedural measures taken by it in the performance of its functions.

(4) The European Council may, at the same time or subsequently, adopt a decision amending paragraph 1 in order to extend the powers of the European Public Prosecutor's Office to include serious crime having a cross-border dimension and amending accordingly paragraph 2 as regards the perpetrators of, and accomplices in, serious crimes affecting more than one Member State. The European Council shall act unanimously after obtaining the consent of the European Parliament and after consulting the Commission.

제5장 경찰공조

Chapter 5 Police Cooperation

제87조(ex Article 30 TEU)

(1) 연합은 경찰, 세관 및 범죄의 예방, 적발과 조사와 관련한 기타 공권력 행사 부서를 포함한 회원국의 모든 관할 당국들 사이에 경찰공조를 확립하여야 한다.

(2) 제1항의 목적을 위해 유럽의회 및 각료이사회는 통상입법절차를 거쳐 아래 사항들과 관련한 조치를 취하여야 한다.

(a) 관련 정보의 수집, 보관, 처리, 분석 및 교환

(b) 요원들에 대한 훈련 지원과 인사 교류, 장비 및 범죄수사연구에 관한 협력

(c) 중대한 유형의 조직 범죄 적발과 관련한 공동의 수사 기법

(3) ○ 각료이사회는 특별입법절차에 따라 본 조 소정의 관할 당국들 간 작전 공조에 관하여 필요한 조치들을 취할 수 있다. 각료이사회의 위 조치는 유럽의회와의 협의를 거쳐 만장일치에 의하여 이루어져야 한다.

○ 각료이사회 내에서 만장일치에 이르지 못하였으나 최소 9개 회원국 이상이 동의하는 경우 이들은 당해 규정 초안을 유럽정상회의에 회부할 수 있다. 이 경우 각료이사회 내의 절차는 잠정 중단된다. 협의 후 합의에 달한 경우 유럽정상회의는 잠정적 절차 중단이 된 후 4개월 이내에 당해 안건의 채택을 위해 각료이사회에 재송부하여야 한다.

○ 위 기한 내에 합의는 이루어지지 않았으나 최소한 9개 회원국 이상이 조치 초안에 터잡아 강화협력체제를 구축하기를 원하는 경우 해당 국가들은 이를 유럽의회, 각료이사회 및 집행위원회에 통지하여야 한다. 이 경우 유럽연합조약 제20조 제2항 및 본 조약 제329조 제1항 소정의 강화협력체제를 위한 승인이 있는 것으로 간주되어 강화협력체제에 관한 조항들이 적용된다.

○ 제2단 및 제3단에 명시된 특별 절차는 쉥겐 법체제 축적을 이루는 법령들에는 적용되지 아니한다.

Article 87(ex Article 30 TEU)

(1) The Union shall establish police cooperation involving all the Member States' competent authorities, including police, customs and other specialised law enforcement services in relation to the prevention, detection and investigation of criminal offences.

(2) For the purposes of paragraph 1, the European Parliament and the Council, acting in accordance with the ordinary legislative procedure, may establish measures concerning:

(a) the collection, storage, processing, analysis and exchange of relevant information;

(b) support for the training of staff, and cooperation on the exchange of staff, on equipment and on research into crime-detection;

(c) common investigative techniques in relation to the detection of serious forms of organised crime.

(3) ○ The Council, acting in accordance with a special legislative procedure, may establish measures concerning operational cooperation between the authorities referred to in this Article. The Council shall act unanimously after consulting the European Parliament.

○ In the absence of unanimity in the Council, a group of at least nine Member States may request that the draft regulation be referred to the European Council. In that case, the procedure in the Council shall be suspended. After discussion, and in case of a consensus, the European Council shall, within four months of this suspension, refer the draft back to the Council for adoption.

○ Within the same timeframe, in case of disagreement, and if at least nine Member States wish to establish enhanced cooperation on the basis of the draft measures concerned, they shall notify the European Parliament, the Council and the Commission accordingly. In such a case, the authorisation to proceed with enhanced cooperation referred to in Article 20(2) of the Treaty on European Union and Article 329(1) of this Treaty shall be deemed to be granted and the provisions on enhanced cooperation shall apply.

○ The specific procedure provided for in the second and third subparagraphs shall not apply to acts which constitute a development of the Schengen acquis

제88조(ex Article 30 TEU)

⑴ 유럽경찰의 사명은 둘 이상의 회원국들에 영향을 미치는 중대범죄, 테러, 연합 정책으로 추구하는 공동의 이익에 영향을 끼치는 제반 형태의 범죄에 대한 예방과 대처에 있어 회원국 경찰 당국 및 기타 공권력 행사 기관이 취하는 조치들과 이들의 상호 공조를 지원하고 강화하는데 있다.

⑵ ○ 유럽의회와 각료이사회는 통상입법절차에 따라 규정의 형식을 통해 유럽경찰의 구성, 운영, 활동 분야 및 임무를 정하여야 한다. 이러한 임무에는 아래와 같은 사항들이 포함될 수 있다.

⒜ 정보, 특히 회원국이나 제3국의 당국, 기타 기구로부터 전달받은 정보의 수집, 보관, 처리, 분석 및 교환

⒝ 필요한 경우 유럽사법과 제휴하면서 회원국 관할 당국들과 공조하거나 또는 합동 수사단을 꾸려 수행할 수사 및 작전에 대한 조율, 조직과 실시

○ 이 규정들에는 유럽의회와 각 회원국의 의회가 공동으로 유럽경찰의 활동을 조사할 수 있는 절차가 포함되어야 한다.

⑶ 유럽경찰에 의한 작전은 자국 영토가 이와 관련되어 있는 회원국 또는 그 회원국 당국과의 제휴 및 동의 하에서만 이루어져야 한다. 강제적 조치의 적용은 해당 회원국 당국의 배타적 권한으로 한다.

Article 88(ex Article 30 TEU)

(1) Europol's mission shall be to support and strengthen action by the Member States' police authorities and other law enforcement services and their mutual cooperation in preventing and combating serious crime affecting two or more Member States, terrorism and forms of crime which affect a common interest covered by a Union policy.

(2) ○ The European Parliament and the Council, by means of regulations adopted in accordance with the ordinary legislative procedure, shall determine Europol's structure, operation, field of action and tasks. These tasks may include:

(a) the collection, storage, processing, analysis and exchange of information, in particular that forwarded by the authorities of the Member States or third countries or bodies;

(b) the coordination, organisation and implementation of investigative and operational action carried out jointly with the Member States' competent authorities or in the context of joint investigative teams, where appropriate in liaison with Eurojust.

○ These regulations shall also lay down the procedures for scrutiny of Europol's activities by the European Parliament, together with national Parliaments.

(3) Any operational action by Europol must be carried out in liaison and in agreement with the authorities of the Member State or States whose territory is concerned. The application of coercive measures shall be the exclusive responsibility of the competent national authorities.

제89조(ex Article 32 TEU)

각료이사회는 특별입법절차에 따라 제82조 및 제87조 소정의 회원국 관할 당국들이 다른 회원국의 영토 내에서 그 회원국 당국과의 제휴 및 동의 하에 작전을 수행할 수 있는 요건과 한계를 정하여야 한다. 각료이사회의 이러한 조치는 유럽의회와의 협의를 거쳐 만장일치로 이루어져야 한다.

Article 89(ex Article 32 TEU)

The Council, acting in accordance with a special legislative procedure, shall lay down the conditions and limitations under which the competent authorities of the Member States referred to in Articles 82 and 87 may operate in the territory of another Member State in liaison and in agreement with the authorities of that State. The Council shall act unanimously after consulting the European Parliament.

제6편 운송

Title VI Transport

제90조(ex Article 70 TEC)

본 편에서 규율하는 사안들과 관련한 창설조약상의 목표는 공동운송정책의 틀 내에서 추구되어야 한다.

Article 90(ex Article 70 TEC)

The objectives of the Treaties shall, in matters governed by this Title, be pursued within the framework of a common transport policy.

제91조(ex Article 71 TEC)

(1) 제90조 이행을 위해, 그리고 운송 분야가 갖는 특수한 측면을 감안하여, 유럽의회와 각료이사회는 통상입법절차에 따라 유럽경제사회위원회 및 지역위원회와의 협의를 거쳐 다음과 같은 사항을 정하여야 한다.

(a) 회원국의 영토를 출입하거나 또는 하나 이상의 회원국의 영토를 횡단하는 국제 운송에 적용 가능한 공동의 규칙

(b) 비거주 운송사업자가 회원국 내에서 운송서비스를 영위하기 위한 조건

(c) 운송 안전성을 개선하기 위한 조치들

(d) 기타 적절한 법규들

(2) 제1항의 조치들을 채택함에 있어서는 이를 적용함으로써 특정 지역에서의 생활 수준과 고용 수준, 그리고 운송 설비 운용에 심각한 영향이 초래될 수 있는지 여부가 고려되어야 한다.

Article 91(ex Article 71 TEC)

(1) For the purpose of implementing Article 90, and taking into account the distinctive features of transport, the European Parliament and the Council shall, acting in accordance with the ordinary legislative procedure and after consulting the Economic and Social Committee and the Committee of the Regions, lay down:

(a) common rules applicable to international transport to or from the territory of a Member State or passing across the territory of one or more Member States;

(b) the conditions under which non-resident carriers may operate transport services within a Member State;

(c) measures to improve transport safety;

(d) any other appropriate provisions.

(2) When the measures referred to in paragraph 1 are adopted, account shall be taken of cases where their application might seriously affect the standard of living and level of employment in certain regions, and the operation of transport facilities.

제92조(ex Article 72 TEC)

제91조 제1항 소정의 법령들이 제정될 때까지는 어떠한 회원국도 각료이사회가 만장일치로 예외적 조치를 승인하지 아니하는 한, 1958년 1월 1일을 기준으로 하거나 또는 후속 가입국인 경우에는 가입일 당시를 기준으로 자국민인 운송사업자와 비교하여 다른 회원국의 운송사업자를 직, 간접적으로 불리하게 만드는 다양한 법령들을 만들 수 없다.

Article 92(ex Article 72 TEC)

Until the provisions referred to in Article 91(1) have been laid down, no Member State may, unless the Council has unanimously adopted a measure granting a derogation, make the various provisions governing the subject on 1 January 1958 or, for acceding States, the date of their accession less favourable in their direct or indirect effect on carriers of other Member States as compared with carriers who are nationals of that State.

제93조(ex Artile 73 TEC)

운송 조율의 필요성을 충족하거나 또는 그 지원이 공공 서비스 부문에 내재된 일정한 의무 이행에 대한 보상적 성격을 갖는 정부보조는 창설조약과 양립되어야 한다.

Article 93(ex Artile 73 TEC)

Aids shall be compatible with the Treaties if they meet the needs of coordination of transport or if they represent reimbursement for the discharge of certain obligations inherent in the concept of a public service.

제94조(ex Article 74 TEC)

운임 요율 및 운송 조건과 관련하여 창설조약의 틀 안에서 이뤄지는 조치들에는 운송사업자들의 경제적 상황이 반영되어야 한다.

Article 94(ex Article 74 TEC)

Any measures taken within the framework of the Treaties in respect of transport rates and conditions shall take account of the economic circumstances of carriers.

제95조(ex Article 75 TEC)

(1) 연합 내에서의 운송에 있어 동일 운송 수단을 통한 동일 물품 수송에 대하여 상품의 원산지나 목적지에 따라 다른 운임요율을 적용하거나 다른 조건을 부과하는 운송사업자들의 차별 행위는 금지된다.

(2) 제1항은 유럽의회와 각료이사회가 제91조 제1항에 따라 다른 조치들을 채택하는 것에 영향을 미치지 아니한다.

(3) ○ 각료이사회는 집행위원회의 제안에 따라 유럽의회 및 경제사회위원회와의 협의를 거쳐 제1항의 사항을 이행하기 위한 법규를 제정하여야 한다.

○ 각료이사회는 특별히 연합의 기관들이 제1항에 명시된 규칙을 준수하고 운송 이용자들이 제1항의 취지에 따른 혜택을 충분히 향유할 수 있도록 하는데 필요한 법령들을 제정할 수 있다.

(4) 집행위원회는 직권 또는 회원국의 요청으로 제1항에 해당하는 차별 행위를 조사하고, 관련 회원국과의 협의를 거쳐 제3항에서 예정하고 있는 규칙의 틀 안에서 필요한 결정을 내려야 한다.

Article 95(ex Article 75 TEC)

(1) In the case of transport within the Union, discrimination which takes the form of carriers charging different rates and imposing different conditions for the carriage of the same goods over the same transport links on grounds of the country of origin or of destination of the goods in question shall be prohibited.

(2) Paragraph 1 shall not prevent the European Parliament and the Council from adopting other measures pursuant to Article 91(1).

(3) ○ The Council shall, on a proposal from the Commission and after consulting the European Parliament and the Economic and Social Committee, lay down rules for implementing the provisions of paragraph 1.

○ The Council may in particular lay down the provisions needed to enable the institutions of the Union to secure compliance with the rule laid down in paragraph 1 and to ensure that users benefit from it to the full.

(4) The Commission shall, acting on its own initiative or on application by a Member State, investigate any cases of discrimination falling within paragraph 1 and, after consulting any Member State concerned, shall take the necessary decisions within the framework of the rules laid down in accordance with the provisions of paragraph 3.

제96조(ex Article 76 TEC)

(1) 역내에서의 운송 활동과 관련하여 하나 또는 그 이상의 특정 사업자 혹은 산업의 이익을 지원 또는 보호하는 것을 내용을 담고 있는 회원국의 운임 요율 및 운송 조건 부과는 집행위원회의 승인을 받지 않은 한 금지된다.

(2) ○ 집행위원회가 직권 또는 회원국의 요청에 따라 제1항 소정의 운임 요율 및 운송 조건을 조사함에 있어서는 특히 한편으로는 지역 단위의 적정한 경제 정책적 요구, 낙후 지역의 필요성과 정치적 상황에 의해 심각하게 영향을 받는 지역들의 문제점을 감안하고, 다른 한편으론 그러한 그와 같은 요율과 조건이 다양한 운송 방식들 사이의 경쟁 여건에 미치는 효과를 고려하여야 한다.

○ 집행위원회는 관련 각 회원국들과의 협의를 거쳐 필요한 결정을 내려야 한다.

(3) 제1항 소정의 금지는 경쟁 요건을 충족하기 위한 고정 운임에는 적용되지 아니한다.

Article 96(ex Article 76 TEC)

(1) The imposition by a Member State, in respect of transport operations carried out within the Union, of rates and conditions involving any element of support or protection in the interest of one or more particular undertakings or industries shall be prohibited, unless authorised by the Commission.

(2) ○ The Commission shall, acting on its own initiative or on application by a Member State, examine the rates and conditions referred to in paragraph 1, taking account in particular of the requirements of an appropriate regional economic policy, the needs of underdeveloped areas and the problems of areas seriously affected by political circumstances on the one hand, and of the effects of such rates and conditions on competition between the different modes of transport on the other.

○ After consulting each Member State concerned, the Commission shall take the necessary decisions.

(3) The prohibition provided for in paragraph 1 shall not apply to tariffs fixed to meet competition.

제97조(ex Article 77 TEC)

○ 운송 사업자가 운임에 추가하여 부과하는 월경(越境)운송과 관련한 비용 또는 납부금은 실제로 발생한 비용을 감안한 합리적 수준을 초과하여서는 아니 된다.
○ 회원국들은 상기 비용을 점진적으로 줄이도록 노력해야 한다.
○ 집행위원회는 회원국들이 본 조를 적용하도록 권고안을 채택할 수 있다.

Article 97(ex Article 77 TEC)

○ Charges or dues in respect of the crossing of frontiers which are charged by a carrier in addition to the transport rates shall not exceed a reasonable level after taking the costs actually incurred thereby into account.
○ Member States shall endeavour to reduce these costs progressively.
○ The Commission may make recommendations to Member States for the application of this Article.

제98조(ex Article 78 TEC)

본 편의 조항들은 분단으로 인해 초래되었던 경제적 불이익을 보상하기 위하여 그 분단으로 인해 영향을 받았던 독일 연방 공화국 내의 특정 지역의 경제에 적용하기 위해 필요한 한도 내에서 독일 연방 공화국이 취한 조치의 적용에는 영향을 미치지 아니한다. 리스본 조약의 발효일로부터 5년이 경과하면 각료이사회는 집행위원회의 제안을 받아 본 조를 폐지하는 결정을 채택할 수 있다.

Article 98(ex Article 78 TEC)

The provisions of this Title shall not form an obstacle to the application of measures taken in the Federal Republic of Germany to the extent that such measures are required in order to compensate for the economic disadvantages caused by the division of Germany to the economy of certain areas of the Federal Republic affected by that division. Five years after the entry into force of the Treaty of Lisbon, the Council, acting on a proposal from the Commission, may adopt a decision repealing this Article.

제99조(ex Article 79 TEC)

집행위원회에는 회원국 정부에 의해 임명되는 전문가들로 구성되는 자문위원회를 두어야 한다. 집행위원회는 바람직하다고 판단되는 경우에는 언제라도 운송 문제에 관하여 자문위원회와 협의하여야 한다.

Article 99(ex Article 79 TEC)

An Advisory Committee consisting of experts designated by the governments of Member States shall be attached to the Commission. The Commission, whenever it considers it desirable, shall consult the Committee on transport matters.

제100조(ex Article 80 TEC)

(1) 본 편의 조항들은 철도, 도로 및 내륙 수로에 의한 운송에 적용한다.

(2) 유럽의회와 각료이사회는 통상입법절차에 따라 해상 운송 및 항공 운송에 관한 적절한 법령을 제정할 수 있다. 이 법령의 제정은 경제사회위원회 및 지역위원회와의 협의를 거쳐야 한다.

Article 100(ex Article 80 TEC)

(1) The provisions of this Title shall apply to transport by rail, road and inland waterway.

(2) The European Parliament and the Council, acting in accordance with the ordinary legislative procedure, may lay down appropriate provisions for sea and air transport. They shall act after consulting the Economic and Social Committee and the Committee of the Regions.

제7편 경쟁, 과세에 관한 공동규칙 및 법률의 근사화

Title Ⅶ Common Rules on Competition, Taxation and Approximation of Laws

제1장 경쟁에 관한 규칙

Chapter 1 Rules on Competition

| 제1절 사업자들에 대한 적용 규칙 |

Section 1 Rules Applying to Undertakings

제101조(ex Article 81 TEC)

(1) 회원국들 간 거래에 영향을 미칠 수 있는 사업자들간의 모든 합의, 사업자 단체의 결정 및 담합으로서 특히 다음과 같이 그 목적이나 효과가 역내 시장에서의 경쟁을 방해, 제한 또는 왜곡하는 행위들은 역내 시장과 양립할 수 없는 것으로서 금지되어야 한다.

(a) 직·간접적으로 구매나 판매가격 또는 기타 거래 조건을 고정하는 행위

(b) 생산, 유통, 기술 발전 또는 투자에 대한 제한이나 통제 행위

(c) 시장이나 공급처의 할당

(d) 다른 거래 당사자들과 동일한 거래임에도 다른 조건을 부과함으로써 그 거래 상대방을 경쟁상 열위에 놓이게 하는 행위

(e) 성격이나 거래 관행상 당해 계약과 무관함에도 불구하고 상대방이 부수적 의무를 승낙할 것을 조건으로 계약을 체결하는 행위

(2) 본 조에 따라 금지되는 여하한 합의나 결정은 자동적으로 무효이다.

(3) 그러나 다음과 같은 경우에는 제1항이 적용되지 않는 것으로 선언할 수 있다.

- 사업자들 간의 합의 또는 그와 유사한 합의의 유형,
- 사업자 단체의 결정 또는 그와 유사한 결정의 유형,
- 담합 또는 그와 유사한 담합의 유형이

상품의 생산 또는 유통을 개선하거나 기술적 내지 경제적 발전을 촉진하는 한편 그 결과적 혜택을 소비자들에게 공정하게 나누어 주고, 아울러

(a) 이러한 목표들을 달성함에 있어 필수불가결하지 않은 제한을 관련 사업자들에게 부과하지 않고,

(b) 그러한 사업자들에게 당해 생산의 본질적 부분과 관련하여 경쟁을 말살할 가능성을 부여하지 않는 경우

Article 101(ex Article 81 TEC)

(1) The following shall be prohibited as incompatible with the internal market: all agreements between undertakings, decisions by associations of undertakings and concerted practices which may affect trade between Member States and which have as their object or effect the prevention, restriction or distortion of competition within the internal market, and in particular those which:

(a) directly or indirectly fix purchase or selling prices or any other trading conditions;

(b) limit or control production, markets, technical development, or investment;

(c) share markets or sources of supply;

(d) apply dissimilar conditions to equivalent transactions with other trading parties, thereby placing them at a competitive disadvantage;

(e) make the conclusion of contracts subject to acceptance by the other parties of supplementary obligations which, by their nature or according to commercial usage, have no connection with the subject of such contracts.

(2) Any agreements or decisions prohibited pursuant to this Article shall be automatically void.

(3) The provisions of paragraph 1 may, however, be declared inapplicable in the case of:

- any agreement or category of agreements between undertakings,
- any decision or category of decisions by associations of undertakings,
- any concerted practice or category of concerted practices,

which contributes to improving the production or distribution of goods or to promoting technical or economic progress, while allowing consumers a fair share of the resulting benefit, and which does not:

(a) impose on the undertakings concerned restrictions which are not indispensable to the attainment of these objectives;

(b) afford such undertakings the possibility of eliminating competition in respect of a substantial part of the products in question.

제102조(ex Article 82 TEC)

○ 역내시장이나 역내시장의 상당한 부분에서 지배적 지위를 갖고 있는 하나 또는 그 이상의 사업자들의 남용 행위는 회원국 간 교역에 영향을 미칠 수 있는 한 역내시장과 양립할 수 없는 것으로서 금지되어야 한다.

○ 특히 다음과 같은 행위들은 위와 같은 남용 행위에 해당할 수 있다.

(a) 불공정한 구매가격이나 판매가격 또는 기타 불공정한 거래 조건을 직, 간접적으로 부과하는 행위

(b) 생산, 유통 또는 기술 개발에 대한 제한을 함으로써 소비자들의 불이익을 초래하는 행위

(c) 다른 거래 당사자들과 동일한 거래임에도 다른 조건을 부과함으로써 그 거래 상대방을 경쟁상 열위에 놓이게 하는 행위

(d) 성격이나 거래 관행상 당해 계약과 무관함에도 불구하고 상대방이 부수적 의무를 승낙할 것을 조건으로 계약을 체결하는 행위

Article 102(ex Article 82 TEC)

○ Any abuse by one or more undertakings of a dominant position within the internal market or in a substantial part of it shall be prohibited as incompatible with the internal market in so far as it may affect trade between Member States.

○ Such abuse may, in particular, consist in:

(a) directly or indirectly imposing unfair purchase or selling prices or other unfair trading conditions;

(b) limiting production, markets or technical development to the prejudice of consumers;

(c) applying dissimilar conditions to equivalent transactions with other trading parties, thereby placing them at a competitive disadvantage;

(d) making the conclusion of contracts subject to acceptance by the other parties of supplementary obligations which, by their nature or according to commercial usage, have no connection with the subject of such contracts.

제103조(ex Article 83 TEC)

(1) 각료이사회는 제101조 및 제102조에 명시된 원칙들의 실효성 확보를 위해 집행위원회로부터 제안을

받아 유럽의회와의 협의를 거쳐 적절한 규정이나 지시를 제정하여야 한다.

(2) 제1항 소정의 규정들이나 지시들은 특별히 아래의 내용을 담도록 하여야 한다.

(a) 과징금 및 이행과징금에 관한 조항들을 통해 제101조 제1항 및 제102조에 명시된 금지 사항을 준수하도록 보장할 것

(b) 제101조 제3항의 적용을 위한 구체적 법규를 제정하되 한편으로는 효과적인 감시 감독의 확보, 그리고 다른 한편으론 최대한 가능한 행정의 간소화 필요성을 고려할 것

(c) 필요한 경우 다양한 경제 분야에서 제101조 및 제102조의 적용 범위를 정할 것

(d) 본 항에 명시된 조항들을 적용함에 있어서 집행위원회와 유럽연합법원이 갖는 각각의 기능을 정할 것

(e) 회원국의 국내법과 이 절(節)에 들어 있거나 본 조에 따라 채택되는 조항들 간의 관계를 정할 것.

Article 103(ex Article 83 TEC)

(1) The appropriate regulations or directives to give effect to the principles set out in Articles 101 and 102 shall be laid down by the Council, on a proposal from the Commission and after consulting the European Parliament.

(2) The regulations or directives referred to in paragraph 1 shall be designed in particular:

(a) to ensure compliance with the prohibitions laid down in Article 101(1) and in Article 102 by making provision for fines and periodic penalty payments;

(b) to lay down detailed rules for the application of Article 101(3), taking into account the need to ensure effective supervision on the one hand, and to simplify administration to the greatest possible extent on the other;

(c) to define, if need be, in the various branches of the economy, the scope of the provisions of Articles 101 and 102;

(d) to define the respective functions of the Commission and of the Court of Justice of the European Union in applying the provisions laid down in this paragraph;

(e) to determine the relationship between national laws and the provisions contained in this Section or adopted pursuant to this Article.

제104조(ex Article 84 TEC)

제103조에 따라 채택된 법령들이 발효되기 전까지는 회원국의 관련 당국들이 자국법 및 제101조, 특히

그 중에서도 제3항, 그리고 제102조에 따라 계약, 결정 및 담합의 허용 여부와 역내 시장에서의 지배적 지위 남용에 관한 판정을 내려야 한다.

Article 104(ex Article 84 TEC)

Until the entry into force of the provisions adopted in pursuance of Article 103, the authorities in Member States shall rule on the admissibility of agreements, decisions and concerted practices and on abuse of a dominant position in the internal market in accordance with the law of their country and with the provisions of Article 101, in particular paragraph 3, and of Article 102.

제105조(ex Article 85 TEC)

(1) 집행위원회는 제104조를 침해하지 않는 한도 내에서 제101조 및 제102조 소정의 원칙들이 적용될 수 있도록 하여야 한다. 회원국의 요청 또는 직권으로 집행위원회는 집행위원회를 조력해야 하는 회원국 관련 당국과 공조하여 위 원칙들을 위반한 혐의가 있는 사건들을 조사하여야 한다. 위반이 있다고 판단되는 경우 집행위원회는 그 위반 행위의 중단을 위한 적절한 조치를 제안하여야 한다.

(2) 위반행위가 중단되지 않은 경우 집행위원회는 이유가 기재된 결정을 통해 그러한 원칙 위반 사실을 밝혀야 한다. 집행위원회는 그 결정을 공표하고 회원국들이 위반 상황을 바로 잡는데 필요한 조치를 취할 권한을 부여할 수 있는 바, 그 조치의 조건 및 세부 사항은 집행위원회가 정하여야 한다.

(3) 집행위원회는 각료이사회가 제103조 제2항 (b)에 따라 채택한 규정이나 지시와 관련된 합의의 유형에 대한 규정들을 채택할 수 있다.

Article 105(ex Article 85 TEC)

(1) Without prejudice to Article 104, the Commission shall ensure the application of the principles laid down in Articles 101 and 102. On application by a Member State or on its own initiative, and in cooperation with the competent authorities in the Member States, which shall give it their assistance, the Commission shall investigate cases of suspected infringement of these principles. If it finds that there has been an infringement, it shall propose appropriate measures to bring it to an end.

(2) If the infringement is not brought to an end, the Commission shall record such infringement of the principles in a reasoned decision. The Commission may publish its decision and authorise Member

States to take the measures, the conditions and details of which it shall determine, needed to remedy the situation.

(3) The Commission may adopt regulations relating to the categories of agreement in respect of which the Council has adopted a regulation or a directive pursuant to Article 103(2)(b).

제106조(ex Article 86 TEC)

(1) 공기업 및 국가로부터 특수하거나 배타적 권리를 부여 받고 있는 사업자들과 관련하여 회원국들은 창설조약, 특히 제18조와 제101조 내지 제109조 소정의 규칙들에 반하는 조치들을 입법하거나 계속 시행하여서는 아니 된다.

(2) 보편적 경제적 이익 서비스 업무를 위탁 받은 사업자들 또는 세수(稅收) 독점의 성격을 갖는 사업자들은 창설조약 상의 규칙, 특히 경쟁에 관한 규칙들이 적용됨으로 인해 법률상 또는 사실상 이들에게 위임된 특별한 임무가 저해되지 않는 한 이러한 규칙들을 따라야 한다. 연합의 이익에 반할 정도로 교역의 발전이 영향을 받아서는 아니 된다.

(3) 집행위원회는 본 조의 적용을 담보해야 하며, 필요한 경우 회원국들에게 적절한 지시나 결정을 시달하여야 한다.

Article 106(ex Article 86 TEC)

(1) In the case of public undertakings and undertakings to which Member States grant special or exclusive rights, Member States shall neither enact nor maintain in force any measure contrary to the rules contained in the Treaties, in particular to those rules provided for in Article 18 and Articles 101 to 109.

(2) Undertakings entrusted with the operation of services of general economic interest or having the character of a revenue-producing monopoly shall be subject to the rules contained in the Treaties, in particular to the rules on competition, in so far as the application of such rules does not obstruct the performance, in law or in fact, of the particular tasks assigned to them. The development of trade must not be affected to such an extent as would be contrary to the interests of the Union.

(3) The Commission shall ensure the application of the provisions of this Article and shall, where necessary, address appropriate directives or decisions to Member States.

| 제2절 국가보조 |

Section 2 Aids Granted By States

제107조 (ex Article 87 TEC)

(1) 창설조약에서 달리 정하는 경우를 제외하고 국가가 승인하거나 또는 특정 사업자들이나 특정 상품 생산에 유리하도록 하게 함으로써 경쟁을 왜곡하거나 왜곡할 위험이 있는 형태의 국가 자원을 통한 여하한 보조도 회원국 간 교역에 영향을 미치는 한 역내 시장과 양립할 수 없다.

(2) 아래와 같은 경우엔 역내 시장과 양립한다.

(a) 상품의 원산지와 무관하게 비차별적으로 개별 소비자들에게 제공되는 사회적 성격을 갖는 보조

(b) 자연 재해 또는 돌발 사태에 의하여 초래된 손실 복구를 위한 보조

(c) 독일 분단으로 인해 초래되었던 경제적 불이익을 보상하기 위하여 필요한 범위 내에서 그 분단으로 인해 영향을 받았던 독일 연방 공화국 내의 특정 지역의 경제에 제공하는 보조. 리스본 조약의 발효일로부터 5년이 경과하면 각료이사회는 집행위원회의 제안을 받아 본 조를 폐지하는 결정을 채택할 수 있음.

(3) 아래의 경우 역내 시장과 양립하는 것으로 간주될 수 있다.

(a) 구조적, 경제적 및 사회적 상황을 고려하여 생활 수준이 비정상적으로 낮거나 심각한 실업 사태를 겪고 있는 지역, 그리고 제349조에서 언급하는 지역들의 경제 발전을 촉진하기 위한 보조

(b) 유럽 공동의 이해관계에 부합하는 중요한 계획의 추진을 촉진하거나 회원국 경제에 초래된 심각한 혼란을 극복하기 위한 보조

(c) 교역 여건에 부정적 영향을 끼쳐 공동의 이익에 반하지 않는 범위 내에서 특정 경제 활동이나 특정 경제 분야의 발전을 촉진하기 위한 보조

(d) 연합 내에서의 교역 여건과 경쟁에 영향을 끼쳐 공동의 이익에 반하지 않는 범위 내에서 문화 유산 보존을 촉진하기 위한 보조

(e) 집행위원회의 제안을 받아 각료이사회가 결정의 형식으로 세부적으로 정할 수 있는 기타 보조의 유형

Article 107(ex Article 87 TEC)

(1) Save as otherwise provided in the Treaties, any aid granted by a Member State or through State resources in any form whatsoever which distorts or threatens to distort competition by favouring certain undertakings or the production of certain goods shall, in so far as it affects trade between

Member States, be incompatible with the internal market.

(2) The following shall be compatible with the internal market:

(a) aid having a social character, granted to individual consumers, provided that such aid is granted without discrimination related to the origin of the products concerned;

(b) aid to make good the damage caused by natural disasters or exceptional occurrences;

(c) aid granted to the economy of certain areas of the Federal Republic of Germany affected by the division of Germany, in so far as such aid is required in order to compensate for the economic disadvantages caused by that division. Five years after the entry into force of the Treaty of Lisbon, the Council, acting on a proposal from the Commission, may adopt a decision repealing this point.

(3) The following may be considered to be compatible with the internal market:

(a) aid to promote the economic development of areas where the standard of living is abnormally low or where there is serious underemployment, and of the regions referred to in Article 349, in view of their structural, economic and social situation;

(b) aid to promote the execution of an important project of common European interest or to remedy a serious disturbance in the economy of a Member State;

(c) aid to facilitate the development of certain economic activities or of certain economic areas, where such aid does not adversely affect trading conditions to an extent contrary to the common interest;

(d) aid to promote culture and heritage conservation where such aid does not affect trading conditions and competition in the Union to an extent that is contrary to the common interest;

(e) such other categories of aid as may be specified by decision of the Council on a proposal from the Commission.

제108조(ex Article 88 TEC)

(1) 집행위원회는 회원국들과의 협력 하에 회원국 내에 존재하는 모든 형태의 보조를 상시 점검하여야 한다. 집행위원회는 회원국들에 대하여 역내 시장의 점진적 발전이나 작동에 필요한 적절한 조치들을 제안하여야 한다.

(2) ○ 관련 당사자들에게 의견 제출을 통지한 후에도 집행위원회가 국가에 의한 보조 또는 국가 자원을 통한 보조가 제107조와 관련한 역내 시장과 양립할 수 없거나 오용되고 있다고 판단하는 경우에는 관련 회원국에 대하여 집행위원회가 정하는 기한 내에 당해 보조 행위를 폐지하거나 변경하도

록 하는 결정을 내려야 한다.

○ 만일 당해 회원국이 위에서 정한 기한 내에 결정에 따르지 않는 경우 집행위원회 또는 기타 다른 이해 관계있는 회원국들은 조약 제258조와 제259조 적용의 예외로 취급하여 사안을 유럽연합법원에 직접 제소할 수 있다.

○ 예외적 상황에 의해 정당화되는 경우, 각료이사회는 회원국의 요청에 따라 당해 회원국이 시행 중이거나 시행하려 하는 보조가 제107조 또는 제109조에 의해 제정된 규정들의 예외로서 역내시장과 양립할 수 있다고 만장일치로 결정할 수 있다. 문제의 보조와 관련하여 집행위원회가 이미 본 항 제1단에 명시된 절차에 착수한 상황에서 각료이사회에 대한 회원국의 요청이 있는 경우 각료이사회의 입장이 표명되기 전까지 당해 절차는 잠정 중단된다.

○ 그러나 각료이사회가 위 요청을 받은 뒤 3개월 이내에 입장 표명을 하지 않는 경우, 집행위원회는 당해 사안에 대하여 결정을 내려야 한다.

(3) 보조를 시행하거나 변경하려는 계획은 집행위원회가 의견을 표명할 수 있는 충분한 시간적 여유를 두고 통지되어야 한다. 그러한 계획이 제107조와 관련하여 역내 시장과 양립할 수 없다고 판단하는 경우 집행위원회는 즉시 제2항 소정의 절차에 착수한다. 이 절차에 따른 최종 결정이 나기 전까지 관련 회원국은 제안한 조치들을 시행하여서는 아니 된다.

(4) 집행위원회는 각료이사회가 제109조에 따라 본 조 제3항에 명시된 절차에서 면제하기로 한 국가보조의 유형과 관련된 규정들을 채택할 수 있다.

Article 108(ex Article 88 TEC)

(1) The Commission shall, in cooperation with Member States, keep under constant review all systems of aid existing in those States. It shall propose to the latter any appropriate measures required by the progressive development or by the functioning of the internal market.

(2) ○ If, after giving notice to the parties concerned to submit their comments, the Commission finds that aid granted by a State or through State resources is not compatible with the internal market having regard to Article 107, or that such aid is being misused, it shall decide that the State concerned shall abolish or alter such aid within a period of time to be determined by the Commission.

○ If the State concerned does not comply with this decision within the prescribed time, the Commission or any other interested State may, in derogation from the provisions of Articles 258 and 259, refer the matter to the Court of Justice of the European Union direct.

○ On application by a Member State, the Council may, acting unanimously, decide that aid which that State is granting or intends to grant shall be considered to be compatible with the internal market, in derogation from the provisions of Article 107 or from the regulations provided for in Article 109, if such a decision is justified by exceptional circumstances. If, as regards the aid in question, the Commission has already initiated the procedure provided for in the first subparagraph of this paragraph, the fact that the State concerned has made its application to the Council shall have the effect of suspending that procedure until the Council has made its attitude known.

○ If, however, the Council has not made its attitude known within three months of the said application being made, the Commission shall give its decision on the case.

(3) The Commission shall be informed, in sufficient time to enable it to submit its comments, of any plans to grant or alter aid. If it considers that any such plan is not compatible with the internal market having regard to Article 107, it shall without delay initiate the procedure provided for in paragraph 2. The Member State concerned shall not put its proposed measures into effect until this procedure has resulted in a final decision.

(4) The Commission may adopt regulations relating to the categories of State aid that the Council has, pursuant to Article 109, determined may be exempted from the procedure provided for by paragraph 3 of this Article.

제109조(ex Article 89 TEC)

각료이사회는 집행위원회의 제안을 받아 유럽의회와의 협의를 거친 후 제107조 및 제108조의 적용을 위한 적절한 규정들을 제정할 수 있으며, 특별히 제108조 제3항의 적용 요건과 이 절차로부터 면제되는 보조유형들을 정할 수 있다.

Article 109(ex Article 89 TEC)

The Council, on a proposal from the Commission and after consulting the European Parliament, may make any appropriate regulations for the application of Articles 107 and 108 and may in particular determine the conditions in which Article 108(3) shall apply and the categories of aid exempted from this procedure.

제2장 과세조항

Chapter 2 Tax Provisions

제110조 (ex Article 90 TEC)

○ 각 회원국은 다른 회원국들의 상품에 대하여 유사한 자국 상품에 직·간접적으로 부과되는 정도를 초과하는 여하한 유형의 내국세도 직·간접적으로 부과하여서는 아니 된다.

○ 각 회원국은 다른 회원국들의 상품에 대하여 그 외의 상품에 대한 간접적 보호의 성격을 갖는 여하한 내국세도 부과하여서는 아니 된다.

Article 110(ex Article 90 TEC)

○ No Member State shall impose, directly or indirectly, on the products of other Member States any internal taxation of any kind in excess of that imposed directly or indirectly on similar domestic products.

○ Furthermore, no Member State shall impose on the products of other Member States any internal taxation of such a nature as to afford indirect protection to other products.

제111조(ex Article 91 TEC)

여타 회원국으로 수출되는 상품에 대한 내국세 환급은 직·간접적으로 당해 상품에 부과된 내국세를 초과하여서는 아니 된다.

Article 111(ex Article 91 TEC)

Where products are exported to the territory of any Member State, any repayment of internal taxation shall not exceed the internal taxation imposed on them whether directly or indirectly.

제112조(ex Article 92 TEC)

해당 조치들이 집행위원회의 제안에 따라 사전에 각료이사회에 의하여 일정한 기한을 정하여 승인되지 않은 이상 매출세, 소비세 및 기타 유형의 간접세 이외의 징수 요금과 관련하여 타 회원국들에 대한 수출과 관련한 세금 감면 및 환급은 허용될 수 없으며, 타 회원국들로부터의 수입과 관련한 상계 요금은 부과될 수 없다.

Article 112(ex Article 92 TEC)

In the case of charges other than turnover taxes, excise duties and other forms of indirect taxation, remissions and repayments in respect of exports to other Member States may not be granted and countervailing charges in respect of imports from Member States may not be imposed unless the measures contemplated have been previously approved for a limited period by the Council on a proposal from the Commission.

제113조(ex Article 93 TEC)

각료이사회는 역내시장 구축 및 기능을 담보하고 경쟁 왜곡을 방지함에 있어 필요한 범위 내에서 특별입법절차에 따라 유럽의회 및 경제사회위원회와의 협의를 거쳐 만장일치를 통해 매출세, 소비세 및 기타 유형의 간접세에 관한 입법정합을 위한 법령을 채택하여야 한다.

Article 113(ex Article 93 TEC)

The Council shall, acting unanimously in accordance with a special legislative procedure and after consulting the European Parliament and the Economic and Social Committee, adopt provisions for the harmonisation of legislation concerning turnover taxes, excise duties and other forms of indirect taxation to the extent that such harmonisation is necessary to ensure the establishment and the functioning of the internal market and to avoid distortion of competition.

제3장 법률의 근사화

Chapter3 Approximation of Laws

제114조(ex Article 95 TEC)

(1) 창설조약에서 달리 정한 경우를 제외하고 아래의 조항들은 조약 제26조 소정의 목표 달성을 위해 적용된다. 유럽의회와 각료이사회는 통상입법절차에 따라 경제사회위원회와 협의를 거쳐 역내 시장의 구축과 기능을 목표로 하는 회원국들의 각종 법규와 행정조치에 담긴 법령 근사화 조치를 취하여야 한다.

(2) 제1항은 국가 재정 관련 법령, 사람의 자유 이동, 근로자들의 권익에 관한 법령들에는 적용하지 아니한다.

(3) 집행위원회는 제1항에서 예정하고 있는 조치들을 입안함에 있어 보건, 안전, 환경보호 및 소비자 보호와 관련하여서는 특히 과학적 사실에 기초한 새로운 발전 양상을 고려하여 고도의 보호 수준을 기본으로 삼아야 한다. 유럽의회 및 각료이사회 역시 각각의 권한 내에서 이러한 목표 달성을 추구하여야 한다.

(4) 유럽의회와 각료이사회가 공동으로, 혹은 각료이사회나 집행위원회 단독으로 정합조치를 채택한 후, 어느 회원국이 제36조 소정의, 또는 환경보호나 노동환경과 관련된 주된 필요성을 사유로 자국의 법령을 계속 유지할 필요가 있다고 판단하는 경우, 당해 회원국은 그 법령 및 유지의 근거를 집행위원회에 통지하여야 한다.

(5) 유럽의회와 각료이사회가 공동으로, 혹은 각료이사회나 집행위원회 단독으로 정합조치를 채택한 후, 어느 회원국이 당해 정합조치 채택 이후 자국에 특별히 야기된 문제에 기인하여 환경 또는 근로 환경 보호와 관련된 새로운 과학적 증거에 터잡아 회원국 차원의 법령 제정이 필요하다고 판단하는 경우, 제4항에 영향을 미치지 않는 한도 내에서 당해 회원국은 예정하고 있는 법령 및 그 제정 근거를 집행위원회에 통지하여야 한다.

(6) ○ 집행위원회는 제4항 및 제5항 소정의 통지를 받은 때로부터 6개월 이내에 해당 내용이 회원국들 간 교역에 대한 자의적 차별 또는 위장된 제한이 아닌 지, 그리고 이것이 역내 시장의 작동에 장애를 초래하는지의 여부를 심사하여 승인 여부를 결정하여야 한다.

○ 위 기한 내에 집행위원회의 결정이 없으면 제4항 및 제5항 소정의 회원국 법령은 승인된 것으로 간주한다.

○ 사안이 복잡하면서 보건상의 위험이 초래될 염려가 없는 경우, 집행위원회는 본 항에 정해진 기한을 최대 6개월 추가로 연장할 수 있음을 당해 회원국에 통지할 수 있다.

(7) 제6항에 따라 정합조치의 적용이 유보되어 회원국에게 자국 법령을 유지하거나 제정하는 권한이 부여

된 경우, 집행위원회는 즉시 위 정합조치 전반에 대한 수정 제안이 필요한지 여부를 검토하여야 한다.

(8) 사전에 정합조치의 대상이 되어 있는 분야에서 공중보건과 관련하여 특정 문제를 제기하고자 하는 회원국은 이를 집행위원회에 회부하여야 하고, 집행위원회는 즉시 각료이사회에 적절한 조치를 제안할 것인지 여부를 검토하여야 한다.

(9) 어느 회원국이 본 조에 정한 권한을 부당하게 사용하고 있다고 판단하는 경우 집행위원회와 각 회원국은 제258조 및 제259조 소정의 절차에 대한 예외로써 해당 사안을 유럽연합법원에 직접 제소할 수 있다.

(10) 적당한 경우, 이상에서 언급되는 정합조치에는 회원국들로 하여금 제36조 소정의 하나 이상의 비경제적 사유들을 들어 잠정조치를 취할 수 있도록 권한을 부여하는 세이프가드 조항을 포함되도록 하여야 하되, 이 조치들은 연합의 통제 절차에 따라야 한다.

Article 114(ex Article 95 TEC)

(1) Save where otherwise provided in the Treaties, the following provisions shall apply for the achievement of the objectives set out in Article 26. The European Parliament and the Council shall, acting in accordance with the ordinary legislative procedure and after consulting the Economic and Social Committee, adopt the measures for the approximation of the provisions laid down by law, regulation or administrative action in Member States which have as their object the establishment and functioning of the internal market.

(2) Paragraph 1 shall not apply to fiscal provisions, to those relating to the free movement of persons nor to those relating to the rights and interests of employed persons.

(3) The Commission, in its proposals envisaged in paragraph 1 concerning health, safety, environmental protection and consumer protection, will take as a base a high level of protection, taking account in particular of any new development based on scientific facts. Within their respective powers, the European Parliament and the Council will also seek to achieve this objective.

(4) If, after the adoption of a harmonisation measure by the European Parliament and the Council, by the Council or by the Commission, a Member State deems it necessary to maintain national provisions on grounds of major needs referred to in Article 36, or relating to the protection of the environment or the working environment, it shall notify the Commission of these provisions as well as the grounds for maintaining them.

(5) Moreover, without prejudice to paragraph 4, if, after the adoption of a harmonisation measure by the European Parliament and the Council, by the Council or by the Commission, a Member State deems it necessary to introduce national provisions based on new scientific evidence relating to

the protection of the environment or the working environment on grounds of a problem specific to that Member State arising after the adoption of the harmonisation measure, it shall notify the Commission of the envisaged provisions as well as the grounds for introducing them.

(6) ○ The Commission shall, within six months of the notifications as referred to in paragraphs 4 and 5, approve or reject the national provisions involved after having verified whether or not they are a means of arbitrary discrimination or a disguised restriction on trade between Member States and whether or not they shall constitute an obstacle to the functioning of the internal market.

○ In the absence of a decision by the Commission within this period the national provisions referred to in paragraphs 4 and 5 shall be deemed to have been approved.

○ When justified by the complexity of the matter and in the absence of danger for human health, the Commission may notify the Member State concerned that the period referred to in this paragraph may be extended for a further period of up to six months.

(7) When, pursuant to paragraph 6, a Member State is authorised to maintain or introduce national provisions derogating from a harmonisation measure, the Commission shall immediately examine whether to propose an adaptation to that measure.

(8) When a Member State raises a specific problem on public health in a field which has been the subject of prior harmonisation measures, it shall bring it to the attention of the Commission which shall immediately examine whether to propose appropriate measures to the Council.

(9) By way of derogation from the procedure laid down in Articles 258 and 259, the Commission and any Member State may bring the matter directly before the Court of Justice of the European Union if it considers that another Member State is making improper use of the powers provided for in this Article.

(10) The harmonisation measures referred to above shall, in appropriate cases, include a safeguard clause authorising the Member States to take, for one or more of the non-economic reasons referred to in Article 36, provisional measures subject to a Union control procedure.

제115조(ex Article 94 TEC)

제114조에 영향을 미치지 않는 한도 내에서, 각료이사회는 특별입법절차에 따라 유럽의회 및 경제사회위원회와의 협의를 거쳐 역내시장의 확립 또는 작동에 직접적으로 영향을 미치는 회원국들의 각종 법규나 행정명령들을 근사화하기 위한 지시를 발령하여야 한다.

Article 115(ex Article 94 TEC)

Without prejudice to Article 114, the Council shall, acting unanimously in accordance with a special legislative procedure and after consulting the European Parliament and the Economic and Social Committee, issue directives for the approximation of such laws, regulations or administrative provisions of the Member States as directly affect the establishment or functioning of the internal market.

제116조(ex Article 96 TEC)

○ 집행위원회는 회원국들의 법규나 행정명령으로 정해 진 법령상의 차이로 인하여 역내 시장에서의 경쟁 여건이 왜곡되고 있고, 그와 같이 발생한 경쟁 왜곡을 제거하여야 할 필요가 있다고 판단하는 경우, 해당 국가와 협의하여야 한다.

○ 위와 같은 협의로 문제의 경쟁 왜곡을 제거하는 합의에 이르지 못하는 경우, 유럽의회와 각료이사회는 통상입법절차에 따라 필요한 지시를 발하여야 한다. 창설조약에서 예정하고 있는 기타 적절한 조치들도 채택될 수 있다.

Article 116(ex Article 96 TEC)

○ Where the Commission finds that a difference between the provisions laid down by law, regulation or administrative action in Member States is distorting the conditions of competition in the internal market and that the resultant distortion needs to be eliminated, it shall consult the Member States concerned.

○ If such consultation does not result in an agreement eliminating the distortion in question, the European Parliament and the Council, acting in accordance with the ordinary legislative procedure, shall issue the necessary directives. Any other appropriate measures provided for in the Treaties may be adopted.

제117조(ex Article 97 TEC)

(1) 법규나 행정명령을 새로 채택하거나 개정함으로 인해 제116조가 예정하는 것과 같은 의미의 경쟁 왜

곡이 야기될 수 있다고 우려할 만한 이유가 있는 경우, 원래대로 계속 추진하기를 희망하는 회원국은 집행위원회와 협의하여야 한다. 회원국과의 협의 후 집행위원회는 쟁점이 되고 있는 경쟁 왜곡 방지에 적절한 조치들을 당해 회원국에 권고하여야 한다.

(2) 자국의 법령을 새로 제정 또는 개정하길 원하는 어느 회원국이 집행위원회로부터 시달 받은 권고에 따르지 않는 경우, 다른 회원국들에게 그와 같은 경쟁 왜곡을 제거하기 위해 제116조에 따라 국내 법령들을 개정할 것이 요구되어서는 아니 된다. 집행위원회의 권고를 무시한 회원국이 야기한 경쟁 왜곡이 자국에만 불리하게 영향을 미치는 경우 제116조는 적용되지 아니한다.

Article 117(ex Article 97 TEC)

(1) Where there is a reason to fear that the adoption or amendment of a provision laid down by law, regulation or administrative action may cause distortion within the meaning of Article 116, a Member State desiring to proceed therewith shall consult the Commission. After consulting the Member States, the Commission shall recommend to the States concerned such measures as may be appropriate to avoid the distortion in question.

(2) If a State desiring to introduce or amend its own provisions does not comply with the recommendation addressed to it by the Commission, other Member States shall not be required, pursuant to Article 116, to amend their own provisions in order to eliminate such distortion. If the Member State which has ignored the recommendation of the Commission causes distortion detrimental only to itself, the provisions of Article 116 shall not apply.

제118조

○ 역내 시장의 확립 및 작동과 맥을 같이 하여 유럽의회와 각료이사회는 통상입법절차에 따라 연합 전역에 걸친 지적재산권의 통일적 보호를 제공하는 유럽지적재산권을 창출하고, 아울러 연합 차원의 중앙화된 허가, 조율 및 감시 체제 수립을 위한 조치들을 취하여야 한다.

○ 각료이사회는 특별입법절차에 따라 유럽지적재산권에 관한 언어 정립을 위한 규정을 제정하여야 한다. 위 규정은 유럽의회와의 협의를 거쳐 만장일치로 이루어져야 한다.

Article 118

○ In the context of the establishment and functioning of the internal market, the European

Parliament and the Council, acting in accordance with the ordinary legislative procedure, shall establish measures for the creation of European intellectual property rights to provide uniform protection of intellectual property rights throughout the Union and for the setting up of centralised Union-wide authorisation, coordination and supervision arrangements.

○ The Council, acting in accordance with a special legislative procedure, shall by means of regulations establish language arrangements for the European intellectual property rights. The Council shall act unanimously after consulting the European Parliament.

제8편 경제 및 통화 정책

Title Ⅷ Economic and Monetary Policy

제119조(ex Article 4 TEC)

(1) 유럽연합조약 제3조 소정의 목적 달성을 위하여, 회원국들과 연합이 취하는 활동들은 창설조약에서 정하는 바에 따라 각 회원국 경제 정책들 사이의 긴밀한 조정, 역내시장 및 공동목표의 정의에 바탕을 둔 경제정책 채택을 포함하여 자유경쟁을 동반한 개방시장경제의 원리에 따라 수행되어야 한다.

(2) 전술한 바와 함께 회원국들과 연합은 창설조약에 명시된 내용과 절차에 따라 단일 통화인 유로화를 채택하고, 제1차적 목표를 지속적 물가 안정에 두고 단일 통화 정책을 수립, 시행하며, 환율 정책을 채택하되, 위 목표에 영향을 미치지 않는 한도 내에서 위 정책들을 통해 자유경쟁을 동반한 개방 시장 경제의 원칙에 따라 연합 내의 일반적 경제 정책을 지원한다.

(3) 회원국들과 연합은 위와 같은 활동을 함에 있어서 물가안정, 건전한 공공 재정 및 통화 조건, 지속 가능한 국제수지 균형과 같은 지도 원리들을 준수하여야 한다.

Article 119(ex Article 4 TEC)

(1) For the purposes set out in Article 3 of the Treaty on European Union, the activities of the Member States and the Union shall include, as provided in the Treaties, the adoption of an economic policy which is based on the close coordination of Member States' economic policies, on the internal

market and on the definition of common objectives, and conducted in accordance with the principle of an open market economy with free competition.

(2) Concurrently with the foregoing, and as provided in the Treaties and in accordance with the procedures set out therein, these activities shall include a single currency, the euro, and the definition and conduct of a single monetary policy and exchange-rate policy the primary objective of both of which shall be to maintain price stability and, without prejudice to this objective, to support the general economic policies in the Union, in accordance with the principle of an open market economy with free competition.

(3) These activities of the Member States and the Union shall entail compliance with the following guiding principles: stable prices, sound public finances and monetary conditions and a sustainable balance of payments.

제1장 경제정책

Chapter 1 Economic Policy

제120조 (ex Article 98 TEC)

각 회원국은 유럽연합조약 제3조에 정한 바에 따라, 그리고 제121조 제2항 소정의 개괄적 지침의 범위 내에서 연합의 목표 달성에 기여하기 위한 경제정책을 실시하여야 한다. 회원국들과 연합의 활동에는 자원의 효율적 분배가 우선적으로 고려되면서 자유 경쟁을 동반한 개방시장경제의 원칙이 뒷받침되고, 또한 제119조에 명시된 원칙들이 준수되어야 한다.

Article 120(ex Article 98 TEC)

Member States shall conduct their economic policies with a view to contributing to the achievement of the objectives of the Union, as defined in Article 3 of the Treaty on European Union, and in the context of the broad guidelines referred to in Article 121(2). The Member States and the Union shall act in accordance with the principle of an open market economy with free competition, favouring an efficient allocation of resources, and in compliance with the principles set out in Article 119.

제121조(ex Article 99 TEC)

(1) 각 회원국은 자국의 경제정책을 공동 관심사의 문제로 간주하여 제120조가 정하는 바에 따라 각료이사회 내에서 이들을 조율해야 한다.

(2) ○ 각료이사회는 집행위원회의 권고안을 바탕으로 회원국들 및 연합의 경제정책에 관한 개괄적 지침을 담은 초안을 작성하고, 이를 유럽정상회의에 보고하여야 한다.

○ 유럽정상회의는 각료이사회의 보고서를 토대로 회원국들 및 연합의 경제정책에 대한 개괄적 지침의 최종안을 위한 논의를 하여야 한다.

○ 이 최종안에 기초하여 각료이사회는 이 개괄적 지침의 시행을 위한 권고안을 채택한다. 각료이사회는 이 권고안을 유럽의회에 통지하여야 한다.

(3) ○ 경제정책들을 보다 긴밀하게 조율하고 회원국들의 경제적 성과를 지속적으로 수렴하기 위하여 각료이사회는 집행위원회가 제출한 보고서에 기해 각 회원국 및 연합의 경제 발전 양상은 물론 제2항 소정의 개괄적 지침에 따른 경제 정책들의 일관성 준수 여부를 감시하고, 정기적으로 전반적 평가를 시행하여야 한다.

○ 이런 다각적 감시의 목적을 위해 회원국들은 자국 경제정책 분야에서 취한 주요 조치에 관한 정보 및 그 밖에 필요하다고 여기는 정보를 집행위원회에 전달하여야 한다.

(4) ○ 제3항 소정의 절차에 따라 어느 회원국의 경제정책이 제2항 소정의 개괄적 지침에 부합하지 않거나 경제·통화 동맹의 적절한 작동을 위험에 처하게 할 경우, 집행위원회는 해당 국가에 대하여 경고를 발할 수 있다. 각료이사회는 집행위원회의 권고안을 토대로 해당 국가에 필요한 권고를 할 수 있다. 각료이사회는 집행위원회로부터 제안을 받아 해당 권고사항에 대한 공표를 결정할 수 있다.

○ 각료이사회가 이 항에 따른 조치를 취함에 있어 해당국가를 대표하는 각료이사의 투표권은 의결정족수에 산입하지 아니한다.

○ 해당국가를 제외한 나머지 회원국들의 가중다수결에 관한 것은 조약 제238조 제3항 (a)를 준용한다.

(5) 각료이사회 의장과 집행위원회는 유럽의회에 대하여 다각적 감시에 따른 결과를 보고하여야 한다. 각료이사회가 해당 권고안을 공표한 경우 유럽의회의 소관 위원회는 각료이사회 의장의 출석을 요청할 수 있다.

(6) 유럽의회와 각료이사회는 통상입법절차에 따라 규정의 형식으로 제3항 및 제4항 소정의 다각적 감시절차를 위한 세칙을 채택할 수 있다.

Article 121 (ex Article 99 TEC)

(1) Member States shall regard their economic policies as a matter of common concern and shall coordinate them within the Council, in accordance with the provisions of Article 120.

(2) ○ The Council shall, on a recommendation from the Commission, formulate a draft for the broad guidelines of the economic policies of the Member States and of the Union, and shall report its findings to the European Council.

○ The European Council shall, acting on the basis of the report from the Council, discuss a conclusion on the broad guidelines of the economic policies of the Member States and of the Union.

○ On the basis of this conclusion, the Council shall adopt a recommendation setting out these broad guidelines. The Council shall inform the European Parliament of its recommendation.

(3) ○ In order to ensure closer coordination of economic policies and sustained convergence of the economic performances of the Member States, the Council shall, on the basis of reports submitted by the Commission, monitor economic developments in each of the Member States and in the Union as well as the consistency of economic policies with the broad guidelines referred to in paragraph 2, and regularly carry out an overall assessment.

○ For the purpose of this multilateral surveillance, Member States shall forward information to the Commission about important measures taken by them in the field of their economic policy and such other information as they deem necessary.

(4) ○ Where it is established, under the procedure referred to in paragraph 3, that the economic policies of a Member State are not consistent with the broad guidelines referred to in paragraph 2 or that they risk jeopardising the proper functioning of economic and monetary union, the Commission may address a warning to the Member State concerned. The Council, on a recommendation from the Commission, may address the necessary recommendations to the Member State concerned. The Council may, on a proposal from the Commission, decide to make its recommendations public.

○ Within the scope of this paragraph, the Council shall act without taking into account the vote of the member of the Council representing the Member State concerned.

○ A qualified majority of the other members of the Council shall be defined in accordance with Article 238(3)(a).

(5) The President of the Council and the Commission shall report to the European Parliament on the results of multilateral surveillance. The President of the Council may be invited to appear

before the competent committee of the European Parliament if the Council has made its recommendations public.

(6) The European Parliament and the Council, acting by means of regulations in accordance with the ordinary legislative procedure, may adopt detailed rules for the multilateral surveillance procedure referred to in paragraphs 3 and 4.

제122조(ex Article 100 TEC)

(1) 특별히 특정 생산품의 공급, 대표적으로 에너지 분야과 같은 곳에서 심각한 어려움이 발생하는 경우, 각료이사회는 창설조약 상의 여타 절차에 영향을 미치지 않는 한도 내에서 집행위원회로부터 제안을 받아 회원국 간 결속 정신에 입각하여 경제적 상황에 대처하기 위한 적절한 조치를 결정할 수 있다.

(2) 어느 회원국이 자력으로 통제 불가능한 자연재해 또는 비상상황으로 인해 난관에 봉착하여 있거나 심각한 어려움을 겪을 가능성이 높은 경우, 각료이사회는 집행위원회의 제안을 받아 일정한 조건 하에 당해 회원국에 대하여 연합 차원의 재정적 지원을 제공할 수 있다. 각료이사회 의장은 채택된 결정을 유럽의회에 통지하여야 한다.

Article 122(ex Article 100 TEC)

(1) Without prejudice to any other procedures provided for in the Treaties, the Council, on a proposal from the Commission, may decide, in a spirit of solidarity between Member States, upon the measures appropriate to the economic situation, in particular if severe difficulties arise in the supply of certain products, notably in the area of energy.

(2) Where a Member State is in difficulties or is seriously threatened with severe difficulties caused by natural disasters or exceptional occurrences beyond its control, the Council, on a proposal from the Commission, may grant, under certain conditions, Union financial assistance to the Member State concerned. The President of the Council shall inform the European Parliament of the decision taken.

제123조 (ex Article 101 TEC)

(1) 유럽중앙은행 또는 회원국들의 중앙은행(이하 "회원국 중앙은행"이라 함)이 연합의 기관, 기구, 부서나

수탁자, 중앙 정부, 지방자치단체, 지역 또는 기타 공적 당국, 공법적 규율 대상이 되는 기타 주체들, 회원국의 공기업을 상대로 당좌대월 또는 기타 신용거래를 수행하는 것과 함께 유럽중앙은행이나 회원국 중앙은행이 이들로부터 채권을 직접 매입하는 행위는 금지된다.

(2) 제1항은 회원국 중앙은행 및 유럽중앙은행이 중앙은행들이 준비금을 공급함에 있어 민간 여신 기관들과 동일하게 취급하여야 하는 공공 여신 기관에는 적용하지 아니한다.

Article 123(ex Article 101 TEC)

(1) Overdraft facilities or any other type of credit facility with the European Central Bank or with the central banks of the Member States (hereinafter referred to as 'national central banks') in favour of Union institutions, bodies, offices or agencies, central governments, regional, local or other public authorities, other bodies governed by public law, or public undertakings of Member States shall be prohibited, as shall the purchase directly from them by the European Central Bank or national central banks of debt instruments.

(2) Paragraph 1 shall not apply to publicly owned credit institutions which, in the context of the supply of reserves by central banks, shall be given the same treatment by national central banks and the European Central Bank as private credit institutions.

제124조(ex Article 102 TEC)

주의의무를 다하지 아니하고 연합의 기관, 기구, 부서나 수탁자, 중앙 정부, 지방자치단체, 지역 또는 기타 공적 당국, 공법적 규율 대상이 되는 기타 주체들, 회원국의 공기업에 금융기관과의 거래에 특전을 제공하는 여하한 행위도 금지된다.

Article 124(ex Article 102 TEC)

Any measure, not based on prudential considerations, establishing privileged access by Union institutions, bodies, offices or agencies, central governments, regional, local or other public authorities, other bodies governed by public law, or public undertakings of Member States to financial institutions, shall be prohibited.

제125조 (ex Article 103 TEC)

(1) 연합은 특별 목적 사업의 공동 수행을 위한 상호지급보증을 제외하고는 회원국 중앙 정부, 지방자치단체, 지역 또는 기타 공적 당국, 공법적 규율 대상이 되는 기타 주체들 또는 회원국의 공기업의 채무에 대하여 책임을 부담하거나 이를 인수하여서는 아니된다. 회원국은 특별 목적 사업의 공동 수행을 위한 상호지급보증을 제외하고는 다른 회원국의 중앙 정부, 지방자치단체, 지역 또는 기타 공적 당국, 공법적 규율 대상이 되는 기타 주체 또는 공기업의 채무에 대하여 책임을 부담하거나 이를 인수하여서는 아니된다.

(2) 필요한 경우 각료이사회는 집행위원회의 제안에 따라 유럽의회와의 협의를 거쳐 조약 제123조, 제124조 및 본 조 소정의 금지를 적용하기 위한 세부 사항을 정할 수 있다.

Article 125(ex Article 103 TEC)

(1) The Union shall not be liable for or assume the commitments of central governments, regional, local or other public authorities, other bodies governed by public law, or public undertakings of any Member State, without prejudice to mutual financial guarantees for the joint execution of a specific project. A Member State shall not be liable for or assume the commitments of central governments, regional, local or other public authorities, other bodies governed by public law, or public undertakings of another Member State, without prejudice to mutual financial guarantees for the joint execution of a specific project.

(2) The Council, on a proposal from the Commission and after consulting the European Parliament, may, as required, specify definitions for the application of the prohibitions referred to in Articles 123 and 124 and in this Article.

제126조(ex Article 104 TEC)

(1) 회원국들은 과도한 정부 부채를 피하여야 한다.

(2) ○ 집행위원회는 총체적 오차를 파악하기 위해 회원국들의 예산 상황 및 정부 부채의 전개 상황을 추적 관찰하여야 한다. 특별히 집행위원회는 아래의 두 가지 기준에 기초한 예산 원칙을 준수하고 있는지 여부를 점검해야 한다.

(a) 국내총생산(GDP) 대비 계획 또는 실제 정부부채 비율이 기준치를 초과하는지 여부. 다만,

그 비율이 상당하고도 지속적으로 감소하여 기준치에 가까운 수준에 이른 경우, 또는 기준치를 초과하는 부채가 예외적이고 일시적인 경우에 지나지 않고 그 비율은 기준치에 가까운 수준을 유지하고 있는 경우에는 예외로 함.

(b) 국내총생산(GDP) 대비 정부부채비율이 기준치를 초과하는지 여부. 다만, 그 비율이 충분히 감소하면서 만족할 만한 속도로 기준치에 접근하고 있는 경우에는 예외로 함.

○ 기준치는 창설조약에 부속된 〈과도한 재정적자 절차에 관한 의정서〉에 명시한다.

(3) ○ 어느 회원국이 위 기준에 따른 요건들 중 하나 이상 준수하지 않는 경우 집행위원회는 보고서를 작성하여야 한다. 집행위원회의 위 보고서에는 정부 부채가 정부 투자 지출을 초과하는지 여부와 해당 회원국의 중기 경제 및 예산 상황을 포함한 기타 제반 관련 요소들이 담겨 있어야 한다.

○ 또한 집행위원회는 회원국이 위 기준 요건을 모두 충족하고 있더라도 과도한 재정 적자의 위험이 있다고 판단하는 경우 보고서를 작성할 수도 있다.

(4) 경제재정위원회는 집행위원회의 보고서에 관하여 의견을 제시하여야 한다.

(5) 어느 회원국에 과도한 재정적자가 있거나 발생할 우려가 있다고 판단하는 경우 집행위원회는 해당 회원국에 의견을 전달하고, 아울러 각료이사회에 대하여 이 사실을 통지하여야 한다.

(6) 집행위원회의 제안을 받은 각료이사회는 해당 회원국이 제출하는 의견을 검토하고, 종합적으로 평가한 뒤 과도한 재정적자가 존재하는지의 여부를 결정한다.

(7) 제6항에 따라 과도한 재정적자가 있다고 결정을 내리는 경우 각료이사회는 지체없이 집행위원회로부터의 권고안에 따라 당해 회원국에 대하여 일정한 기한 내에 그 상황을 종식시킬 것을 내용으로 하는 권고를 시달한다. 제8항 소정의 요건에 해당하지 아니한 권고안은 공표되지 아니한다.

(8) 당해 회원국이 지정된 기한 내에 실효적 조치를 취하지 않았음이 확인되면, 각료이사회는 그 권고안을 공표할 수 있다.

(9) ○ 어느 회원국이 각료이사회의 권고를 지속적으로 불이행하는 경우, 각료이사회는 당해 회원국에 대하여 상황을 호전시키기 위해 필요하다고 판단하는 적자감축대책을 일정한 기한 내에 취할 것을 통고하는 내용의 결정을 내릴 수 있다.

○ 이 경우 각료이사회는 당해 회원국에 대하여 그 회원국의 조정 노력을 점검하기 위해 구체적 일정표에 따른 보고서 제출을 요구할 수 있다.

(10) 제258조 및 제259조 소정의 제소권은 본 조 제1항 내지 제9항의 틀 안에서는 그 행사가 유보될 수도 있다.

(11) ○ 어느 회원국이 제9항에 따른 결정을 이행하지 않는 경우, 각료이사회는 사안에 따라 아래의 조치들 중 하나 이상을 적용 또는 강화하기로 하는 결정을 내릴 수 있다.

- 당해 회원국에 대하여 채권 및 유가증권을 발행하기 앞서 각료이사회에서 명시하는 추가 정보를 공표하도록 요구
- 유럽투자은행으로 하여금 당해 회원국에 대한 정책금융을 재고하도록 요청

– 각료이사회의 입장에서 과도한 재정적자가 해소되었다고 판단할 때까지 적절한 규모의 무이자예치금을 연합에 기탁하도록 요구

– 적정한 과징금 부과

○ 각료이사회의 의장은 위와 같은 결정을 유럽의회에 통지하여야 한다.

(12) 각료이사회는 당해 회원국의 과도한 재정적자가 해소되었다고 판단하는 경우 제6항 내지 제9항, 그리고 제11조 소정의 결정이나 권고의 전부 또는 일부를 철회하여야 한다. 각료이사회에서 이전에 권고를 공표한 사실이 있다면, 제8항에 따른 결정을 철회하는 즉시 당해 회원국에 과도한 재정적자가 더 이상 존재하지 않는다는 내용을 공표하여야 하여야 한다.

(13) ○ 제8항, 제9항, 제11항 및 제12항 소정의 결정이나 권고를 채택함에 있어서 각료이사회는 집행위원회의 권고안에 터잡아 조치를 취하여야 한다.

○ 각료이사회가 제6항 내지 제9항, 제11항 및 제12항 소정의 조치를 채택함에 있어 관련 회원국을 대표하는 각료이사회 구성원의 투표권은 의결정족수에 포함하지 아니한다.

○ 각료이사회의 여타 구성원들의 가중다수결은 제238조 제3항 (a)에서 정하는 바에 따른다.

(14) ○ 본 조에 명시된 절차 이행과 관련한 추가 사항들은 창설조약에 부속된 〈과도한 재정적자 절차에 관한 의정서〉에서 정하기로 한다.

○ 각료이사회는 특별입법절차에 따라 유럽의회 및 유럽중앙은행과의 협의를 거쳐 만장일치로 위 의정서를 대체할 적절한 법령을 제정하여야 한다.

○ 본 항의 기타 사항에 따라, 각료이사회는 집행위원회의 제안에 따라 유럽의회와의 협의를 거쳐 위 의정서의 적용을 위한 세칙을 제정하여야 한다.

Article 126(ex Article 104 TEC)

(1) Member States shall avoid excessive government deficits.

(2) ○ The Commission shall monitor the development of the budgetary situation and of the stock of government debt in the Member States with a view to identifying gross errors. In particular it shall examine compliance with budgetary discipline on the basis of the following two criteria:

(a) whether the ratio of the planned or actual government deficit to gross domestic product exceeds a reference value, unless:

– either the ratio has declined substantially and continuously and reached a level that comes close to the reference value,

– or, alternatively, the excess over the reference value is only exceptional and temporary and the ratio remains close to the reference value;

(b) whether the ratio of government debt to gross domestic product exceeds a reference value, unless the ratio is sufficiently diminishing and approaching the reference value at a satisfactory pace.

○ The reference values are specified in the Protocol on the excessive deficit procedure annexed to the Treaties.

(3) ○ If a Member State does not fulfil the requirements under one or both of these criteria, the Commission shall prepare a report. The report of the Commission shall also take into account whether the government deficit exceeds government investment expenditure and take into account all other relevant factors, including the medium-term economic and budgetary position of the Member State.

○ The Commission may also prepare a report if, notwithstanding the fulfilment of the requirements under the criteria, it is of the opinion that there is a risk of an excessive deficit in a Member State.

(4) The Economic and Financial Committee shall formulate an opinion on the report of the Commission.

(5) If the Commission considers that an excessive deficit in a Member State exists or may occur, it shall address an opinion to the Member State concerned and shall inform the Council accordingly.

(6) The Council shall, on a proposal from the Commission, and having considered any observations which the Member State concerned may wish to make, decide after an overall assessment whether an excessive deficit exists.

(7) Where the Council decides, in accordance with paragraph 6, that an excessive deficit exists, it shall adopt, without undue delay, on a recommendation from the Commission, recommendations addressed to the Member State concerned with a view to bringing that situation to an end within a given period. Subject to the provisions of paragraph 8, these recommendations shall not be made public.

(8) Where it establishes that there has been no effective action in response to its recommendations within the period laid down, the Council may make its recommendations public.

(9) ○ If a Member State persists in failing to put into practice the recommendations of the Council, the Council may decide to give notice to the Member State to take, within a specified time limit, measures for the deficit reduction which is judged necessary by the Council in order to remedy the situation.

○ In such a case, the Council may request the Member State concerned to submit reports in accordance with a specific timetable in order to examine the adjustment efforts of that Member State.

(10) The rights to bring actions provided for in Articles 258 and 259 may not be exercised within the framework of paragraphs 1 to 9 of this Article.

(11) ○ As long as a Member State fails to comply with a decision taken in accordance with paragraph 9, the Council may decide to apply or, as the case may be, intensify one or more of the following measures:

- to require the Member State concerned to publish additional information, to be specified by the Council, before issuing bonds and securities,
- to invite the European Investment Bank to reconsider its lending policy towards the Member State concerned,
- to require the Member State concerned to make a non-interest-bearing deposit of an appropriate size with the Union until the excessive deficit has, in the view of the Council, been corrected,
- to impose fines of an appropriate size.

○ The President of the Council shall inform the European Parliament of the decisions taken.

(12) The Council shall abrogate some or all of its decisions or recommendations referred to in paragraphs 6 to 9 and 11 to the extent that the excessive deficit in the Member State concerned has, in the view of the Council, been corrected. If the Council has previously made public recommendations, it shall, as soon as the decision under paragraph 8 has been abrogated, make a public statement that an excessive deficit in the Member State concerned no longer exists.

(13) ○ When taking the decisions or recommendations referred to in paragraphs 8, 9, 11 and 12, the Council shall act on a recommendation from the Commission.

○ When the Council adopts the measures referred to in paragraphs 6 to 9, 11 and 12, it shall act without taking into account the vote of the member of the Council representing the Member State concerned.

○ A qualified majority of the other members of the Council shall be defined in accordance with Article 238(3)(a).

(14) ○ Further provisions relating to the implementation of the procedure described in this Article are set out in the Protocol on the excessive deficit procedure annexed to the Treaties.

○ The Council shall, acting unanimously in accordance with a special legislative procedure and after consulting the European Parliament and the European Central Bank, adopt the appropriate provisions which shall then replace the said Protocol.

○ Subject to the other provisions of this paragraph, the Council shall, on a proposal from the Commission and after consulting the European Parliament, lay down detailed rules and definitions for the application of the provisions of the said Protocol.

제2장 통화정책
Chapter 2 Monetary Policy

제127조(ex Article 105 TEC)

(1) 유럽중앙은행제도의 제1차적 목표는 물가안정을 유지하는데 있다. 유럽중앙은행제도는 물가안정이라는 목표에 영향을 미치지 아니하는 한도 내에서, 유럽연합조약 제3조 소정의 목표 달성에 기여할 수 있도록 일반 경제 정책들을 지원하여야 한다. 유럽중앙은행제도의 활동은 자원의 효율적인 배분을 우선적으로 염두에 두면서, 자유경쟁을 동반한 개방경제의 원리에 따르고, 또한 제119조 소정의 원칙들에 부합하여야 한다.

(2) 유럽중앙은행제도에 의해 수행되는 기본적 과제들은 아래와 같다.

- 연합의 통화정책 수립 및 시행
- 제219조에 부합하는 외환업무 수행
- 각 회원국의 공식외환보유고 유지와 관리
- 지급결제제도의 원활한 작동 촉진

(3) 제2항 제3행은 회원국 정부의 외환수급균형을 위한 외화 보유와 운용에는 영향을 미쳐서는 아니 된다.

(4) ○ 유럽중앙은행은 아래 사항에 대하여 자문하여야 한다.

- 소관 분야에 속하는 연합의 조치들과 관련하여 나오는 일체의 제안
- 소관 분야에 있어 회원국 당국이 요청하는 입법 초안. 다만, 조약 제129조 제4항에 명시된 절차에 따라 각료이사회가 정한 한계와 조건에 따라야 함.

○ 유럽중앙은행은 소관 분야에 속하는 사항에 대하여 적절한 연합의 기관, 기구, 부서 또는 수탁자나 회원국 당국에 의견을 제출할 수 있다.

(5) 유럽중앙은행제도는 해당 당국이 여신 기관에 대한 충실한 감독 및 금융 제도 안정과 관련하여 추진하는 정책이 원활히 수행되도록 기여하여야 한다.

(6) 각료이사회는 특별입법절차에 따라 규정의 형식으로 유럽의회 및 유럽중앙은행과의 협의를 거쳐 만장일치로 보험업을 제외한 여신기관 및 기타 금융기관들에 대한 충실한 감독과 관련하여 유럽중앙은행에 특별 임무를 임무를 부여할 수 있다.

Article 127(ex Article 105 TEC)

(1) The primary objective of the European System of Central Banks (hereinafter referred to as 'the ESCB') shall be to maintain price stability. Without prejudice to the objective of price stability, the ESCB shall support the general economic policies in the Union with a view to contributing to the achievement of the objectives of the Union as laid down in Article 3 of the Treaty on European Union. The ESCB shall act in accordance with the principle of an open market economy with free competition, favouring an efficient allocation of resources, and in compliance with the principles set out in Article 119.

(2) The basic tasks to be carried out through the ESCB shall be:

- to define and implement the monetary policy of the Union,
- to conduct foreign-exchange operations consistent with the provisions of Article 219,
- to hold and manage the official foreign reserves of the Member States,
- to promote the smooth operation of payment systems.

(3) The third indent of paragraph 2 shall be without prejudice to the holding and management by the governments of Member States of foreign-exchange working balances.

(4) ○ The European Central Bank shall be consulted:

- on any proposed Union act in its fields of competence,
- by national authorities regarding any draft legislative provision in its fields of competence, but within the limits and under the conditions set out by the Council in accordance with the procedure laid down in Article 129(4).

○ The European Central Bank may submit opinions to the appropriate Union institutions, bodies, offices or agencies or to national authorities on matters in its fields of competence.

(5) The ESCB shall contribute to the smooth conduct of policies pursued by the competent authorities relating to the prudential supervision of credit institutions and the stability of the financial system.

(6) The Council, acting by means of regulations in accordance with a special legislative procedure, may unanimously, and after consulting the European Parliament and the European Central Bank, confer specific tasks upon the European Central Bank concerning policies relating to the prudential supervision of credit institutions and other financial institutions with the exception of insurance undertakings.

제128조(ex Article 106 TEC)

(1) 유럽중앙은행은 연합 내에서 유로 은행권 발권 승인에 관한 배타적 권한을 갖는다. 유럽중앙은행과 회원국의 중앙은행들은 유로 은행권을 발행할 수 있다. 유럽중앙은행과 회원국 중앙은행들에 의하여 발권된 은행권은 역내에서 유일한 법정통화로서의 지위를 갖는다.

(2) 회원국들은 유럽중앙은행이 승인하는 발행량에 따라 유로 주화를 발행할 수 있다. 각료이사회는 집행위원회의 제안으로 유럽의회 및 유럽중앙은행과의 협의를 거쳐 역내에서의 원활한 유통에 필요한 범위 내에서 유통하고자 하는 모든 주화의 액면가 및 기술 규격을 조화시키기 위한 조치를 취할 수 있다.

Article 128(ex Article 106 TEC)

(1) The European Central Bank shall have the exclusive right to authorise the issue of euro banknotes within the Union. The European Central Bank and the national central banks may issue such notes. The banknotes issued by the European Central Bank and the national central banks shall be the only such notes to have the status of legal tender within the Union.

(2) Member States may issue euro coins subject to approval by the European Central Bank of the volume of the issue. The Council, on a proposal from the Commission and after consulting the European Parliament and the European Central Bank, may adopt measures to harmonise the denominations and technical specifications of all coins intended for circulation to the extent necessary to permit their smooth circulation within the Union.

제129조(ex Article 107 TEC)

(1) 유럽중앙은행제도는 유럽중앙은행의 의사결정기관, 즉 유럽중앙은행 운영위원회와 유럽중앙은행 집행이사회에 의하여 규율되어야 한다.

(2) 유럽중앙은행제도 및 유럽중앙은행에 관한 법 (이하, "유럽중앙은행법"이라 함)은 창설조약에 부속된 의정서에 명시한다.

(3) 유럽중앙은행법 제5조 제1항 내지 제3항, 제17조, 제18조, 제19조 제1항, 제22 내지 24조, 제26조, 제32조 제2항 내지 4항, 같은 조 제6항, 제33조 제1항 (a) 및 제36조는 유럽의회와 각료이사회에 의하여 통상입법절차에 따라 개정될 수 있다. 유럽의회와 각료이사회는 유럽중앙은행의 권고에 터잡아

집행위원회와의 협의를 거치거나 또는 집행위원회의 제안으로 유럽중앙은행과의 협의를 거쳐 위와 같은 개정을 하여야 한다.

(4) 각료이사회는 집행위원회의 제안으로 유럽의회와 유럽중앙은행과의 협의를 거치거나 또는 유럽중앙은행의 권고로 유럽의회 및 집행위원회와의 협의를 거쳐 유럽중앙은행법 제4조, 제5조 제4항, 제19조 제2항, 제20조, 제28조 제1항, 제29조 제2항, 제30조 제4항과 제34조 제3항 소정의 법규들을 채택할 수 있다.

Article 129(ex Article 107 TEC)

(1) The ESCB shall be governed by the decision-making bodies of the European Central Bank which shall be the Governing Council and the Executive Board.

(2) The Statute of the European System of Central Banks and of the European Central Bank (hereinafter referred to as 'the Statute of the ESCB and of the ECB') is laid down in a Protocol annexed to the Treaties.

(3) Articles 5.1, 5.2, 5.3, 17, 18, 19.1, 22, 23, 24, 26, 32.2, 32.3, 32.4, 32.6, 33.1(a) and 36 of the Statute of the ESCB and of the ECB may be amended by the European Parliament and the Council, acting in accordance with the ordinary legislative procedure. They shall act either on a recommendation from the European Central Bank and after consulting the Commission or on a proposal from the Commission and after consulting the European Central Bank.

(4) The Council, either on a proposal from the Commission and after consulting the European Parliament and the European Central Bank or on a recommendation from the European Central Bank and after consulting the European Parliament and the Commission, shall adopt the provisions referred to in Articles 4, 5.4, 19.2, 20, 28.1, 29.2, 30.4 and 34.3 of the Statute of the ESCB and of the ECB.

제130조(ex Article 108 TEC)

창설조약 및 유럽중앙은행법에 의하여 수권된 권한을 행사하고 임무를 수행함에 있어 유럽중앙은행이나 회원국의 중앙은행 및 이들의 의사 결정 기구의 구성원들은 연합의 기관, 기구, 부서, 수탁자, 회원국의 정부 또는 기타 어떤 기구에 대하여 지시를 구하거나 받아서는 아니 된다. 연합의 기관, 기구, 부서, 수탁자 및 회원국 정부는 이 원칙을 존중하며 유럽중앙은행이나 회원국 중앙은행의 의사결정기구가 직무를 수행함에 있어 여하한 영향력을 끼치지 않기로 약속한다.

Article 130(ex Article 108 TEC)

When exercising the powers and carrying out the tasks and duties conferred upon them by the Treaties and the Statute of the ESCB and of the ECB, neither the European Central Bank, nor a national central bank, nor any member of their decision-making bodies shall seek or take instructions from Union institutions, bodies, offices or agencies, from any government of a Member State or from any other body. The Union institutions, bodies, offices or agencies and the governments of the Member States undertake to respect this principle and not to seek to influence the members of the decision-making bodies of the European Central Bank or of the national central banks in the performance of their tasks.

제131조 (ex Article 109 TEC)

각 회원국은 자국 중앙은행에 관한 법률을 포함한 자국의 법령이 창설조약 및 유럽중앙은행법과 충돌하지 않도록 보장하여야 한다.

Article 131(ex Article 109 TEC)

Each Member State shall ensure that its national legislation including the statutes of its national central bank is compatible with the Treaties and the Statute of the ESCB and of the ECB.

제132조 (ex Article 110 TEC)

(1) 유럽중앙은행제도에 위임된 임무를 수행하기 위하여 유럽중앙은행은 창설조약상의 조항 및 유럽중앙은행법에 명시된 요건에 따라 아래와 같은 조치를 취하여야 한다.

- 유럽중앙은행법 제3조 제1항 전단, 제19조 제1항 및 제25조 제2항에 명시된 것으로서 제129조 제4항 소정의 각료이사회의 행위에 속하는 직무를 수행하기 위하여 필요한 범위 내에서의 규정 제정
- 창설조약 및 유럽중앙은행법에 따라 유럽중앙은행제도에 위임된 임무를 수행하는데 필요한 결정 제정
- 권고안 작성 및 의견 전달

(2) 유럽중앙은행은 그 결정, 권고안 및 의견들을 공표할 것을 결정할 수 있다.

(3) 제129조 제4항 소정의 절차에 따라 각료이사회가 채택하는 한계와 요건 내에서, 유럽중앙은행은 규정 및 결정에 따른 의무를 불이행한 사업자에 대하여 과징금 또는 이행강제금을 부과할 권한을 가진다.

Article 132(ex Article 110 TEC)

(1) In order to carry out the tasks entrusted to the ESCB, the European Central Bank shall, in accordance with the provisions of the Treaties and under the conditions laid down in the Statute of the ESCB and of the ECB:

- make regulations to the extent necessary to implement the tasks defined in Article 3.1, first indent, Articles 19.1, 22 and 25.2 of the Statute of the ESCB and of the ECB in cases which shall be laid down in the acts of the Council referred to in Article 129(4),
- take decisions necessary for carrying out the tasks entrusted to the ESCB under the Treaties and the Statute of the ESCB and of the ECB,
- make recommendations and deliver opinions.

(2) The European Central Bank may decide to publish its decisions, recommendations and opinions.

(3) Within the limits and under the conditions adopted by the Council under the procedure laid down in Article 129(4), the European Central Bank shall be entitled to impose fines or periodic penalty payments on undertakings for failure to comply with obligations under its regulations and decisions.

제133조

유럽중앙은행의 권한을 해하지 않는 한도 내에서 유럽의회 및 각료이사회는 통상입법절차에 따라 단일통화로서의 유로화 사용에 필요한 조치들을 취하여야 한다. 위 조치는 유럽중앙은행과의 협의를 거쳐서 채택되어야 한다.

Article 133

Without prejudice to the powers of the European Central Bank, the European Parliament and the Council, acting in accordance with the ordinary legislative procedure, shall lay down the measures necessary for the use of the euro as the single currency. Such measures shall be adopted after consultation of the European Central Bank.

제3장 기관에 관한 조항
Chapter 3 Institutional Provisions

제134조(ex Article 114 TEC)

(1) 역내시장의 기능에 필요한 범위 내에서 회원국들의 정책을 최대한 조율하기 위하여, 경제·금융위원회를 설치한다.

(2) ○ 경제·금융위원회의 직무는 다음과 같다.
- 각료이사회 또는 집행위원회의 요청에 따라 또는 직권으로 위 기관들에 의견 제출
- 회원국 및 연합의 경제 및 금융 상황에 대한 지속적 점검 및 그 결과에 대하여, 특히 제3국 및 국제 기구들과의 금융 관계를 각료이사회와 집행위원회에 대하여 정기적으로 보고
- 제240조에 영향을 미치지 아니하는 범위 내에서 제66조, 제75조, 제121조 제2항 내지 4항, 제6항, 제122조, 제124조, 제125조, 제126조, 제127조 제6항, 제128조 제2항, 제129조 제3항 및 제4항, 제138조, 제140조 제2항 및 제3항, 제143조, 제144조 제2항 및 제3항과 제219조 소정의 각료이사회의 업무 준비에 협력하고, 아울러 각료이사회로부터 부여 받은 기타 자문 및 준비 업무 수행
- 적어도 매년 1회 이상 창설조약 및 각료이사회에 의하여 채택된 조치들의 적용에 따른 자본 이동 및 지불의 자유에 관한 상황을 점검. 이 점검에는 자본이동 및 지불에 관련된 모든 조치들이 포함되어야 하고, 그 결과는 집행위원회와 각료이사회에 보고되어야 함.

○ 회원국들과 집행위원회 및 유럽중앙은행은 각각 위 위원회에 2명 이내의 위원들을 임명하여야 한다.

(3) 각료이사회는 집행위원회의 제안으로 유럽중앙은행 및 본 조 소정의 위원회와의 협의를 거쳐 경제·금융위원회 구성에 관한 세칙을 제정한다. 각료이사회의 의장은 유럽의회에 그와 같은 결정 내용을 통지하여야 한다.

(4) 제2항 소정의 임무 외에도, 제139조에서 언급하는 적용유보 회원국이 있는 경우 경제·금융위원회는 당해 국가들의 통화 및 금융 상태와 일반적인 결제 제도에 관한 지속적 점검을 행하고, 그 결과를 정기적으로 각료이사회와 집행위원회에 보고하여야 한다.

Article 134(ex Article 114 TEC)

(1) In order to promote coordination of the policies of Member States to the full extent needed for the functioning of the internal market, an Economic and Financial Committee is hereby set up.

(2) ○ The Economic and Financial Committee shall have the following tasks:

- to deliver opinions at the request of the Council or of the Commission, or on its own initiative for submission to those institutions,
- to keep under review the economic and financial situation of the Member States and of the Union and to report regularly thereon to the Council and to the Commission, in particular on financial relations with third countries and international institutions,
- without prejudice to Article 240, to contribute to the preparation of the work of the Council referred to in Articles 66, 75, 121(2), (3), (4) and (6), 122, 124, 125, 126, 127(6), 128(2), 129(3) and (4), 138, 140(2) and (3), 143, 144(2) and (3), and in Article 219, and to carry out other advisory and preparatory tasks assigned to it by the Council,
- to examine, at least once a year, the situation regarding the movement of capital and the freedom of payments, as they result from the application of the Treaties and of measures adopted by the Council; the examination shall cover all measures relating to capital movements and payments; the Committee shall report to the Commission and to the Council on the outcome of this examination.

○ The Member States, the Commission and the European Central Bank shall each appoint no more than two members of the Committee.

(3) The Council shall, on a proposal from the Commission and after consulting the European Central Bank and the Committee referred to in this Article, lay down detailed provisions concerning the composition of the Economic and Financial Committee. The President of the Council shall inform the European Parliament of such a decision.

(4) In addition to the tasks set out in paragraph 2, if and as long as there are Member States with a derogation as referred to in Article 139, the Committee shall keep under review the monetary and financial situation and the general payments system of those Member States and report regularly thereon to the Council and to the Commission.

제135조(ex Article 115 TEC)

제14조, 제138조, 제140조 제1항 및 제2항 제1단, 제140조 제3항, 제219조에 해당하는 경우를 제외하고 제121조 제4항과 제126조에 속하는 사안에 관하여 각료이사회 또는 회원국은 적절하다고 판단하는 바에 따라 집행위원회에 대하여 권고 또는 제안을 하도록 요청할 수 있다. 집행위원회는 이 요청을 검토하고 그 결론을 지체없이 각료이사회에 제출하여야 한다.

Article 135(ex Article 115 TEC)

For matters within the scope of Articles 121(4), 126 with the exception of paragraph 14, 138, 140(1), 140(2), first subparagraph, 140(3) and 219, the Council or a Member State may request the Commission to make a recommendation or a proposal, as appropriate. The Commission shall examine this request and submit its conclusions to the Council without delay.

제4장 유로화를 통화로 하는 회원국들에 대한 특별 조항

Chapter 4 Provisions Specific to Member States Whose Currency is the Euro

제136조

(1) 경제·통화동맹의 원활한 기능을 보장하기 위하여, 각료이사회는 창설조약 상의 관련 조항들 및 제126조 제14항 소정의 절차를 제외한 제121조 및 제126조 소정의 관련 절차에 따라 유로화를 통화로 사용하는 회원국들을 대상으로 한 특별 조치를 취하여야 한다.

(a) 회원국들의 예산 규제에 관한 조율 및 감시 강화를 위한 조치

(b) 회원국들을 위한 경제 정책 지침을 수립하되 이 지침이 연합 전체를 위하여 채택되는 경제 정책의 지침과 양립할 수 있도록 지속적인 감시 하에 둘 것

(2) ○ 제1항 소정의 조치들을 채택함에 있어서는 유로화를 통화로 하는 회원국을 대표하는 각료만이 의결권을 갖는다.

○ 위 각료이사회 구성원의 가중다수결에 관하여는 제238조 제3항 (a)를 준용한다.

Article 136

(1) In order to ensure the proper functioning of economic and monetary union, and in accordance with the relevant provisions of the Treaties, the Council shall, in accordance with the relevant procedure from among those referred to in Articles 121 and 126, with the exception of the procedure set out in Article 126(14), adopt measures specific to those Member States whose currency is the euro:

(a) to strengthen the coordination and surveillance of their budgetary discipline;

(b) to set out economic policy guidelines for them, while ensuring that they are compatible with those adopted for the whole of the Union and are kept under surveillance.

(2) ○ For those measures set out in paragraph 1, only members of the Council representing Member States whose currency is the euro shall take part in the vote.

○ A qualified majority of the said members shall be defined in accordance with Article 238(3)(a).

제137조

유로화를 통화로 하는 회원국 각료들 간의 회의를 위한 세칙은 〈유로화 그룹에 관한 의정서〉에서 정한다.

Article 137

Arrangements for meetings between ministers of those Member States whose currency is the euro are laid down by the Protocol on the Euro Group.

제138조(ex Article 111(4), TEC)

(1) 국제통화제도 내에서의 유로화 입지를 공고히 하기 위하여 각료이사회는 집행위원회로부터 제안을 받아 관련 국제금융기구 및 회의 내에서 경제·통화동맹의 특수한 이익이 달린 사안에 관하여 공동입장을 확립하는 결정을 채택하여야 한다. 각료이사회의 위 조치는 유럽중앙은행과의 협의를 거쳐 채택되어야 한다.

(2) 각료이사회는 집행위원회의 제안에 따라 국제금융기구 및 회의 내에서 단일 대표성을 갖기 위한 적절한 조치를 취할 수 있다. 각료이사회의 위 조치는 유럽중앙은행과의 협의를 거쳐 채택되어야 한다.

(3) ○ 제1항과 제2항 소정의 조치들을 채택함에 있어서는 유로화를 통화로 하는 회원국을 대표하는 각료만이 의결권을 갖는다.

○ 위 각료이사회 구성원의 가중다수결에 관하여는 제238조 제3항 (a)를 준용한다.

Article 138(ex Article 111(4), TEC)

(1) In order to secure the euro's place in the international monetary system, the Council, on a proposal from the Commission, shall adopt a decision establishing common positions on matters of particular interest for economic and monetary union within the competent international financial

institutions and conferences. The Council shall act after consulting the European Central Bank.

(2) The Council, on a proposal from the Commission, may adopt appropriate measures to ensure unified representation within the international financial institutions and conferences. The Council shall act after consulting the European Central Bank.

(3) ○ For the measures referred to in paragraphs 1 and 2, only members of the Council representing Member States whose currency is the euro shall take part in the vote.

○ A qualified majority of the said members shall be defined in accordance with Article 238(3)(a).

제5장 경과조항

Chapter 5 Transitional Provisions

제139조

(1) 각료이사회가 유로화 채택에 필요한 요건을 충족한 것으로 판정하지 아니한 회원국들은 이하 "적용유보국"으로 칭하기로 한다.

(2) ○ 창설조약 상의 다음 조항들은 적용 유보국에는 적용하지 아니한다.

(a) 제121조 제2항 소정의 전반적인 유로 통화 분야와 관련한 개괄적 경제 지침 부분에 대한 채택

(b) 제126조 제9항 및 제11항 소정의 과도한 재정적자 해결을 위한 강제수단

(c) 제127조 제1항 내지 제3항 및 제5항 소정의 유럽중앙은행제도의 목표 및 임무 수행

(d) 제128조에 따른 유로화의 발행

(e) 제132조에 정한 유럽중앙은행의 행위

(f) 제133조 소정의 유로화 사용 관련 조치들

(g) 통화협정 및 제219조 소정의 환율 정책에 관련된 기타 조치들

(h) 제283조 제2항 소정의 유럽중앙은행 집행이사회의 구성원 임명

(i) 제138조 제1항 소정의 관련 국제금융기구 및 회의에서 경제·통화동맹의 특수 이익과 관련된 사안에서 공동입장을 확립하기 위한 결정

(j) 제138조 제2항 소정의 국제금융기구 및 회의 내에서 단일 대표성을 확보하기 위한 조치들

○ 위 (a) 내지 (j)에서 언급된 회원국들이란 유로화를 자국통화로 사용하는 회원국들을 의미한다.

(3) 적용유보국 및 이 회원국들의 중앙은행은 유럽중앙은행법 제9장에 따라 유럽중앙은행 제도상의 권리 및 의무에서 면제된다.

(4) ○ 각료이사회에서 제2항에 열거된 조치들 또는 아래의 상황에 따라 조치를 취함에 있어서 적용유보

국을 대표하는 각료 이사의 투표권은 정지된다.

(a) 제121조 제4항 소정의 안정화 계획 및 경고를 포함하여 다각적 감시의 틀 안에서 유로화 회원국들에 대한 권고

(b) 제126조 제6항 내지 제8항, 제12항 및 제13항 소정의 유로화 회원국들의 과도한 재정 적자와 관련된 조치들

○ 각료이사회 내에서의 여타 회원국들의 가중다수결은 제283조 제3항 (a)이 정하는 바에 따른다.

Article 139

(1) Member States in respect of which the Council has not decided that they fulfil the necessary conditions for the adoption of the euro shall hereinafter be referred to as 'Member States with a derogation'.

(2) ○ The following provisions of the Treaties shall not apply to Member States with a derogation:

(a) adoption of the parts of the broad economic policy guidelines which concern the euro area generally (Article 121(2));

(b) coercive means of remedying excessive deficits (Article 126(9) and (11));

(c) the objectives and tasks of the ESCB (Article 127(1) to (3) and (5));

(d) issue of the euro (Article 128);

(e) acts of the European Central Bank (Article 132);

(f) measures governing the use of the euro (Article 133);

(g) monetary agreements and other measures relating to exchange-rate policy (Article 219);

(h) appointment of members of the Executive Board of the European Central Bank (Article 283(2));

(i) decisions establishing common positions on issues of particular relevance for economic and monetary union within the competent international financial institutions and conferences (Article 138(1));

(j) measures to ensure unified representation within the international financial institutions and conferences (Article 138(2)).

○ In the Articles referred to in points (a) to (j), 'Member States' shall therefore mean Member States whose currency is the euro.

(3) Under Chapter IX of the Statute of the ESCB and of the ECB, Member States with a derogation and their national central banks are excluded from rights and obligations within the ESCB.

(4) ○ The voting rights of members of the Council representing Member States with a derogation

shall be suspended for the adoption by the Council of the measures referred to in the Articles listed in paragraph 2, and in the following instances:

(a) recommendations made to those Member States whose currency is the euro in the framework of multilateral surveillance, including on stability programmes and warnings (Article 121(4));

(b) measures relating to excessive deficits concerning those Member States whose currency is the euro (Article 126(6), (7), (8), (12) and (13)).

○ A qualified majority of the other members of the Council shall be defined in accordance with Article 238(3)(a).

제140조(ex Articles 121(1), 122(2), second sentence, and 123(5) TEC)

(1) ○ 최소한 2년에 한번 이상 또는 적용유보국의 요청에 따라 집행위원회와 유럽중앙은행은 각료이사회에 대하여 경제·통화동맹의 달성을 위한 유보국들의 의무 이행 진척 사항에 관하여 보고하여야 한다. 이 보고서들에는 회원국 중앙은행 관련 법규, 유럽중앙은행법 제130조 및 제131조를 포함하여 각 회원국 국내 법령들 사이의 양립성 검토가 포함되어야 한다. 또한 이 보고서를 통해 각 회원국들이 아래 기준을 충족하는지 확인함으로써 고도의 지속적 통합이 달성되고 있는지 점검하여야 한다.

- 고도의 물가 안정성 달성: 이는 물가안정 측면에서 가장 좋은 성과를 나타내는 최대한 상위 3개 회원국의 인플레이션에 근접하는지 여부로 판정
- 정부 재정상태의 지속성: 이는 제126조 제6항 소정의 과도한 재정적자없이 정부예산을 달성하였는지 여부로 판정
- 2년 동안 유로화에 대한 평가절하 없이 유럽통화제도의 환율제도가 정하고 있는 정상적인 등락폭을 준수하고 있는지에 대한 관찰
- 적용유보국이 달성하고 있는 통합의 지속성 및 장기 이자율 수준이 반영된 환율제도에의 참여의 지속성

○ 이 항에 명시된 네 개의 기준 및 관련 준수 기간은 창설조약 부속 의정서를 통해 보다 구체적으로 정한다. 집행위원회와 유럽중앙은행의 보고서에는 시장 통합의 결과, 경상 국제수지의 현황 및 전개, 그리고 단위 임금과 기타 물가지수 양상에 대한 점검 결과가 반영되어야 한다.

(2) ○ 유럽의회와의 협의 및 유럽정상회에서의 논의를 거쳐 각료이사회는 집행위원회의 제안으로 적용유보국 중 제1항 소정의 기준 상의 필요 조건을 충족한 회원국을 결정하고, 당해 국가에 대한 적용 유보 조치를 폐지하여야 한다.

○ 각료이사회의 위와 같은 결정은 유로화 전면 사용 회원국들을 대표하는 구성원들의 가중다수결에 따라 결의된 권고가 있어야만 한다. 가중다수결에 따른 결의는 각료이사회가 집행위원회로부터의 제안을 받은 날로부터 6개월 이내에 이루어져야 한다.

○ 제2단에서 언급하는 위 각료이사들의 가중다수결의 정족수는 조약 제238조 제3항 (a)에서 정하는 바에 따른다.

(3) 제2항의 절차에 따라 적용 유보를 폐지하는 결정을 내림에 있어, 각료이사회는 집행위원회의 제안에 터잡아 유럽중앙은행과의 협의를 거친 뒤 유로화 전면 사용 회원국들의 만장일치로 해당 회원국의 통화를 유로화로 대체하기 위한 교환 비율을 최종 확정하고, 유로화를 해당 회원국의 유일한 법정 통화로 도입하는데 필요한 조치들을 취하여야 한다.

Article 140(ex Articles 121(1), 122(2), second sentence, and 123(5) TEC)

(1) ○ At least once every two years, or at the request of a Member State with a derogation, the Commission and the European Central Bank shall report to the Council on the progress made by the Member States with a derogation in fulfilling their obligations regarding the achievement of economic and monetary union. These reports shall include an examination of the compatibility between the national legislation of each of these Member States, including the statutes of its national central bank, and Articles 130 and 131 and the Statute of the ESCB and of the ECB. The reports shall also examine the achievement of a high degree of sustainable convergence by reference to the fulfilment by each Member State of the following criteria:

- the achievement of a high degree of price stability; this will be apparent from a rate of inflation which is close to that of, at most, the three best performing Member States in terms of price stability,
- the sustainability of the government financial position; this will be apparent from having achieved a government budgetary position without a deficit that is excessive as determined in accordance with Article 126(6),
- the observance of the normal fluctuation margins provided for by the exchange-rate mechanism of the European Monetary System, for at least two years, without devaluing against the euro,
- the durability of convergence achieved by the Member State with a derogation and of its participation in the exchange-rate mechanism being reflected in the long-term interest-rate levels.

○ The four criteria mentioned in this paragraph and the relevant periods over which they are to be respected are developed further in a Protocol annexed to the Treaties. The reports of the Commission and the European Central Bank shall also take account of the results of the integration of markets, the situation and development of the balances of payments on current account and an examination of the development of unit labour costs and other price indices.

(2) ○ After consulting the European Parliament and after discussion in the European Council, the Council shall, on a proposal from the Commission, decide which Member States with a derogation fulfil the necessary conditions on the basis of the criteria set out in paragraph 1, and abrogate the derogations of the Member States concerned.

○ The Council shall act having received a recommendation of a qualified majority of those among its members representing Member States whose currency is the euro. These members shall act within six months of the Council receiving the Commission's proposal.

○ The qualified majority of the said members, as referred to in the second subparagraph, shall be defined in accordance with Article 238(3)(a).

(3) If it is decided, in accordance with the procedure set out in paragraph 2, to abrogate a derogation, the Council shall, acting with the unanimity of the Member States whose currency is the euro and the Member State concerned, on a proposal from the Commission and after consulting the European Central Bank, irrevocably fix the rate at which the euro shall be substituted for the currency of the Member State concerned, and take the other measures necessary for the introduction of the euro as the single currency in the Member State concerned.

제141조(ex Articles 123(3) and 117(2) first five indents, TEC)

(1) 적용 유보국이 있는 한, 제129조 제1항에 영향을 미치지 아니하는 한도 내에서 유럽중앙은행법 제44조 소정의 유럽중앙은행의 총괄이사회가 유럽중앙은행의 제3의 의사결정기구가 된다.

(2) 적용 유보국이 있는 한 그 회원국들과 관련하여 유럽중앙은행은 아래와 같은 임무를 수행하여야 한다.

- 회원국 중앙은행들과의 협력 강화
- 물가 안정을 목표로 회원국들간 통화정책 조율 강화
- 환율 제도의 작동 감시
- 회원국 중앙은행의 권한에 속하며 금융기관과 시장의 안정성에 영향을 미치는 사안들에 대한 협의
- 현행 유럽통화기구가 승계한 유럽통화협력기금의 기존 임무들의 계속 수행

Article 141(ex Articles 123(3) and 117(2) first five indents, TEC)

(1) If and as long as there are Member States with a derogation, and without prejudice to Article 129(1), the General Council of the European Central Bank referred to in Article 44 of the Statute of the ESCB and of the ECB shall be constituted as a third decision-making body of the European Central Bank.

(2) If and as long as there are Member States with a derogation, the European Central Bank shall, as regards those Member States:

- strengthen cooperation between the national central banks,
- strengthen the coordination of the monetary policies of the Member States, with the aim of ensuring price stability,
- monitor the functioning of the exchange-rate mechanism,
- hold consultations concerning issues falling within the competence of the national central banks and affecting the stability of financial institutions and markets,
- carry out the former tasks of the European Monetary Cooperation Fund which had subsequently been taken over by the European Monetary Institute.

제142조(ex Article 124(1) TEC)

적용 유보국들은 자국의 환율정책을 공동 관심 사안으로 간주하여야 한다. 이렇게 함에 있어 회원국들은 환율제도의 틀 안에서의 조율 과정 속에서 얻은 경험을 고려하여야 한다.

Article 142(ex Article 124(1) TEC)

Each Member State with a derogation shall treat its exchange-rate policy as a matter of common interest. In so doing, Member States shall take account of the experience acquired in cooperation within the framework of the exchange-rate mechanism.

제143조(ex Article 119 TEC)

(1) ○ 어느 적용유보국이 전반적인 국제수지의 불균형 또는 가용 통화 유형이 초래한 결과로 인해 난관

에 봉착해 있거나 난관이 심각하게 우려되는 상황에 처해 있고, 또한 그러한 난관이 특히 역내시장의 작동이나 공동통상정책의 이행을 위험에 빠뜨릴 수 있는 경우, 집행위원회는 즉시 가능한 모든 수단을 사용하여 해당 국가의 입장과 해당 국가가 창설조약에 따라 취하고 있거나 취할 수 있는 조치들이 무엇인지 조사하여야 한다. 집행위원회는 해당 회원국이 어떠한 조치를 취해야 하는지 적시하여 권고하여야 한다.

○ 적용유보국이 취한 행동 및 집행위원회에서 제안된 조치들만으로는 이미 발생하였거나 곧 발생할 것으로 우려되는 난관을 극복하는데 충분하지 않다고 판단되는 경우 집행위원회는 경제금융위원회와의 협의를 거쳐 각료이사회에 대하여 상호원조의 승인 및 이를 위한 적절한 방안을 권고하여야 한다.

○ 집행위원회는 각료이사회에 그 상황 및 전개양상을 정기적으로 통지하여야 한다.

(2) 각료이사회는 위와 같은 상호원조의 요건 및 구체적 사항을 담은 지시나 결정을 채택함으로써 이를 승인하여야 하되, 아래와 같은 형식을 취할 수 있다.

(a) 적용 유보국이 도움을 얻을 수 있는 여타 국제기구에 공동으로 지원을 요청하거나, 그 안에서의 공동보조

(b) 난관에 봉착한 적용유보회원국이 제3국들과의 관계에서 수량제한을 유지하거나 재도입할 경우 발생하는 무역역조를 피하는데 필요한 조치

(c) 다른 회원국들이 협정에 따라 제한적 범위 내에서 신용을 제공하는 행위

(3) ○ 집행위원회가 권고한 상호원조가 각료이사회에 의하여 승인되지 않거나 승인된 상호원조와 조치만으로는 불충분한 경우 집행위원회는 난관에 봉착한 당해 적용유보회원국이 보호조치를 취하는 것을 승인하여야 하되, 그 요건과 세부 사항은 집행위원회가 정한다.

○ 각료이사회는 위 승인을 취소하거나 그 요건과 세부사항을 변경할 수 있다.

Article 143(ex Article 119 TEC)

(1) ○ Where a Member State with a derogation is in difficulties or is seriously threatened with difficulties as regards its balance of payments either as a result of an overall disequilibrium in its balance of payments, or as a result of the type of currency at its disposal, and where such difficulties are liable in particular to jeopardise the functioning of the internal market or the implementation of the common commercial policy, the Commission shall immediately investigate the position of the State in question and the action which, making use of all the means at its disposal, that State has taken or may take in accordance with the provisions of the Treaties. The Commission shall state what measures it recommends the State concerned to take.

○ If the action taken by a Member State with a derogation and the measures suggested by the

Commission do not prove sufficient to overcome the difficulties which have arisen or which threaten, the Commission shall, after consulting the Economic and Financial Committee, recommend to the Council the granting of mutual assistance and appropriate methods therefor.

○ The Commission shall keep the Council regularly informed of the situation and of how it is developing.

(2) The Council shall grant such mutual assistance; it shall adopt directives or decisions laying down the conditions and details of such assistance, which may take such forms as:

(a) a concerted approach to or within any other international organisations to which Member States with a derogation may have recourse;

(b) measures needed to avoid deflection of trade where the Member State with a derogation which is in difficulties maintains or reintroduces quantitative restrictions against third countries;

(c) the granting of limited credits by other Member States, subject to their agreement.

(3) ○ If the mutual assistance recommended by the Commission is not granted by the Council or if the mutual assistance granted and the measures taken are insufficient, the Commission shall authorise the Member State with a derogation which is in difficulties to take protective measures, the conditions and details of which the Commission shall determine.

○ Such authorisation may be revoked and such conditions and details may be changed by the Council.

제144조(ex Article 120 TEC)

(1) 국제수지에서 급격한 위기가 도래하고 제143조 제2항 소정의 결정이 즉시 이루어지지 않는 경우 당해 적용유보국은 예방의 일환으로서 필요한 보호조치를 취할 수 있다. 이러한 조치들은 역내시장의 작동에 최소한의 혼란만을 주어야 하고, 기 발생한 급격한 난관을 해소하는데 엄밀하게 필요한 범위를 넘지 않아야 한다.

(2) 해당 적용유보국은 제1항의 보호조치들이 발효되기 전에 집행위원회 및 다른 회원국들에게 이를 통지하여야 한다. 집행위원회는 각료이사회에 제143조 소정의 상호원조 승인을 권고할 수 있다.

(3) 각료이사회는 집행위원회의 권고안을 제출 받아 경제·금융위원회와의 협의를 거친 뒤 당해 회원국이 제1항 보호조치들을 변경, 중단, 또는 철회해야 하는지를 결정할 수 있다.

Article 144(ex Article 120 TEC)

(1) Where a sudden crisis in the balance of payments occurs and a decision within the meaning of Article 143(2) is not immediately taken, a Member State with a derogation may, as a precaution, take the necessary protective measures. Such measures must cause the least possible disturbance in the functioning of the internal market and must not be wider in scope than is strictly necessary to remedy the sudden difficulties which have arisen.

(2) The Commission and the other Member States shall be informed of such protective measures not later than when they enter into force. The Commission may recommend to the Council the granting of mutual assistance under Article 143.

(3) After the Commission has delivered a recommendation and the Economic and Financial Committee has been consulted, the Council may decide that the Member State concerned shall amend, suspend or abolish the protective measures referred to above.

제9편 고용

Title IX Employment

제145조(ex Article 125 TEC)

회원국들과 연합은 본 편이 정하는 바에 따라 유럽연합조약 제3조에 명기된 목표 달성을 위하여 고용, 특히 숙련되고 훈련된 유연성을 지닌 노동력과 경제적 변화에 대응하여 적응력을 가지는 노동시장을 위한 조율된 전략을 개발하는데 힘써야 한다.

Article 145(ex Article 125 TEC)

Member States and the Union shall, in accordance with this Title, work towards developing a coordinated strategy for employment and particularly for promoting a skilled, trained and adaptable workforce and labour markets responsive to economic change with a view to achieving the objectives defined in Article 3 of the Treaty on European Union.

제146조 (ex Article 126 TEC)

(1) 회원국들은 자국의 고용 정책을 통해 회원국들 및 연합이 조약 제121조 제2항에 따라 채택한 경제 정책의 개괄적 지침과의 일관성을 유지하는 방식으로 제145조 소정의 목표 달성에 기여하여야 한다.

(2) 회원국들은 사용자 및 노동자들의 책임과 관련한 국내 노동 관행을 고려하면서 고용 증대를 공동 관심사로 간주하여야 하며, 이 분야에 있어서 자국의 조치를 제148조에 따라 각료이사회 내에서 조율하여야 한다.

Article 146(ex Article 126 TEC)

(1) Member States, through their employment policies, shall contribute to the achievement of the objectives referred to in Article 145 in a way consistent with the broad guidelines of the economic policies of the Member States and of the Union adopted pursuant to Article 121(2).

(2) Member States, having regard to national practices related to the responsibilities of management and labour, shall regard promoting employment as a matter of common concern and shall coordinate their action in this respect within the Council, in accordance with the provisions of Article 148.

제147조(ex Article 127 TEC)

(1) 연합은 회원국들 간 협력을 촉진 및 지원하고, 필요한 경우 회원국들의 조치를 보완함으로써 높은 고용 수준에 기여하여야 한다. 이 과정에서 회원국들의 권한은 존중되어야 한다.

(2) 연합의 각종 정책과 활동을 수립하고 시행함에 있어서는 높은 고용 수준이라는 목표가 고려되어야 한다.

Article 147(ex Article 127 TEC)

(1) The Union shall contribute to a high level of employment by encouraging cooperation between Member States and by supporting and, if necessary, complementing their action. In doing so, the competences of the Member States shall be respected.

(2) The objective of a high level of employment shall be taken into consideration in the formulation

and implementation of Union policies and activities.

제148조(ex Article 128 TEC)

(1) 유럽정상회의는 매년 연합의 고용 상황을 고려하고 각료이사회와 집행위원회에 의해 작성된 합동연례 보고서에 기하여 그에 관한 결론을 채택한다.

(2) 유럽정상회의 결론에 터잡아 각료이사회는 매년 집행위원회로부터의 제안을 받아 유럽의회, 경제사회 위원회, 지역위원회 및 제150조 소정의 고용위원회와의 협의를 거친 뒤 회원국들이 자국의 고용정책에 반영해야만 하는 지침을 작성하여야 한다. 이러한 지침은 제121조 제2항에 따라 채택하는 개괄적 지침과 일관성을 유지하여야 한다.

(3) 각 회원국은 각료이사회 및 집행위원회에 대하여 제2항 소정의 고용 지침에 입각하여 자국의 고용 정책을 실시하기 위해 취했던 주요 조치에 관한 연례보고서를 제출하여야 한다.

(4) 각료이사회는 매년 제3항 소정의 보고서를 토대로 고용위원회로부터 의견을 받아 고용지침에 입각한 회원국들의 고용정책 이행 상황을 점검하여야 한다. 각료이사회는 집행위원회의 권고안을 받아 그 점검에 비춰 적절하다고 판단하는 경우 회원국들에 대하여 권고할 수 있다.

(5) 각료이사회와 집행위원회는 위 점검 결과를 토대로 유럽정상회의에 연합 내에서의 고용 상황 및 고용 지침 이행에 관한 합동연례보고서를 제출하여야 한다.

Article 148(ex Article 128 TEC)

(1) The European Council shall each year consider the employment situation in the Union and adopt conclusions thereon, on the basis of a joint annual report by the Council and the Commission.

(2) On the basis of the conclusions of the European Council, the Council, on a proposal from the Commission and after consulting the European Parliament, the Economic and Social Committee, the Committee of the Regions and the Employment Committee referred to in Article 150, shall each year draw up guidelines which the Member States shall take into account in their employment policies. These guidelines shall be consistent with the broad guidelines adopted pursuant to Article 121(2).

(3) Each Member State shall provide the Council and the Commission with an annual report on the principal measures taken to implement its employment policy in the light of the guidelines for employment as referred to in paragraph 2.

(4) The Council, on the basis of the reports referred to in paragraph 3 and having received the views

of the Employment Committee, shall each year carry out an examination of the implementation of the employment policies of the Member States in the light of the guidelines for employment. The Council, on a recommendation from the Commission, may, if it considers it appropriate in the light of that examination, make recommendations to Member States.

(5) On the basis of the results of that examination, the Council and the Commission shall make a joint annual report to the European Council on the employment situation in the Union and on the implementation of the guidelines for employment.

제149조(ex Article 129 TEC)

○ 유럽의회 및 각료이사회는 통상입법절차에 따라 경제사회위원회 및 지역위원회와의 협의를 거쳐, 주도적으로 정보 및 모범 사례 교환의 촉진, 비교 분석 및 자문의 제공, 특히 시범 사업들을 통한 혁신적 접근과 경험에 대한 평가를 제공하는 등으로 고용 부문에서 회원국들이 취하는 행동을 지원하고 상호 협력 촉진을 위한 장려 조치를 채택할 수 있다.

○ 이러한 조치들이 회원국들의 법령 정합을 포함하여서는 아니 된다.

Article 149(ex Article 129 TEC)

○ The European Parliament and the Council, acting in accordance with the ordinary legislative procedure and after consulting the Economic and Social Committee and the Committee of the Regions, may adopt incentive measures designed to encourage cooperation between Member States and to support their action in the field of employment through initiatives aimed at developing exchanges of information and best practices, providing comparative analysis and advice as well as promoting innovative approaches and evaluating experiences, in particular by recourse to pilot projects.

○ Those measures shall not include harmonisation of the laws and regulations of the Member States.

제150조(ex Article 130 TEC)

○ 각료이사회는 유럽의회와의 협의를 거쳐 단순과반수에 의하여 고용 및 노동시장 정책에 관한 회원국간 조율을 촉진하기 위하여 자문적 성격을 지닌 고용위원회를 설치한다. 고용위원회의 임무는 아래

와 같다.

- 회원국들과 연합의 고용 상황 및 고용 정책에 대한 감시
- 제240조에 영향을 미치지 아니하는 한도 내에서 각료이사회나 집행위원회의 요청에 따라 또는 직권으로 의견을 개진하고, 제148조 소정의 각료이사회 준비 절차에 협력

○ 고용위원회는 수임 사무를 처리함에 있어 사용자 및 노동자 측과 협의를 하여야 한다.

○ 각 회원국들과 집행위원회는 위원회에 각 2명의 위원을 임명한다.

Article 150(ex Article 130 TEC)

○ The Council, acting by a simple majority after consulting the European Parliament, shall establish an Employment Committee with advisory status to promote coordination between Member States on employment and labour market policies. The tasks of the Committee shall be:

- to monitor the employment situation and employment policies in the Member States and the Union,
- without prejudice to Article 240, to formulate opinions at the request of either the Council or the Commission or on its own initiative, and to contribute to the preparation of the Council proceedings referred to in Article 148.

○ In fulfilling its mandate, the Committee shall consult management and labour.

○ Each Member State and the Commission shall appoint two members of the Committee.

제10편 사회 정책

Title X Social Policy

제151조(ex Article 136 TEC)

○ 연합과 회원국들은 1961년 10월 18일 토리노에서 체결된 〈유럽사회헌장〉 및 〈1989년의 근로자의 기본적 사회권에 관한 공동체 헌장〉 상의 기본적 사회권을 염두에 두고 높은 고용 수준의 유지와 사회적 배제와의 투쟁을 위하여 고용 촉진, 생활 및 근로 조건의 향상, 적절한 사회보장, 노사간의 대화,

인적 자원의 개발을 목표로 삼되, 가능한 목표들을 상호 조화시키고 개선이 지속되도록 하여야 한다.

○ 이 목적을 위하여 연합과 회원국들은 국가별 특성을 반영한 다양한 관행, 특히 계약 관계 분야의 여러 형태와 함께 연합 경제의 경쟁력 유지 필요성을 감안한 조치들을 시행하여야 한다.

○ 연합과 회원국들은 위와 같은 진전의 바탕에는 사회적 제도의 조화를 뒷받침하는 역내 시장의 작동뿐만 아니라 창설조약상의 절차들과 법령이나 그 밖의 행정행위의 근사화가 있어야 한다는 점에 인식을 같이한다.

Article 151(ex Article 136 TEC)

○ The Union and the Member States, having in mind fundamental social rights such as those set out in the European Social Charter signed at Turin on 18 October 1961 and in the 1989 Community Charter of the Fundamental Social Rights of Workers, shall have as their objectives the promotion of employment, improved living and working conditions, so as to make possible their harmonisation while the improvement is being maintained, proper social protection, dialogue between management and labour, the development of human resources with a view to lasting high employment and the combating of exclusion.

○ To this end the Union and the Member States shall implement measures which take account of the diverse forms of national practices, in particular in the field of contractual relations, and the need to maintain the competitiveness of the Union economy.

○ They believe that such a development will ensue not only from the functioning of the internal market, which will favour the harmonisation of social systems, but also from the procedures provided for in the Treaties and from the approximation of provisions laid down by law, regulation or administrative action.

제152조

○ 연합은 각 회원국 제도의 다양성을 감안하여 연합 차원의 사회적 파트너의 역할을 인정하고 장려한다. 연합은 사회적 파트너들의 자율성을 존중하면서 이들 간의 대화를 촉진하여야 한다.

○ 성장과 고용을 위한 3자간 사회적 회담은 사회적 대화에 기여하여야 한다.

Article 152

○ The Union recognises and promotes the role of the social partners at its level, taking into account the diversity of national systems. It shall facilitate dialogue between the social partners, respecting their autonomy.

○ The Tripartite Social Summit for Growth and Employment shall contribute to social dialogue.

제153조(ex Article 137 TEC)

(1) 제151조의 목표 달성을 위해 연합은 아래 분야에서의 회원국 활동을 지원 및 보완하여야 한다.

(a) 근로자들의 건강 및 안전을 보호하기 위한 근로 여건, 특히 특히 작업환경의 개선

(b) 근로조건

(c) 근로자들에 대한 사회보장 및 사회적 보호

(d) 고용계약 종료시 근로자들의 보호

(e) 근로자들에 대한 정보 제공 및 상담

(f) 제5항 준수를 전제로 공동결정을 포함한 근로자 및 사용자 이익 대변 및 집단적 방어

(g) 연합 역내에 합법적으로 체류하는 제3국 국민들을 위한 고용조건

(h) 제166조에 영향을 미치지 아니하는 한도 내에서 노동시장으로부터 배제된 사람들에 대한 포용

(i) 노동시장에서의 기회 및 근로처우와 관련한 남녀 평등

(j) 사회적 배제와의 투쟁

(k) 위 (c)에 영향을 주지 않는 범위 내에서 사회적 보호제도의 현대화

(2) ○ 위와 같은 목적을 위해 유럽의회 및 각료이사회는

(a) 주도적으로 지식의 개선, 정보 및 모범 사례 교환의 촉진, 혁신적 접근과 경험에 대한 평가를 통한 회원국 간의 협력을 촉진하기 위한 조치를 취할 수 있되, 회원국 법령 정합은 배제하고,

(b) 제1항 (a) 내지 (i) 소정의 분야에서 각 회원국이 확보하고 있는 여건과 기술수준을 감안하여 점진적 시행을 위한 최소 요구사항을 지시의 형식으로 채택할 수 있다. 위와 같은 지시의 채택에서 중소기업의 설립과 발전을 저해하는 행정, 금융 및 법적 제한은 피하여야 한다.

○ 유럽의회 및 각료이사회의 조치는 통상입법절차에 따라 경제사회위원회 및 지역위원회와의 협의를 거쳐 이루어져야 한다.

○ 제1항 (c), (d), (f) 및 (g) 소정의 분야와 관련한 각료이사회의 조치는 특별입법절차에 따라 유럽의회, 경제사회위원회 및 지역위원회와의 협의를 거쳐 만장일치로 이루어져야 한다.

○ 각료이사회는 집행위원회의 제안에 따라 유럽의회와의 협의를 거쳐 만장일치로 제1항 (d), (f) 및

(g)에 적용될 통상적인 입법절차를 제공하기 위한 결정을 내릴 수 있다.

(3) ○ 회원국은 사용자와 근로자의 공동 요청이 있는 경우 이들에게 제2항에 따라 채택된 지시의 이행, 또는 적절하다고 판단되는 경우 제155조에 따라 채택된 각료이사회 결정의 시행을 위탁할 수 있다.

○ 이 때 지시의 경우에는 국내 입법, 결정의 경우에는 그 시행 전에 노사의 합의를 통한 필요한 조치 도입이 미리 확보되어야 하고, 당해 회원국은 언제라도 그 지시나 결정에서 부과된 결과를 보장하는 지위에 놓이도록 필요한 조치를 취하고 있을 것이 요구된다.

(4) 본 조에 따라 채택된 조항들은

- 자국의 사회보장제도의 기본 원칙을 수립하는 회원국들의 권리에 영향을 미치고 사회보장 재정균형에 심각한 영향을 초래하여서는 아니되며,
- 특정 회원국들이 창설조약과 양립 가능한 보다 엄격한 보호조치들을 유지하거나 도입하는 것을 저해하여서는 아니된다.

(5) 본 조의 조항들은 임금, 근로자의 단결권, 파업권 및 직장폐쇄권에는 적용하지 아니한다.

Article 153(ex Article 137 TEC)

(1) With a view to achieving the objectives of Article 151, the Union shall support and complement the activities of the Member States in the following fields:

(a) improvement in particular of the working environment to protect workers' health and safety;

(b) working conditions;

(c) social security and social protection of workers;

(d) protection of workers where their employment contract is terminated;

(e) the information and consultation of workers;

(f) representation and collective defence of the interests of workers and employers, including co-determination, subject to paragraph 5;

(g) conditions of employment for third-country nationals legally residing in Union territory;

(h) the integration of persons excluded from the labour market, without prejudice to Article 166;

(i) equality between men and women with regard to labour market opportunities and treatment at work;

(j) the combating of social exclusion;

(k) the modernisation of social protection systems without prejudice to point (c).

(2) ○ To this end, the European Parliament and the Council:

(a) may adopt measures designed to encourage cooperation between Member States through initiatives aimed at improving knowledge, developing exchanges of information and best practices, promoting innovative approaches and evaluating experiences, excluding any harmonisation of the laws and regulations of the Member States;

(b) may adopt, in the fields referred to in paragraph 1(a) to (i), by means of directives, minimum requirements for gradual implementation, having regard to the conditions and technical rules obtaining in each of the Member States. Such directives shall avoid imposing administrative, financial and legal constraints in a way which would hold back the creation and development of small and medium-sized undertakings. In the fields referred to in paragraph 1(c), (d), (f) and (g), the Council shall act unanimously, in accordance with a special legislative procedure, after consulting the European Parliament and the said Committees.

○ The European Parliament and the Council shall act in accordance with the ordinary legislative procedure after consulting the Economic and Social Committee and the Committee of the Regions.

○ In the fields referred to in paragraph 1(c), (d), (f) and (g), the Council shall act unanimously, in accordance with a special legislative procedure, after consulting the European Parliament and the said Committees.

○ The Council, acting unanimously on a proposal from the Commission, after consulting the European Parliament, may decide to render the ordinary legislative procedure applicable to paragraph 1(d), (f) and (g).

(3) ○ A Member State may entrust management and labour, at their joint request, with the implementation of directives adopted pursuant to paragraph 2, or, where appropriate, with the implementation of a Council decision adopted in accordance with Article 155.

○ In this case, it shall ensure that, no later than the date on which a directive or a decision must be transposed or implemented, management and labour have introduced the necessary measures by agreement, the Member State concerned being required to take any necessary measure enabling it at any time to be in a position to guarantee the results imposed by that directive or that decision.

(4) The provisions adopted pursuant to this Article:

- shall not affect the right of Member States to define the fundamental principles of their social security systems and must not significantly affect the financial equilibrium thereof,
- shall not prevent any Member State from maintaining or introducing more stringent protective measures compatible with the Treaties.

(5) The provisions of this Article shall not apply to pay, the right of association, the right to strike or the right to impose lock-outs.

제154조(ex Article 138 TEC)

(1) 집행위원회는 연합 차원에서의 사용자 및 근로자와의 협의를 활성화하고 양측에 대한 균형잡힌 지원을 통해 대화를 촉진하기 위한 적절한 조치를 취하여야 한다.
(2) 이를 위해 집행위원회는 사회정책분야의 제안 제출 전에 연합이 취할 수 있는 행동 방향에 관하여 노사와 협의하여야 한다.
(3) 협의를 거쳐 연합의 행동이 권고할 만한 것이라고 판단하는 경우, 집행위원회는 구상 중인 제안의 내용과 관련하여 노사 양측과 협의를 하여야 한다. 노사는 적절하다고 판단하는 바에 따라 의견이나 권고안을 집행위원회에 전달하여야 한다.
(4) 제2항 및 제3항에 따른 협의에 있어 노사 양측은 집행위원회에 대하여 제155조 소정의 절차 개시를 원한다는 뜻을 통지할 수 있다. 이 절차의 기간은 관련 노사 및 집행위원회가 공동으로 연장에 합의하지 아니하는 한 9개월을 초과할 수 없다.

Article 154(ex Article 138 TEC)

(1) The Commission shall have the task of promoting the consultation of management and labour at Union level and shall take any relevant measure to facilitate their dialogue by ensuring balanced support for the parties.
(2) To this end, before submitting proposals in the social policy field, the Commission shall consult management and labour on the possible direction of Union action.
(3) If, after such consultation, the Commission considers Union action advisable, it shall consult management and labour on the content of the envisaged proposal. Management and labour shall forward to the Commission an opinion or, where appropriate, a recommendation.
(4) On the occasion of the consultation referred to in paragraphs 2 and 3, management and labour may inform the Commission of their wish to initiate the process provided for in Article 155. The duration of this process shall not exceed nine months, unless the management and labour concerned and the Commission decide jointly to extend it.

제155조(ex Article 139 TEC)

(1) 연합 차원에서의 노사 대화는 양측이 원하는 경우 협정을 포함, 계약관계로 이어질 수 있다.

(2) ○ 연합 차원에서 체결된 협정의 이행은 노사 양측과 회원국의 개별적인 절차와 관행에 따라 이루어지거나, 혹은 제153조 소정의 사안일 경우에는 체결 당사자들의 공동 요청에 따라 집행위원회의 제안을 받아 각료이사회가 내리는 결정에 의한다. 이는 유럽의회에 통지되어야 한다.

○ 해당 협정이 제153조 제2항에 따라 만장일치를 요하는 분야와 관련한 조항을 하나 이상 담고 있는 경우에는 각료이사회의 의사결정은 만장일치에 의하여야 한다.

Article 155(ex Article 139 TEC)

(1) Should management and labour so desire, the dialogue between them at Union level may lead to contractual relations, including agreements.

(2) ○ Agreements concluded at Union level shall be implemented either in accordance with the procedures and practices specific to management and labour and the Member States or, in matters covered by Article 153, at the joint request of the signatory parties, by a Council decision on a proposal from the Commission. The European Parliament shall be informed.

○ The Council shall act unanimously where the agreement in question contains one or more provisions relating to one of the areas for which unanimity is required pursuant to Article 153(2).

제156조(ex Article 140 TEC)

○ 창설조약 상의 다른 조항에 영향을 미치지 않는 범위 내에서 조약 제151조의 목표를 달성하기 위하여 집행위원회는 이 장에서 다루는 모든 사회정책과 관련한 분야, 특히 다음과 같은 분야에서 회원국 간 협력을 증진시키고, 각 회원국이 취하는 조치들의 조율을 촉진하여야 한다.

- 고용
- 노동법 및 근로조건
- 기초 및 고급 직업훈련
- 사회보장
- 직무상 재해와 질병의 예방
- 직업위생
- 사용자와 근로자들 간의 단결권 및 단체협상권

○ 이를 위해 집행위원회는 회원국들과의 긴밀하게 소통하면서 회원국 차원 및 국제기구 차원에서 제기되는 문제들에 대한 연구, 의견 전달과 협의를 준비하고, 특히 지침과 지표를 수립하고, 모범 사례 교

환의 장을 마련하며, 정기적인 점검과 평가에 필요한 요소들을 갖추는데 주도적 역할을 하여야 한다. 이러한 사항 일체는 유럽의회에 통지되어야 한다.

○ 본 조에 따른 의견 전달 전에 집행위원회는 경제사회위원회와 협의를 거쳐야 한다.

Article 156(ex Article 140 TEC)

○ With a view to achieving the objectives of Article 151 and without prejudice to the other provisions of the Treaties, the Commission shall encourage cooperation between the Member States and facilitate the coordination of their action in all social policy fields under this Chapter, particularly in matters relating to:

- employment,
- labour law and working conditions,
- basic and advanced vocational training,
- social security,
- prevention of occupational accidents and diseases,
- occupational hygiene,
- the right of association and collective bargaining between employers and workers.

○ To this end, the Commission shall act in close contact with Member States by making studies, delivering opinions and arranging consultations both on problems arising at national level and on those of concern to international organisations, in particular initiatives aiming at the establishment of guidelines and indicators, the organisation of exchange of best practice, and the preparation of the necessary elements for periodic monitoring and evaluation. The European Parliament shall be kept fully informed.

○ Before delivering the opinions provided for in this Article, the Commission shall consult the Economic and Social Committee.

제157조(ex Article 141 TEC)

(1) 각 회원국은 남성과 여성 근로자 사이의 동일급여의 원칙 또는 동일가치의 노동 원칙 적용을 보장하여야 한다.

(2) ○ 본 조에서 말하는 '급여'란 현금 또는 현물의 유형을 불문하고 근로자가 그가 제공한 노동과 관련하여 사용자로부터 직·간접적으로 받는 통상적인 기본 또는 최저 임금, 혹은 봉급 내지 기타 보수

를 의미한다.

○ 성에 따른 차별 없는 평등한 급여란 아래의 의미를 지닌다.

(a) 청부율에 따른 동일노동에 대한 급여는 동일한 측정 단위에 기초하여 산정할 것

(b) 시간급에 따른 급여는 동일노동에 대하여 동일할 것

(3) 유럽의회와 각료이사회는 통상입법절차에 따라 경제사회위원회와의 협의를 거쳐 동일근로에 대한 동일급여 또는 동일가치의 근로원칙을 포함하여 고용 및 직업에 있어 남녀의 기회의 평등 및 처우의 평등 원칙 적용을 담보하기 위한 조치를 취하여야 한다.

(4) 평등 처우의 원칙이 어느 회원국이 직장 내의 남녀간의 실제에 있어서의 완전한 평등을 보장하기 위해 잘 드러나지 않는 성적 차별을 받는 쪽의 구직 활동을 보다 용이하게 할 목적으로, 혹은 직업 경력에서의 불이익을 방지 또는 보상하기 위해 특정하게 유리한 사항을 제공하는 조치들을 유지하거나 채택하는 것을 금지하여서는 아니 된다.

Article 157(ex Article 141 TEC)

(1) Each Member State shall ensure that the principle of equal pay for male and female workers for equal work or work of equal value is applied.

(2) ○ For the purpose of this Article, 'pay' means the ordinary basic or minimum wage or salary and any other consideration, whether in cash or in kind, which the worker receives directly or indirectly, in respect of his employment, from his employer.

○ Equal pay without discrimination based on sex means:

(a) that pay for the same work at piece rates shall be calculated on the basis of the same unit of measurement;

(b) that pay for work at time rates shall be the same for the same job.

(3) The European Parliament and the Council, acting in accordance with the ordinary legislative procedure, and after consulting the Economic and Social Committee, shall adopt measures to ensure the application of the principle of equal opportunities and equal treatment of men and women in matters of employment and occupation, including the principle of equal pay for equal work or work of equal value.

(4) With a view to ensuring full equality in practice between men and women in working life, the principle of equal treatment shall not prevent any Member State from maintaining or adopting measures providing for specific advantages in order to make it easier for the underrepresented sex to pursue a vocational activity or to prevent or compensate for disadvantages in professional careers.

제158조(ex Article 142 TEC)

회원국들은 유급휴가제도들 간에 기존의 형평성이 유지되도록 힘써야 한다.

Article 158(ex Article 142 TEC)

Member States shall endeavour to maintain the existing equivalence between paid holiday schemes.

제159조(ex Article 143 TEC)

집행위원회는 연합 내의 인구통계 동향을 포함하여 매년 제151조 소정의 목표 달성 진전 상황에 관한 보고서를 작성하여야 한다. 집행위원회는 이 보고서를 유럽의회, 각료이사회 및 경제사회위원회에 전달하여야 한다.

Article 159(ex Article 143 TEC)

The Commission shall draw up a report each year on progress in achieving the objectives of Article 151, including the demographic situation in the Union. It shall forward the report to the European Parliament, the Council and the Economic and Social Committee.

제160조(ex Article 144 TEC)

○ 각료이사회는 유럽의회와의 협의를 거쳐 단순과반수를 통해 회원국 간 사회적 보호 정책을 집행위원회와 함께 조율함에 있어 자문의 지위를 갖는 사회적 보호 위원회를 두어야 한다. 사회적 보호 위원회의 임무는 아래와 같다.
  - 회원국 및 연합 내의 사회적 상황 및 사회적 보호 정책의 진전 상황에 대한 점검
  - 회원국과 집행위원회 간의 정보, 경험 및 모범 사례의 교류 촉진
  - 제240조에 영향을 미치지 아니하는 한도 내에서 각료이사회나 집행위원회의 요청에 따라 또는 그 직권에 따른 보고서 준비, 의견 표명, 그 밖에 그 권한 내의 기타 활동.

○ 직무 수행에 있어 위원회는 노사 양측과 적절한 접촉을 가져야 한다.

○ 각 회원국 및 집행위원회는 위 위원회에 각 2명의 위원을 임명하여야 한다.

Article 160(ex Article 144 TEC)

○ The Council, acting by a simple majority after consulting the European Parliament, shall establish a Social Protection Committee with advisory status to promote cooperation on social protection policies between Member States and with the Commission. The tasks of the Committee shall be:

- to monitor the social situation and the development of social protection policies in the Member States and the Union,
- to promote exchanges of information, experience and good practice between Member States and with the Commission,
- without prejudice to Article 240, to prepare reports, formulate opinions or undertake other work within its fields of competence, at the request of either the Council or the Commission or on its own initiative.

○ In fulfilling its mandate, the Committee shall establish appropriate contacts with management and labour.

○ Each Member State and the Commission shall appoint two members of the Committee.

제161조(ex Article 145 TEC)

○ 집행위원회는 유럽의회에 제출하는 연례보고서에 연합 내의 사회적 발전에 관한 별도의 장을 포함시켜야 한다.

○ 유럽의회는 집행위원회에 대하여 사회적 상황과 관련된 특정 사안을 대상으로 보고서를 작성할 것을 요청할 수 있다.

Article 161(ex Article 145 TEC)

○ The Commission shall include a separate chapter on social developments within the Union in its annual report to the European Parliament.

○ The European Parliament may invite the Commission to draw up reports on any particular problems concerning social conditions.

제11편 유럽 사회기금

Title XI The European Social Fund

제162조(ex Article 146 TEC)

역내 시장에서의 근로자들에게 고용 기회를 증대하고, 이를 통한 생활 수준 향상에 기여하도록 하기 위하여 아래에서 정하는 바에 따라 유럽사회기금을 설립한다. 유럽사회기금은 근로자들 취업을 보다 용이하게 하며 역내에서의 지리적 및 직업 간 이동성을 향상 시키고, 특히 직업훈련 및 재교육을 통한 산업적 변화 및 생산 시스템 변화에 대한 적응을 촉진하는데 그 목표를 둔다.

Article 162 (ex Article 146 TEC)

In order to improve employment opportunities for workers in the internal market and to contribute thereby to raising the standard of living, a European Social Fund is hereby established in accordance with the provisions set out below; it shall aim to render the employment of workers easier and to increase their geographical and occupational mobility within the Union, and to facilitate their adaptation to industrial changes and to changes in production systems, in particular through vocational training and retraining.

제163조(ex Article 147 TEC)

○ 기금의 운용은 집행위원회가 담당한다.

○ 집행위원회는 각 회원국 정부, 노조 및 사용자단체의 대표들로 구성되고, 집행위원 중 한 명이 의장이 되는 특별위원회의 보좌를 받는다.

Article 163(ex Article 147 TEC)

○ The Fund shall be administered by the Commission.

○ The Commission shall be assisted in this task by a Committee presided over by a Member of the

Commission and composed of representatives of governments, trade unions and employers' organisations.

제164조(ex Article 148 TEC)

유럽의회와 각료이사회는 통상적인 입법절차에 따라 경제사회위원회 및 지역위원회와의 협의를 거쳐 유럽사회기금과 관련한 이행 규정을 채택하여야 한다.

Article 164(ex Article 148 TEC)

The European Parliament and the Council, acting in accordance with the ordinary legislative procedure and after consulting the Economic and Social Committee and the Committee of the Regions, shall adopt implementing regulations relating to the European Social Fund.

제12편 교육, 직업훈련, 청년 및 스포츠

Title XII Education, Vocational Training, Youth and Sport

제165조(ex Article 149 TEC)

(1) ○ 연합은 교육의 내용 및 교육제도의 구성에 대한 회원국의 책임, 그리고 회원국의 문화적 및 언어적 다양성을 충분히 존중하면서, 아울러 회원국들간의 협력을 촉진하고, 필요한 경우 회원국들의 조치를 지원하고 보완 함으로서 양질의 교육 개발에 기여하여야 한다.

○ 연합은 스포츠의 특성, 자발적 활동에 기초한 구조 및 사회적·교육적 기능을 고려하면서 유럽차원의 스포츠 관심 분야 진흥에 기여하여야 한다.

(2) 연합의 활동은 다음을 목적으로 한다.

- 특히 회원국들의 언어 교육과 보급을 통한 교육 부문에서의 유럽적 관점 개발
- 특히 학위 및 교육기간에 대한 학문적 인증을 통한 학생과 교사들의 이동성 제고
- 교육기관들 간의 협력 촉진

- 회원국들의 교육제도에 공통된 사안에 관한 정보 및 경험의 교환 촉진
- 청소년 및 사회교육 관련 교·강사들의 교환 장려와 청소년들의 유럽에서의 민주적 생활에의 참여 강화
- 원격교육개발 촉진
- 스포츠 경쟁에서의 공정성·투명성 및 스포츠 관련 기관들 사이의 협력을 촉진하고, 아울러 특히 청소년 남녀 스포츠 선수의 육체적·도덕적 온전함을 확보함으로써 유럽적 차원에서의 스포츠 분야의 발전 도모

(3) 연합과 회원국들은 교육과 스포츠 분야에서 제3국 및 관련 국제기구, 특히 유럽평의회와의 협력관계를 발전시켜 나가야 한다.

(4) 본 조 소정의 목표 달성에 기여하기 위하여

- 유럽의회와 각료이사회는 통상입법절차에 따라 경제사회위원회 및 지역위원회와의 협의를 거쳐 장려책을 담은 조치들을 취하되, 회원국 법령의 근사화 조치는 배제한다.
- 각료이사회는 집행위원회의 제안을 받아 권고안을 채택한다.

Article 165(ex Article 149 TEC)

(1) ○ The Union shall contribute to the development of quality education by encouraging cooperation between Member States and, if necessary, by supporting and supplementing their action, while fully respecting the responsibility of the Member States for the content of teaching and the organisation of education systems and their cultural and linguistic diversity.

○ TThe Union shall contribute to the promotion of European sporting issues, while taking account of the specific nature of sport, its structures based on voluntary activity and its social and educational function.

(2) Union action shall be aimed at:

- developing the European dimension in education, particularly through the teaching and dissemination of the languages of the Member States,
- encouraging mobility of students and teachers, by encouraging inter alia, the academic recognition of diplomas and periods of study,
- promoting cooperation between educational establishments,
- developing exchanges of information and experience on issues common to the education systems of the Member States,
- encouraging the development of youth exchanges and of exchanges of socio-educational instructors, and encouraging the participation of young people in democratic life in Europe,

- encouraging the development of distance education,
- developing the European dimension in sport, by promoting fairness and openness in sporting competitions and cooperation between bodies responsible for sports, and by protecting the physical and moral integrity of sportsmen and sportswomen, especially the youngest sportsmen and sportswomen.

(3) The Union and the Member States shall foster cooperation with third countries and the competent international organisations in the field of education and sport, in particular the Council of Europe.

(4) In order to contribute to the achievement of the objectives referred to in this Article:

- the European Parliament and the Council, acting in accordance with the ordinary legislative procedure, after consulting the Economic and Social Committee and the Committee of the Regions, shall adopt incentive measures, excluding any harmonisation of the laws and regulations of the Member States,
- the Council, on a proposal from the Commission, shall adopt recommendations.

제166조(ex Article 150 TEC)

(1) 연합은 직업 훈련의 내용과 구성에 대한 회원국들의 책임을 충분히 존중하면서 각 회원국이 조치를 지원·보완하기 위한 직업훈련 정책을 시행하여야 한다.

(2) 연합의 활동 목표는 아래와 같다.

- 특별히 직업 훈련 및 재교육을 통한 산업 변화에 대한 적응 제고
- 노동시장으로의 직업 (재)편입을 촉진하기 위한 직업 훈련 개시와 지속 개선
- 직업 훈련에의 접근 향상 및 강사와 견습생, 특히 청소년 견습생의 이동성 장려
- 교육 또는 직업 훈련 시설 및 기업들 사이의 훈련에 관한 협력 유도
- 회원국들의 직업 훈련 제도에 공통된 사안에 관한 정보와 경험의 교환 촉진

(3) 연합과 회원국들은 직업 훈련 분야에 있어 제3국 및 관련 국제기구들과의 협력 관계를 육성하여야 한다.

(4) 유럽의회와 각료이사회는 통상입법절차에 따라 경제사회위원회 및 지역위원회와의 협의를 거쳐 본 조 소정의 목표 달성에 기여하기 위한 조치들을 채택하되, 회원국들의 법령 정합은 배제한다. 각료이사회는 집행위원회의 제안을 받아 권고안을 채택하여야 한다.

Article 166(ex Article 150 TEC)

(1) The Union shall implement a vocational training policy which shall support and supplement the

action of the Member States, while fully respecting the responsibility of the Member States for the content and organisation of vocational training.

(2) Union action shall aim to:

– facilitate adaptation to industrial changes, in particular through vocational training and retraining,
– improve initial and continuing vocational training in order to facilitate vocational integration and reintegration into the labour market,
– facilitate access to vocational training and encourage mobility of instructors and trainees and particularly young people,
– stimulate cooperation on training between educational or training establishments and firms,
– develop exchanges of information and experience on issues common to the training systems of the Member States.

(3) The Union and the Member States shall foster cooperation with third countries and the competent international organisations in the sphere of vocational training.

(4) The European Parliament and the Council, acting in accordance with the ordinary legislative procedure and after consulting the Economic and Social Committee and the Committee of the Regions, shall adopt measures to contribute to the achievement of the objectives referred to in this Article, excluding any harmonisation of the laws and regulations of the Member States. The Council, on a proposal from the Commission, shall adopt recommendations.

제13편 문화

Title XIII Culture

제167조(ex Article 151 TEC)

(1) 연합은 회원국들의 민족적·지역적 다양성을 존중하는 동시에 이들간 공동 문화 유산을 우선 순위에 놓으면서 각 회원국의 문화 창달에 기여하여야 한다.

(2) 연합의 활동은 회원국들간의 협력을 촉진하고, 필요한 경우 아래 분야에서의 회원국들의 조치를 지원·보완함을 목적으로 한다.

– 유럽인의 문화와 역사에 대한 지식 향상과 보급
– 유럽적 중요성을 갖는 문화 유산의 보존 및 보호
– 비 영리적인 문화 교류
– 시청각 부문을 포함한 예술과 문학 창작

(3) 연합과 회원국들은 문화 분야에서 제3국 및 관련 국제 기구들, 특히 유럽 평의회와 협력 관계를 발전시켜 나가야 한다.

(4) 연합은 창설조약 상의 여타 조항들에 따른 조치를 취함에 있어 특히 문화의 다양성을 존중하고 장려하기 위하여 문화적 측면을 고려하여야 한다.

(5) 본 조 소정의 목표 달성에 기여하기 위하여

– 유럽의회와 각료이사회는 통상입법절차에 따라 지역위원회와의 협의를 거쳐 장려책을 담은 조치들을 취하되 회원국 법령 정합 조치는 배제한다.
– 각료이사회는 집행위원회의 제안을 받아 권고안을 채택하여야 한다.

Article 167(ex Article 151 TEC)

(1) The Union shall contribute to the flowering of the cultures of the Member States, while respecting their national and regional diversity and at the same time bringing the common cultural heritage to the fore.

(2) Action by the Union shall be aimed at encouraging cooperation between Member States and, if necessary, supporting and supplementing their action in the following areas:

– improvement of the knowledge and dissemination of the culture and history of the European peoples,
– conservation and safeguarding of cultural heritage of European significance,
– non-commercial cultural exchanges,
– artistic and literary creation, including in the audiovisual sector.

(3) The Union and the Member States shall foster cooperation with third countries and the competent international organisations in the sphere of culture, in particular the Council of Europe.

(4) The Union shall take cultural aspects into account in its action under other provisions of the Treaties, in particular in order to respect and to promote the diversity of its cultures.

(5) In order to contribute to the achievement of the objectives referred to in this Article:

– the European Parliament and the Council acting in accordance with the ordinary legislative procedure and after consulting the Committee of the Regions, shall adopt incentive measures, excluding any harmonisation of the laws and regulations of the Member States,

– the Council, on a proposal from the Commission, shall adopt recommendations.

제14편 공중 보건

Title XIV Public Health

제168조(ex Article 152 TEC)

(1) ○ 모든 연합의 정책 및 활동의 수립과 시행에 있어서는 높은 수준의 보건이 담보되도록 하여야 한다.

○ 회원국의 정책을 보완하는 연합의 조치는 공중 보건의 개선, 신체적·정신적 질병을 예방하고 심신 건강에 대한 위험 요소를 제거함을 직접적인 목적으로 한다. 이러한 활동에는 중요한 보건 위협 요소의 원인, 전파와 예방뿐 아니라 건강 정보 및 관련 교육에 대한 연구를 촉진하고, 아울러 보건에 대한 심각한 국제적 확산 위험에 대한 감시, 조기 경보 및 대응을 함으로써 주요 보건 재해에 대처하는 것을 포함한다.

○ 연합은 정보 및 예방을 포함하여 마약 관련 건강 피해를 줄이기 위한 회원국들의 행동을 보완하여야 한다.

(2) ○ 연합은 본 조 소정의 분야에 있어서 회원국들간의 협력을 장려하고, 필요한 경우 그 활동을 지원하여야 한다. 연합은 특히 접경 지역에서의 보건 서비스의 상호 보완성 향상을 위하여 회원국 간의 협력을 촉진하여야 한다.

○ 회원국들은 집행위원회와 연계 하에 제1항 소정의 분야에서 자국의 정책과 계획들을 조율해 가야 한다. 집행위원회는 회원국들과의 긴밀한 접촉을 통해 위와 같은 협력 촉진을 위해 유용한 조치를 주도하되, 특히 지침과 지표 수립, 모범 사례 교환을 위한 조직, 주기적 점검과 평가에 필요한 사항의 준비를 주도할 수 있다. 위와 관련한 제반 조치들은 유럽의회에 통지되어야 한다.

(3) 연합과 회원국들은 공중보건 분야에 있어 제3국 및 관련 국제기구들과의 협력 관계를 육성하여야 한다.

(4) 제2조 제5항 및 제6조 (a)의 적용을 유보하고 제4조 2항 (k)에 따라 유럽의회와 각료이사회는 통상입법절차에 의하여 경제사회위원회 및 지역위원회와의 협의를 거쳐 안전 문제에 관한 공동 관심사를 다루기 위해 아래와 같은 조치들을 채택함으로써 본 조 소정의 목표 달성에 기여하여야 한다.

(a) 신체의 기관 및 적출물, 혈액과 혈액 파생 물질의 질과 안전에 대한 고도의 기준을 수립하는 조치들. 단, 이것이 회원국들이 이보다 더 엄격한 보호조치들을 유지 또는 도입하는 것을 저해하여서

는 아니 된다.

(b) 공중보건의 보호를 직접 목표로 하는 수의학 및 식물위생 분야에서의 조치들

(c) 의약품 및 의료 기기의 질과 안전에 대한 고도의 기준을 수립하는 조치들

(5) 유럽의회와 각료이사회는 통상입법절차에 따라 경제사회위원회 및 지역위원회와의 협의를 거쳐 인간 건강을 보호하고 향상시키기 위하여, 특별히 주요한 접경 지역 내의 보건 위해 요소에 대처하기 위한 장려 조치를 취하고, 보건에 대한 심각한 국제적 위험의 감시, 조기 경보 및 대응과 관련한 조치들을 채택하며, 담배 및 알콜 남용으로부터의 공중 보건을 지키는 것을 직접 목표로 하는 조치를 내릴 수 있되, 회원국들의 법령 정합은 배제한다.

(6) 각료이사회는 집행위원회의 제안을 토대로 본 조 소정의 목적을 위한 권고안을 채택할 수 있다.

(7) 연합의 행동은 보건 정책, 건강 서비스 및 의료 보호의 구성과 제공에 대한 회원국들의 책임을 존중하여야 한다. 회원국들의 책임은 건강 서비스 및 의료 보호의 운용과 회원국들에 할당된 자원의 배분을 포함한다. 제4항 (a) 소정의 조치들은 신체 기관과 혈액의 기증 내지 의학적 사용에 관한 회원국 법령에 영향을 미치지 아니한다.

Article 168(ex Article 152 TEC)

(1) ○ A high level of human health protection shall be ensured in the definition and implementation of all Union policies and activities.

○ Union action, which shall complement national policies, shall be directed towards improving public health, preventing physical and mental illness and diseases, and obviating sources of danger to physical and mental health. Such action shall cover the fight against the major health scourges, by promoting research into their causes, their transmission and their prevention, as well as health information and education, and monitoring, early warning of and combating serious cross-border threats to health.

○ The Union shall complement the Member States' action in reducing drugs-related health damage, including information and prevention.

(2) ○ The Union shall encourage cooperation between the Member States in the areas referred to in this Article and, if necessary, lend support to their action. It shall in particular encourage cooperation between the Member States to improve the complementarity of their health services in cross-border areas.

○ Member States shall, in liaison with the Commission, coordinate among themselves their policies and programmes in the areas referred to in paragraph 1. The Commission may, in close contact with the Member States, take any useful initiative to promote such coordination, in particular initiatives aiming at the establishment of guidelines and indicators, the organisation of exchange of best practice, and the preparation of the necessary elements for periodic monitoring and evaluation. The European Parliament shall be kept fully informed.

(3) The Union and the Member States shall foster cooperation with third countries and the competent international organisations in the sphere of public health.

(4) By way of derogation from Article 2(5) and Article 6(a) and in accordance with Article 4(2)(k) the European Parliament and the Council, acting in accordance with the ordinary legislative procedure and after consulting the Economic and Social Committee and the Committee of the Regions, shall contribute to the achievement of the objectives referred to in this Article through adopting in order to meet common safety concerns:

(a) measures setting high standards of quality and safety of organs and substances of human origin, blood and blood derivatives; these measures shall not prevent any Member State from maintaining or introducing more stringent protective measures;

(b) measures in the veterinary and phytosanitary fields which have as their direct objective the protection of public health;

(c) measures setting high standards of quality and safety for medicinal products and devices for medical use.

(5) The European Parliament and the Council, acting in accordance with the ordinary legislative procedure and after consulting the Economic and Social Committee and the Committee of the Regions, may also adopt incentive measures designed to protect and improve human health and in particular to combat the major cross-border health scourges, measures concerning monitoring, early warning of and combating serious cross-border threats to health, and measures which have as their direct objective the protection of public health regarding tobacco and the abuse of alcohol, excluding any harmonisation of the laws and regulations of the Member States.

(6) The Council, on a proposal from the Commission, may also adopt recommendations for the purposes set out in this Article.

(7) Union action shall respect the responsibilities of the Member States for the definition of their health policy and for the organisation and delivery of health services and medical care. The responsibilities of the Member States shall include the management of health services and medical care and the allocation of the resources assigned to them. The measures referred to in paragraph 4(a) shall not affect national provisions on the donation or medical use of organs and blood.

제15편 소비자보호

Title XV Consumer Protection

제169조(ex Article 153 TEC)

(1) 소비자들의 이익을 증진하고 고도의 소비자보호 수준을 담보하기 위하여 연합은 소비자의 건강과 안전, 경제적 이익을 보호하고 아울러 소비자 이익 보호를 위한 정보 접근 및 피교육권, 그리고 결사의 권리를 고취하는데 기여하여야 한다.

(2) 연합은 다음과 같은 조치들을 통해 제1항 소정의 목표 달성에 기여하여야 한다.

(a) 역내시장 실현의 측면에서 제114조에 따라 채택하는 조치들

(b) 회원국들이 추구하는 정책들을 지원, 보완 및 점검하는 조치들

(3) 유럽의회와 각료이사회는 통상입법절차에 따라 경제사회위원회와의 협의를 거쳐 제2조(b) 소정의 조치들을 채택하여야 한다.

(4) 제3항에 따라 채택된 조치들은 회원국이 보다 더 엄격한 소비자 보호조치들을 유지하거나 도입하는 것을 방해하여서는 아니된다. 이러한 조치들은 창설조약과 양립하여야 한다. 관련 회원국은 위와 같은 조치들을 집행위원회에 통지하여야 한다.

Article 169(ex Article 153 TEC)

(1) In order to promote the interests of consumers and to ensure a high level of consumer protection, the Union shall contribute to protecting the health, safety and economic interests of consumers, as well as to promoting their right to information, education and to organise themselves in order to safeguard their interests.

(2) The Union shall contribute to the attainment of the objectives referred to in paragraph 1 through:

(a) measures adopted pursuant to Article 114 in the context of the completion of the internal market;

(b) measures which support, supplement and monitor the policy pursued by the Member States.

(3) The European Parliament and the Council, acting in accordance with the ordinary legislative procedure and after consulting the Economic and Social Committee, shall adopt the measures referred to in paragraph 2(b).

(4) Measures adopted pursuant to paragraph 3 shall not prevent any Member State from maintaining or introducing more stringent protective measures. Such measures must be compatible with the Treaties. The Commission shall be notified of them.

제16편 범유럽 네트워크

Title XVI Trans-European Networks

제170조(ex Article 154 TEC)

(1) 연합은 조약 제26조 및 제174조 소정의 목표 달성을 조력하고 연합의 시민, 경제활동의 주체들과 지역과 지방 공동체들이 역내 장벽없는 지역 창설로부터 최대한의 혜택을 누리도록 하기 위하여, 운송, 정보통신 및 에너지 기반시설 분야에서의 범유럽 네트워크의 구축과 발전에 기여하여야 한다.
(2) 개방 경쟁 시장 제도의 틀 안에서 연합의 조치는 회원국들 네트워크에 대한 접근뿐 아니라 이들 간의 상호접속 및 상호 운용성 제고를 목표로 하여야 한다. 연합은 특히 도서 지역, 산간벽지 및 주변지역과 연합의 중심지역 간 연계의 필요성을 고려하여야 한다.

Article 170(ex Article 154 TEC)

(1) To help achieve the objectives referred to in Articles 26 and 174 and to enable citizens of the Union, economic operators and regional and local communities to derive full benefit from the setting-up of an area without internal frontiers, the Union shall contribute to the establishment and development of trans-European networks in the areas of transport, telecommunications and energy infrastructures.
(2) Within the framework of a system of open and competitive markets, action by the Union shall aim at promoting the interconnection and interoperability of national networks as well as access to such networks. It shall take account in particular of the need to link island, landlocked and peripheral regions with the central regions of the Union.

제171조(ex Article 155 TEC)

(1) ○ 제170조 소정의 목표 달성을 위하여 연합은
- 범유럽 네트워크 분야에서 예상하는 목표, 우선순위 및 전반적인 노선을 담는 일련의 지침을 수립하여야 한다. 이 지침에는 공동 이익을 위한 사업이 명시되어야 한다.
- 네트워크의 상호운용성, 특히 기술 표준화 분야에서 이를 확보하기 위해 필요한 것으로 인정될 수 있는 조치들을 실시하여야 한다.
- 제1행 소정의 지침에 의해 명시된 공동이익을 위한 사업을 지원하되, 특히 예비타당성조사, 지급보증 또는 금리보조를 할 수 있다. 연합은 또한 제177조에 따라 설치된 결속기금을 통해 운송기반시설 분야에서 회원국 내에서 시행되는 특별 프로젝트를 위한 자금을 조달할 수 있다.

○ 연합의 활동은 당해 프로젝트들의 잠재적인 경제적 실행가능성을 고려하여야 한다.

(2) 회원국들은 집행위원회와의 소통하면서 제170조 소정의 목표달성에 중대한 영향을 미칠 수 있는 회원국 차원에서의 추구 정책들을 상호 조율해야 한다. 집행위원회는 회원국과의 긴밀한 협력 속에 위와 같은 조율을 촉진하기 위한 유용한 계획들을 주도적으로 수립할 수 있다.

(3) 연합은 상호이익이 되는 사업을 독려하고 네트워크의 상호운용성 확보를 위하여 제3국들과 협력하기로 하는 결정을 내릴 수 있다.

Article 171(ex Article 155 TEC)

(1) ○ In order to achieve the objectives referred to in Article 170, the Union:
- shall establish a series of guidelines covering the objectives, priorities and broad lines of measures envisaged in the sphere of trans-European networks; these guidelines shall identify projects of common interest,
- shall implement any measures that may prove necessary to ensure the interoperability of the networks, in particular in the field of technical standardisation,
- may support projects of common interest supported by Member States, which are identified in the framework of the guidelines referred to in the first indent, particularly through feasibility studies, loan guarantees or interest-rate subsidies; the Union may also contribute, through the Cohesion Fund set up pursuant to Article 177, to the financing of specific projects in Member States in the area of transport infrastructure.

○ The Union's activities shall take into account the potential economic viability of the projects.

(2) Member States shall, in liaison with the Commission, coordinate among themselves the policies

pursued at national level which may have a significant impact on the achievement of the objectives referred to in Article 170. The Commission may, in close cooperation with the Member State, take any useful initiative to promote such coordination.

(3) The Union may decide to cooperate with third countries to promote projects of mutual interest and to ensure the interoperability of networks.

제172조(ex Article 156 TEC)

○ 제171조 제1항 소정의 지침들과 기타 조치들은 유럽의회 및 각료이사회가 통상입법절차에 따라 경제사회위원회 및 지역위원회와의 협의를 거쳐 채택한다.

○ 회원국의 영토와 관련된 공동이익 관련 지침과 사업은 당해 회원국의 승인을 받아야 한다.

Article 172 (ex Article 156 TEC)

○ The guidelines and other measures referred to in Article 171(1) shall be adopted by the European Parliament and the Council, acting in accordance with the ordinary legislative procedure and after consulting the Economic and Social Committee and the Committee of the Regions.

○ Guidelines and projects of common interest which relate to the territory of a Member State shall require the approval of the Member State concerned.

제17편 산업

Title XVII Industry

제173조(ex Article 157 TEC)

(1) ○ 연합과 회원국들은 연합의 산업 경쟁력에 필요한 여건들이 상존하도록 보장하여야 한다.

○ 이 목적을 위해 개방 및 경쟁시장제도에 따라 연합과 회원국들이 취하는 조치들은 아래와 같은 목표를 지향한다.

– 구조적 변화에 따른 산업적응력의 촉진
– 연합 역내에서 기업, 특히 중소기업들의 창업과 성장에 유리한 환경 조성
– 기업 간 협력에 유리한 환경 조성
– 혁신, 연구 및 기술 개발 정책을 통한 산업 잠재력 발양

(2) 각 회원국은 집행위원회와 소통하면서 상호 협의하고, 필요한 경우 행동을 조율하여야 한다. 집행위원회는 위와 같은 협력 촉진을 위해 유용한 조치를 주도하되, 특히 지침과 지표 수립, 모범 사례 교환을 위한 조직, 주기적 점검과 평가에 필요한 사항의 준비를 주도할 수 있다. 위와 관련한 제반 조치들은 유럽의회에 통지되어야 한다.

(3) ○ 연합은 창설조약 상의 여타 조항에 따라 추구하는 정책들 및 조치들을 통해 제1항 소정의 목표 달성에 기여하여야 한다. 유럽의회 및 각료이사회는 통상입법절차에 따라 경제사회위원회와의 협의를 거쳐 제1항 소정의 목표 달성을 위해 회원국이 취한 행동을 지원하기 위한 특별조치들에 관한 사항을 결정할 수 있되, 회원국 법령 정합 조치는 배제한다.

○ 연합은 본 편의 내용들을 경쟁 왜곡을 초래할 우려가 있거나 조세 관련 법령 또는 근로자의 권익과 관련한 법령을 포함하는 조치를 도입하는 근거로 삼아서는 아니된다.

Article 173 (ex Article 157 TEC)

(1) ○ The Union and the Member States shall ensure that the conditions necessary for the competitiveness of the Union's industry exist.

○ For that purpose, in accordance with a system of open and competitive markets, their action shall be aimed at:

– speeding up the adjustment of industry to structural changes,
– encouraging an environment favourable to initiative and to the development of undertakings throughout the Union, particularly small and medium-sized undertakings, encouraging an environment favourable to cooperation between undertakings,
– fostering better exploitation of the industrial potential of policies of innovation, research and technological development.

(2) The Member States shall consult each other in liaison with the Commission and, where necessary, shall coordinate their action. The Commission may take any useful initiative to promote such coordination, in particular initiatives aiming at the establishment of guidelines and indicators, the organisation of exchange of best practice, and the preparation of the necessary elements for periodic monitoring and evaluation. The European Parliament shall be kept fully informed.

(3) ○ The Union shall contribute to the achievement of the objectives set out in paragraph 1 through

the policies and activities it pursues under other provisions of the Treaties. The European Parliament and the Council, acting in accordance with the ordinary legislative procedure and after consulting the Economic and Social Committee, may decide on specific measures in support of action taken in the Member States to achieve the objectives set out in paragraph 1, excluding any harmonisation of the laws and regulations of the Member States.

○ This Title shall not provide a basis for the introduction by the Union of any measure which could lead to a distortion of competition or contains tax provisions or provisions relating to the rights and interests of employed persons.

제18편 경제적, 사회적 및 영토적 결속

Title XVIII Economic, Social and Territorial Cohesion

제174조(ex Article 158 TEC)

○ 연합은 전반적인 조화로운 발전을 촉진하기 위하여, 연합은 경제적, 사회적 및 영토적 결속을 강화하는 활동을 전개·추구하여야 한다.

○ 특히 연합은 발전 수준에 있어서 다양한 지역적 격차와 가장 열위에 놓인 지역들의 후진성을 감소하는 것을 목표로 하여야 한다.

○ 관심 대상 지역 중에서도 특히 농촌 지역, 산업의 구조적 변동을 겪는 지역, 그리고 인구밀도가 매우 낮은 최북단·섬·접경·산악 지역과 같이 심각하고도 지속적으로 지리적 위치 내지 과소 인구로 인해 어려움을 겪는 지역에 관심을 쏟아야 한다.

Article 174(ex Article 158 TEC)

○ In order to promote its overall harmonious development, the Union shall develop and pursue its actions leading to the strengthening of its economic, social and territorial cohesion.

○ In particular, the Union shall aim at reducing disparities between the levels of development of the various regions and the backwardness of the least favoured regions.

○ Among the regions concerned, particular attention shall be paid to rural areas, areas affected by industrial transition, and regions which suffer from severe and permanent natural or demographic handicaps such as the northernmost regions with very low population density and island, cross-border and mountain regions.

제175조(ex Article 159 TEC)

○ 회원국들은 제174조 소정의 목표들을 달성할 수 있도록 자국의 경제정책을 시행하고 조율하여야 한다. 연합의 정책과 조치의 수립·시행 및 역내 시장 이행은 제174조 소정의 목표들을 고려하고, 그 달성에 기여하여야 한다. 연합은 구조조정기금(유럽농업지도·보증기금 중의 유도기금; 유럽사회기금, 유럽지역개발기금), 유럽투자은행 및 기타 기존의 금융기관들을 통해 취하는 조치들을 이용하여 이러한 목표 달성을 지원하여야 한다.

○ 집행위원회는 유럽의회, 각료이사회, 경제사회위원회 및 지역위원회에 대하여 3년 마다 경제적·사회적·영토적 결속 달성의 진전 상황 및 본 조에 규정된 다양한 수단들이 목표 달성에 어떤 식으로 기여하였는지에 관한 보고서를 제출하여야 한다. 필요한 경우 이 보고서에는 적절한 제안을 첨부하여야 한다.

○ 다른 연합의 정책 틀 속에서 결정된 조치에 영향을 미치지 않는 한도 내에서 위 기금들을 통한 방식 외에 다른 특별한 조치가 필요하다고 인정되는 경우, 각료이사회는 통상입법절차에 따라 경제사회위원회 및 지역위원회와의 협의를 거쳐 그러한 조치를 채택할 수 있다.

Article 175(ex Article 159 TEC)

○ Member States shall conduct their economic policies and shall coordinate them in such a way as, in addition, to attain the objectives set out in Article 174. The formulation and implementation of the Union's policies and actions and the implementation of the internal market shall take into account the objectives set out in Article 174 and shall contribute to their achievement. The Union shall also support the achievement of these objectives by the action it takes through the Structural Funds (European Agricultural Guidance and Guarantee Fund, Guidance Section; European Social Fund; European Regional Development Fund), the European Investment Bank and the other existing Financial Instruments.

○ The Commission shall submit a report to the European Parliament, the Council, the Economic and Social Committee and the Committee of the Regions every three years on the progress made towards achieving economic, social and territorial cohesion and on the manner in which the various means provided for in this Article have contributed to it. This report shall, if necessary, be accompanied by appropriate proposals.

○ If specific actions prove necessary outside the Funds and without prejudice to the measures decided upon within the framework of the other Union policies, such actions may be adopted by the Council acting in accordance with the ordinary legislative procedure and after consulting the Economic and Social Committee and the Committee of the Regions.

제176조(ex Article 160 TEC)

유럽지역개발기금은 개발 낙후지역의 발전과 구조조정, 그리고 사양 산업 지역의 개발 전환에 참여함으로써 연합 내의 주요 지역적 불균형 해소 지원을 그 목적으로 한다.

Article 176(ex Article 160 TEC)

The European Regional Development Fund is intended to help to redress the main regional imbalances in the Union through participation in the development and structural adjustment of regions whose development is lagging behind and in the conversion of declining industrial regions.

제177조(ex Article 161 TEC)

○ 제178조에 영향을 미치지 않는 한도 내에서 유럽의회와 각료이사회는 통상입법절차에 따라 경제사회위원회 및 지역위원회와의 협의를 거쳐 규정의 형식으로 구조조정기금의 과제, 우선 목표 및 조직을 정하되, 여기엔 기금에 대한 분류도 포함될 수 있다. 또한 같은 절차에 따라 기금에 적용되는 일반적 규칙 및 기금의 효율성과 기금 상호 간 내지 다른 기존 금융 수단과의 조율에 필요한 규칙을 제정하여야 한다.

○ 같은 절차에 따라 조성되는 결속기금은 환경 및 운송기반시설분야에서의 범 유럽 네트워크 프로젝트에 대한 금융지원을 제공한다.

Article 177(ex Article 161 TEC)

○ Without prejudice to Article 178, the European Parliament and the Council, acting by means of regulations in accordance with the ordinary legislative procedure and consulting the Economic and Social Committee and the Committee of the Regions, shall define the tasks, priority objectives and the organisation of the Structural Funds, which may involve grouping the Funds. The general rules applicable to them and the provisions necessary to ensure their effectiveness and the coordination of the Funds with one another and with the other existing Financial Instruments shall also be defined by the same procedure.

○ A Cohesion Fund set up in accordance with the same procedure shall provide a financial contribution to projects in the fields of environment and trans-European networks in the area of transport infrastructure.

제178조(ex Article 162 TEC)

○ 유럽의회와 각료이사회는 통상입법절차에 따라 경제사회위원회 및 지역위원회와의 협의를 거쳐 유럽지역개발기금과 관련한 이행 규정들을 채택하여야 한다.

○ 유럽농업지도및보증기금의 유도기금 및 유럽사회기금에 관하여는 제43조 및 제164조를 각각 계속하여 적용한다.

Article 178(ex Article 162 TEC)

○ Implementing regulations relating to the European Regional Development Fund shall be taken by the European Parliament and the Council, acting in accordance with the ordinary legislative procedure and after consulting the Economic and Social Committee and the Committee of the Regions.

○ With regard to the European Agricultural Guidance and Guarantee Fund, Guidance Section, and the European Social Fund, Articles 43 and 164 respectively shall continue to apply.

제19편 연구, 기술개발 및 우주

Title XIX Research and Technological Development and Space

제179조(ex Article 163 TEC)

(1) 연합은 창설조약의 기타 장에서 필요하다고 간주하는 모든 연구 활동을 촉진하는 한편 연구자·과학 지식·기술이 자유로이 순환되는 유럽연구지대를 조성하고, 이것으로 하여금 산업 부문을 포함하여 더 큰 경쟁력을 갖도록 함으로써 과학 및 기술적 기반 강화를 그 목표로 삼아야 한다.

(2) 이 목적을 위해 연합은 연합 전역에 걸쳐 중소기업을 포함한 기업들, 연구센터 및 대학들이 연구와 기술개발에서 양질의 활동을 할 수 있도록 장려하여야 한다. 연합은 이들 간의 상호 협력, 특히 연구자들의 경우에는 회원국 간 국경을 넘어 자유롭게 협력하도록 허용하고, 기업들의 경우에는 특히 각국의 공공 조달시장의 개방, 공동기준의 수립 및 협력의 법적·제도적 장애물 제거를 통한 역내 시장의 잠재력을 최대한 활용할 수 있도록 이들의 활동을 지원하여야 한다.

(3) 시범사업을 포함하여 연구·기술개발 분야에서 창설조약에 따른 제반 연합의 활동은 이 편에서 정하는 바에 따라 결정·시행되어야 한다.

Article 179 (ex Article 163 TEC)

(1) The Union shall have the objective of strengthening its scientific and technological bases by achieving a European research area in which researchers, scientific knowledge and technology circulate freely, and encouraging it to become more competitive, including in its industry, while promoting all the research activities deemed necessary by virtue of other Chapters of the Treaties.

(2) For this purpose the Union shall, throughout the Union, encourage undertakings, including small and medium-sized undertakings, research centres and universities in their research and technological development activities of high quality; it shall support their efforts to cooperate with one another, aiming, notably, at permitting researchers to cooperate freely across borders and at enabling undertakings to exploit the internal market potential to the full, in particular through the opening-up of national public contracts, the definition of common standards and the removal of legal and fiscal obstacles to that cooperation.

(3) All Union activities under the Treaties in the area of research and technological development,

including demonstration projects, shall be decided on and implemented in accordance with the provisions of this Title.

제180조(ex Article 164 TEC)

이러한 목표들을 추구함에 있어 연합은 회원국에 의해 수행되는 활동을 보완하면서 아래와 같은 활동을 수행하여야 한다.

(a) 기업, 연구센터 및 대학 간의 협력 촉진을 통한 연구·기술개발·시범계획의 추진
(b) 연구·기술개발·시범사업 분야에 있어서 연합과 제3국 및 국제기구와의 협력 촉진
(c) 연구·기술개발·시범사업에서의 연합 활동 결과의 보급과 활용
(d) 연합 내에서의 연구자들에 대한 훈련 및 이동 촉진

Article 180(ex Article 164 TEC)

In pursuing these objectives, the Union shall carry out the following activities, complementing the activities carried out in the Member States:

(a) implementation of research, technological development and demonstration programmes, by promoting cooperation with and between undertakings, research centres and universities;
(b) promotion of cooperation in the field of Union research, technological development and demonstration with third countries and international organisations;
(c) dissemination and optimisation of the results of activities in Union research, technological development and demonstration;
(d) stimulation of the training and mobility of researchers in the Union.

제181조(ex Article 165 TEC)

(1) 연합과 회원국들은 각각의 정책들이 상호 일관성을 유지할 수 있도록 하기 위하여 연구·기술개발활동에서 협력하여야 한다.
(2) 회원국들과의 긴밀한 협력 속에 집행위원회는 특히 지침·지표의 수립, 모범사례 교환의 조직화, 정기적인 점검·평가에 필요한 요소들의 준비를 목표로 제1항 소정의 협력 촉진을 위한 유용한 제안을 할 수 있다. 이러한 제반 사항은 유럽의회에 통지되어야 한다.

Article 181(ex Article 165 TEC)

(1) The Union and the Member States shall coordinate their research and technological development activities so as to ensure that national policies and Union policy are mutually consistent.

(2) In close cooperation with the Member State, the Commission may take any useful initiative to promote the coordination referred to in paragraph 1, in particular initiatives aiming at the establishment of guidelines and indicators, the organisation of exchange of best practice, and the preparation of the necessary elements for periodic monitoring and evaluation. The European Parliament shall be kept fully informed.

제182조 (ex Article 166 TEC)

(1) ○ 유럽의회와 각료이사회는 통상입법절차에 따라 경제사회위원회와의 협의를 거쳐 연합의 모든 활동을 명시하는 다년간 기본 계획을 채택하여야 한다.

○ 다년간 기본 계획에서는

- 제180조 소정의 활동에 의하여 달성될 과학적·기술적 목표를 수립하고 적절한 우선순위를 설정하여야 한다.
- 위와 같은 활동들이 나아가야 할 개괄적 방향을 제시하여야 한다.
- 다년간 기본계획에 대한 연합의 재정투입의 한도액과 상세 규칙 및 각 활동별 배분 금액을 정하여야 한다.

(2) 다년간 기본계획은 상황의 변화에 따라 수정 또는 보완된다.

(3) 다년간 기본계획은 각 활동 내에서 전개되는 구체적 계획을 통해 실행되어야 한다. 구체적인 각 계획에서는 시행 세칙을 수립하고, 기한을 설정하며 필요하다고 판단되는 수단을 제공하여야 한다. 구체적 계획에 필요하다고 판단하여 확정하는 금액의 총액은 기본계획 및 각 활동에 배분된 금액의 총액 한도를 초과할 수 없다.

(4) 각료이사회는 특별입법절차에 따라 유럽의회 및 경제사회위원회와의 협의를 거쳐 구체적 계획을 채택하여야 한다.

(5) 다년간 기본계획에서 입안된 활동을 보완하기 위하여 유럽의회와 각료이사회는 통상입법절차에 따라 경제사회위원회와의 협의를 거쳐 유럽연구지대의 달성에 필요한 조치들을 수립하여야 한다.

Article 182 (ex Article 166 TEC)

(1) ○ A multiannual framework programme, setting out all the activities of the Union, shall be adopted by the European Parliament and the Council, acting in accordance with the ordinary legislative procedure after consulting the Economic and Social Committee.

○ The framework programme shall:

- establish the scientific and technological objectives to be achieved by the activities provided for in Article 180 and fix the relevant priorities,
- indicate the broad lines of such activities,
- fix the maximum overall amount and the detailed rules for Union financial participation in the framework programme and the respective shares in each of the activities provided for.

(2) The framework programme shall be adapted or supplemented as the situation changes.

(3) The framework programme shall be implemented through specific programmes developed within each activity. Each specific programme shall define the detailed rules for implementing it, fix its duration and provide for the means deemed necessary. The sum of the amounts deemed necessary, fixed in the specific programmes, may not exceed the overall maximum amount fixed for the framework programme and each activity.

(4) The Council, acting in accordance with a special legislative procedure and after consulting the European Parliament and the Economic and Social Committee, shall adopt the specific programmes.

(5) As a complement to the activities planned in the multiannual framework programme, the European Parliament and the Council, acting in accordance with the ordinary legislative procedure and after consulting the Economic and Social Committee, shall establish the measures necessary for the implementation of the European research area.

제183조(ex Article 167 TEC)

다년간 기본계획의 실행을 위해 연합은 아래의 임무를 수행하여야 한다.

- 기업, 연구소 및 대학의 참여를 위한 규칙 제정
- 연구 결과물 보급을 규율하기 위한 규칙 제정

Article 183 (ex Article 167 TEC)

For the implementation of the multiannual framework programme the Union shall:

– determine the rules for the participation of undertakings, research centres and universities,

– lay down the rules governing the dissemination of research results.

제184조(ex Article 168 TEC)

○ 다년간 기본계획의 실행 과정에서 연합이 참여할 수 있음을 조건으로 특정 회원국들만이 참여하는 보완계획을 수립할 수 있다.

○ 연합은 보완계획에 적용할 수 있는 규칙, 특히 지식의 보급 및 다른 회원국들의 이용 접근성과 관련한 규칙을 채택하여야 한다.

Article 184(ex Article 168 TEC)

○ In implementing the multiannual framework programme, supplementary programmes may be decided on involving the participation of certain Member States only, which shall finance them subject to possible Union participation.

○ The Union shall adopt the rules applicable to supplementary programmes, particularly as regards the dissemination of knowledge and access by other Member States.

제185조(ex Article 169 TEC)

다년간 기본계획의 실행 과정에서 연합은 관련 회원국들과의 합의 하에 여러 회원국들에 의한 연구·개발 프로그램에의 참여 및 이러한 프로그램 집행을 위하여 설치하는 기구에의 참여를 규율 하는 법령을 제정할 수 있다.

Article 185 (ex Article 169 TEC)

In implementing the multiannual framework programme, the Union may make provision, in agreement with the Member States concerned, for participation in research and development programmes undertaken by several Member States, including participation in the structures created for the execution of those programmes.

제186조(ex Article 170 TEC)

○ 다년간 기본계획을 실행함에 있어 연합은 제3국이나 국제기구들과 연합적 차원에서의 연구·기술 개발·시범 사업을 위한 법령을 제정할 수 있다.

○ 위와 같은 협력을 위 세부 사항은 연합과 관련 제3국사이에 체결된 협정에 따라 정해 질 수 있다.

Article 186 (ex Article 170 TEC)

○ In implementing the multiannual framework programme the Union may make provision for cooperation in Union research, technological development and demonstration with third countries or international organisations.

○ The detailed arrangements for such cooperation may be the subject of agreements between the Union and the third parties concerned.

제187조(ex Article 171 TEC)

연합은 연합의 연구·기술 개발·시범 사업의 효율적 추진에 필요한 합작회사나 기타 기구를 설립할 수 있다.

Article 187(ex Article 171 TEC)

The Union may set up joint undertakings or any other structure necessary for the efficient execution of Union research, technological development and demonstration programmes.

제188조(ex Article 172 TEC)

○ 각료이사회는 집행위원회로부터 제안을 받아 유럽의회 및 경제사회위원회와의 협의를 거쳐 제187조에 명시된 법령들을 채택하여야 한다.

○ 유럽의회와 각료이사회는 통상입법절차에 따라 경제사회위원회와의 협의를 거쳐 제183조, 제184조, 제185조에 명시된 법령을 채택하여야 한다. 보완계획의 채택은 관련 회원국들과의 합의를 요한다.

Article 188(ex Article 172 TEC)

○ The Council, on a proposal from the Commission and after consulting the European Parliament and the Economic and Social Committee, shall adopt the provisions referred to in Article 187.

○ The European Parliament and the Council, acting in accordance with the ordinary legislative procedure and after consulting the Economic and Social Committee, shall adopt the provisions referred to in Articles 183, 184 and 185. Adoption of the supplementary programmes shall require the agreement of the Member States concerned.

제189조

(1) 과학·기술의 발전, 산업 경쟁력 및 이와 관련한 정책 실행을 촉진하기 위하여 연합은 유럽우주정책을 입안하여야 한다. 이 목적을 위해 연합은 공동 법안 발의를 촉진하고, 연구·기술 개발을 지원하며, 우주 탐사·이용에 소요되는 노력을 조율할 수 있다.

(2) 제1항 소정의 목표 달성에 기여하기 위하여 유럽의회와 각료이사회는 통상입법절차에 따라 필요한 조치들을 취하여야 하고, 이것은 유럽우주계획의 형식을 띨 수도 있으나, 다만 여하한 회원국들의 법령 정합 조치도 배제한다.

(3) 연합은 유럽우주청과 적절한 관계를 수립하여야 한다.

(4) 본 조는 이 편의 다른 조항들에 영향을 미치지 아니한다.

Article 189

(1) To promote scientific and technical progress, industrial competitiveness and the implementation of its policies, the Union shall draw up a European space policy. To this end, it may promote joint initiatives, support research and technological development and coordinate the efforts needed for the exploration and exploitation of space.

(2) To contribute to attaining the objectives referred to in paragraph 1, the European Parliament and the Council, acting in accordance with the ordinary legislative procedure, shall establish the necessary measures, which may take the form of a European space programme, excluding any

harmonisation of the laws and regulations of the Member States.

(3) The Union shall establish any appropriate relations with the European Space Agency.

(4) This Article shall be without prejudice to the other provisions of this Title.

제190조(ex Article 173 TEC)

매년 초 집행위원회는 유럽의회 및 각료이사회에 보고서를 제출하여야 한다. 보고서에는 직전 년도의 연구·기술 개발 활동 및 그 결과물의 보급, 그리고 당해 년도의 업무 계획이 포함되어야 한다.

Article 190(ex Article 173 TEC)

At the beginning of each year the Commission shall send a report to the European Parliament and to the Council. The report shall include information on research and technological development activities and the dissemination of results during the previous year, and the work programme for the current year.

제20편 환경

Title XX Environment

제191조(ex Article 174 TEC)

(1) 환경 관련 연합의 정책은 아래의 목표 추구에 기여하여야 한다.

- 환경의 보존·보호 및 질의 개선
- 인간 건강보호
- 자연자원의 신중하고도 합리적인 이용
- 국지적 또는 세계적 환경문제를 다루기 위한, 특히 기후변화에 대응하기 위한 국제적 차원의 조치 촉진

(2) ○ 환경 관련 연합의 정책은 여러 지역내의 다양한 상황들을 감안하면서 고도의 환경 보호를 목표로

삼아야 한다. 연합의 정책은 사전 예방의 원칙을 근간으로 예방조치는 선제적으로 취해져야 하고, 환경 피해는 근원적 교정을 우선 순위에 두어야 하며, 배상은 오염자의 부담으로 한다는 원칙에 기초하여야 한다.

○ 이러한 맥락에서 환경보호 요구를 충족시키는 법령 정합 조치에는 필요한 경우 회원국들이 연합의 검사절차에 따를 것을 조건으로 비경제적·환경적 이유로 잠정적으로 긴급수입제한조치를 허용하는 세이프가드 조항도 포함된다.

(3) 환경정책을 수립함에 있어 연합은 아래와 같은 사항들을 고려하여야 한다.

- 이용가능한 과학·기술 자료
- 연합의 다양한 지역 내의 환경 여건
- 적극적 조치 또는 소극적 조치에 따른 잠재적 이익과 비용
- 연합 전체적인 경제적·사회적 발전 및 지역 간 균형발전

(4) ○ 연합과 회원국들은 각자의 권한 내에서 제3국 및 관련 국제기구와 협력하여야 한다. 연합은 관련 제3국들과의 환경 관련 협력과 관련한 협정을 체결할 수 있다.

○ 전단은 각 회원국이 국제기와 협상을 하고 국제협정을 체결하는 권한에 영향을 미쳐서는 아니된다.

Article 191(ex Article 174 TEC)

(1) Union policy on the environment shall contribute to pursuit of the following objectives:

- preserving, protecting and improving the quality of the environment,
- protecting human health,
- prudent and rational utilisation of natural resources,
- promoting measures at international level to deal with regional or worldwide environmental problems, and in particular combating climate change.

(2) ○ Union policy on the environment shall aim at a high level of protection taking into account the diversity of situations in the various regions of the Union. It shall be based on the precautionary principle and on the principles that preventive action should be taken, that environmental damage should as a priority be rectified at source and that the polluter should pay.

○ In this context, harmonisation measures answering environmental protection requirements shall include, where appropriate, a safeguard clause allowing Member States to take provisional measures, for non-economic environmental reasons, subject to a procedure of inspection by the Union.

(3) In preparing its policy on the environment, the Union shall take account of:

- available scientific and technical data,

- environmental conditions in the various regions of the Union,
- the potential benefits and costs of action or lack of action,
- the economic and social development of the Union as a whole and the balanced development of its regions.

(4) ○ Within their respective spheres of competence, the Union and the Member States shall cooperate with third countries and with the competent international organisations. The arrangements for Union cooperation may be the subject of agreements between the Union and the third parties concerned.

○ The previous subparagraph shall be without prejudice to Member States' competence to negotiate in international bodies and to conclude international agreements.

제192조(ex Article 175 TEC)

(1) 유럽의회와 각료이사회는 통상입법절차에 따라 경제사회위원회 및 지역위원회와 협의를 거쳐 제191조 소정의 목표 달성을 위해 연합이 취할 조치에 관한 결정을 내릴 수 있다.

(2) ○ 제1항에 명시된 의사결정절차에 대한 예외로서 제114조에 영향을 미치지 않는 한도 내에서 각료이사회는 특별입법절차에 따라 유럽의회, 경제사회위원회 및 지역위원회와의 협의를 거쳐 만장일치로 아래와 같은 조치들을 채택하여야 한다.

(a) 주로 세정적 성격을 갖는 법령

(b) 다음에 속하는 사항

- 도시·농촌 계획에 영향을 미치는 조치
- 수자원의 양적 관리 또는 그 이용에 직·간접적으로 영향을 미치는 조치
- 폐기물처리를 제외한 토지 이용에 영향을 미치는 조치

(c) 다양한 에너지원들에 대한 회원국들의 선택 및 에너지 공급의 전반적 구조에 중요한 영향을 미치는 조치들

○ 각료이사회는 집행위원회로부터 제안을 받아 유럽의회, 경제사회위원회 및 지역위원회와의 협의를 거쳐 만장일치로 제1단에 언급된 분야에 적용할 수 있는 통상입법절차를 제정할 수 있다.

(3) ○ 유럽의회와 각료이사회는 통상입법절차에 따라 경제사회위원회 및 지역위원회와의 협의를 거쳐 달성되어야 할 목표들간의 우선순위를 정하는 일반행동계획을 채택하여야 한다.

○ 이러한 계획의 실행에 필요한 조치들은 사안별로 제1항 또는 제2항에서 정하는 바에 따라 채택된다.

(4) 각 회원국은 연합이 채택한 특정 조치들에 영향을 미치지 아니하는 한도 내에서 환경정책을 위하여 재원을 조달하고 이를 이행하여야 한다.

(5) 제1항에 따른 조치가 어느 한 회원국에게 형평에 반하는 비용을 부담시킨다고 판단되는 경우, 오염자 배상원칙에 영향을 주지 아니하는 한도 내에서 그러한 조치에 다음과 같은 형태로 적절한 내용을 명시하여야 한다.

- 잠정적 적용유보
- (위의 조치에 덧붙이거나, 선택적으로) 제177조 소정의 결속기금으로부터의 금융지원

Article 192(ex Article 175 TEC)

(1) The European Parliament and the Council, acting in accordance with the ordinary legislative procedure and after consulting the Economic and Social Committee and the Committee of the Regions, shall decide what action is to be taken by the Union in order to achieve the objectives referred to in Article 191.

(2) ○ By way of derogation from the decision-making procedure provided for in paragraph 1 and without prejudice to Article 114, the Council acting unanimously in accordance with a special legislative procedure and after consulting the European Parliament, the Economic and Social Committee and the Committee of the Regions, shall adopt:

(a) provisions primarily of a fiscal nature;

(b) measures affecting:

- town and country planning,
- quantitative management of water resources or affecting, directly or indirectly, the availability of those resources,
- land use, with the exception of waste management;

(c) measures significantly affecting a Member State's choice between different energy sources and the general structure of its energy supply.

○ The Council, acting unanimously on a proposal from the Commission and after consulting the European Parliament, the Economic and Social Committee and the Committee of the Regions, may make the ordinary legislative procedure applicable to the matters referred to in the first subparagraph.

(3) ○ General action programmes setting out priority objectives to be attained shall be adopted by the European Parliament and the Council, acting in accordance with the ordinary legislative procedure and after consulting the Economic and Social Committee and the Committee of the Regions.

○ The measures necessary for the implementation of these programmes shall be adopted under the terms of paragraph 1 or 2, as the case may be.

(4) Without prejudice to certain measures adopted by the Union, the Member States shall finance and implement the environment policy.

(5) Without prejudice to the principle that the polluter should pay, if a measure based on the provisions of paragraph 1 involves costs deemed disproportionate for the public authorities of a Member State, such measure shall lay down appropriate provisions in the form of:

– temporary derogations, and/or
– financial support from the Cohesion Fund set up pursuant to Article 177.

제193조(ex Article 176 TEC)

제192조에 따라 채택되는 보호조치는 회원국이 보다 더 엄격한 수준의 보호조치를 유지 또는 도입하는 것을 방해하지 아니한다. 이러한 조치는 창설조약과 양립하여야 하고, 집행위원회에 통지되어야 한다.

Article 193(ex Article 176 TEC)

The protective measures adopted pursuant to Article 192 shall not prevent any Member State from maintaining or introducing more stringent protective measures. Such measures must be compatible with the Treaties. They shall be notified to the Commission.

제21편 에너지

Title XXI 에너지

제194조

(1) 역내시장의 구축과 운영의 기조 하에 환경 보전 및 개선의 필요성과 관련하여 연합의 에너지 정책은 회원국 간 결속 정신에 입각하여 아래와 같은 목표를 추구하여야 한다.

(a) 에너지시장의 작동 담보

(b) 연합 내의 에너지 공급의 안정성 확보

(c) 에너지 효율성과 에너지 절약 및 신에너지와 재생에너지 개발의 촉진

(d) 에너지 네트워크간의 상호 연결 촉진

(2) ○ 창설조약 상의 다른 조항들의 적용에 영향을 주지 않는 한도 내에서 유럽의회와 각료이사회는 통상입법절차에 따라 제1항의 목표 달성에 필요한 조치들을 수립하여야 한다. 이러한 조치들은 경제사회위원회 및 지역위원회와의 협의를 거쳐 채택되어야 한다.

○ 이러한 조치들은 제192조 제2항 (c)를 침해하지 않는 한도 내에서 자국의 에너지 자원 활용을 위한 조건, 각종 에너지 자원 간의 선택 및 에너지 공급의 전반적 구조에 대한 회원국의 결정 권한에 영향을 미쳐서는 아니된다.

(3) 위에서 언급된 조치가 주로 세정적 성격을 띠는 경우에는 제2항 적용의 예외로서 각료이사회는 유럽의회와의 협의를 거쳐 특별입법절차에 따라 만장일치로 당해 조치를 채택하여야 한다.

Article 194

(1) In the context of the establishment and functioning of the internal market and with regard for the need to preserve and improve the environment, Union policy on energy shall aim, in a spirit of solidarity between Member States, to:

(a) ensure the functioning of the energy market;

(b) ensure security of energy supply in the Union;

(c) promote energy efficiency and energy saving and the development of new and renewable forms of energy; and

(d) promote the interconnection of energy networks.

(2) ○ Without prejudice to the application of other provisions of the Treaties, the European Parliament and the Council, acting in accordance with the ordinary legislative procedure, shall establish the measures necessary to achieve the objectives in paragraph 1. Such measures shall be adopted after consultation of the Economic and Social Committee and the Committee of the Regions.

○ Such measures shall not affect a Member State's right to determine the conditions for exploiting its energy resources, its choice between different energy sources and the general structure of its energy supply, without prejudice to Article 192(2)(c).

(3) By way of derogation from paragraph 2, the Council, acting in accordance with a special legislative procedure, shall unanimously and after consulting the European Parliament, establish the measures referred to therein when they are primarily of a fiscal nature.

제22편 관광

Title XXII Tourism

제195조

(1) ○ 연합은 관광 부문에서의 회원국의 활동을 보완하되, 특히 해당 분야에 종사하는 사업자들의 경쟁력을 제고시켜야 한다.

○ 이를 위한 연합의 활동은 다음 사항들을 목표로 하여야 한다.

(a) 관광 부문 사업자들이 발전할 수 있는 유리한 환경 조성 장려

(b) 회원국 간 협력, 특히 실무교류를 통한 협력 촉진

(2) 유럽의회와 각료이사회는 본 조 소정의 목표 달성을 위해 통상입법절차를 통해 회원국들의 활동을 보완하기 위한 특별 조치를 수립하여야 하되, 다만 회원국들의 법령 정합은 배제한다.

Article 195

(1) ○ The Union shall complement the action of the Member States in the tourism sector, in particular by promoting the competitiveness of Union undertakings in that sector.

○ To that end, Union action shall be aimed at:

(a) encouraging the creation of a favourable environment for the development of undertakings in this sector;

(b) promoting cooperation between the Member States, particularly by the exchange of good practice.

(2) The European Parliament and the Council, acting in accordance with the ordinary legislative procedure, shall establish specific measures to complement actions within the Member States to achieve the objectives referred to in this Article, excluding any harmonisation of the laws and regulations of the Member States.

제23편 시민보호

Title XXIII Civil Protection

제196조

(1) ○ 연합은 자연재해나 인재의 사전 예방 및 방재 제도의 효과를 개선하기 위한 회원국 간 협력을 촉진하여야 한다.

○ 이와 관련하여 연합은 다음의 목표를 추구하여야 한다.

(a) 위험 방지, 시민보호인력의 양성, 연합 내의 자연재해 또는 인재에 대한 대처를 국가적·지역적·국지적 차원에서의 회원국 활동을 지원하고 보완

(b) 각국 시민 방재기관 간의 연합 내에서의 신속하고도 효율적인 운용 협력 촉진

(c) 국제적 시민 보호 업무와의 일관성 제고

(2) 유럽의회와 각료이사회는 통상입법절차에 따라 제1항 소정의 목표 달성 조력에 필요한 조치들을 수립하여야 하되, 회원국들의 법령 정합은 포함하지 아니한다.

Article 196

(1) ○ The Union shall encourage cooperation between Member States in order to improve the effectiveness of systems for preventing and protecting against natural or man-made disasters.

○ Union action shall aim to:

(a) support and complement Member States' action at national, regional and local level in risk prevention, in preparing their civil-protection personnel and in responding to natural or man-made disasters within the Union;

(b) promote swift, effective operational cooperation within the Union between national civil-protection services;

(c) promote consistency in international civil-protection work.

(2) The European Parliament and the Council, acting in accordance with the ordinary legislative procedure shall establish the measures necessary to help achieve the objectives referred to in paragraph 1, excluding any harmonisation of the laws and regulations of the Member States.

제24편 행정 협력

Title XXIV Administrative Cooperation

제197조

(1) 연합의 적절한 운영에 필수적인 회원국들에 의한 연합법령의 효과적 시행은 공동관심사항으로 간주된다.

(2) ○ 연합은 연합법령의 시행을 위한 회원국들의 행정 능력 함양 노력을 지원할 수 있다. 이러한 행위에는 정보와 공무원들의 상호교류를 촉진과 함께 훈련 계획 지원이 포함될 수 있다. 어떤 회원국도 이러한 지원을 이용하여야 할 의무까지 부담하지는 아니한다.

○ 유럽의회와 각료이사회는 통상입법절차에 따라 규정의 형식으로 이 목적에 필요한 조치들을 취하되, 회원국들의 법령 정합은 배제한다.

(3) 본 조는 연합의 법령을 시행하여야 할 회원국들의 의무 또는 집행위원회가 갖는 특별한 권한과 의무에 영향을 미쳐서는 아니된다. 또한 본 조는 회원국 간, 회원국들과 연합 간 행정 협력을 정하고 있는 창설조약상의 기타 조항들을 침해하여서는 아니 된다.

Article 197

(1) Effective implementation of Union law by the Member States, which is essential for the proper functioning of the Union, shall be regarded as a matter of common interest.

(2) ○ The Union may support the efforts of Member States to improve their administrative capacity to implement Union law. Such action may include facilitating the exchange of information and of civil servants as well as supporting training schemes. No Member State shall be obliged to avail itself of such support.

○ The European Parliament and the Council, acting by means of regulations in accordance with the ordinary legislative procedure, shall establish the necessary measures to this end, excluding any harmonisation of the laws and regulations of the Member States.

(3) This Article shall be without prejudice to the obligations of the Member States to implement Union law or to the prerogatives and duties of the Commission. It shall also be without prejudice to other provisions of the Treaties providing for administrative cooperation among the Member States and between them and the Union.

제4부 해외 국가들 및 자치령들과의 제휴

PART FOUR Association of the Overseas Countries and Territories

제198조(ex Article 182 TEC)

○ 회원국들은 덴마크, 프랑스, 네델란드 및 영국과 특별한 관계에 있는 비유럽국가들 및 자치령들과 연합이 제휴하는 것에 대하여 동의한다. 이 국가들 및 자치령들 (이하 "특별관계국"으로 약칭)은 부속서 2에 명시한다.

○ 제휴의 목적은 특별관계국들의 경제적·사회적발전을 도모하고 이들과 연합 간에 전반적으로 긴밀한 경제적 관계를 구축하는데 있다.

○ 본 조약의 전문에 명시된 원칙에 따라 제휴의 일차적 역할은 특별관계국 주민들이 열망하는 경제·사회·문화적 발전으로 이어지도록 이들의 이익과 번영을 추구하는데 두어야 한다.

Article 198(ex Article 182 TEC)

○ The Member States agree to associate with the Union the non-European countries and territories which have special relations with Denmark, France, the Netherlands and the United Kingdom. These countries and territories (hereinafter called the 'countries and territories') are listed in Annex II.

○ The purpose of association shall be to promote the economic and social development of the countries and territories and to establish close economic relations between them and the Union as a whole.

○ In accordance with the principles set out in the preamble to this Treaty, association shall serve primarily to further the interests and prosperity of the inhabitants of these countries and territories in order to lead them to the economic, social and cultural development to which they aspire.

제199조(ex Article 183 TEC)

특별관계국들과의 제휴는 아래와 같은 목표를 가져야 한다.

(1) 회원국들은 특별관계국들과의 교역에 있어서 창설조약에 따라 회원국 상호 간에 부여하는 것과 동일한 처우를 하여야 한다.

(2) 각 특별관계국들은 회원국들 및 다른 특별관계국들과의 교역에 있어 자신과 특별관계를 맺고 있는 유럽 국가에 적용하는 것과 동일한 처우를 하여야 한다.

(3) 회원국들은 위 특별관계국들의 점진적 발전을 위하여 필요한 투자에 기여하여야 한다.

(4) 재원 조달이 연합에 의해 이루어지는 투자에 입찰 및 조달을 하는 경우, 그 참여의 기회는 회원국들 또는 특별관계국들의 모든 자연인과 법인에게 동등한 조건으로 개방되어야 한다.

(5) 회원국들과 특별관계국들의 관계에 있어 개인과 회사들이 갖는 기업설립의 자유는 제203조에 따른 특칙의 범위 내에서 기업설립의 권리에 관한 장에서 명시하는 조항 및 절차, 그리고 차별금지의 토대에 따라 규율 되어야 한다.

Article 199(ex Article 183 TEC)

Association shall have the following objectives.

1. Member States shall apply to their trade with the countries and territories the same treatment as they accord each other pursuant to the Treaties.
2. Each country or territory shall apply to its trade with Member States and with the other countries and territories the same treatment as that which it applies to the European State with which is has special relations.
3. The Member States shall contribute to the investments required for the progressive development of these countries and territories.
4. For investments financed by the Union, participation in tenders and supplies shall be open on equal terms to all natural and legal persons who are nationals of a Member State or of one of the countries and territories.
5. In relations between Member States and the countries and territories the right of establishment of nationals and companies or firms shall be regulated in accordance with the provisions and procedures laid down in the Chapter relating to the right of establishment and on a non-discriminatory basis, subject to any special provisions laid down pursuant to Article 203.

제200조 (ex Article 184 TEC)

(1) 특별관계국을 원산지로 하여 회원국 내로 수입되는 물품에 대한 관세는 창설조약 상의 조항에 따른 회원국 간의 관세 금지에 좇아 금지되어야 한다.

(2) 회원국에서 특별관계국으로 수입되거나 특별관계국 간 상호 수입되는 물품에 대한 관세는 조약 제30조에 따라 금지된다.

(3) ○ 그러나 특별관계국은 자국 발전 및 산업화의 필요에 부응하거나 예산 상의 세수 확보를 위해 관세를 부과할 수 있다.

○ 위 관세는 각 특별관계국이 특별 관계를 맺고 있는 회원국으로부터 수입되는 물품에 부과되는 정도를 초과할 수 없다.

(4) 제2항은 특별관계국이 구속력있는 특별한 국제적 의무에 기하여 이미 관세를 비차별적으로 적용하고 있는 경우에는 적용하지 아니한다.

(5) 특별관계국으로 수입되는 물품에 대한 신규 관세 도입이나 기존 관세의 변경이 법률적이건 사실상이건 불문하고 다양한 회원국들로부터 수입되는 물품 사이의 직·간접적인 차별을 야기하여서는 아니된다.

Article 200 (ex Article 184 TEC)

(1) Customs duties on imports into the Member States of goods originating in the countries and territories shall be prohibited in conformity with the prohibition of customs duties between Member States in accordance with the provisions of the Treaties.

(2) Customs duties on imports into each country or territory from Member States or from the other countries or territories shall be prohibited in accordance with the provisions of Article 30.

(3) ○ The countries and territories may, however, levy customs duties which meet the needs of their development and industrialisation or produce revenue for their budgets.

○ The duties referred to in the preceding subparagraph may not exceed the level of those imposed on imports of products from the Member State with which each country or territory has special relations.

(4) Paragraph 2 shall not apply to countries and territories which, by reason of the particular international obligations by which they are bound, already apply a non-discriminatory customs tariff.

(5) The introduction of or any change in customs duties imposed on goods imported into the

countries and territories shall not, either in law or in fact, give rise to any direct or indirect discrimination between imports from the various Member States.

제201조(ex Article 185 TEC)

제200조 제1항이 적용되는 까닭에 특별관계국으로 수입되는 제3국의 물품에 부과되는 관세 수준이 교역 조건의 왜곡을 초래하여 어느 회원국에 피해를 야기하는 경우 피해 당사국은 집행위원회에 대하여 다른 회원국들을 상대로 이를 시정하기 위해 필요한 조치들을 제안할 것을 요구할 수 있다.

Article 201(ex Article 185 TEC)

If the level of the duties applicable to goods from a third country on entry into a country or territory is liable, when the provisions of Article 200(1) have been applied, to cause deflections of trade to the detriment of any Member State, the latter may request the Commission to propose to the other Member States the measures needed to remedy the situation.

제202조(ex Article 186 TEC)

공중보건·공공안전·공공정책 관련 법규에 따를 것을 전제로 특별관계국 근로자들의 회원국 내에서의 자유이동 및 회원국 근로자들의 특별관계국 내에서의 자유이동은 제203조에 따라 채택되는 법령에 의해 규율 되어야 한다.

Article 202(ex Article 186 TEC)

Subject to the provisions relating to public health, public security or public policy, freedom of movement within Member States for workers from the countries and territories, and within the countries and territories for workers from Member States, shall be regulated by acts adopted in accordance with Article 203.

제203조(ex Article 187 TEC)

각료이사회는 집행위원회의 제안을 받아 만장일치로 특별관계국들과 연합 간의 기존 제휴 과정에서의 경험 및 창설조약에 명시된 원칙에 터잡아 특별관계국들과 연합 간의 제휴를 위한 세칙과 절차에 관련된 법령을 제정하여야 한다. 위 법령들이 각료이사회에 의하여 특별입법절차에 따라 채택되는 경우에는 집행위원회의 제안을 받아 유럽의회와의 협의를 거쳐 만장일치에 의하여야 한다.

Article 203(ex Article 187 TEC)

The Council, acting unanimously on a proposal from the Commission, shall, on the basis of the experience acquired under the association of the countries and territories with the Union and of the principles set out in the Treaties, lay down provisions as regards the detailed rules and the procedure for the association of the countries and territories with the Union. Where the provisions in question are adopted by the Council in accordance with a special legislative procedure, it shall act unanimously on a proposal from the Commission and after consulting the European Parliament.

제204조(ex Article 188 TEC)

제198조 내지 제203조의 조항들은 창설조약에 부속된 그린랜드를 위한 특별협정에 관한 의정서에 명시된 특칙의 범위 내에서 그린랜드에도 적용하여야 한다.

Article 204(ex Article 188 TEC)

The provisions of Articles 198 to 203 shall apply to Greenland, subject to the specific provisions for Greenland set out in the Protocol on special arrangements for Greenland, annexed to the Treaties.

제5부 연합의 대외적 활동

PART FIVE The Union's External Action

제1편 연합의 대외적 활동에 관한 일반조항

Title I General Provisions on the Union's External Action

제205조

본 제5부에 의한 국제무대에서의 연합의 활동은 유럽연합조약 제5편 제1장에 명시되어 있는 원칙에 따르고, 그 목표를 추구하며, 일반 조항에 따라 수행되어야 한다.

Article 205

The Union's action on the international scene, pursuant to this Part, shall be guided by the principles, pursue the objectives and be conducted in accordance with the general provisions laid down in Chapter 1 of Title V of the Treaty on European Union.

제2편 공동통상정책

Title II Common Commercial Policy

제206조(ex Article 131 TEC)

제28조 내지 제32조에 따른 관세동맹 창설을 통하여 연합은 공동의 이익을 추구하면서 세계 교역의 조

화로운 발전, 국제 무역 및 외국인 직접 투자 규제의 점진적 철폐와 관세·기타 무역 장벽 완화에 기여하여야 한다.

Article 206(ex Article 131 TEC)

By establishing a customs union in accordance with Articles 28 to 32, the Union shall contribute, in the common interest, to the harmonious development of world trade, the progressive abolition of restrictions on international trade and on foreign direct investment, and the lowering of customs and other barriers.

제207조(ex Article 133 TEC)

(1) 공동통상정책은 특히 관세율 변경, 상품과 서비스의 교역 관련 관세·무역협정의 체결, 통상 측면에서의 지적재산권·외국인 직접투자·자유화 조치의 통일성·수출 정책, 그리고 덤핑·국가 보조금 지급에 대처하기 위한 무역 수단들과 관련하여 단일 원칙에 기초하여야 한다. 공동통상정책은 연합의 대외적 활동의 원칙과 목표라는 맥락 내에서 추구되어야 한다.

(2) 유럽의회와 각료이사회는 통상입법절차에 따라 규정의 형식으로 공동통상정책 이행을 위한 틀을 수립하는 조치들을 채택하여야 한다.

(3) ○ 하나 또는 그 이상의 제3국들, 혹은 국제기구와의 협정 교섭과 체결이 필요한 경우 본 항의 특칙 범위 내에서 제218조가 적용되어야 한다.

○ 집행위원회는 각료이사회에 권고안을 제출하며, 각료이사회는 집행위원회가 필요한 교섭을 개시할 수 있도록 권한을 부여하여야 한다. 각료이사회와 집행위원회는 교섭된 협정이 연합의 정책과 법령에 위반되지 않도록 해야 할 책임을 진다.

○ 집행위원회의 위와 같은 협상은 집행위원회의 해당 임무를 조력하도록 하기 위해 각료이사회가 임명한 특별위원회와의 협의 속에서, 그리고 각료이사회가 협상을 위해 발령할 수도 있는 지침의 한계 내에서 수행되어야 한다. 집행위원회는 교섭 진전 사항을 정기적으로 특별위원회 및 유럽의회에 대하여 보고하여야 한다.

(4) ○ 제3항 소정의 교섭 및 조약 체결은 각료이사회에서 가중다수결에 의한다.

○ 외국인 직접 투자뿐만 아니라 서비스 교역 분야 및 통상 측면에서의 지적재산권 분야 관련 교섭과 조약을 체결함에 있어 그와 같은 협정 속에 역내 법령으로 채택되기 위하여 만장일치를 요구하는 조항이 포함되는 경우에 각료이사회의 결정은 만장일치에 의하여야 한다.

○ 각료이사회에 의한 아래 분야에 있어서의 협상과 조약 체결은 만장일치에 의하여야 한다.

(a) 문화·시청각 서비스 교역 분야로서 당해 협정이 연합의 문화적·언어적 다양성을 해할 우려가 있는 경우

(b) 사회·교육·보건 서비스 교역 분야로서 당해 협정이 이러한 업무를 소관으로 하는 회원국의 조직을 심각하게 방해하고, 서비스 제공에 대한 회원국의 책임에 영향을 미칠 우려가 있는 경우

(5) 운송 부문의 협상 및 국제 조약의 체결은 제3부 제6편 및 제218조의 규정에 따른다.

(6) 공동통상정책 분야에 있어 본 조에 의해 부여된 권한의 행사는 연합과 회원국들 간 권한의 구분에 영향을 끼쳐서는 아니 되며, 창설조약이 배제하는 한 회원국들의 법령의 정합으로 이어져서는 아니 된다.

Article 207(ex Article 133 TEC)

(1) The common commercial policy shall be based on uniform principles, particularly with regard to changes in tariff rates, the conclusion of tariff and trade agreements relating to trade in goods and services, and the commercial aspects of intellectual property, foreign direct investment, the achievement of uniformity in measures of liberalisation, export policy and measures to protect trade such as those to be taken in the event of dumping or subsidies. The common commercial policy shall be conducted in the context of the principles and objectives of the Union's external action.

(2) The European Parliament and the Council, acting by means of regulations in accordance with the ordinary legislative procedure, shall adopt the measures defining the framework for implementing the common commercial policy.

(3) ○ Where agreements with one or more third countries or international organisations need to be negotiated and concluded, Article 218 shall apply, subject to the special provisions of this Article.

○ The Commission shall make recommendations to the Council, which shall authorise it to open the necessary negotiations. The Council and the Commission shall be responsible for ensuring that the agreements negotiated are compatible with internal Union policies and rules.

○ The Commission shall conduct these negotiations in consultation with a special committee appointed by the Council to assist the Commission in this task and within the framework of such directives as the Council may issue to it. The Commission shall report regularly to the special committee and to the European Parliament on the progress of negotiations.

(4) ○ For the negotiation and conclusion of the agreements referred to in paragraph 3, the Council shall act by a qualified majority.

○ For the negotiation and conclusion of agreements in the fields of trade in services and the commercial aspects of intellectual property, as well as foreign direct investment, the Council shall act unanimously where such agreements include provisions for which unanimity is required for the adoption of internal rules.

○ The Council shall also act unanimously for the negotiation and conclusion of agreements:

(a) in the field of trade in cultural and audiovisual services, where these agreements risk prejudicing the Union's cultural and linguistic diversity;

(b) in the field of trade in social, education and health services, where these agreements risk seriously disturbing the national organisation of such services and prejudicing the responsibility of Member States to deliver them.

(5) The negotiation and conclusion of international agreements in the field of transport shall be subject to Title VI of Part Three and to Article 218.

(6) The exercise of the competences conferred by this Article in the field of the common commercial policy shall not affect the delimitation of competences between the Union and the Member States, and shall not lead to harmonisation of legislative or regulatory provisions of the Member States in so far as the Treaties exclude such harmonisation.

제3편 제3국들과의 협력 및 인도주의적 원조

Title III Cooperation with Third Countries and Humanitarian Aid

제1장 개발협력

Chapter 1 Development Cooperation

제208조(ex Article 177 TEC)

(1) ○ 개발협력 분야에서의 연합의 정책은 연합의 대외적 활동의 목표와 원칙의 틀 안에서 시행되어야 한다. 연합과 회원국들이 각기 추구하는 개발협력정책은 상호 보완하고, 강화 시켜 주어야 한다.

○ 연합의 개발협력의 정책의 주된 목표는 빈곤 감소, 더 나아가 장기적으로는 빈곤 제거에 둔다. 연

합은 개발도상국들에 영향을 미칠 수 있는 정책을 실행함에 있어 개발협력의 목표를 고려하여야 한다.

⑵ 연합과 회원국들은 유엔 및 기타 관련 국제기구들과의 연계 속에서 승인한 약속을 준수하고, 그 목표를 고려하여야 한다.

Article 208(ex Article 177 TEC)

(1) ○ Union policy in the field of development cooperation shall be conducted within the framework of the principles and objectives of the Union's external action. The Union's development cooperation policy and that of the Member States complement and reinforce each other.

○ Union development cooperation policy shall have as its primary objective the reduction and, in the long term, the eradication of poverty. The Union shall take account of the objectives of development cooperation in the policies that it implements which are likely to affect developing countries.

(2) The Union and the Member States shall comply with the commitments and take account of the objectives they have approved in the context of the United Nations and other competent international organisations.

제209조(ex Article 179 TEC)

⑴ 유럽의회와 각료이사회는 통상입법절차에 따라 개발도상국들과의 다년간 협력 계획 또는 주제별 접근 계획과 연계될 수 있는 개발협력 이행에 필요한 조치들을 채택하여야 한다.

⑵ ○ 연합은 제3국 및 관련 국제기구들과 유럽연합조약 제21조 및 본 조약 제208조 소정의 목표 달성에 유용한 여하한 협정도 체결할 수 있다.

○ 제1단은 국제 기구들과 교섭하고 협정을 체결하는 회원국들의 권한에는 영향을 미치지 아니한다.

⑶ 유럽투자은행은 그 설립근거법이 정하는 요건에 따라 제1항 소정의 조치 시행에 기여하여야 한다.

Article 209 (ex Article 179 TEC)

(1) The European Parliament and the Council, acting in accordance with the ordinary legislative procedure, shall adopt the measures necessary for the implementation of development cooperation policy, which may relate to multiannual cooperation programmes with developing countries or

programmes with a thematic approach.

(2) ○ The Union may conclude with third countries and competent international organisations any agreement helping to achieve the objectives referred to in Article 21 of the Treaty on European Union and in Article 208 of this Treaty.

○ The first subparagraph shall be without prejudice to Member States' competence to negotiate in international bodies and to conclude agreements.

(3) The European Investment Bank shall contribute, under the terms laid down in its Statute, to the implementation of the measures referred to in paragraph 1.

제210조(ex Article 180 TEC)

(1) 연합과 회원국들은 각 활동의 상호 보완성 및 효율성을 촉진하기 위하여 국제기구 및 국제회담을 포함하여 개발협력에 관한 서로의 정책을 조율하고 원조 계획에 대하여 상호 협의하여야 한다. 연합과 회원국들은 공동 조치를 취할 수 있다. 회원국들은 필요한 경우 연합의 원조 계획 실행에 기여하여야 한다.

(2) 집행위원회는 제1항 소정의 협력을 촉진하는데 유용한 발의를 할 수 있다.

Article 210 (ex Article 180 TEC)

(1) In order to promote the complementarity and efficiency of their action, the Union and the Member States shall coordinate their policies on development cooperation and shall consult each other on their aid programmes, including in international organisations and during international conferences. They may undertake joint action. Member States shall contribute if necessary to the implementation of Union aid programmes.

(2) The Commission may take any useful initiative to promote the coordination referred to in paragraph 1.

제211조(ex Article 181 TEC)

연합과 회원국들은 각자의 권한 내에서 제3국 및 관련 국제기구들과 협력하여야 한다.

Article 211(ex Article 181 TEC)

Within their respective spheres of competence, the Union and the Member States shall cooperate with third countries and with the competent international organisations.

제2장 제3국들과의 경제, 재정 및 기술 협력

Chapter 2 Economic, Financial and Technical Cooperation with Third Countries

제212조(ex Article 181a TEC)

(1) 연합은 창설조약상의 다른 조항들, 특히 제208조 내지 제211조에 영향을 미치지 아니하는 범위 내에서 개발도상국 외의 제3국들과 특별히 재정 지원을 포함한 경제·재정·기술 협력 조치들을 수행하여야 한다. 이러한 조치들은 연합의 개발 정책과의 일관성을 유지하면서 연합의 대외 활동의 목표와 원칙의 틀 안에서 시행되어야 한다. 연합과 회원국들의 각 활동은 상호 보완하고 강화시켜 주어야 한다.

(2) 유럽의회와 각료이사회는 통상입법절차에 따라 제1항의 실행에 필요한 조치들을 채택하여야 한다.

(3) ○ 연합 및 회원국들은 각자 권한 내에서 제3국들 및 관련 국제기구들과 협력하여야 한다. 연합의 협력 세칙은 연합과 당해 제3자 사이의 협정에 따를 수 있다.

○ 제1단은 국제 기구들과 교섭하고 협정을 체결하는 회원국들의 권한에는 영향을 미치지 아니한다.

Article 212 (ex Article 181a TEC)

(1) Without prejudice to the other provisions of the Treaties, and in particular Articles 208 to 211, the Union shall carry out economic, financial and technical cooperation measures, including assistance, in particular financial assistance, with third countries other than developing countries. Such measures shall be consistent with the development policy of the Union and shall be carried out within the framework of the principles and objectives of its external action. The Union's operations and those of the Member States shall complement and reinforce each other.

(2) The European Parliament and the Council, acting in accordance with the ordinary legislative procedure, shall adopt the measures necessary for the implementation of paragraph 1.

(3) ○ Within their respective spheres of competence, the Union and the Member States shall cooperate with third countries and the competent international organisations. The

arrangements for Union cooperation may be the subject of agreements between the Union and the third parties concerned.

○ The first subparagraph shall be without prejudice to the Member States' competence to negotiate in international bodies and to conclude international agreements.

제213조

제3국에서의 상황으로 인해 연합의 긴급한 재정지원이 요구되는 경우 각료이사회는 집행위원회의 제안에 따라 필요한 결정을 채택하여야 한다.

Article 213

When the situation in a third country requires urgent financial assistance from the Union, the Council shall adopt the necessary decisions on a proposal from the Commission.

제3장 인도적 원조

Chapter3 Humanitarian Aid

제214조

(1) 연합의 인도적 원조 분야에서의 활동은 연합의 대외 활동의 원칙과 목표의 틀 안에서 시행되어야 한다. 이러한 활동은 자연재해 또는 인재로 인한 제3국 피해 주민들에 대한 인도주의적 도움을 주기 위한 임시적 지원·구조·보호를 제공함을 목표로 한다. 연합과 회원국들의 각 활동은 상호 보완하고 강화시켜 주어야 한다.

(2) 인도적 원조 활동은 국제법 상의 원칙 및 공평성·중립성·비차별성의 원칙에 따라 시행되어야 한다.

(3) 유럽의회와 각료이사회는 통상입법절차에 따라 연합의 인도주의적 원조 활동 수행에 관한 틀을 획정하는 조치를 수립하여야 한다.

(4) ○ 연합은 제3국들 및 관련 국제기구들과 제1항 및 유럽연합조약 제21조 소정의 목표 달성에 유용한 여하한 협정도 체결할 수 있다.

○ 제1단은 국제 기구들과 교섭하고 협정을 체결하는 회원국들의 권한에는 영향을 미치지 아니한다.

⑸ 유럽의 청년들이 연합의 인도주의적 원조 활동에 공동으로 기여할 수 있는 틀을 마련하기 위하여 유럽인도주의원조자원봉사단을 설립한다. 유럽의회와 각료이사회는 통상입법절차에 따라 규정의 형식으로 위 봉사단의 운영에 관한 규칙과 절차를 정하여야 한다.

⑹ 집행위원회는 연합과 회원국 차원에서 각각 취하는 인도적 원조 조치들의 효율성과 상호보완성을 높이기 위하여 연합과 회원국들의 행동 조율에 유용한 여하한 발의도 할 수 있다.

⑺ 연합은 그 인도적 원조 활동이 국제 조직 및 기구들, 특히 유엔 체제를 구성하는 조직 내지 기구들의 활동과 조율되고 부합하도록 하여야 한다.

Article 214

(1) The Union's operations in the field of humanitarian aid shall be conducted within the framework of the principles and objectives of the external action of the Union. Such operations shall be intended to provide ad hoc assistance and relief and protection for people in third countries who are victims of natural or man-made disasters, in order to meet the humanitarian needs resulting from these different situations. The Union's measures and those of the Member States shall complement and reinforce each other.

(2) Humanitarian aid operations shall be conducted in compliance with the principles of international law and with the principles of impartiality, neutrality and non-discrimination.

(3) The European Parliament and the Council, acting in accordance with the ordinary legislative procedure, shall establish the measures defining the framework within which the Union's humanitarian aid operations shall be implemented.

(4) ○ The Union may conclude with third countries and competent international organisations any agreement helping to achieve the objectives referred to in paragraph 1 and in Article 21 of the Treaty on European Union.

○ The first subparagraph shall be without prejudice to Member States' competence to negotiate in international bodies and to conclude agreements.

(5) In order to establish a framework for joint contributions from young Europeans to the humanitarian aid operations of the Union, a European Voluntary Humanitarian Aid Corps shall be set up. The European Parliament and the Council, acting by means of regulations in accordance with the ordinary legislative procedure, shall determine the rules and procedures for the operation of the Corps.

(6) The Commission may take any useful initiative to promote coordination between actions of the Union and those of the Member States, in order to enhance the efficiency and complementarity of

Union and national humanitarian aid measures.

(7) The Union shall ensure that its humanitarian aid operations are coordinated and consistent with those of international organisations and bodies, in particular those forming part of the United Nations system.

제4편 제한조치

Title IV Restrictive Measures

제215조(ex Article 301 TEC)

(1) 유럽연합조약 제5편 제2장에 따라 채택된 결정이 하나 또는 그 이상의 제3국들과의 경제·재정관계의 일부 또는 전면적 중단 내지 축소를 담고 있는 경우, 각료이사회는 외교안보수석대표와 집행위원회의 공동제안에 터잡아 가중다수결에 의하여 필요한 조치들을 채택하여야 한다. 각료이사회는 이를 유럽의회에 통지하여야 한다.

(2) 유럽연합조약 제5편 제2장에 따라 채택된 결정에서 정하는 바에 따라 각료이사회는 제1항 소정의 절차에 의거하여 자연인·법인·단체·비국가 실체에 대한 제한조치들을 취할 수 있다.

(3) 본 조 소정의 조치에는 법적 보호에 관하여 필요한 조항들이 포함되어야 한다.

Article 215(ex Article 301 TEC)

(1) Where a decision, adopted in accordance with Chapter 2 of Title V of the Treaty on European Union, provides for the interruption or reduction, in part or completely, of economic and financial relations with one or more third countries, the Council, acting by a qualified majority on a joint proposal from the High Representative of the Union for Foreign Affairs and Security Policy and the Commission, shall adopt the necessary measures. It shall inform the European Parliament thereof.

(2) Where a decision adopted in accordance with Chapter 2 of Title V of the Treaty on European Union so provides, the Council may adopt restrictive measures under the procedure referred to in paragraph 1 against natural or legal persons and groups or non-State entities.

(3) The acts referred to in this Article shall include necessary provisions on legal safeguards.

제5편 국제협약

Title V International Agreements

제216조

(1) 연합은 창설조약에서 예정해 두고 있는 경우, 혹은 협약 체결이 연합의 정책 틀 안에서 창설조약이 정하고 있는 목표의 하나를 달성하는데 필요하거나 그 체결이 법적 구속력 있는 연합의 행위에 포함되어 있는 경우 또는 공동의 규칙에 영향을 끼치거나 그 범위에 변경을 가져올 가능성이 있는 경우에는 하나 또는 그 이상의 제3국들 또는 국제기구들과 협약을 체결할 수 있다.

(2) 연합의 기관 및 회원국은 연합에 의해 체결된 협약에 기속된다.

Article 216

(1) The Union may conclude an agreement with one or more third countries or international organisations where the Treaties so provide or where the conclusion of an agreement is necessary in order to achieve, within the framework of the Union's policies, one of the objectives referred to in the Treaties, or is provided for in a legally binding Union act or is likely to affect common rules or alter their scope.

(2 Agreements concluded by the Union are binding upon the institutions of the Union and on its Member States.

제217조(ex Article 310 TEC)

연합은 하나 또는 그 이상의 제3국이나 국제조직과의 사이에 상호간 권리·의무, 공동 행동 및 특별절차를 포함하는 협약을 체결할 수 있다.

Article 217(ex Article 310 TEC)

The Union may conclude with one or more third countries or international organisations agreements establishing an association involving reciprocal rights and obligations, common action and special procedure.

제218조(ex Article 300 TEC)

(1) 제207조 소정의 특별 규정에 영향을 미치지 않는 한도 내에서 연합과 제3국 또는 국제조직 간의 협약은 아래의 절차에 따라 교섭·체결되어야 한다.

(2) 각료이사회는 교섭 개시 승인, 협상 관련 지침 채택, 협약문 서명 승인 및 최종 협약 체결권을 갖는다.

(3) 집행위원회 또는 외교안보수석대표는 예정된 협약이 전적으로 또는 주로 공동외교안보정책과 관련되어 있는 경우에는 각료이사회에 권고안을 제출하여야 하고, 이에 따라 각료이사회는 교섭개시 승인 및 예정된 협약의 성격에 따라 연합의 교섭자를 임명하거나 혹은 교섭단장을 임명하는 결정을 채택하여야 한다.

(4) 각료이사회는 교섭책임자에게 지침을 발령하고 아울러 교섭 과정 중에 협의를 해야만 하는 특별위원회를 설치할 수 있다.

(5) 각료이사회는 교섭책임자의 제안에 따라 협약문 서명에 대한 승인 및 필요한 경우 당해 협약의 발효 전 잠정 적용을 승인한다는 결정을 채택한다.

(6) ○ 각료이사회는 교섭책임자의 제안에 따라 협약 최종 체결에 관한 결정을 채택하여야 한다.

○ 전적으로 공동외교안보정책 분야에만 배타적으로 관련된 협약을 제외하고, 각료이사회는 아래와 같이 최종 협약 체결에 관한 결정을 채택한다.

(a) 다음의 경우엔 사전에 유럽의회의 동의를 얻어야 하되, 긴급한 경우 유럽의회와 각료이사회는 동의의 기한 설정에 합의할 수 있다.

i) 제휴협정

ii) 연합의 인권 및 기본적 자유 보호를 위한 유럽협약에 가입을 위한 협정

iii) 협력절차 구성을 통해 특별한 제도적 틀을 만들기 위한 협약

iv) 연합 차원에서 예산상 중요한 의미를 갖는 협약

v) 통상입법절차 또는 유럽의회의 동의를 요하는 특별입법절차가 적용되는 분야의 협약.

(b) 기타의 경우엔 유럽의회와 사전 협의 절차를 거친다. 유럽의회는 각료이사회가 사안의 긴급성에 따라 설정하는 기한 내에 의견을 전달하여야 한다. 위 기한 내에 의견이 없는 경우 각료이사회는 결정을 내릴 수 있다.

(7) 협약 체결에 있어 각료이사회는 제5, 6 및 9항의 예외로서 조약 수정이 간이절차에 의해 채택될 수 있도록 되어 있거나 조약에 의해 설립된 기구에 의해 채택되도록 되어 있는 경우 교섭책임자에게 연합을 대표하여 당해 협약을 개정할 수 있는 권한을 부여할 수 있다. 각료이사회는 그와 같은 권한을 수

여함에 있어 특별한 조건을 부가할 수 있다.

(8) ○ 제반 절차 상 각료이사회의 의결정족수는 가중다수결에 의한다.

○ 다만 연합의 법령 채택을 위해 만장일치가 요구될 때 및 가입 후보국들과의 제휴협정 또는 제212조 소정의 협정을 체결하는 경우에 각료이사회의 결정은 만장일치에 의하여야 한다. 연합이 〈인권 및 기본적 자유 보호에 관한 유럽협약〉에 가입하기 위한 협정을 체결하는 경우에도 각료이사회는 만장일치로 결정하여야 한다. 이 협정 체결 결정은 각 회원국의 자국의 헌법적 요건에 따른 비준을 거친 후에 발효된다.

(9) 협정에 의해 설치된 기구에서 해당 협정의 제도적 틀을 보완·수정하는 정도를 벗어난 법적 효과를 갖는 행위를 하도록 요구되는 경우 각료이사회는 집행위원회나 외교안보수석대표의 제안에 따라 당해 협정의 적용을 유예하고 연합을 대표하여 그 입장을 밝히는 결정을 채택하여야 한다.

(10) 절차의 모든 단계는 즉시, 그리고 완전하게 유럽 의회에 통지되어야 한다.

(11) 회원국, 유럽의회, 각료이사회 또는 집행위원회는 유럽연합법원에 대하여 예정된 협정이 창설조약과 양립할 수 있는지 여부에 관한 의견을 조회할 수 있다. 법원의 의견이 부정적인 경우, 그 내용이 수정되거나 창설조약이 개정될 때까지 예정된 협정은 발효되지 않을 수 있다.

Article 218(ex Article 300 TEC)

(1) Without prejudice to the specific provisions laid down in Article 207, agreements between the Union and third countries or international organisations shall be negotiated and concluded in accordance with the following procedure.

(2) The Council shall authorise the opening of negotiations, adopt negotiating directives, authorise the signing of agreements and conclude them.

(3) The Commission, or the High Representative of the Union for Foreign Affairs and Security Policy where the agreement envisaged relates exclusively or principally to the common foreign and security policy, shall submit recommendations to the Council, which shall adopt a decision authorising the opening of negotiations and, depending on the subject of the agreement envisaged, nominating the Union negotiator or the head of the Union's negotiating team.

(4) The Council may address directives to the negotiator and designate a special committee in consultation with which the negotiations must be conducted.

(5) The Council, on a proposal by the negotiator, shall adopt a decision authorising the signing of the agreement and, if necessary, its provisional application before entry into force.

(6) ○ The Council, on a proposal by the negotiator, shall adopt a decision concluding the agreement.

○ Except where agreements relate exclusively to the common foreign and security policy, the

Council shall adopt the decision concluding the agreement:

(a) after obtaining the consent of the European Parliament in the following cases:

(i) association agreements;

(ii) agreement on Union accession to the European Convention for the Protection of Human Rights and Fundamental Freedoms;

(iii) agreements establishing a specific institutional framework by organising cooperation procedures;

(iv) agreements with important budgetary implications for the Union;

(v) agreements covering fields to which either the ordinary legislative procedure applies, or the special legislative procedure where consent by the European Parliament is required.

The European Parliament and the Council may, in an urgent situation, agree upon a time-limit for consent.

(b) after consulting the European Parliament in other cases. The European Parliament shall deliver its opinion within a time-limit which the Council may set depending on the urgency of the matter. In the absence of an opinion within that time-limit, the Council may act.

(7) When concluding an agreement, the Council may, by way of derogation from paragraphs 5, 6 and 9, authorise the negotiator to approve on the Union's behalf modifications to the agreement where it provides for them to be adopted by a simplified procedure or by a body set up by the agreement. The Council may attach specific conditions to such authorisation.

(8) ○ The Council shall act by a qualified majority throughout the procedure.

○ However, it shall act unanimously when the agreement covers a field for which unanimity is required for the adoption of a Union act as well as for association agreements and the agreements referred to in Article 212 with the States which are candidates for accession. The Council shall also act unanimously for the agreement on accession of the Union to the European Convention for the Protection of Human Rights and Fundamental Freedoms; the decision concluding this agreement shall enter into force after it has been approved by the Member States in accordance with their respective constitutional requirements.

(9) The Council, on a proposal from the Commission or the High Representative of the Union for Foreign Affairs and Security Policy, shall adopt a decision suspending application of an agreement and establishing the positions to be adopted on the Union's behalf in a body set up by an agreement, when that body is called upon to adopt acts having legal effects, with the exception of acts supplementing or amending the institutional framework of the agreement.

(10) The European Parliament shall be immediately and fully informed at all stages of the procedure.

(11) A Member State, the European Parliament, the Council or the Commission may obtain the opinion of the Court of Justice as to whether an agreement envisaged is compatible with the Treaties. Where the opinion of the Court is adverse, the agreement envisaged may not enter into force unless it is amended or the Treaties are revised.

제219조(ex Article 111(1) to (3) and (5) TEC)

(1) ○ 제218조에 대한 예외로서 각료이사회는 유럽중앙은행의 권고를 따라, 또는 집행위원회의 권고를 따르는 경우엔 유럽중앙은행과의 협의를 거쳐 물가안정이라는 목표에 부합하는 합의를 도출하기 위한 일환으로 제3국의 통화와 유로화 사이의 환율 제도에 관한 공식 협정을 체결할 수 있다. 각료이사회는 유럽의회와의 협의를 거친 뒤 제3항에 명시된 절차에 따라 만장일치로 결정하여야 한다.

○ 각료이사회는 유럽중앙은행의 권고를 따라, 또는 집행위원회의 권고를 따르는 경우엔 유럽중앙은행과의 협의를 거쳐 물가안정이라는 목표에 부합하는 합의를 도출하기 위한 일환으로 환율제도상의 유로기준환율을 결정, 조정 또는 포기할 수 있다. 각료이사회의 의장은 유럽의회에 대하여 유로기준환율의 결정, 조정 또는 포기에 관한 내용을 통지하여야 한다.

(2) 하나 또는 그 이상의 제3국의 통화와 관련한 제1항 소정의 환율제도가 확립되어 있지 않은 경우 각료이사회는 유럽중앙은행의 권고를 따라, 또는 집행위원회의 권고를 따르는 경우엔 유럽중앙은행과의 협의를 거쳐 이러한 제3국 통화들과 관련한 환율정책을 위한 일반적 지침을 수립할 수 있다. 이러한 일반적 지침은 물가 안정을 유지하기 위한 유럽중앙은행제도의 우선적 목표에 영향을 미쳐서는 아니 된다.

(3) 연합이 통화 또는 외환 제도에 관한 조약들을 하나 또는 그 이상의 국가들 또는 국제기구와 협상할 필요가 있는 경우 제218조의 예외로서 각료이사회는 집행위원회의 권고를 따라 유럽중앙은행과의 협의를 거쳐 협상의 교섭과 조약 체결을 위한 방식을 결정하여야 한다. 이 방식에서는 연합의 단일 입장이 견지되도록 보장하여야 한다. 교섭은 집행위원회와의 전적인 공동 보조 하에 이루어져야 한다.

(4) 경제·통화동맹과 관련한 연합의 권한 및 연합이 체결한 협정에 영향을 끼치지 아니하는 범위 내에서 회원국들은 국제기구 내에서 국제 조약을 체결할 수 있다.

Article 219(ex Article 111(1) to (3) and (5) TEC)

(1) ○ By way of derogation from Article 218, the Council, either on a recommendation from the European Central Bank or on a recommendation from the Commission and after consulting the

European Central Bank, in an endeavour to reach a consensus consistent with the objective of price stability, may conclude formal agreements on an exchange-rate system for the euro in relation to the currencies of third States. The Council shall act unanimously after consulting the European Parliament and in accordance with the procedure provided for in paragraph 3.

○ The Council may, either on a recommendation from the European Central Bank or on a recommendation from the Commission, and after consulting the European Central Bank, in an endeavour to reach a consensus consistent with the objective of price stability, adopt, adjust or abandon the central rates of the euro within the exchange-rate system. The President of the Council shall inform the European Parliament of the adoption, adjustment or abandonment of the euro central rates.

(2) In the absence of an exchange-rate system in relation to one or more currencies of third States as referred to in paragraph 1, the Council, either on a recommendation from the Commission and after consulting the European Central Bank or on a recommendation from the European Central Bank, may formulate general orientations for exchange-rate policy in relation to these currencies. These general orientations shall be without prejudice to the primary objective of the ESCB to maintain price stability.

(3) By way of derogation from Article 218, where agreements concerning monetary or foreign exchange regime matters need to be negotiated by the Union with one or more third States or international organisations, the Council, on a recommendation from the Commission and after consulting the European Central Bank, shall decide the arrangements for the negotiation and for the conclusion of such agreements. These arrangements shall ensure that the Union expresses a single position. The Commission shall be fully associated with the negotiations.

(4) Without prejudice to Union competence and Union agreements as regards economic and monetary union, Member States may negotiate in international bodies and conclude international agreements.

제6편 연합과 국제기구, 제3국들과의 관계 및 연합 대표부

Title VI The Union's Relations with International Organisations and Third Countries and Union Delegations

제220조 (ex Articles 302 to 304 TEC)

(1) ○ 연합은 국제연합의 조직과 그 특별기구들, 유럽평의회, 유럽안보협력기구 및 경제협력개발기구와 모든 적절한 형태의 협력을 취하여야 한다.

○ 연합은 기타 다른 국제기구들과의 사이에서도 위와 같은 적절한 관계를 유지하여야 한다.

(2) 외교안보수석대표와 집행위원회는 본 조의 이행에 대한 책무를 진다.

Article 220 (ex Articles 302 to 304 TEC)

(1) ○ The Union shall establish all appropriate forms of cooperation with the organs of the United Nations and its specialised agencies, the Council of Europe, the Organisation for Security and Cooperation in Europe and the Organisation for Economic Cooperation and Development.

○ The Union shall also maintain such relations as are appropriate with other international organisations.

(2) The High Representative of the Union for Foreign Affairs and Security Policy and the Commission shall be instructed to implement this Article.

제221조

(1) 제3국들 및 국제기구 내에서의 연합 대표부는 연합을 대표한다.

(2) 연합대표부는 외교안보수석대표의 지휘를 받아야 한다. 연합대표부는 회원국들의 외교 및 영사 대표부와 긴밀한 협력 하에 행동하여야 한다.

Article 221

(1) Union delegations in third countries and at international organisations shall represent the Union.

(2) Union delegations shall be placed under the authority of the High Representative of the Union for Foreign Affairs and Security Policy. They shall act in close cooperation with Member States' diplomatic and consular missions.

제7편 결속 조항

Title Ⅶ Solidarity Clause

제222조

(1) 연합과 회원국들은 어느 회원국이 테러 공격의 목표가 되거나 자연 또는 인재로 인하여 피해를 입은 경우 연대정신에 입각하여 공동으로 행동하여야 한다. 연합은 다음의 목적을 위하여 회원국들이 제공하는 군사적 자원을 포함한 가능한 모든 가용 수단을 동원하여야 한다.

(a) – 회원국들 영토 내에서의 테러 위협의 방지

– 여하한 형태의 테러 공격으로부터의 민주적 제도 및 민간인 보호

– 테러 공격이 있는 경우 그 회원국의 정치적 기관의 요청에 따른 그 영토 내에서의 당해 회원국 지원

(b) 자연 재해 또는 인재를 입은 경우 그 회원국의 정치적 기관의 요청에 따른 그 영토 내에서의 원조 활동

(2) 어느 회원국이 테러 공격의 목표가 되거나 자연 재해 또는 인재를 입은 경우, 그 회원국의 정치적 기관의 요청에 따라 다른 회원국들은 당해 국가를 원조하여야 한다. 이 목적을 위해 회원국들은 각료이사회 내에서 상호 조정 하여야 한다.

(3) ○ 연합에 의한 연대 조항의 실행을 위한 세부 준비는 집행위원회와 외교안보수석대표의 공동 제안에 터잡아 각료이사회가 채택하는 결정에 따라 수립되어야 한다. 각료이사회는 이 결정이 방위와 연관되어 있는 경우에는 유럽연합조약 제31조 제1항에 따라 조치를 취하여야 한다. 유럽의회는 위 사항에 관하여 통지를 받는다.

○ 본 항의 목적을 위해 제240조에 영향을 미치지 아니하는 한도 내에서 각료이사회는 공동안보·방

위정책의 전개의 일환으로 구성된 기구들의 조력을 받는 정치·안보위원회 및 제71조 소정의 위원회의 보좌를 받는다. 두 위원회는 필요한 경우 공동으로 의견을 제출한다.

⑷ 유럽정상회의는 연합과 회원국들이 효과적으로 행동하도록 하기 위하여 연합이 당면하고 있는 위협들을 정기적으로 평가하여야 한다.

Article 222

(1) The Union and its Member States shall act jointly in a spirit of solidarity if a Member State is the object of a terrorist attack or the victim of a natural or man-made disaster. The Union shall mobilise all the instruments at its disposal, including the military resources made available by the Member States, to:

(a) – prevent the terrorist threat in the territory of the Member States;
– protect democratic institutions and the civilian population from any terrorist attack;
– assist a Member State in its territory, at the request of its political authorities, in the event of a terrorist attack;

(b) assist a Member State in its territory, at the request of its political authorities, in the event of a natural or man-made disaster

(2) Should a Member State be the object of a terrorist attack or the victim of a natural or man-made disaster, the other Member States shall assist it at the request of its political authorities. To that end, the Member States shall coordinate between themselves in the Council.

(3) ○ The arrangements for the implementation by the Union of the solidarity clause shall be defined by a decision adopted by the Council acting on a joint proposal by the Commission and the High Representative of the Union for Foreign Affairs and Security Policy. The Council shall act in accordance with Article 31(1) of the Treaty on European Union where this decision has defence implications. The European Parliament shall be informed.

○ For the purposes of this paragraph and without prejudice to Article 240, the Council shall be assisted by the Political and Security Committee with the support of the structures developed in the context of the common security and defence policy and by the Committee referred to in Article 71; the two committees shall, if necessary, submit joint opinions.

(4) The European Council shall regularly assess the threats facing the Union in order to enable the Union and its Member States to take effective action.

제6부 기관 및 재정 조항

PART SIX Institutional and Financial Provisions

제1편 기관조항

Title I Institutional Provisions

제1장 기관

Chapter 1 The Institutions

| 제1절 유럽의회 |

Section 1 The European Parliament

제223조(ex Article 190(4) and (5) TEC)

(1) ○ 유럽의회는 모든 회원국에서 통일적인 절차에 의하거나 또는 모든 회원국들에 공통된 원칙에 기하여 유럽의회 의원들을 직접보통선거로 선출하는데 필요한 법안을 작성하여야 한다.

○ 각료이사회는 특별입법절차에 따라 재적의원의 과반수에 의한 유럽의회의 동의를 얻은 뒤 만장일치로 필요한 법령을 제정한다. 이 법령은 각 회원국의 헌법적 요건에 따라 비준을 거친 후에 발효된다.

(2) 유럽의회는 특별입법절차에 따라 의원들의 직무 수행에 관한 규율 및 일반적 요건과 관련한 규정을 제정하되, 집행위원회의 의견을 구하고 각료이사회의 승인을 얻어야 한다. 전·현직 의원들에 대한 과세와 관련된 모든 규칙이나 요건들은 각료이사회 내에서 만장일치로 결정되어야 한다.

Article 223(ex Article 190(4) and (5) TEC)

(1) ○ The European Parliament shall draw up a proposal to lay down the provisions necessary for the

election of its Members by direct universal suffrage in accordance with a uniform procedure in all Member States or in accordance with principles common to all Member States.

○ The Council, acting unanimously in accordance with a special legislative procedure and after obtaining the consent of the European Parliament, which shall act by a majority of its component Members, shall lay down the necessary provisions. These provisions shall enter into force following their approval by the Member States in accordance with their respective constitutional requirements.

(2) The European Parliament, acting by means of regulations on its own initiative in accordance with a special legislative procedure after seeking an opinion from the Commission and with the approval of the Council, shall lay down the regulations and general conditions governing the performance of the duties of its Members. All rules or conditions relating to the taxation of Members or former Members shall require unanimity within the Council.

제224조(ex Article 191, second subparagraph, TEC)

유럽의회 및 각료이사회는 통상입법절차에 따라 규정의 형식으로 유럽연합조약 제10조 제4항 소정의 유럽 차원에서의 정당 규율에 관한 법령, 특히 정당 자금에 관한 법령들을 제정하여야 한다.

Article 224(ex Article 191, second subparagraph, TEC)

The European Parliament and the Council, acting in accordance with the ordinary legislative procedure, by means of regulations, shall lay down the regulations governing political parties at European level referred to in Article 10(4) of the Treaty on European Union and in particular the rules regarding their funding.

제225조(ex Article 192, second subparagraph, TEC)

유럽의회는 창설조약의 이행이라는 목적상 필요하다고 판단하는 경우 재적의원 과반수의 결의로 집행위원회에 대하여 해당 사안에 관한 적절한 제안을 하도록 요구할 수 있다. 집행위원회가 제안을 하지 않는 경우에는 유럽의회에 대하여 그 사유를 통지하여야 한다.

Article 225(ex Article 192, second subparagraph, TEC)

The European Parliament may, acting by a majority of its component Me
bers, request the Commission to submit any appropriate proposal on matters on which it considers that a Union act is required for the purpose of implementing the Treaties. If the Commission does not submit a proposal, it shall inform the European Parliament of the reasons.

제226조(ex Article 193 TEC)

○ 유럽의회는 업무수행의 일환으로 창설조약에 의하여 다른 기관이나 기구에 부여된 권한에 영향을 미치지 아니하는 범위 내에서 재적의원 4분의 1 이상의 요구가 있는 경우 연합의 법령 집행 과정에서의 위법이나 행정권 남용 혐의 사건들에 대한 조사를 위한 임시 조사위원회를 구성할 수 있다. 다만, 혐의 사실들이 재판에 계류 중이고 사법 절차의 대상인 경우에는 그러하지 아니하다.

○ 임시위원회는 보고서 제출과 함께 해산한다.

○ 조사권 행사에 관한 세부 사항은 유럽의회가 특별입법절차에 따라 발의한 안에 기하여 각료이사회 및 집행위원회의 동의를 얻어 규정의 형식으로 제정한다.

Article 226(ex Article 193 TEC)

○ In the course of its duties, the European Parliament may, at the request of a quarter of its component Members, set up a temporary Committee of Inquiry to investigate, without prejudice to the powers conferred by the Treaties on other institutions or bodies, alleged contraventions or maladministration in the implementation of Union law, except where the alleged facts are being examined before a court and while the case is still subject to legal proceedings.

○ The temporary Committee of Inquiry shall cease to exist on the submission of its report.

○ The detailed provisions governing the exercise of the right of inquiry shall be determined by the European Parliament, acting by means of regulations on its own initiative in accordance with a special legislative procedure, after obtaining the consent of the Council and the Commission.

제227조(ex Article 194 TEC)

연합의 모든 시민, 회원국 내에 거주하거나 사무소를 등록하고 있는 자연인 또는 법인은 연합의 활동 영역에 속하고 아울러 자신에게 직접적으로 영향을 미치는 사안에 관하여 단독으로 혹은 다른 시민이나 사람들과 연대하여 유럽의회에 청원할 수 있는 권리를 갖는다.

Article 227(ex Article 194 TEC)

Any citizen of the Union, and any natural or legal person residing or having its registered office in a Member State, shall have the right to address, individually or in association with other citizens or persons, a petition to the European Parliament on a matter which comes within the Union's fields of activity and which affects him, her or it directly.

제228조(ex Article 195 TEC)

⑴ ○ 유럽의회에 의해 선출된 옴부즈만은 연합의 모든 시민, 회원국 내에 거주하거나 사무소를 등록하고 있는 자연인 또는 법인으로부터 연합의 기관, 기구, 부서 또는 수탁자(이하 "행정기관"이라 함)의 행위 중 행정권 오·남용 사안과 관련한 진정을 수리할 권한을 갖되, 유럽연합법원의 사법심사의 대상이 되고 있는 경우는 제외한다. 옴부즈만은 접수된 사건을 조사하고 그에 관한 보고를 하여야 한다.

○ 직무의 일환으로 옴부즈만은 사법 절차의 대상이거나 현재 계류 중인 사건들을 제외하고 직권 혹은 옴부즈만에 직접 또는 유럽의회를 통하여 들어온 진정에 기초하여 타당성을 확인하기 위한 조사를 하여야 한다. 행정권의 오·남용이 있다고 판단하는 경우 옴부즈만은 사건을 관련 행정기관에 이첩하여야 하고, 당해 기관은 3개월 이내에 옴부즈만에게 그에 관한 입장을 통지하여야 한다. 옴부즈만은 유럽의회 및 관련 행정기관에 보고서를 제출하여야 한다. 조사 결과는 진정인에 대하여도 통지되어야 한다.

○ 옴부즈만은 매년 유럽의회에 조사 결과에 대한 보고서를 제출하여야 한다.

⑵ ○ 옴부즈만은 유럽의회 선거 이후 당해 의회의 임기와 동일한 임기로 선출하여야 한다. 옴부즈만은 연임할 수 있다.

○ 옴부즈만이 직무 수행에 필요한 요건을 더 이상 충족시키지 못하거나 중대한 위법행위가 있는 경우 유럽의회의 요청으로 유럽연합법원은 옴부즈만을 해임할 수 있다.

(3) 옴부즈만은 완전히 독립적인 지위에서 임무를 수행하여야 한다. 옴부즈만은 임무 수행과 관련하여 어떤 정부나 타 기관, 기구, 부서 또는 단체에 지시를 구하거나 이들로부터 받아서는 아니 된다. 옴부즈만은 임기 동안은 유·무급을 불문하고 여하한 다른 직업을 가질 수 없다.

(4) 유럽의회는 집행위원회의 의견을 구하고 각료이사회의 승인을 받아 특별입법절차에 따라 직권으로 규정의 형식으로 옴부즈만의 직무 수행을 규율하는 규칙 및 일반적 요건을 정하여야 한다.

Article 228(ex Article 195 TEC)

(1) ○ A European Ombudsman, elected by the European Parliament, shall be empowered to receive complaints from any citizen of the Union or any natural or legal person residing or having its registered office in a Member State concerning instances of maladministration in the activities of the Union institutions, bodies, offices or agencies, with the exception of the Court of Justice of the European Union acting in its judicial role. He or she shall examine such complaints and report on them.

○ In accordance with his duties, the Ombudsman shall conduct inquiries for which he finds grounds, either on his own initiative or on the basis of complaints submitted to him direct or through a Member of the European Parliament, except where the alleged facts are or have been the subject of legal proceedings. Where the Ombudsman establishes an instance of maladministration, he shall refer the matter to the institution, body, office or agency concerned, which shall have a period of three months in which to inform him of its views. The Ombudsman shall then forward a report to the European Parliament and the institution, body, office or agency concerned. The person lodging the complaint shall be informed of the outcome of such inquiries.

○ The Ombudsman shall submit an annual report to the European Parliament on the outcome of his inquiries.

(2) ○ The Ombudsman shall be elected after each election of the European Parliament for the duration of its term of office. The Ombudsman shall be eligible for reappointment.

○ The Ombudsman may be dismissed by the Court of Justice at the request of the European Parliament if he no longer fulfils the conditions required for the performance of his duties or if he is guilty of serious misconduct.

(3) The Ombudsman shall be completely independent in the performance of his duties. In the performance of those duties he shall neither seek nor take instructions from any Government, institution, body, office or entity. The Ombudsman may not, during his term of office, engage in

any other occupation, whether gainful or not.

(4) The European Parliament acting by means of regulations on its own initiative in accordance with a special legislative procedure shall, after seeking an opinion from the Commission and with the approval of the Council, lay down the regulations and general conditions governing the performance of the Ombudsman's duties.

제229조(ex Article 196 TEC)

○ 유럽의회는 연례 정기회기를 갖는다. 유럽의회는 별도의 소집절차를 요하지 아니하고 매년 3월 둘째 주 화요일에 개회된다.

○ 유럽의회는 재적 의원 과반수의 동의 또는 각료이사회나 집행위원회의 요구가 있는 경우 임시부분회기를 열 수 있다.

Article 229(ex Article 196 TEC)

○ The European Parliament shall hold an annual session. It shall meet, without requiring to be convened, on the second Tuesday in March.

○ The European Parliament may meet in extraordinary part-session at the request of a majority of its component Members or at the request of the Council or of the Commission.

제230조(ex Article 197, second, third and fourth paragraph, TEC)

○ 집행위원회는 모든 회의에 참석할 수 있으며 자신의 요구로 의견을 진술하여야 한다.

○ 집행위원회는 유럽의회 또는 의원들이 제기한 질문에 구두나 문서로 답변하여야 한다.

○ 유럽정상회의와 각료이사회는 각 유럽정상회의의 절차에 관한 규칙 내지 각료이사회의 절차에 관한 규칙에 정한 요건에 따라 유럽의회에 대하여 의견을 진술하여야 한다.

Article 230(ex Article 197, second, third and fourth paragraph, TEC)

○ The Commission may attend all the meetings and shall, at its request, be heard.

○ The Commission shall reply orally or in writing to questions put to it by the European Parliament or by its Members.

○ The European Council and the Council shall be heard by the European Parliament in accordance with the conditions laid down in the Rules of Procedure of the European Council and those of the Council.

제231조(ex Article 198 TEC)

○ 창설조약으로 달리 정한 경우를 제외하고 유럽의회의 의결정족수는 투표수의 과반수로 한다.
○ 정족수는 의사규칙이 정하는 바에 따른다.

Article 231(ex Article 198 TEC)

○ Save as otherwise provided in the Treaties, the European Parliament shall act by a majority of the votes cast.
○ The Rules of Procedure shall determine the quorum.

제232조(ex Article 199 TEC)

○ 유럽의회는 의원 과반수의 결의로 의사규칙을 채택한다.
○ 유럽의회의 의사록은 창설조약 및 의사규칙에 정해진 바에 따라 공표되어야 한다.

Article 232(ex Article 199 TEC)

○ The European Parliament shall adopt its Rules of Procedure, acting by a majority of its Members.
○ The proceedings of the European Parliament shall be published in the manner laid down in the Treaties and in its Rules of Procedure.

제233조(ex Article 200 TEC)

유럽의회는 집행위원회가 제출한 연례종합보고서를 공개회의에서 토론하여야 한다.

Article 233(ex Article 200 TEC)

The European Parliament shall discuss in open session the annual general report submitted to it by the Commission.

제234조(ex Article 201 TEC)

○ 집행위원회의 활동에 대한 불신임 동의안이 상정된 경우 유럽의회는 동의안 상정 후 최소한 3일이 경과한 이후 공개투표의 방식에 의하여 표결하여야 한다.

○ 불신임 동의안이 투표수의 2/3 이상의 다수와 유럽의회 재적의원의 과반수로 가결된 경우 집행위원회의 위원들은 단일체로서 일괄 사퇴하고, 외교안보수석대표는 집행위원회 내에서 행하던 직무에서 사임하여야 한다. 집행위원들은 유럽연합조약 제17조에 따라 교체될 때까지 직위를 유지하고 현행 업무를 계속 수행하여야 한다. 이 경우 새로 임명된 집행위원들의 임기는 단일체로서 총 사퇴하는 집행위원들의 잔여 임기로 한다.

Article 234(ex Article 201 TEC)

○ If a motion of censure on the activities of the Commission is tabled before it, the European Parliament shall not vote thereon until at least three days after the motion has been tabled and only by open vote.

○ If the motion of censure is carried by a two-thirds majority of the votes cast, representing a majority of the component Members of the European Parliament, the members of the Commission shall resign as a body and the High Representative of the Union for Foreign Affairs and Security Policy shall resign from duties that he or she carries out in the Commission. They shall remain in office and continue to deal with current business until they are replaced in accordance with Article 17 of the Treaty on European Union. In this case, the term of office of the members of the Commission appointed to replace them shall expire on the date on which the term of office of the members of the Commission obliged to resign as a body would have expired.

| 제2절 유럽정상회의 |

Section 2 The European Council

제235조

(1) ○ 투표권을 행사함에 있어 유럽정상회의의 위원은 다른 위원 한 명에 한하여 대리할 수 있다.

○ 유럽정상회의가 가중다수결에 의하여 결정하는 경우엔 유럽연합조약 제16조 제4항 및 본 조약 제238조 제2항을 적용한다. 유럽정상회의의 표결에 정상회의 상임의장과 집행위원회 위원장은 참여할 수 없다.

○ 출석 중인 위원 본인이나 대리인의 기권은 만장일치를 요하는 유럽정상회의에서의 결의 채택에 영향을 미치지 아니한다.

(2) 유럽의회의 의장은 유럽정상회의에 초대되어 의견을 진술할 수 있다.

(3) 절차적 문제 및 의사 규칙의 채택은 단순 다수결에 의한다.

(4) 유럽정상회의는 각료이사회의 사무국의 조력을 받는다.

Article 235

(1) ○ Where a vote is taken, any member of the European Council may also act on behalf of not more than one other member.

○ Article 16(4) of the Treaty on European Union and Article 238(2) of this Treaty shall apply to the European Council when it is acting by a qualified majority. Where the European Council decides by vote, its President and the President of the Commission shall not take part in the vote.

○ Abstentions by members present in person or represented shall not prevent the adoption by the European Council of acts which require unanimity.

(2) The President of the European Parliament may be invited to be heard by the European Council.

(3) The European Council shall act by a simple majority for procedural questions and for the adoption of its Rules of Procedure.

(4) The European Council shall be assisted by the General Secretariat of the Council.

제236조

유럽정상회의는 아래와 같은 사항을 결정함에 있어서는 가중다수결에 의한다.

(a) 유럽연합조약 제16조 제6항에 따라 정무각료이사회 및 외교각료이사회를 제외한 나머지 각료이사회 구성 목록에 대한 결정

(b) 외교각료이사회를 제외하고 유럽연합조약 제16조 제9항에 따른 나머지 각료이사회의 의장을 정하는 결정

Article 236

The European Council shall adopt by a qualified majority:

(a) a decision establishing the list of Council configurations, other than those of the General Affairs Council and of the Foreign Affairs Council, in accordance with Article 16(6) of the Treaty on European Union;

(b) a decision on the Presidency of Council configurations, other than that of Foreign Affairs, in accordance with Article 16(9) of the Treaty on European Union.

| 제3절 각료이사회 |

Section 3 The Council

제237조(ex Article 204 TEC)

각료이사회는 의장의 직권이나 개별 이사 또는 집행위원회의 요청에 따라 소집된다.

Article 237(ex Article 204 TEC)

The Council shall meet when convened by its President on his own initiative or at the request of one of its Members or of the Commission.

제238조(ex Article 205(1) and (2), TEC)

(1) 단순다수결에 의한 결의를 요하는 경우 각료이사회의 의결정족수는 재적 구성원의 과반수로 한다.

(2) 유럽연합조약 제16조 제4항의 예외로서 2014년 11월 1일부터는 〈경과조항에 관한 의정서〉에 따라 각료이사회가 집행위원회 또는 외교안보수석대표의 제안에 의거하여 결정하지 아니하는 경우에는 각료이사회 이사의 72퍼센트, 연합 전체 인구의 65퍼센트 이상에 해당하는 회원국들을 대표하는 이사들의 찬성을 가중다수결의 의결정족수로 한다.

(3) 2014년 11월 1일부터는 창설조약 상의 〈경과조항에 관한 의정서〉에 따라 각료이사회 구성원 전원이 투표에 참여하지 않는 경우 가중다수결은 아래와 같이 산정한다.

(a) ○ 가중다수결은 표결참여회원국들을 대표하는 각료이사들의 55퍼센트 이상이고, 찬성 회원국들의 인구가 표결참여회원국 전체 인구의 65퍼센트 이상일 것.

○ 의결저지소수권 행사의 요건은 최소한 표결참여국가들 총 인구의 35퍼센트를 대표하는 국가들의 각료이사에 한 명의 각료 이사를 더한 수로 하고, 이 요건을 충족하지 못한 경우 당해 가중다수결은 성립한 것으로 간주된다.

(b) 위 (a)에 관한 예외로서 의결 안건이 집행위원회 또는 외교안보정책수석대표의 제안에 따른 것이 아닌 경우 각료이사회에서의 가중다수결은 표결참여회원국들을 대표하는 각료이사들의 72퍼센트 이상이고, 찬성 회원국들의 인구가 표결참여회원국 전체 인구의 65퍼센트 이상이어야 한다.

(4) 출석 중인 위원 본인이나 대리인의 기권은 만장일치를 요하는 각료이사회에서의 결의 채택에 영향을 미치지 아니한다.

Article 238(ex Article 205(1) and (2), TEC)

(1) Where it is required to act by a simple majority, the Council shall act by a majority of its component members.

(2) By way of derogation from Article 16(4) of the Treaty on European Union, as from 1 November 2014 and subject to the provisions laid down in the Protocol on transitional provisions, where the Council does not act on a proposal from the Commission or from the High Representative of the Union for Foreign Affairs and Security Policy, the qualified majority shall be defined as at least 72 % of the members of the Council, representing Member States comprising at least 65 % of the population of the Union.

(3) As from 1 November 2014 and subject to the provisions laid down in the Protocol on transitional provisions, in cases where, under the Treaties, not all the members of the Council participate in

voting, a qualified majority shall be defined as follows:

(a) ○ A qualified majority shall be defined as at least 55 % of the members of the Council representing the participating Member States, comprising at least 65 % of the population of these States.

○ A blocking minority must include at least the minimum number of Council members representing more than 35 % of the population of the participating Member States, plus one member, failing which the qualified majority shall be deemed attained.

(b) By way of derogation from point (a), where the Council does not act on a proposal from the Commission or from the High Representative of the Union for Foreign Affairs and Security Policy, the qualified majority shall be defined as at least 72 % of the members of the Council representing the participating Member States, comprising at least 65 % of the population of these States.

(4) Abstentions by Members present in person or represented shall not prevent the adoption by the Council of acts which require unanimity.

제239조(ex Article 206 TEC)

투표권을 행사함에 있어 각료이사회의 이사는 다른 각료 이사 한 명에 한하여 대리 할 수 있다.

Article 239(ex Article 206 TEC)

Where a vote is taken, any Member of the Council may also act on behalf of not more than one other member.

제240조(ex Article 207 TEC)

(1) 회원국 정부의 상설대표들로 구성되는 상설위원회는 각료이사회의 업무 준비 및 각료이사회에서 부여받은 업무를 수행한다. 상설대표위원회는 각료이사회 의사규칙에 명시되어 있는 경우에는 절차와 관련한 결정을 내릴 수 있다.

(2) ○ 각료이사회는 사무국의 조력을 받으며, 사무국의 총괄 책임자인 사무총장은 각료이사회에서 임명한다.

○ 사무국의 조직에 관한 안건은 단순다수결로 의결한다.

(3) 절차적 문제 및 의사규칙의 채택 결정은 단순다수결에 의한다.

Article 240(ex Article 207 TEC)

(1) A committee consisting of the Permanent Representatives of the Governments of the Member States shall be responsible for preparing the work of the Council and for carrying out the tasks assigned to it by the latter. The Committee may adopt procedural decisions in cases provided for in the Council's Rules of Procedure.

(2) ○ The Council shall be assisted by a General Secretariat, under the responsibility of a Secretary-General appointed by the Council.

○ The Council shall decide on the organisation of the General Secretariat by a simple majority.

(3) The Council shall act by a simple majority regarding procedural matters and for the adoption of its Rules of Procedure.

제241조(ex Article 208 TEC)

각료이사회는 단순다수결을 통해 집행위원회로 하여금 공동목표를 달성함에 있어 바람직하다고 판단되는 연구를 수행하여 적절한 제안을 제출하도록 요구할 것을 결정할 수 있다. 집행위원회가 제안을 제출하지 않을 경우에는 각료이사회에 그 이유를 통지하여야 한다.

Article 241(ex Article 208 TEC)

The Council acting by a simple majority may request the Commission to undertake any studies the Council considers desirable for the attainment of the common objectives, and to submit to it any appropriate proposals. If the Commission does not submit a proposal, it shall inform the Council of the reasons.

제242조(ex Article 209 TEC)

각료이사회는 집행위원회와의 협의를 거쳐 단순다수결에 의하여 창설조약 상의 각종 위원회들을 규율하는 법령을 결정할 수 있다.

Article 242(ex Article 209 TEC)

The Council, acting by a simple majority shall, after consulting the Commission, determine the rules governing the committees provided for in the Treaties.

제243조(ex Article 210 TEC)

각료이사회는 유럽정상회의 의장, 집행위원회 위원장, 외교안보수석대표, 집행위원, 유럽연합법원의 법원장·판사·사무국장과 각료이사회 사무총장의 급여, 수당 및 연금을 결정한다. 각료이사회는 일체 보수에 갈음하여 지급하는 급부에 대한 결정권을 갖는다.

Article 243(ex Article 210 TEC)

The Council shall determine the salaries, allowances and pensions of the President of the European Council, the President of the Commission, the High Representative of the Union for Foreign Affairs and Security Policy, the Members of the Commission, the Presidents, Members and Registrars of the Court of Justice of the European Union, and the Secretary-General of the Council. It shall also determine any payment to be made instead of remuneration.

| 제4절 집행위원회 |

Section 4 The Commission

제244조

유럽연합조약 제17조 제5항에 따라 집행위원회 위원들은 유럽정상회의에서 만장일치로 정하는 윤번제 및 아래와 같은 원칙에 따라 선출된다.

(a) 자국민을 집행위원회의 위원으로 선출시 그 순번과 임기에 있어 회원국들은 전적으로 동등하게 취급되어야 한다. 어느 회원국이건 자국민 집행위원들의 임기의 합계는 한 명의 임기를 초과할 수 없다.

(b) 위 (a)의 요건을 준수하여 각 후속 집행위원은 모든 회원국들의 인구 및 지리적 분포를 반영하여 구

성되어야 한다.

Article 244

In accordance with Article 17(5) of the Treaty on European Union, the Members of the Commission shall be chosen on the basis of a system of rotation established unanimously by the European Council and on the basis of the following principles:

(a) Member States shall be treated on a strictly equal footing as regards determination of the sequence of, and the time spent by, their nationals as members of the Commission; consequently, the difference between the total number of terms of office held by nationals of any given pair of Member States may never be more than one;

(b) subject to point (a), each successive Commission shall be so composed as to reflect satisfactorily the demographic and geographical range of all the Member States.

제245조(ex Article 213 TEC)

○ 집행위원회 위원들은 직무와 양립할 수 없는 어떠한 행동도 하여서는 아니된다. 회원국들은 집행위원들의 독립성을 존중하며 이들의 업무 수행과정에 영향을 미치려 하여서는 아니된다.

○ 집행위원들은 임기 동안은 영리, 비영리를 불문하고 일체의 다른 직위를 겸직하여서는 아니된다. 취임함에 있어 집행위원들은 재직 중이나 퇴직 후에도 업무 수행상 필요한 의무를 준수하고, 특히 퇴직 후 일정한 지위나 이익을 받음에 있어 온전하고 신중하게 행동할 의무를 존중하겠다고 엄숙하게 선서를 해야 한다. 위와 같은 의무를 위반한 경우 법원은 각료이사회의 단순다수결에 의한 청구 또는 집행위원회의 청구에 의하여 당해 집행위원에 대하여 구체적 상황에 따라 제247조에 기하여 파면하거나 연금수급권 또는 기타 연금에 갈음하는 혜택의 박탈을 선고할 수 있다.

Article 245(ex Article 213 TEC)

○ The Members of the Commission shall refrain from any action incompatible with their duties. Member States shall respect their independence and shall not seek to influence them in the performance of their tasks.

○ The Members of the Commission may not, during their term of office, engage in any other occupation, whether gainful or not. When entering upon their duties they shall give a solemn undertaking that, both during and after their term of office, they will respect the obligations arising therefrom and in particular their duty to behave with integrity and discretion as regards the acceptance, after they have ceased to hold office, of certain appointments or benefits. In the event of any breach of these obligations, the Court of Justice may, on application by the Council acting by a simple majority or the Commission, rule that the Member concerned be, according to the circumstances, either compulsorily retired in accordance with Article 247 or deprived of his right to a pension or other benefits in its stead.

제246조(ex Article 215 TEC)

○ 임기만료로 인한 통상적인 교체나 사망 외에 집행위원회 위원의 직무는 사임이나 해임으로 종료된다.

○ 사임, 해임 또는 사망으로 공석이 된 경우 해당 위원의 잔여 임기는 같은 회원국의 국민 중 유럽연합조약 제17조 제3항 제2단에 정한 기준에 따라 유럽의회와의 협의를 거친 뒤 집행위원장과의 합의 하에 각료이사회에서 임명한 자로 수행하게 한다.

○ 특별히 잔여임기가 짧을 경우 각료이사회는 집행위원장의 제안에 따라 만장일치로 잔여임기를 수행할 자를 임명하지 않기로 결정할 수 있다.

○ 집행위원장이 사임, 해임되거나 사망한 경우 후임 집행위원장이 잔여임기를 수행한다. 후임 집행위원장 선출에 관하여는 유럽연합조약 제17조 제7항 제1단 소정의 절차를 준용한다.

○ 외교안보수석대표가 사임, 해임되거나 사망한 경우 후임 외교안보수석대표가 유럽연합조약 제18조 제1항에 따라 잔여임기를 수행한다.

○ 집행위원회 위원 전원이 사임한 경우 유럽연합조약 제17조에 따라 잔여 임기를 수행할 후임 집행위원들이 임명될 때까지 사임한 집행위원들은 계속 지위를 유지하고 당면한 업무를 수행한다.

Article 246(ex Article 215 TEC)

○ Apart from normal replacement, or death, the duties of a Member of the Commission shall end when he resigns or is compulsorily retired.

○ A vacancy caused by resignation, compulsory retirement or death shall be filled for the remainder of the Member's term of office by a new Member of the same nationality appointed by the Council, by common accord with the President of the Commission, after consulting the European Parliament and in accordance with the criteria set out in the second subparagraph of Article 17(3) of the Treaty on European Union.

○ The Council may, acting unanimously on a proposal from the President of the Commission, decide that such a vacancy need not be filled, in particular when the remainder of the Member's term of office is short.

○ In the event of resignation, compulsory retirement or death, the President shall be replaced for the remainder of his term of office. The procedure laid down in the first subparagraph of Article 17(7) of the Treaty on European Union shall be applicable for the replacement of the President.

○ In the event of resignation, compulsory retirement or death, the High Representative of the Union for Foreign Affairs and Security Policy shall be replaced, for the remainder of his or her term of office, in accordance with Article 18(1) of the Treaty on European Union.

○ In the case of the resignation of all the Members of the Commission, they shall remain in office and continue to deal with current business until they have been replaced, for the remainder of their term of office, in accordance with Article 17 of the Treaty on European Union.

제247조(ex Article 216 TEC)

집행위원이 업무수행에 필요한 요건을 더 이상 충족하지 못하거나 중대한 비행으로 유죄가 된 경우, 유럽연합 법원은 단순다수결에 의한 각료이사회의 요청 또는 집행위원회의 요청에 따라 당해 위원을 해임할 수 있다.

Article 247(ex Article 216 TEC)

If any Member of the Commission no longer fulfils the conditions required for the performance of his duties or if he has been guilty of serious misconduct, the Court of Justice may, on application by the Council acting by a simple majority or the Commission, compulsorily retire him.

제248조(ex Article 217(2) TEC)

유럽연합조약 제18조 제4항에 영향을 미치지 아니하는 범위 내에서 집행위원장은 위 조약 제17조 제6항에 따라 재임 중인 집행위원들의 업무 체계를 획정하여 각 위원들이 분장하도록 하여야 한다. 집행위원장은 집행위원회 임기 중 위원들에 대한 업무 분장을 개편하여 재배정할 수 있다. 집행위원들은 자신의 권한으로 집행위원장으로부터 부여받은 임무를 수행하여야 한다.

Article 248(ex Article 217(2) TEC)

Without prejudice to Article 18(4) of the Treaty on European Union, the responsibilities incumbent upon the Commission shall be structured and allocated among its members by its President, in accordance with Article 17(6) of that Treaty. The President may reshuffle the allocation of those responsibilities during the Commission's term of office. The Members of the Commission shall carry out the duties devolved upon them by the President under his authority.

제249조(ex Articles 218(2) and 212 TEC)

⑴ 집행위원회는 집행위원회 및 그 산하 부서의 운영을 위한 절차규칙을 채택하여야 한다. 이 규칙은 공표되어야 한다.

⑵ 집행위원회는 매년 늦어도 유럽의회 정기회기 개회 1 개월 전에 연합의 활동에 관한 종합보고서를 공표하여야 한다.

Article 249(ex Articles 218(2) and 212 TEC)

(1) The Commission shall adopt its Rules of Procedure so as to ensure that both it and its departments operate. It shall ensure that these Rules are published.

(2) The Commission shall publish annually, not later than one month before the opening of the session of the European Parliament, a general report on the activities of the Union.

제250조(ex Article 219 TEC)

○ 집행위원회의 의결은 집행위원 과반수로 한다.

○ 정족수는 절차규칙에 따른다.

Article 250(ex Article 219 TEC)

○ The Commission shall act by a majority of its Members.

○ Its Rules of Procedure shall determine the quorum.

| 제5절 유럽연합법원 |

Section 5 The Court of Justice of the European Union

제251조(ex Article 221 TEC)

○ 최고법원은 유럽연합법원조직법상의 규칙에 따라 합의부 또는 대합의부로 구성된다.
○ 위 법에 정해진 경우 법원은 전원합의체를 구성할 수도 있다.

Article 251(ex Article 221 TEC)

○ The Court of Justice shall sit in chambers or in a Grand Chamber, in accordance with the rules laid down for that purpose in the Statute of the Court of Justice of the European Union.
○ When provided for in the Statute, the Court of Justice may also sit as a full Court.

제252조(ex Article 222 TEC)

○ 최고법원은 8명의 연구재판관의 조력을 받는다. 최고법원이 요구할 경우 각료이사회는 만장일치로 연구재판관을 증원할 수 있다.
○ 유럽연합법원조직법에 따라 그 관여가 요구되는 소송인 경우 연구재판관은 공개 법정에서 완전히 불편부당하고 독립적으로 판결제시안을 제공하여야 한다.

Article 252(ex Article 222 TEC)

○ The Court of Justice shall be assisted by eight Advocates-General. Should the Court of Justice so request, the Council, acting unanimously, may increase the number of Advocates-General.
○ It shall be the duty of the Advocate-General, acting with complete impartiality and independence, to make, in open court, reasoned submissions on cases which, in accordance with the Statute of the Court of Justice of the European Union, require his involvement.

제253조(ex Article 223 TEC)

○ 최고법원의 법관들 및 연구재판관들은 그 독립성에 의문의 여지가 없고, 각 국의 최고 법원의 법관 임명 요건을 갖춘 자 또는 탁월한 능력을 인정받는 법률가 중에서 선임되어야 한다. 이들은 제255조 소정의 심사 위원들과의 협의를 거쳐 회원국 정부들의 합의 하에 6년의 임기로 임명된다.

○ 법관들 및 연구재판관들은 유럽연합법원조직법 상의 요건에 따라 3년 단위로 부분적으로 교체되어야 한다.

○ 법관들은 그 구성 법관들 중에서 임기 3년으로 하여 법원장을 선출한다. 법원장은 재선될 수 있다.

○ 퇴임 법관 및 연구재판관은 재임명될 수 있다.

○ 최고법원은 사무국장을 임명하고 사무국 관장을 위한 규칙을 제정하여야 한다.

○ 최고법원은 자체적으로 재판절차규칙을 제정한다. 이 규칙은 각료이사회의 승인을 요한다.

Article 253(ex Article 223 TEC)

○ The Judges and Advocates-General of the Court of Justice shall be chosen from persons whose independence is beyond doubt and who possess the qualifications required for appointment to the highest judicial offices in their respective countries or who are juris consults of recognised competence; they shall be appointed by common accord of the governments of the Member States for a term of six years, after consultation of the panel provided for in Article 255.

○ Every three years there shall be a partial replacement of the Judges and Advocates-General, in accordance with the conditions laid down in the Statute of the Court of Justice of the European Union.

○ The Judges shall elect the President of the Court of Justice from among their number for a term of three years. He may be re-elected.

○ Retiring Judges and Advocates-General may be reappointed.

○ The Court of Justice shall appoint its Registrar and lay down the rules governing his service.

○ The Court of Justice shall establish its Rules of Procedure. Those Rules shall require the approval of the Council.

제254조(ex Article 224 TEC)

○ 일반법원의 법관 정원은 유럽연합법원조직법이 정하는 바에 따른다. 일반법원은 위 조직법이 정하는 바에 따라 연구재판관의 조력을 받을 수 있다.

○ 일반법원의 법관들은 그 독립성에 의문의 여지가 없고 고등 사법관 임명 요건에 해당하는 능력을 갖춘 자들 중에서 선임하여야 한다. 일반법원 법관들은 제255조 소정의 심사 위원들과의 협의를 거쳐 회원국 정부들의 합의 하에 6년의 임기로 임명된다. 퇴임 법관들은 재임명 자격을 갖는다.

○ 일반법원의 법관들은 그 구성 법관들 중에서 임기 3년으로 하여 일반 법원장을 선출한다. 법원장은 재선될 수 있다.

○ 일반법원은 사무국장을 임명하고 사무국 관장을 위한 규칙을 제정하여야 한다.

○ 일반법원은 유럽연합법원의 동의 하에 재판절차규칙을 제정한다. 이 규칙은 각료이사회의 승인을 요한다.

○ 유럽연합법원조직법에서 달리 정하지 않는 한 최고법원과 관련한 창설조약 상의 조항들은 일반법원에 준용된다.

Article 254(ex Article 224 TEC)

○ The number of Judges of the General Court shall be determined by the Statute of the Court of Justice of the European Union. The Statute may provide for the General Court to be assisted by Advocates-General.

○ The members of the General Court shall be chosen from persons whose independence is beyond doubt and who possess the ability required for appointment to high judicial office. They shall be appointed by common accord of the governments of the Member States for a term of six years, after consultation of the panel provided for in Article 255. The membership shall be partially renewed every three years. Retiring members shall be eligible for reappointment.

○ The Judges shall elect the President of the General Court from among their number for a term of three years. He may be re-elected.

○ The General Court shall appoint its Registrar and lay down the rules governing his service.

○ The General Court shall establish its Rules of Procedure in agreement with the Court of Justice. Those Rules shall require the approval of the Council.

○ Unless the Statute of the Court of Justice of the European Union provides otherwise, the provisions of the Treaties relating to the Court of Justice shall apply to the General Court.

제255조

○ 회원국 정부들은 제253조 및 제254조 소정의 임명 절차를 행하기 전 유럽연합법원 및 일반법원의 법관과 연구재판관 후보들의 업무 수행 능력의 적정성에 관한 의견을 조회하기 위하여 심사위원단을 구성하여야 한다.

○ 심사위원단은 최고법원 및 일반법원의 전직 구성원들, 각 회원국의 최고 법원의 구성원들 및 탁월한 능력을 인정받는 법률가들 중에서 선발된 7인으로 구성하며, 그 중의 한 명은 유럽의회에서 추천되어야 한다. 각료이사회는 심사위원단의 운영 및 심사 위원 임명에 관한 결정을 채택하여야 한다. 각료이사회는 최고법원장의 발의에 따라 결정하여야 한다.

Article 255

○ A panel shall be set up in order to give an opinion on candidates' suitability to perform the duties of Judge and Advocate-General of the Court of Justice and the General Court before the governments of the Member States make the appointments referred to in Articles 253 and 254.

○ The panel shall comprise seven persons chosen from among former members of the Court of Justice and the General Court, members of national supreme courts and lawyers of recognised competence, one of whom shall be proposed by the European Parliament. The Council shall adopt a decision establishing the panel's operating rules and a decision appointing its members. It shall act on the initiative of the President of the Court of Justice.

제256조(ex Article 225 TEC)

(1) ○ 일반법원은 제257조에 따라 설치되는 전문법정 관할 사건 및 유럽연합법원조직법 상 유보된 경우를 제외한 제1심 소송 또는 제263조, 제265조, 제268조, 제270조 및 272조 소정의 절차에 대한 재판권을 갖는다. 유럽연합법원조직법은 일반법원으로 하여금 기타 유형의 소송이나 절차에 관한 관할권을 갖도록 정할 수 있다.

○ 본 항에 따라 일반법원에 의하여 내려진 결정에 대하여는 유럽연합법원조직법이 정하는 요건과 범위 내에서 법률적 판단의 당부만을 대상으로 상고할 수 있다.

(2) ○ 일반법원은 전문법정의 결정에 반하는 행동이나 절차에 관한 재판 관할권을 갖는다.

○ 본 항에 의해 내려진 일반법원의 결정들이 연합 법령의 통일성 내지 일관성에 대한 심각한 영향을

초래할 위험이 있는 경우 유럽연합법원조직법이 정하는 요건과 범위 내에서 당해 결정들은 예외적으로 최고법원의 심사 대상이 될 수 있다.

(3) ○ 일반법원은 법원조직법에 의해 명시된 특정 분야에 있어서는 제267조 하의 전심절차에 따라 회부된 쟁점을 심리·판정하여야 한다.

○ 일반법원은 관할 사건이 연합 법령의 통일성 내지 일관성에 영향을 끼칠 가능성이 있는 법률 원칙에 관한 결정을 요하는 경우에는 그 판정을 위해 당해 사안을 최고법원에 회부할 수 있다.

○ 전심결정을 위해 회부된 쟁점에 관한 일반법원의 결정이 연합 법령의 통일성 내지 일관성에 대한 심각한 영향을 초래할 위험이 있는 경우 법원조직법이 정하는 요건과 범위 내에서 당해 결정들은 예외적으로 최고법원의 심사 대상이 될 수 있다.

Article 256(ex Article 225 TEC)

(1) ○ The General Court shall have jurisdiction to hear and determine at first instance actions or proceedings referred to in Articles 263, 265, 268, 270 and 272, with the exception of those assigned to a specialised court set up under Article 257 and those reserved in the Statute for the Court of Justice. The Statute may provide for the General Court to have jurisdiction for other classes of action or proceeding.

○ Decisions given by the General Court under this paragraph may be subject to a right of appeal to the Court of Justice on points of law only, under the conditions and within the limits laid down by the Statute.

(2) ○ The General Court shall have jurisdiction to hear and determine actions or proceedings brought against decisions of the specialized courts.

○ Decisions given by the General Court under this paragraph may exceptionally be subject to review by the Court of Justice, under the conditions and within the limits laid down by the Statute, where there is a serious risk of the unity or consistency of Union law being affected.

(3) ○ The General Court shall have jurisdiction to hear and determine questions referred for a preliminary ruling under Article 267, in specific areas laid down by the Statute.

○ Where the General Court considers that the case requires a decision of principle likely to affect the unity or consistency of Union law, it may refer the case to the Court of Justice for a ruling.

○ Decisions given by the General Court on questions referred for a preliminary ruling may exceptionally be subject to review by the Court of Justice, under the conditions and within the limits laid down by the Statute, where there is a serious risk of the unity or consistency of Union law being affected.

제257조(ex Article 225a TEC)

○ 유럽의회와 각료이사회는 통상입법절차에 따라 특정 분야에서 제소된 일정한 소송이나 절차를 재판하기 위하여 일반법원에 부수된 전문법정을 설치할 수 있다. 유럽의회와 각료이사회는 집행위원회의 제안을 받아 최고법원과의 협의를 거치거나 또는 최고법원의 요청을 받아 집행위원회와의 협의를 거쳐 규정의 형식으로 입법 조치를 취하여야 한다.

○ 전문법정 설치에 관한 규정에는 법정의 조직 및 법정에 부여된 관할권 범위에 관한 사항이 포함되어야 한다.

○ 전문법정의 결정에 관하여는 일반법원에 대하여 법률적 쟁점에 기하여만 항소하되, 다만 전문법정 설치에 관한 규정 상 인정되는 경우에는 사실 인정을 둘러싼 쟁점도 항소심의 목적으로 할 수 있다.

○ 전문법정의 판사들은 그 독립성에 의문의 여지가 없고 법관 임용 요건에 해당하는 능력을 갖춘 자들 중에서 선임하여야 한다. 전문법정의 판사들은 각료이사회에서 만장일치로 임명한다.

○ 전문법정은 최고법원의 동의 하에 재판절차규칙을 제정한다. 이 규칙은 각료이사회의 승인을 요한다.

○ 전문법정설치에 관한 규정에서 달리 정하지 않는 한 창설조약상의 최고법원과 관련한 조항들 및 유럽연합법원조직법상의 조항들은 전문법정에 준용된다. 법원조직법 제1편 및 같은 법 제64조는 예외없이 전문 법정에 적용되어야 한다.

Article 257(ex Article 225a TEC)

○ The European Parliament and the Council, acting in accordance with the ordinary legislative procedure, may establish specialised courts attached to the General Court to hear and determine at first instance certain classes of action or proceeding brought in specific areas. The European Parliament and the Council shall act by means of regulations either on a proposal from the Commission after consultation of the Court of Justice or at the request of the Court of Justice after consultation of the Commission.

○ The regulation establishing a specialised court shall lay down the rules on the organisation of the court and the extent of the jurisdiction conferred upon it.

○ Decisions given by specialised courts may be subject to a right of appeal on points of law only or, when provided for in the regulation establishing the specialised court, a right of appeal also on matters of fact, before the General Court.

○ The members of the specialised courts shall be chosen from persons whose independence is beyond doubt and who possess the ability required for appointment to judicial office. They shall be appointed by the Council, acting unanimously.

○ The specialised courts shall establish their Rules of Procedure in agreement with the Court of Justice. Those Rules shall require the approval of the Council.

○ Unless the regulation establishing the specialised court provides otherwise, the provisions of the Treaties relating to the Court of Justice of the European Union and the provisions of the Statute of the Court of Justice of the European Union shall apply to the specialised courts. Title I of the Statute and Article 64 thereof shall in any case apply to the specialised courts.

제258조(ex Article 226 TEC)

○ 집행위원회는 어느 회원국이 창설조약 상의 의무를 이행하지 않는다고 판단하는 경우 당해 회원국에게 자신의 입장을 개진할 기회를 부여한 뒤 당해 사안에 대한 적발소견서를 교부하여야 한다.

○ 당해 회원국이 집행위원회가 의견 제시한 기한 내에 따르지 않는 경우 집행위원회는 당해 사안을 유럽연합법원에 제소할 수 있다.

Article 258(ex Article 226 TEC)

○ If the Commission considers that a Member State has failed to fulfil an obligation under the Treaties, it shall deliver a reasoned opinion on the matter after giving the State concerned the opportunity to submit its observations.

○ If the State concerned does not comply with the opinion within the period laid down by the Commission, the latter may bring the matter before the Court of Justice of the European Union.

제259조(ex Article 227 TEC)

○ 어느 회원국이 다른 회원국이 창설조약 상의 의무를 이행하지 않는다고 판단하는 경우 그 회원국은 위반 회원국을 상대로 유럽연합법원에 제소할 수 있다.

○ 회원국이 다른 회원국을 상대로 창설조약 상의 의무 위반 혐의로 제소하기 전 제소 회원국은 집행위원회에 사안을 회부하여야 한다.

○ 집행위원회는 각 해당 회원국에 대하여 상대의 주장에 대한 입장을 구술 또는 서면으로 소명할 기회를 부여한 후 적발소견서를 발부하여야 한다.

○ 집행위원회가 사안을 회부받아 3개월 이내에 적발소견서를 발부하지 않을 경우 회부 회원국은 위반 회원국을 상대로 직접 법원에 제소할 수 있다.

Article 259(ex Article 227 TEC)

○ A Member State which considers that another Member State has failed to fulfil an obligation under the Treaties may bring the matter before the Court of Justice of the European Union.

○ Before a Member State brings an action against another Member State for an alleged infringement of an obligation under the Treaties, it shall bring the matter before the Commission.

○ The Commission shall deliver a reasoned opinion after each of the States concerned has been given the opportunity to submit its own case and its observations on the other party's case both orally and in writing.

○ If the Commission has not delivered an opinion within three months of the date on which the matter was brought before it, the absence of such opinion shall not prevent the matter from being brought before the Court.

제260조(ex Article 228 TEC)

(1) 유럽연합법원은 어느 회원국이 창설조약들 상의 의무를 위반하였다고 판정하는 경우 당해 국가에 대하여 그 판결을 이행하기 위해 필요한 조치들을 요구하여야 한다.

(2) ○ 집행위원회는 회원국이 법원의 판결을 이행함에 필요한 조치들을 취하지 않는다고 판단하는 경우 당해 국가에 대하여 의견을 개진할 기회를 부여한 뒤 유럽연합법원에 제소할 수 있다. 집행위원회는 구체적 사안에 따라 당해 회원국이 지불해야 할 일시납입금 또는 벌금을 특정하여야 한다.

○ 법원은 당해 회원국이 판결을 이행하지 않는다고 판단하는 경우 그 회원국에 대하여 일시납입금 또는 벌금을 부과할 수 있다.

○ 이 절차는 제259조의 적용에 영향을 미치지 아니한다.

(3) ○ 제258조에 따라 회원국을 통상입법절차에 따라 채택된 지시의 국내 입법으로의 전환을 위한 조치에 대한 통지 의무를 이행하지 않음을 이유로 법원에 제소할 경우, 집행위원회는 구체적 상황에 따라 적절하다고 판단하는 범위 내에서 당해 회원국이 납부해야 할 일시납입금 또는 벌금을 특정하여야 한다.

○ 법원은 해당 회원국의 위반 사실을 인정하는 경우 집행위원회가 명시한 금액을 초과하지 아니하는 범위 내에서 일시납입금 또는 벌금을 부과할 수 있다. 납부 의무는 법원이 판결에서 정한 날로

부터 발생한다.

Article 260(ex Article 228 TEC)

(1) If the Court of Justice of the European Union finds that a Member State has failed to fulfil an obligation under the Treaties, the State shall be required to take the necessary measures to comply with the judgment of the Court.

(2) ○ If the Commission considers that the Member State concerned has not taken the necessary measures to comply with the judgment of the Court, it may bring the case before the Court after giving that State the opportunity to submit its observations. It shall specify the amount of the lump sum or penalty payment to be paid by the Member State concerned which it considers appropriate in the circumstances.

○ If the Court finds that the Member State concerned has not complied with its judgment it may impose a lump sum or penalty payment on it.

○ This procedure shall be without prejudice to Article 259.

(3) ○ When the Commission brings a case before the Court pursuant to Article 258 on the grounds that the Member State concerned has failed to fulfil its obligation to notify measures transposing a directive adopted under a legislative procedure, it may, when it deems appropriate, specify the amount of the lump sum or penalty payment to be paid by the Member State concerned which it considers appropriate in the circumstances.

○ If the Court finds that there is an infringement it may impose a lump sum or penalty payment on the Member State concerned not exceeding the amount specified by the Commission. The payment obligation shall take effect on the date set by the Court in its judgment.

제261조(ex Article 229 TEC)

창설조약에 따라 유럽의회와 각료이사회가 공동으로, 혹은 각료이사회 단독으로 채택하는 규정은 그 벌칙에 관하여 정함에 있어 유럽연합법원에 대하여 상한선을 두지 아니하고 관할권을 부여할 수 있다.

Article 261(ex Article 229 TEC)

Regulations adopted jointly by the European Parliament and the Council, and by the Council, pursuant to the provisions of the Treaties, may give the Court of Justice of the European Union unlimited jurisdiction with regard to the penalties provided for in such regulations.

제262조(ex Article 229a TEC)

창설조약 상의 다른 조항들에 영향을 미치지 아니하는 범위 내에서 각료 이사회는 특별입법절차에 따라 유럽의회와의 협의를 거쳐 만장일치로 유럽지적재산권 창설과 관련한 창설조약에 근거를 두고 채택된 조치들의 적용을 둘러싼 분쟁 해결을 위해 유럽연합법원에 그 재판 관할권을 부여하는 법령을 채택할 수 있다. 이 법령들은 각 회원국의 헌법적 요건에 따라 비준을 거친 후에 발효된다.

Article 262(ex Article 229a TEC)

Without prejudice to the other provisions of the Treaties, the Council, acting unanimously in accordance with a special legislative procedure and after consulting the European Parliament, may adopt provisions to confer jurisdiction, to the extent that it shall determine, on the Court of Justice of the European Union in disputes relating to the application of acts adopted on the basis of the Treaties which create European intellectual property rights. These provisions shall enter into force after their approval by the Member States in accordance with their respective constitutional requirements.

제263조(ex Article 230 TEC)

○ 유럽연합법원은 각종 입법행위, 권고와 의견을 제외한 각료이사회, 집행위원회, 유럽중앙은행의 조치 및 제3자에 대한 법률 효과를 예정하고 있는 유럽의회와 유럽정상회의의 행위의 적법성을 심사하여야 한다. 유럽연합법원은 제3자에 대한 법률 효과를 예정하고 있는 연합의 기구, 부서 또는 수탁자가 취하는 조치에 대한 적법성을 심사하여야 한다.

○ 유럽법원은 제1단의 목적을 위하여 권한결격, 필수적인 절차적 요건 위반, 창설조약이나 창설조약 적용을 위한 하위 법령 위반, 권한남용을 이유로 회원국, 유럽의회, 각료이사회 또는 집행위원회가 제소한 사건에 관한 관할권을 갖는다.

○ 유럽연합법원은 위와 같은 사유로 회계감사원, 유럽중앙은행, 지역위원회가 자신들의 권한에 대한 침해를 막기 위해 제소한 사건들에 대한 관할권을 갖는다.

○ 자연인 또는 법인은 제1단 및 제2단 소정의 요건에 따라 자신에게 시달되었거나 직접적이고 개별적인

이해관계를 갖는 조치 및 직접 이해관계를 미치는 규제 행위이면서 시행 조치를 따로 수반하지 않는 행위에 대하여 소송을 제기할 수 있다.

○ 연합의 기구, 부서 및 수탁자 설치를 위한 법령들은 법률 효과를 예정하고 있는 이들 기구, 부서 및 수탁자의 행위로 인해 법적 영향을 받는 자연인이나 법인들이 소송을 제기함에 있어 필요한 특별한 조건과 절차들을 정할 수 있다.

○ 본 조에 의한 소송은 당해 조치에 대한 공표 또는 당사자에게 통지된 날부터, 통지가 없는 경우엔 원고가 그 사실을 안 날로부터 2개월 내에 제기되어야 한다.

Article 263(ex Article 230 TEC)

○ The Court of Justice of the European Union shall review the legality of legislative acts, of acts of the Council, of the Commission and of the European Central Bank, other than recommendations and opinions, and of acts of the European Parliament and of the European Council intended to produce legal effects vis-à-vis third parties. It shall also review the legality of acts of bodies, offices or agencies of the Union intended to produce legal effects vis-à-vis third parties.

○ It shall for this purpose have jurisdiction in actions brought by a Member State, the European Parliament, the Council or the Commission on grounds of lack of competence, infringement of an essential procedural requirement, infringement of the Treaties or of any rule of law relating to their application, or misuse of powers.

○ The Court shall have jurisdiction under the same conditions in actions brought by the Court of Auditors, by the European Central Bank and by the Committee of the Regions for the purpose of protecting their prerogatives.

○ Any natural or legal person may, under the conditions laid down in the first and second paragraphs, institute proceedings against an act addressed to that person or which is of direct and individual concern to them, and against a regulatory act which is of direct concern to them and does not entail implementing measures.

○ Acts setting up bodies, offices and agencies of the Union may lay down specific conditions and arrangements concerning actions brought by natural or legal persons against acts of these bodies, offices or agencies intended to produce legal effects in relation to them.

○ The proceedings provided for in this Article shall be instituted within two months of the publication of the measure, or of its notification to the plaintiff, or, in the absence thereof, of the day on which it came to the knowledge of the latter, as the case may be.

제264조(ex Article 231 TEC)

○ 원고 청구가 이유 있다고 판단되는 경우 유럽연합법원은 당해 조치의 무효를 선고하여야 한다.

○ 그러나 유럽연합법원은 필요하다고 인정하는 경우엔 무효를 선언한 조치 중의 일부는 확정적인 것으로 판결할 수 있다.

Article 264(ex Article 231 TEC)

○ If the action is well founded, the Court of Justice of the European Union shall declare the act concerned to be void.

○ However, the Court shall, if it considers this necessary, state which of the effects of the act which it has declared void shall be considered as definitive.

제265조(ex Article 232 TEC)

○ 유럽의회, 유럽정상회의, 각료이사회, 집행위원회 또는 유럽중앙은행이 창설조약을 위반하여 조치를 취하지 않는 경우 회원국들과 연합의 다른 기관들은 유럽연합법원에 대하여 조약 위반 확인을 구하는 소송을 제기할 수 있다. 본 조는 위와 같은 요건 하에 연합의 기구, 부서 또는 수탁자가 조치를 취하지 않을 경우에도 준용된다.

○ 이 소송은 해당 기관, 기구, 부서 및 수탁자에 대하여 조치를 취하도록 먼저 요구한 다음에 제기되어야 한다. 조치 요구 후 2개월이 경과하도록 해당 기관, 기구, 부서 또는 수탁자가 그 입장을 표명하지 않는 경우 그로부터 2개월 이내에 소송을 제기할 수 있다.

○ 자연인이나 법인은 제1단 및 제2단에 명시된 요건에 좇아 유럽연합법원에 대하여 연합의 기관, 기구, 부서 또는 수탁자가 권고나 의견의 형태가 아닌 법적 구속력 있는 조치를 취하지 않았음을 이유로 소송을 제기할 수 있다.

Article 265(ex Article 232 TEC)

○ Should the European Parliament, the European Council, the Council, the Commission or the European Central Bank, in infringement of the Treaties, fail to act, the Member States and the other institutions of the Union may bring an action before the Court of Justice of the European

Union to have the infringement established. This Article shall apply, under the same conditions, to bodies, offices and agencies of the Union which fail to act.

○ The action shall be admissible only if the institution, body, office or agency concerned has first been called upon to act. If, within two months of being so called upon, the institution, body, office or agency concerned has not defined its position, the action may be brought within a further period of two months.

○ Any natural or legal person may, under the conditions laid down in the preceding paragraphs, complain to the Court that an institution, body, office or agency of the Union has failed to address to that person any act other than a recommendation or an opinion.

제266조(ex Article 233 TEC)

○ 해당 조치가 무효라고 또는 특정 조치에 대한 부작위가 창설조약 위반이라는 판결을 받은 기관에 대하여는 유럽연합법원의 판결을 이행하는데 필요한 조치들을 취할 것이 요구되어야 한다.

○ 이 의무는 제340조 제2단의 적용에 따라 발생하는 의무에 영향을 미치지 아니한다.

Article 266(ex Article 233 TEC)

○ The institution whose act has been declared void or whose failure to act has been declared contrary to the Treaties shall be required to take the necessary measures to comply with the judgment of the Court of Justice of the European Union.

○ This obligation shall not affect any obligation which may result from the application of the second paragraph of Article 340.

제267조(ex Article 234 TEC)

○ 유럽연합법원은 아래와 같은 사항에 관하여 전심결정의 관할권을 갖는다.

(a) 창설조약의 해석

(b) 연합의 기관, 기구, 부서 또는 수탁자가 취한 행위의 유효성 및 그에 관한 해석.

– 위와 같은 쟁점이 판정 대상이 되어 있는 회원국의 법원이나 심판기구는 그 쟁점에 관한 결정이 종국적 판결을 내림에 있어 필요하다고 생각하는 경우 유럽연합법원에 대하여 그에 관한 결

정을 내려 줄 것을 요청할 수 있다

- 위와 같은 쟁점이 회원국의 법원이나 심판기구에 계류 중이고, 해당 법원이나 심판기구의 결정에 대하여 그 회원국의 국내법상 사법적 구제의 수단이 없는 최종심인 경우 당해 법원 또는 심판기구는 사안을 유럽연합법원에 회부하여야만 한다.

○ 회원국의 법원이나 심판기구에 계류된 위와 같은 쟁점이 인신 구속과 관련되어 있는 경우 유럽연합법원은 신속하게 결정을 내려야 한다.

Article 267(ex Article 234 TEC)

○ The Court of Justice of the European Union shall have jurisdiction to give preliminary rulings concerning:

(a) the interpretation of the Treaties;

(b) the validity and interpretation of acts of the institutions, bodies, offices or agencies of the Union;

- Where such a question is raised before any court or tribunal of a Member State, that court or tribunal may, if it considers that a decision on the question is necessary to enable it to give judgment, request the Court to give a ruling thereon.
- Where any such question is raised in a case pending before a court or tribunal of a Member State against whose decisions there is no judicial remedy under national law, that court or tribunal shall bring the matter before the Court.

○ If such a question is raised in a case pending before a court or tribunal of a Member State with regard to a person in custody, the Court of Justice of the European Union shall act with the minimum of delay.

제268조(ex Article 235 TEC)

유럽연합법원은 제340조 제2단 및 제3단 소정의 손해배상과 관련한 분쟁에 대한 재판 관할권을 갖는다.

Article 268(ex Article 235 TEC)

The Court of Justice of the European Union shall have jurisdiction in disputes relating to compensation for damage provided for in the second and third paragraphs of Article 340.

제269조

○ 최고법원은 유럽연합조약 제7조에 따라 유럽정상회의나 각료이사회가 취한 조치의 적법성 심판에 대한 관할권을 갖되 당해 심판의 청구권은 유럽정상회의 또는 각료이사회의 결정에 의해 영향을 받는 관련 당사국만이 행사할 수 있고, 그 심판의 대상은 제7조에 명시된 절차적 준수 여부로만 국한한다.

○ 회원국의 제소는 위와 같은 결정이 있은 날로부터 1개월 이내에 이루어져야 한다. 최고 법원은 요청이 있은 날로부터 1개월 내에 판정을 내려야 한다.

Article 269

○ The Court of Justice shall have jurisdiction to decide on the legality of an act adopted by the European Council or by the Council pursuant to Article 7 of the Treaty on European Union solely at the request of the Member State concerned by a determination of the European Council or of the Council and in respect solely of the procedural stipulations contained in that Article.

○ Such a request must be made within one month from the date of such determination. The Court shall rule within one month from the date of the request.

제270조(ex Article 236 TEC)

유럽연합법원은 〈공무원복무규정〉 및 〈연합의 기타 구성원 고용 조건〉이 정하는 요건과 범위 내에서 연합과 그 소속 직원들 사이의 분쟁에 관한 재판 관할권을 갖는다.

Article 270(ex Article 236 TEC)

The Court of Justice of the European Union shall have jurisdiction in any dispute between the Union and its servants within the limits and under the conditions laid down in the Staff Regulations of Officials and the Conditions of Employment of other servants of the Union.

제271조(ex Article 237 TEC)

유럽연합법원은 아래에서 정하는 범위 내에서 다음과 같은 분쟁에 대한 재판 관할권을 갖는다.

(a) 유럽투자은행법에 따른 회원국들의 의무 이행. 이와 관련하여 투자은행의 이사회는 조약 제258조에 따라 집행위원회에 부여된 권한을 행사한다.

(b) 유럽투자은행의 총재단에서 채택한 조치들. 이와 관련하여 회원국, 집행위원회 또는 유럽투자은행 이사회는 제263조 소정의 요건에 따라 소송을 제기할 수 있다.

(c) 유럽투자은행 이사회가 채택한 조치들. 이 조치들에 대한 소송의 원고 적격은 제263조 규정에 따라 회원국들이나 집행위원회에게만 주어지며, 유럽투자은행법 제19조 제2항, 제5항 내지 제7항에 명시된 절차 위반을 이유로 하여서만 제소할 수 있다.

(d) 창설조약, 유럽중앙은행제도(ESCB) 및 유럽중앙은행에 관한 법률(ECB)에 따른 회원국 중앙은행의 의무 이행. 이와 관련하여 유럽중앙은행 관리이사회가 회원국 중앙은행에 대하여 갖는 권한은 조약 제258조에 따라 집행위원회가 회원국들에 대하여 부여 받는 권한과 동일하다. 법원이 어느 회원국 중앙은행이 창설조약 상의 의무를 불이행하고 있다는 판정을 내리는 경우 당해 은행에 대하여 법원의 판결을 이행하는데 필요한 조치들을 요구하여야 한다.

Article 271 (ex Article 237 TEC)

The Court of Justice of the European Union shall, within the limits hereinafter laid down, have jurisdiction in disputes concerning:

(a) the fulfilment by Member States of obligations under the Statute of the European Investment Bank. In this connection, the Board of Directors of the Bank shall enjoy the powers conferred upon the Commission by Article 258;

(b) measures adopted by the Board of Governors of the European Investment Bank. In this connection, any Member State, the Commission or the Board of Directors of the Bank may institute proceedings under the conditions laid down in Article 263;

(c) measures adopted by the Board of Directors of the European Investment Bank. Proceedings against such measures may be instituted only by Member States or by the Commission, under the conditions laid down in Article 263, and solely on the grounds of non-compliance with the procedure provided for in Article 19(2), (5), (6) and (7) of the Statute of the Bank;

(d) the fulfilment by national central banks of obligations under the Treaties and the Statute of the ESCB and of the ECB. In this connection the powers of the Governing Council of the European

Central Bank in respect of national central banks shall be the same as those conferred upon the Commission in respect of Member States by Article 258. If the Court finds that a national central bank has failed to fulfil an obligation under the Treaties, that bank shall be required to take the necessary measures to comply with the judgment of the Court.

제272조(ex Article 238 TEC)

유럽연합법원은 계약을 규율하는 법규가 공법인지 사법인지 불문하고, 연합이 직접 또는 대리인을 통해 체결한 계약에 포함된 중재 조항에 쫓아 재판 관할권을 행사한다.

Article 272(ex Article 238 TEC)

The Court of Justice of the European Union shall have jurisdiction to give judgment pursuant to any arbitration clause contained in a contract concluded by or on behalf of the Union, whether that contract be governed by public or private law.

제273조(ex Article 239 TEC)

최고법원은 회원국들 사이에 창설조약을 둘러싼 분쟁이 발생하고, 이들이 별도 합의를 통해 당해 분쟁 해결을 요청하는 경우 분쟁 사안에 대한 관할권을 갖는다.

Article 273(ex Article 239 TEC)

The Court of Justice shall have jurisdiction in any dispute between Member States which relates to the subject matter of the Treaties if the dispute is submitted to it under a special agreement between the parties.

제274 (ex Article 240 TEC)

연합이 분쟁의 한 당사자로 되어 있는 분쟁에서는 창설조약을 통해 유럽연합법원에 관할권이 주어진 경우를 제외하고는 회원국들의 법원 또는 심판 기구도 당해 사안에 관하여 관할권을 갖는다.

Article 274(ex Article 240 TEC)

Save where jurisdiction is conferred on the Court of Justice of the European Union by the Treaties, disputes to which the Union is a party shall not on that ground be excluded from the jurisdiction of the courts or tribunals of the Member States.

제275조

○ 유럽연합법원은 공동외교안보정책에 관한 조항들 및 이 조항들에 근거하여 채택된 조치들에 대하여는 관할권을 갖지 아니한다.

○ 그러나 유럽연합법원은 유럽연합조약 제40조의 준수 여부 및 본 조약 제263조 제4단에 명시된 요건에 따라 각료이사회에 의하여 유럽연합조약 제5편 제2장에 의하여 자연인이나 법인에게 내려진 제한 조치들의 적법성 심사에 대한 관할권을 갖는다.

Article 275

○ The Court of Justice of the European Union shall not have jurisdiction with respect to the provisions relating to the common foreign and security policy nor with respect to acts adopted on the basis of those provisions.

○ However, the Court shall have jurisdiction to monitor compliance with Article 40 of the Treaty on European Union and to rule on proceedings, brought in accordance with the conditions laid down in the fourth paragraph of Article 263 of this Treaty, reviewing the legality of decisions providing for restrictive measures against natural or legal persons adopted by the Council on the basis of Chapter 2 of Title V of the Treaty on European Union.

제276조

자유, 안보 및 사법 영역과 관련한 제3부 제5편 제4장 및 제5장의 조항 소정의 권한을 행사함에 있어 유럽연합법원은 법·질서의 유지 및 국내 안보와 관련하여 회원국의 경찰이나 기타 법 집행 공무원에 의하여 수행된 활동 또는 회원국이 부여 받은 책무의 이행에 대하여는 사법 심사 관할권을 갖지 아니한다.

Article 276

In exercising its powers regarding the provisions of Chapters 4 and 5 of Title V of Part Three relating to the area of freedom, security and justice, the Court of Justice of the European Union shall have no jurisdiction to review the validity or proportionality of operations carried out by the police or other law-enforcement services of a Member State or the exercise of the responsibilities incumbent upon Member States with regard to the maintenance of law and order and the safeguarding of internal security.

제277조(ex Article 241 TEC)

제263조 제6단에 명시된 기한의 경과에도 불구하고 연합의 기관, 기구, 부서 또는 수탁자들이 채택한 조치의 보편적 적용이 재판상 쟁점이 된 경우 당사자들은 제263조 제2단에 명시된 이유를 들어 당해 조치 적용의 위법성을 주장할 수 있다.

Article 277(ex Article 241 TEC)

Notwithstanding the expiry of the period laid down in Article 263, sixth paragraph, any party may, in proceedings in which an act of general application adopted by an institution, body, office or agency of the Union is at issue, plead the grounds specified in Article 263, second paragraph, in order to invoke before the Court of Justice of the European Union the inapplicability of that act.

제278조(ex Article 242 TEC)

유럽연합법원에 대한 제소는 효력 정지를 가져오지 않는다. 다만, 법원은 상황에 따라 필요하다고 인정하는 경우 계쟁 조치의 정지를 명할 수 있다.

Article 278(ex Article 242 TEC)

Actions brought before the Court of Justice of the European Union shall not have suspensory effect. The Court may, however, if it considers that circumstances so require, order that application of the contested act be suspended.

제279조(ex Article 243 TEC)

유럽연합법원은 모든 사안에 있어서 필요한 잠정 처분을 내릴 수 있다.

Article 279(ex Article 243 TEC)

The Court of Justice of the European Union may in any cases before it prescribe any necessary interim measures.

제280조(ex Article 244 TEC)

유럽연합법원의 판결들은 제299조 소정의 요건에 따라 집행되어야 한다.

Article 280(ex Article 244 TEC)

The judgments of the Court of Justice of the European Union shall be enforceable under the conditions laid down in Article 299.

제281조(ex Article 245 TEC)

○ 유럽연합법원조직법은 별도의 의정서로 제정한다.

○ 유럽의회와 각료이사회는 통상입법절차에 따라 유럽연합법원조직법 제1편 및 제64조를 제외한 나머지 조항들을 개정할 수 있다. 유럽의회와 각료이사회의 위와 같은 입법 조치는 최고법원의 요청에 따라 집행위원회와의 협의를 거치거나 또는 집행위원회의 제안을 토대로 최고법원과의 협의를 거쳐야만

한다.

Article 281(ex Article 245 TEC)

○ The Statute of the Court of Justice of the European Union shall be laid down in a separate Protocol.

○ The European Parliament and the Council, acting in accordance with the ordinary legislative procedure, may amend the provisions of the Statute, with the exception of Title I and Article 64. The European Parliament and the Council shall act either at the request of the Court of Justice and after consultation of the Commission, or on a proposal from the Commission and after consultation of the Court of Justice.

| 제6절 유럽중앙은행 |

Section 6 The European Central Bank

제282조

(1) 유럽중앙은행은 각 회원국의 중앙은행제도를 구성한다. 유럽중앙은행은 유로화를 통화로 사용하는 회원국들의 중앙은행들과 함께 유로제도를 구성하며 연합의 통화정책을 수행한다.

(2) 유럽중앙은행제도는 유럽중앙은행의 의결기구에 의해 규율되어야 한다. 유럽중앙은행제도의 주된 목표는 물가안정에 둔다. 유럽중앙은행제도는 물가안정이라는 목표에 영향을 미치지 아니하는 범위 내에서 연합의 목표 달성에 기여하기 위하여 연합 내의 일반적 경제 정책을 지원하여야 한다.

(3) 유럽중앙은행은 법인격을 갖는다. 유럽중앙은행만이 유로화 발권을 승인할 수 있다. 유럽중앙은행은 권한 행사 및 재정 운용에 있어서 독립성을 갖는다. 연합의 기관, 기구, 부서 및 수탁자와 회원국 정부는 유럽중앙은행의 그 독립성을 존중하여야 한다.

(4) 유럽중앙은행은 제127조 내지 제133조, 제138조 및 유럽중앙은행제도에 관한 법률 및 유럽중앙은행법에 명시된 요건에 따라 그 임무 수행에 필요한 조치들을 취하여야 한다. 이 조에 정한 바에 따라 유로를 통화로 사용하지 않는 회원국들과 이들의 중앙은행은 통화 분야에서의 독자적 권한을 보유한다.

(5) 유럽중앙은행은 그 권한이 미치는 범위 내에서 관련된 연합의 모든 조치 초안 및 각 회원국 차원에서의 법안에 대하여 협의 권한을 갖고, 의견을 제시할 수 있다.

Article 282

(1) The European Central Bank, together with the national central banks, shall constitute the European System of Central Banks (ESCB). The European Central Bank, together with the national central banks of the Member States whose currency is the euro, which constitute the Eurosystem, shall conduct the monetary policy of the Union.

(2) The ESCB shall be governed by the decision-making bodies of the European Central Bank. The primary objective of the ESCB shall be to maintain price stability. Without prejudice to that objective, it shall support the general economic policies in the Union in order to contribute to the achievement of the latter's objectives.

(3) The European Central Bank shall have legal personality. It alone may authorise the issue of the euro. It shall be independent in the exercise of its powers and in the management of its finances. Union institutions, bodies, offices and agencies and the governments of the Member States shall respect that independence.

(4) The European Central Bank shall adopt such measures as are necessary to carry out its tasks in accordance with Articles 127 to 133, with Article 138, and with the conditions laid down in the Statute of the ESCB and of the ECB. In accordance with these same Articles, those Member States whose currency is not the euro, and their central banks, shall retain their powers in monetary matters.

(5) Within the areas falling within its responsibilities, the European Central Bank shall be consulted on all proposed Union acts, and all proposals for regulation at national level, and may give an opinion.

제283조(ex Article 112 TEC)

(1) 유럽중앙은행 운영위원회는 유럽중앙은행의 집행이사회 구성원들과 유로 통화 회원국들의 중앙은행 총재들로 구성한다.

(2) ○ 집행이사회는 의장과 부의장 및 4명의 이사들로 구성한다.

○ 집행이사회의 의장, 부의장 및 기타 이사들은 통화 또는 금융 분야에서의 공인되고 전문적 경험이 있는 자들 중에서 유럽정상회의가 각료이사회로부터 추천을 받아 유럽의회 및 유럽중앙은행 운영위원회와의 협의를 거쳐 가중다수결에 의하여 임명한다.

○ 이들의 임기는 8년이며 연임할 수 없다.

○ 집행이사회의 구성원은 회원국들의 국민이어야 한다.

Article 283(ex Article 112 TEC)

(1) The Governing Council of the European Central Bank shall comprise the members of the Executive Board of the European Central Bank and the Governors of the national central banks of the Member States whose currency is the euro.

(2) ○ The Executive Board shall comprise the President, the Vice-President and four other members.

○ The President, the Vice-President and the other members of the Executive Board shall be appointed by the European Council, acting by a qualified majority, from among persons of recognised standing and professional experience in monetary or banking matters, on a recommendation from the Council, after it has consulted the European Parliament and the Governing Council of the European Central Bank.

○ Their term of office shall be eight years and shall not be renewable.

○ Only nationals of Member States may be members of the Executive Board.

제284조(ex Article 113 TEC)

(1) ○ 각료이사회의 의장 및 집행위원회의 위원 중 한 명은 유럽중앙은행 운영위원회에 참석할 수 있으되, 의결권은 갖지 아니한다.

○ 각료이사회 의장은 유럽중앙은행 운영위원회에 대하여 숙의를 위한 동의안을 낼 수 있다.

(2) 각료이사회가 유럽중앙은행제도의 목표 및 업무와 관련한 사안을 논의하는 경우에는 유럽중앙은행 총재가 참석하도록 초청하여야 한다.

(3) ○ 유럽중앙은행은 유럽의회, 각료이사회와 집행위원회, 그리고 또한 유럽정상회의에 유럽중앙은행제도의 활동과 전년도 및 당해 년도의 통화정책에 관한 연례 보고서를 제출해야 한다. 유럽중앙은행의 총재는 각료이사회 및 유럽의회에 이 보고를 하여야 하고, 각료이사회와 유럽의회는 이를 토대로 대체 토론을 할 수 있다.

○ 유럽중앙은행 총재 및 기타 집행이사회의 구성원들은 유럽의회의 요청이 있는 경우 또는 자발적으로 유럽의회의 소관 위원회에서 진술할 수 있다.

Article 284(ex Article 113 TEC)

(1) ○ The President of the Council and a Member of the Commission may participate, without having the right to vote, in meetings of the Governing Council of the European Central Bank.

○ The President of the Council may submit a motion for deliberation to the Governing Council of the European Central Bank.

(2) The President of the European Central Bank shall be invited to participate in Council meetings when the Council is discussing matters relating to the objectives and tasks of the ESCB.

(3) ○ The European Central Bank shall address an annual report on the activities of the ESCB and on the monetary policy of both the previous and current year to the European Parliament, the Council and the Commission, and also to the European Council. The President of the European Central Bank shall present this report to the Council and to the European Parliament, which may hold a general debate on that basis.

○ The President of the European Central Bank and the other members of the Executive Board may, at the request of the European Parliament or on their own initiative, be heard by the competent committees of the European Parliament.

| 제7절 회계감사원 |

Section 7 The Court of Auditors

제285조(ex Article 246 TEC)

○ 회계감사원은 연합의 회계 감사를 수행한다.

○ 회계감사원은 각 회원국당 한 명의 국민으로 구성한다. 감사위원은 연합의 보편적 이익을 위하고, 완전히 독립적으로 그 직무를 수행하여야 한다.

Article 285(ex Article 246 TEC)

○ The Court of Auditors shall carry out the Union's audit.

○ It shall consist of one national of each Member State. Its Members shall be completely independent in the performance of their duties, in the Union's general interest.

제286조(ex Article 247 TEC)

(1) 회계감사원의 위원은 각 국에서 외부회계감사기관에 속해 있거나 재직했던 사람 또는 이러한 직무에

대하여 특별히 자격을 갖춘 사람들 중에서 선발한다. 회계감사위원의 독립성은 의문의 여지가 없어야 한다.

(2) ○ 회계감사위원은 6년의 임기로 임명된다. 각료이사회는 유럽의회와의 협의를 거쳐 각 회원국에서 제출한 안에 따라 작성된 감사위원후보자 명단을 채택한다. 회계감사위원은 연임할 수 있다.

○ 회계감사위원들은 호선으로 임기 3년의 회계감사원장을 선출한다. 회계감사원장은 재선될 수 있다.

(3) 그 직무를 수행함에 있어 회계감사위원은 어떤 정부나 기구에 대하여도 지시를 구하거나 이를 받아서는 아니 된다. 회계감사위원들은 직무와 양립할 수 없는 여하한 행위도 하여서는 아니 된다.

(4) 회계감사위원들은 임기 동안 영리, 비영리를 불문하고 여하한 다른 직을 겸직하여서는 아니 된다. 취임함에 있어서 회계감사위원들은 재직 중이나 퇴직 후에도 업무 수행상 필요한 의무를 준수하고, 특히 퇴직 후 일정한 지위나 이익을 받음에 있어 온전하고 신중하게 행동할 의무를 존중하겠다고 엄숙하게 선서를 해야 한다.

(5) ○ 임기 만료로 인한 교체나 사망 외에 회계감사위원의 책무는 사임 또는 제6항에 따른 최고법원 판결에 의하여 강제 퇴임됨으로써 종료된다.

○ 임기 중 결원으로 공석이 된 경우 후임자는 그 잔여 임기 동안만 재직한다.

○ 해임의 경우를 제외하고 회계감사위원들은 후임 회계감사위원들이 임명될 때까지 직무를 수행하여야 한다.

(6) 회계감사위원은 회계감사원의 요청에 따라 최고법원에 의하여 직무 수행에 필요한 요건을 더 이상 충족시키지 못하거나 의무를 더 이상 준수하지 않는다고 판정된 경우에 직위나 연금 또는 이에 갈음하여 받는 혜택을 박탈당할 수 있다.

(7) 각료이사회는 회계감사원 원장 및 회계감사위원의 고용조건, 특히 급여, 수당 및 연금에 관한 사항을 결정한다. 급여에 갈음하여 지급되는 여하한 모든 보수 또한 각료이사회가 결정하여야 한다.

(8) 〈유럽연합법원 법관들에게 적용되는 특권 및 면제에 관한 의정서〉 상의 조항들은 회계감사위원들에게 준용한다.

Article 286(ex Article 247 TEC)

(1) The Members of the Court of Auditors shall be chosen from among persons who belong or have belonged in their respective States to external audit bodies or who are especially qualified for this office. Their independence must be beyond doubt.

(2) ○ The Members of the Court of Auditors shall be appointed for a term of six years. The Council, after consulting the European Parliament, shall adopt the list of Members drawn up in accordance with the proposals made by each Member State. The term of office of the Members

of the Court of Auditors shall be renewable.

○ They shall elect the President of the Court of Auditors from among their number for a term of three years. The President may be re-elected.

(3) In the performance of these duties, the Members of the Court of Auditors shall neither seek nor take instructions from any government or from any other body. The Members of the Court of Auditors shall refrain from any action incompatible with their duties.

(4) The Members of the Court of Auditors may not, during their term of office, engage in any other occupation, whether gainful or not. When entering upon their duties they shall give a solemn undertaking that, both during and after their term of office, they will respect the obligations arising therefrom and in particular their duty to behave with integrity and discretion as regards the acceptance, after they have ceased to hold office, of certain appointments or benefits.

(5) ○ Apart from normal replacement, or death, the duties of a Member of the Court of Auditors shall end when he resigns, or is compulsorily retired by a ruling of the Court of Justice pursuant to paragraph 6.

○ The vacancy thus caused shall be filled for the remainder of the Member's term of office.

○ Save in the case of compulsory retirement, Members of the Court of Auditors shall remain in office until they have been replaced.

(6) A Member of the Court of Auditors may be deprived of his office or of his right to a pension or other benefits in its stead only if the Court of Justice, at the request of the Court of Auditors, finds that he no longer fulfils the requisite conditions or meets the obligations arising from his office.

(7) The Council shall determine the conditions of employment of the President and the Members of the Court of Auditors and in particular their salaries, allowances and pensions. It shall also determine any payment to be made instead of remuneration.

(8) The provisions of the Protocol on the privileges and immunities of the European Union applicable to the Judges of the Court of Justice of the European Union shall also apply to the Members of the Court of Auditors.

제287조(ex Article 248 TEC)

(1) ○ 회계감사원은 연합의 모든 세입·세출 회계를 감사한다. 회계감사원은 또한 그 설치 근거 법령에서 회계감사를 제외하고 있지 않은 한 연합에 의해 설립된 모든 기구, 부서 또는 수탁자의 모든 수입과 지출에 대한 회계감사를 시행한다.

○ 회계감사원은 유럽의회와 각료이사회에 대하여 회계의 신뢰성, 근거 거래의 적법성 및 규칙 준수에 관한 확약서를 제출하고, 이는 유럽연합공보를 통해 공표되어야 한다. 이 확약서는 연합 활동의 각 주요 분야별로 상세한 평가를 통해 보충될 수 있다.

(2) ○ 회계감사원은 모든 수입이 징수되었는지, 모든 지출은 적법하고 규칙에 맞춰 집행되었는지, 그리고 재정 운용은 건전하게 되었는지 여부에 관한 감사를 실시한다. 이 과정에서 특별히 모든 변칙적 사례에 대하여 보고하여야 한다.

○ 수입 회계에 대한 감사는 예산상 확정된 금액과 연합에 실제 납부된 금액, 두 가지를 기초로 이루어져야 한다.

○ 지출 회계에 대한 감사는 투입이 확정된 금액과 실제로 지출한 금액, 두 가지를 토대로 이루어져야 한다.

○ 이 회계 감사는 당해 회계 년도 회계 결산 전에 이루어질 수 있다.

(3) ○ 회계 감사는 기록에 근거하여 수행하되, 필요한 경우 연합의 다른 기관들의 현장이나 연합을 대신하여 세입·세출을 관장하는 기구, 부서, 수탁자의 구내, 그리고 연합 예산을 지급받은 자연인이나 법인을 포함한 회원국 내에서 수행된다. 회원국내에서의 감사는 회원국 감사 기관과의 협조 아래 수행하되, 해당 감사 기관이 필요한 권한을 갖고 있지 않은 경우엔 적절한 권한을 지닌 회원국 당국과 협력하여 수행하여야 한다. 회계감사원과 회원국의 회계감사 당국은 각자 독립성을 유지하면서 신뢰의 정신으로 상호 협력하여야 한다. 회원국의 감사 기관이나 기타 권한 있는 당국은 회계감사원에 대하여 회계 감사 참여 여부를 통지하여야 한다.

○ 회계감사원 외의 연합 기관들, 연합을 대신하여 수입·지출을 관장하는 연합의 모든 기구, 부서 및 수탁자들, 연합의 예산으로부터 지급을 받는 자연인이나 법인, 회원국의 감사 기관 또는 그 감사 기관이 필요한 권한을 갖고 있지 않은 경우에는 적절한 회원국 당국은 회계감사원의 요구가 있는 때에는 그 직무를 수행하는데 필요한 문서나 기타 정보를 제공하여야 한다.

○ 연합의 지출·수입을 운용하는 유럽투자은행의 활동과 관련하여 회계감사원이 유럽투자은행이 보유하는 정보에 대하여 갖는 접근권은 회계감사원, 유럽투자은행 및 집행위원회 3자간 합의에 따라 규율 되어야 한다. 합의가 없는 경우라 하더라도 회계감사원은 유럽투자은행에 의해 운용된 연합의 세·출입 감사를 위해 필요한 정보에 접근하여야 한다.

(4) ○ 회계감사원은 매 회계년도가 종료된 후 연례보고서를 작성하여야 한다. 이 보고서는 연합의 다른 기관들에 제출되어야 하며, 감사 결과에 대한 이들 기관들의 답변과 함께 유럽연합공보를 통해 공표되어야 한다.

○ 회계감사원은 연합의 다른 기관들의 요청이 있는 경우에는 언제라도 특정 문제에 대하여 감사 결과를 제출하되, 특별히 특별 보고서의 형태로 제출하고 의견을 개진할 수 있다.

○ 회계감사원의 연례 보고서, 특별 보고서 또는 의견은 위원 과반수의 찬성으로 채택한다. 다만, 절차 규칙이 정하는 바에 따라 일정한 유형의 보고서나 의견을 채택함에 있어서는 소위원회를 구성

할 수 있다.

○ 회계감사원은 유럽의회와 각료이사회가 예산 집행에 관한 통제권을 행사함에 있어 이들을 조력하여야 한다.

○ 회계감사원은 자체적으로 절차규칙을 제정한다. 이 규칙은 각료이사회의 승인을 요한다.

Article 287(ex Article 248 TEC)

(1) ○ The Court of Auditors shall examine the accounts of all revenue and expenditure of the Union. It shall also examine the accounts of all revenue and expenditure of all bodies, offices or agencies set up by the Union in so far as the relevant constituent instrument does not preclude such examination.

○ The Court of Auditors shall provide the European Parliament and the Council with a statement of assurance as to the reliability of the accounts and the legality and regularity of the underlying transactions which shall be published in the Official Journal of the European Union. This statement may be supplemented by specific assessments for each major area of Union activity.

(2) ○ The Court of Auditors shall examine whether all revenue has been received and all expenditure incurred in a lawful and regular manner and whether the financial management has been sound. In doing so, it shall report in particular on any cases of irregularity.

○ The audit of revenue shall be carried out on the basis both of the amounts established as due and the amounts actually paid to the Union.

○ The audit of expenditure shall be carried out on the basis both of commitments undertaken and payments made.

○ These audits may be carried out before the closure of accounts for the financial year in question.

(3) ○ The audit shall be based on records and, if necessary, performed on the spot in the other institutions of the Union, on the premises of any body, office or agency which manages revenue or expenditure on behalf of the Union and in the Member States, including on the premises of any natural or legal person in receipt of payments from the budget. In the Member States the audit shall be carried out in liaison with national audit bodies or, if these do not have the necessary powers, with the competent national departments. The Court of Auditors and the national audit bodies of the Member States shall cooperate in a spirit of trust while maintaining their independence. These bodies or departments shall inform the Court of Auditors whether

they intend to take part in the audit.

○ The other institutions of the Union, any bodies, offices or agencies managing revenue or expenditure on behalf of the Union, any natural or legal person in receipt of payments from the budget, and the national audit bodies or, if these do not have the necessary powers, the competent national departments, shall forward to the Court of Auditors, at its request, any document or information necessary to carry out its task.

○ In respect of the European Investment Bank's activity in managing Union expenditure and revenue, the Court's rights of access to information held by the Bank shall be governed by an agreement between the Court, the Bank and the Commission. In the absence of an agreement, the Court shall nevertheless have access to information necessary for the audit of Union expenditure and revenue managed by the Bank.

(4) ○ The Court of Auditors shall draw up an annual report after the close of each financial year. It shall be forwarded to the other institutions of the Union and shall be published, together with the replies of these institutions to the observations of the Court of Auditors, in the Official Journal of the European Union.

○ The Court of Auditors may also, at any time, submit observations, particularly in the form of special reports, on specific questions and deliver opinions at the request of one of the other institutions of the Union.

○ It shall adopt its annual reports, special reports or opinions by a majority of its Members. However, it may establish internal chambers in order to adopt certain categories of reports or opinions under the conditions laid down by its Rules of Procedure.

○ It shall assist the European Parliament and the Council in exercising their powers of control over the implementation of the budget.

○ The Court of Auditors shall draw up its Rules of Procedure. Those rules shall require the approval of the Council.

제2장 연합의 법적 행위, 채택 절차 및 기타 법령

Chapter 2 Legal Acts of the Union, Adoption Procedures and Other Provisions

| 제1절 연합의 법적 행위 |

Section 1 The Legal Acts of the Union

제288조(ex Article 249 TEC)

○ 연합의 권한을 행사하기 위하여 기관들은 규정, 지시, 결정, 권고 및 의견을 채택한다.

○ 규정은 보편적 적용성을 갖는다. 규정은 완전한 구속력을 갖고 전 회원국에 직접 적용된다.

○ 지시는 목적 달성을 위하여 이를 시달 한 개별 회원국에 대하여 구속력을 갖되, 그 형식과 방법의 선택은 회원국 국내 당국에 유보한다.

○ 결정은 완전한 구속력을 갖는다. 시달 대상이 특정된 결정은 당해 당사자들에게만 구속력을 갖는다.

○ 권고와 의견은 구속력을 갖지 아니한다.

Article 288(ex Article 249 TEC)

○ To exercise the Union's competences, the institutions shall adopt regulations, directives, decisions, recommendations and opinions.

○ A regulation shall have general application. It shall be binding in its entirety and directly applicable in all Member States.

○ A directive shall be binding, as to the result to be achieved, upon each Member State to which it is addressed, but shall leave to the national authorities the choice of form and methods.

○ A decision shall be binding in its entirety. A decision which specifies those to whom it is addressed shall be binding only on them.

○ Recommendations and opinions shall have no binding force.

제289조

(1) 통상입법절차에서는 유럽의회와 각료이사회가 집행위원회의 제안을 토대로 규정, 지시 또는 결정을 공동으로 채택한다. 이 절차에 관한 사항은 제294조에 명시된 바에 의한다.

(2) 창설조약에서 정하고 있는 특별한 경우에는 특별입법절차로서 규정, 지시 또는 결정을 유럽의회가 채택하고 각료이사회가 여기에 참여하거나 또는 반대로 각료이사회가 이를 채택하고 유럽의회가 이에 참여한다.

(3) 입법 절차에 따라 채택된 법적 행위들은 입법적 조치를 구성한다.

(4) 창설조약에서 정하고 있는 특별한 경우 입법적 조치들은 회원국들 중 일정한 국가 이상 또는 유럽의회의 발의에 의하거나, 유럽중앙은행의 권고에 의하여, 혹은 유럽연합최고법원 또는 유럽투자은행의 요청에 따라 채택될 수도 있다.

Article 289

(1) The ordinary legislative procedure shall consist in the joint adoption by the European Parliament and the Council of a regulation, directive or decision on a proposal from the Commission. This procedure is defined in Article 294.

(2) In the specific cases provided for by the Treaties, the adoption of a regulation, directive or decision by the European Parliament with the participation of the Council, or by the latter with the participation of the European Parliament, shall constitute a special legislative procedure.

(3) Legal acts adopted by legislative procedure shall constitute legislative acts.

(4) In the specific cases provided for by the Treaties, legislative acts may be adopted on the initiative of a group of Member States or of the European Parliament, on a recommendation from the European Central Bank or at the request of the Court of Justice or the European Investment Bank.

제290조

(1) ○ 입법적 조치에서는 집행위원회에 대하여 당해 입법적 조치의 특정한 비본질적 부분을 보완 내지 수정하기 위해 보편적으로 적용되는 비 입법적 조치를 취할 수 있는 권한을 위임할 수 있다.

○ 입법적 조치에서는 권한 위임의 목적, 내용, 범위, 기한 등이 명시되어야 한다. 한 분야의 본질에 해당하는 요소들은 입법적 조치에 담겨 있어야 하고 따라서 권한 위임의 대상이 될 수 없다.

(2) ○ 입법적 조치들은 위임 한계의 요건을 명시하여야 하는 바, 그 요건은 아래와 같다.

(a) 유럽의회와 각료이사회는 위임 철회의 결정을 내릴 수 있다.

(b) 위임행위는 당해 입법적 조치 상 정해 진 기한 내에 유럽의회나 각료이사회에서 반대의 의사표시가 없는 경우에만 효력을 발생할 수 있다.

○ 위 (a) 및 (b)의 목적을 위하여 유럽의회는 재적의원 과반수로, 각료이사회는 가중다수결로 결정

한다.

(3) 수임행위의 표제에는 반드시 '위임받음'이라는 수식어가 포함되어야 한다.

Article 290

(1) ○ A legislative act may delegate to the Commission the power to adopt non-legislative acts of general application to supplement or amend certain non-essential elements of the legislative act.

○ The objectives, content, scope and duration of the delegation of power shall be explicitly defined in the legislative acts. The essential elements of an area shall be reserved for the legislative act and accordingly shall not be the subject of a delegation of power.

(2) ○ Legislative acts shall explicitly lay down the conditions to which the delegation is subject; these conditions may be as follows:

(a) the European Parliament or the Council may decide to revoke the delegation;

(b) the delegated act may enter into force only if no objection has been expressed by the European Parliament or the Council within a period set by the legislative act.

○ For the purposes of (a) and (b), the European Parliament shall act by a majority of its component members, and the Council by a qualified majority.

(3) The adjective 'delegated' shall be inserted in the title of delegated acts.

제291조

(1) 회원국들은 법적 구속력이 있는 연합의 행위들을 이행하는데 필요한 국내법상의 모든 조치들을 취하여야 한다.

(2) 법적 구속력이 있는 연합의 행위를 시행하기 위한 단일 요건이 필요한 경우, 당해 행위는 집행위원회에 대하여 또는 정당한 사유가 인정되는 특별한 경우 및 유럽연합조약 제24조와 제26조에서 정하고 있는 경우엔 각료이사회에 대하여 그 시행 권한을 부여한다.

(3) 제2항의 목적을 위해 유럽의회와 각료이사회는 미리 통상입법절차에 따라 규정의 형식으로 회원국들에 의한 집행위원회의 시행 권한 행사에 대한 통제를 위한 규칙들과 일반 원칙들을 제정한다.

(4) 시행조치의 표제에는 '시행'이라는 용어가 포함되어야 한다.

Article 291

(1) Member States shall adopt all measures of national law necessary to implement legally binding Union acts.

(2) Where uniform conditions for implementing legally binding Union acts are needed, those acts shall confer implementing powers on the Commission, or, in duly justified specific cases and in the cases provided for in Articles 24 and 26 of the Treaty on European Union, on the Council.

(3) For the purposes of paragraph 2, the European Parliament and the Council, acting by means of regulations in accordance with the ordinary legislative procedure, shall lay down in advance the rules and general principles concerning mechanisms for control by Member States of the Commission's exercise of implementing powers.

(4) The word 'implementing' shall be inserted in the title of implementing acts.

제292조

각료이사회는 권고안을 채택한다. 창설조약에서 입법적 조치가 집행위원회의 제안에 따라 채택하여야 한다고 정하고 있는 경우에는 각료이사회의 권고안 채택 역시 예외없이 집행위원회의 제안에 따라 이루어져야 한다. 연합의 행위 채택에 만장일치가 요구되는 분야에서는 각료이사회의 권고안 채택도 만장일치에 의하여야 한다. 집행위원회 및 창설조약에 정하는 특정 사안에 있어서의 유럽중앙은행도 권고안을 채택한다.

Article 292

The Council shall adopt recommendations. It shall act on a proposal from the Commission in all cases where the Treaties provide that it shall adopt acts on a proposal from the Commission. It shall act unanimously in those areas in which unanimity is required for the adoption of a Union act. The Commission, and the European Central Bank in the specific cases provided for in the Treaties, shall adopt recommendations.

제293조(ex Article 250 TEC)

(1) 창설조약에 따라 각료이사회가 집행위원회의 제안을 토대로 법안을 채택하는 경우 각료이사회는 제294조 제10항 및 제13항, 제310조, 제312조, 제314조와 제315조 제2항의 경우를 제외하고는 만장일치에 의하여 집행위원회의 제안을 수정 채택할 수 있다.

(2) 각료이사회가 법안 채택을 하지 않고 있는 동안 집행위원회는 연합의 법안 채택 절차 기간 중 언제든지 제안을 수정할 수 있다.

Article 293(ex Article 250 TEC)

(1) Where, pursuant to the Treaties, the Council acts on a proposal from the Commission, it may amend that proposal only by acting unanimously, except in the cases referred to in paragraphs 10 and 13 of Article 294, in Articles 310, 312 and 314 and in the second paragraph of Article 315.

(2) As long as the Council has not acted, the Commission may alter its proposal at any time during the procedures leading to the adoption of a Union act.

제294조(ex Article 251 TEC)

(1) 법안 채택에 관하여 창설조약이 통상입법절차에 의하도록 명시하고 있는 경우 아래와 같은 절차에 따라야 한다.

(2) 집행위원회는 유럽의회와 각료이사회에 법안을 제출한다.

제1독회

(3) 유럽의회는 제1독회를 통해 입장을 채택하여 각료이사회에 이를 고지하여야 한다.

(4) 각료이사회가 유럽의회의 입장을 승인하는 경우 당해 법안은 유럽의회의 입장에 부합하는 문언대로 채택된다.

(5) 유럽의회의 입장을 승인하지 않는 경우, 각료이사회는 제1독회에서 입장을 채택하여 유럽의회에 이를 고지하여야 한다.

(6) 각료이사회는 제1독회에서 유럽의회에 대하여 그 입장을 채택하게 된 이유에 관하여 충분하게 고지하

여야 한다. 집행위원회는 유럽의회에 대하여 자신의 입장을 충분하게 고지하여야 한다.

제2독회

(7) 위와 같은 고지가 있은 후 3개월 이내에 유럽 의회가,

(a) 제1독회에서 각료이사회의 입장을 승인하거나 결정을 내리지 않는 경우, 당해 법안은 각료이사회의 입장에 부합하는 문언대로 채택된 것으로 간주된다.

(b) 재적의원 과반수의 결의로 제1독회에서의 각료이사회의 입장을 거부하는 경우 제안된 법안은 채택되지 아니한 것으로 간주된다.

(c) 재적의원 과반수의 결의로 제1독회에서의 각료이사회의 입장에 대한 수정안을 제시한 경우 그 수정안은 각료이사회와 집행위원회에 송부되어야 하고, 집행위원회는 이 수정안에 대하여 의견을 제시하여야 한다.

(8) 유럽의회의 수정 제안을 받은 후 3개월 이내에, 각료이사회가 가중다수결에 의하여,

(a) 수정안 전부를 승인하는 경우 당해 법안은 채택된 것으로 간주된다.

(b) 수정문을 승인하지 않는 경우 각료이사회 의장과 유럽의회 의장은 합의를 통해 6주 이내에 조정위원회를 소집하여야 한다.

(9) 집행위원회가 부정적 의견을 전달한 수정안에 대하여는 각료이사회가 결의를 함에 있어서 만장일치에 의하여야 한다.

조정

(10) 조정위원회는 각료이사회의 구성원이나 이들의 대표자 및 이와 동수인 유럽의회의 대표자들로 구성되며, 소집일로부터 6주 이내에 유럽의회와 각료이사회가 제2독회를 통해 제출한 입장에 기초하여 공동 문안 합의 도출을 목적으로 하되, 이 합의를 위한 의결정족수는 각료이사회의 경우에는 구성원이나 대표자들의 가중다수결에 의하여, 유럽의회는 대표자들의 과반수의 찬성으로 한다.

(11) 집행위원회는 조정위원회의 진행 과정에 참여하여 유럽의회와 각료이사회의 입장들을 조율하는데 모든 필요한 발의를 하여야 한다.

(12) 조정 위원회 소집일로부터 6주 이내에 조정위원회가 공동문안을 승인하지 않는 경우 당해 법안은 채택되지 아니한 것으로 간주된다.

제3독회

(13) 조정위원회가 위 기간 내에 공동문안을 승인한 경우 유럽의회는 투표자 과반수로, 각료이사회는 가중다수결에 의하여 각각 조정위원회 승인일로부터 6주 이내에 공동문안에 따라 쟁점 법안을 채택하여야 한다. 양 측의 채택 결의가 이뤄지지 않은 경우 당해 법안은 폐기된 것으로 간주된다.

(14) 본 조에 언급된 3개월 및 6주의 기간은 유럽의회나 각료이사회의 발의에 따라 최대한 각 1개월 및 2주간 연장된다.

특칙

(15) ○ 창설조약이 예정하고 있는 바에 따라 일부 회원국들의 발의, 유럽중앙은행의 권고, 유럽연합 최

고법원의 요청에 의해 법안이 통상입법절차에 회부된 경우, 제2항, 제6항 후단, 제9항은 적용되지 아니한다.

○ 이러한 경우 유럽의회와 각료이사회는 제출된 법안과 함께 제1·2회 독회에서의 각각의 입장을 집행위원회와 고지하여야 한다. 유럽의회와 각료이사회는 이 절차를 통해 집행위원회에 대하여 그 의견을 요구할 수 있고, 집행위원회 역시 직권으로 의견을 전달할 수도 있다. 집행위원회는 필요하다고 판단하는 경우 제11항에 따라 조정위원회에 참여할 수도 있다.

Article 294(ex Article 251 TEC)

(1) Where reference is made in the Treaties to the ordinary legislative procedure for the adoption of an act, the following procedure shall apply.

(2) The Commission shall submit a proposal to the European Parliament and the Council.

First reading

(3) The European Parliament shall adopt its position at first reading and communicate it to the Council.

(4) If the Council approves the European Parliament's position, the act concerned shall be adopted in the wording which corresponds to the position of the European Parliament.

(5) If the Council does not approve the European Parliament's position, it shall adopt its position at first reading and communicate it to the European Parliament.

(6) The Council shall inform the European Parliament fully of the reasons which led it to adopt its position at first reading. The Commission shall inform the European Parliament fully of its position.

Second Reading

(7) If, within three months of such communication, the European Parliament:

(a) approves the Council's position at first reading or has not taken a decision, the act concerned shall be deemed to have been adopted in the wording which corresponds to the position of the Council;

(b) rejects, by a majority of its component members, the Council's position at first reading, the proposed act shall be deemed not to have been adopted;

(c) proposes, by a majority of its component members, amendments to the Council's position at first reading, the text thus amended shall be forwarded to the Council and to the Commission, which shall deliver an opinion on those amendments.

(8) If, within three months of receiving the European Parliament's amendments, the Council, acting by

a qualified majority:

(a) approves all those amendments, the act in question shall be deemed to have been adopted;

(b) does not approve all the amendments, the President of the Council, in agreement with the President of the European Parliament, shall within six weeks convene a meeting of the Conciliation Committee.

(9) The Council shall act unanimously on the amendments on which the Commission has delivered a negative opinion.

Conciliation

(10) The Conciliation Committee, which shall be composed of the members of the Council or their representatives and an equal number of members representing the European Parliament, shall have the task of reaching agreement on a joint text, by a qualified majority of the members of the Council or their representatives and by a majority of the members representing the European Parliament within six weeks of its being convened, on the basis of the positions of the European Parliament and the Council at second reading.

(11) The Commission shall take part in the Conciliation Committee's proceedings and shall take all necessary initiatives with a view to reconciling the positions of the European Parliament and the Council.

(12) If, within six weeks of its being convened, the Conciliation Committee does not approve the joint text, the proposed act shall be deemed not to have been adopted.

Third Reading

(13) If, within that period, the Conciliation Committee approves a joint text, the European Parliament, acting by a majority of the votes cast, and the Council, acting by a qualified majority, shall each have a period of six weeks from that approval in which to adopt the act in question in accordance with the joint text. If they fail to do so, the proposed act shall be deemed not to have been adopted.

(14) The periods of three months and six weeks referred to in this Article shall be extended by a maximum of one month and two weeks respectively at the initiative of the European Parliament or the Council.

Special Provisions

(15) ○ Where, in the cases provided for in the Treaties, a legislative act is submitted to the ordinary legislative procedure on the initiative of a group of Member States, on a recommendation by the European Central Bank, or at the request of the Court of Justice, paragraph 2, the second sentence of paragraph 6, and paragraph 9 shall not apply.

○ In such cases, the European Parliament and the Council shall communicate the proposed act to the Commission with their positions at first and second readings. The European Parliament or the Council may request the opinion of the Commission throughout the procedure, which the Commission may also deliver on its own initiative. It may also, if it deems it necessary, take part in the Conciliation Committee in accordance with paragraph 11.

제295조

유럽의회, 각료이사회 및 집행위원회는 서로 협의하며 공동합의에 의하여 협력에 필요한 방식을 정하여야 한다. 이를 위해 위 세 기관은 창설조약에 따라서 구속력을 갖는 기관간 협정을 체결할 수 있다.

Article 295

The European Parliament, the Council and the Commission shall consult each other and by common agreement make arrangements for their cooperation. To that end, they may, in compliance with the Treaties, conclude interinstitutional agreements which may be of a binding nature.

제296조(ex Article 253 TEC)

○ 창설조약이 채택될 법적 행위의 유형에 관하여 따로 언급하지 않은 경우 기관들은 적용 가능한 절차 및 비례의 원칙에 입각하여 각 구체적 사안별로 이를 선택한다.

○ 법적 행위에는 그 채택에 이르게 된 이유 및 창설조약에 의하여 요구된 제안 발의, 계획, 권고, 요청 내지 의견이 설시 되어야 한다.

○ 입법 행위 초안을 고려함에 있어서 유럽 의회와 각료이사회는 대상 분야에서의 관련 입법 절차가 예정하고 있지 않은 유형의 법적 행위를 채택하여서는 아니 된다.

Article 296(ex Article 253 TEC)

○ Where the Treaties do not specify the type of act to be adopted, the institutions shall select it on a case-by-case basis, in compliance with the applicable procedures and with the principle of proportionality.

○ Legal acts shall state the reasons on which they are based and shall refer to any proposals, initiatives, recommendations, requests or opinions required by the Treaties.

○ When considering draft legislative acts, the European Parliament and the Council shall refrain from adopting acts not provided for by the relevant legislative procedure in the area in question.

제297조(ex Article 254 TEC)

(1) ○ 통상입법절차에 따라 채택된 입법적 행위에는 유럽의회의 의장과 각료이사회의 의장이 각 서명하여야 한다.

○ 특별입법절차에 따라 채택된 입법적 행위에는 이를 채택한 기관의 장이 서명하여야 한다.

○ 입법적 행위는 유럽연합공보를 통해 공표되어야 한다. 입법적 행위는 당해 법안에서 명시된 일자 또는 그 일자가 명시되지 않은 경우에는 그 공표 다음날로부터 기산하여 20일째 되는 날 발효된다.

(2) ○ 규정이나 수범자를 따로 특정하지 않는 지시 또는 결정의 형식으로 채택된 비 입법적 행위의 경우 이를 채택한 기관의 장이 서명한다.

○ 규정 및 전 회원국을 상대로 하는 지시, 그리고 수범자를 특정하고 있지 않은 결정은 유럽연합공보를 통해 공표되어야 한다. 이들은 당해 행위에서 명시된 일자 또는 그 일자가 명시되지 않은 경우에는 그 공표 다음날로부터 기산하여 20일째 되는 날 발효된다.

○ 기타의 지시 및 수범자가 특정되어 있는 결정은 당사자들에게 통지되어야 하고, 이 통지한 때로부터 효력을 발생한다.

Article 297(ex Article 254 TEC)

(1) ○ Legislative acts adopted under the ordinary legislative procedure shall be signed by the President of the European Parliament and by the President of the Council.

○ Legislative acts adopted under a special legislative procedure shall be signed by the President of the institution which adopted them.

○ Legislative acts shall be published in the Official Journal of the European Union. They shall enter into force on the date specified in them or, in the absence thereof, on the twentieth day following that of their publication.

(2) ○ Non-legislative acts adopted in the form of regulations, directives or decisions, when the latter do not specify to whom they are addressed, shall be signed by the President of the institution

which adopted them.

○ Regulations and directives which are addressed to all Member States, as well as decisions which do not specify to whom they are addressed, shall be published in the Official Journal of the European Union. They shall enter into force on the date specified in them or, in the absence thereof, on the twentieth day following that of their publication.

○ Other directives, and decisions which specify to whom they are addressed, shall be notified to those to whom they are addressed and shall take effect upon such notification.

제298조

⑴ 연합의 기관, 기구, 부서 및 수탁자는 업무를 수행함에 있어 개방되고 효율적이며 독립적인 유럽행정을 지향하여야 한다.

⑵ 유럽의회와 각료이사회는 전항의 목적을 위하여 제336조에 따라 채택된 〈공무원복무규정〉 및 〈기타 구성원들의 고용 조건〉에 부합하도록 통상입법절차에 따라 규정의 형식으로 법령을 제정하여야 한다.

Article 298

(1) In carrying out their missions, the institutions, bodies, offices and agencies of the Union shall have the support of an open, efficient and independent European administration.

(2) In compliance with the Staff Regulations and the Conditions of Employment adopted on the basis of Article 336, the European Parliament and the Council, acting by means of regulations in accordance with the ordinary legislative procedure, shall establish provisions to that end.

제299조(ex Article 256 TEC)

○ 국가가 아닌 개인에 대한 금전적 의무를 부과하는 각료이사회, 집행위원회 또는 유럽투자은행의 조치에 대하여는 강제 집행력이 부여된다.

○ 강제집행은 당해 집행이 이뤄지는 회원국의 민사절차법규에 의해 규율된다. 회원국 정부가 강제집행을 위해 지정하고 집행위원회와 유럽연합법원에 그 사실을 통지한 회원국 당국은 집행명령을 유럽 연합 기관의 결정에 첨부하되, 그 과정에서 공식적으로 당해 결정의 진정 성립을 확인하는 이외의 별도의 부수적 절차는 허용되지 아니한다.

○ 이해 당사자의 신청에 따라 이러한 절차들이 종료되었을 때 관련 당사자는 관할 당국에 직접 의뢰하여 회원국의 국내법에 따라 집행할 수 있다.

○ 집행정지는 유럽연합법원의 결정에 의해서만 이뤄 질 수 있다. 다만 관련 회원국 법원들은 집행 방식의 부당함을 이유로 한 이의에 대하여 사법 심사권을 갖는다.

Article 299(ex Article 256 TEC)

○ Acts of the Council, the Commission or the European Central Bank which impose a pecuniary obligation on persons other than States, shall be enforceable.

○ Enforcement shall be governed by the rules of civil procedure in force in the State in the territory of which it is carried out. The order for its enforcement shall be appended to the decision, without other formality than verification of the authenticity of the decision, by the national authority which the government of each Member State shall designate for this purpose and shall make known to the Commission and to the Court of Justice of the European Union.

○ When these formalities have been completed on application by the party concerned, the latter may proceed to enforcement in accordance with the national law, by bringing the matter directly before the competent authority.

○ Enforcement may be suspended only by a decision of the Court. However, the courts of the country concerned shall have jurisdiction over complaints that enforcement is being carried out in an irregular manner.

제3장 연합의 자문기구

Chapter 3 The Union's Advisory Bodies

제300조

(1) 유럽의회, 각료이사회 및 집행위원회는 자문 기능을 수행하는 경제·사회 위원회와 지역 위원회의 조력을 받아야 한다.

(2) 경제·사회 위원회는 사용자 및 근로자 조직의 대표자들과 기타 시민 사회의 대표, 특히 사회·경제적, 자치 시민적, 전문 직능적, 문화적 분야의 대표로 구성한다.

(3) 지역 위원회는 자치 선거권을 갖는 지역이나 지방 자치단체의 대표자 또는 선출된 의회에 대하여 정치

적으로 책임을 지는 지방 당국의 대표자들로 구성한다.

(4) 경제·사회 위원회와 지역 위원회의 구성원들은 어떠한 지시에도 구속되어서는 아니 된다. 이들은 직무 수행에 있어 완전히 독립적이며 연합의 보편적 이해를 추구한다.

(5) 각료이사회는 연합 내의 경제, 사회적, 인구적 변동을 고려하여 위원회 구성 성격에 관한 제2항 및 제3항의 규칙들을 정기적으로 검토하여야 한다. 각료이사회는 이를 위해 집행위원회의 제안에 터잡아 결정을 채택하여야 한다.

Article 300

(1) The European Parliament, the Council and the Commission shall be assisted by an Economic and Social Committee and a Committee of the Regions, exercising advisory functions.

(2) The Economic and Social Committee shall consist of representatives of organisations of employers, of the employed, and of other parties representative of civil society, notably in socio-economic, civic, professional and cultural areas.

(3) The Committee of the Regions shall consist of representatives of regional and local bodies who either hold a regional or local authority electoral mandate or are politically accountable to an elected assembly.

(4) The members of the Economic and Social Committee and of the Committee of the Regions shall not be bound by any mandatory instructions. They shall be completely independent in the performance of their duties, in the Union's general interest.

(5) The rules referred to in paragraphs 2 and 3 governing the nature of the composition of the Committees shall be reviewed at regular intervals by the Council to take account of economic, social and demographic developments within the Union. The Council, on a proposal from the Commission, shall adopt decisions to that end.

| 제1절 경제·사회 위원회 |

Section 1 The Economic and Social Committee

제301조(ex Article 258 TEC)

○ 경제·사회 위원회의 구성원은 350명을 초과할 수 없다.

○ 각료이사회는 집행위원회의 제안에 따라 만장일치로 위원회 구성에 관한 결정을 채택한다.

○ 각료이사회는 경제·사회 위원들의 보수를 정하여야 한다.

Article 301(ex Article 258 TEC)

○ The number of members of the Economic and Social Committee shall not exceed 350.

○ The Council, acting unanimously on a proposal from the Commission, shall adopt a decision determining the Committee's composition.

○ The Council shall determine the allowances of members of the Committee.

제302조(ex Article 259 TEC)

(1) 경제·사회 위원회 위원은 5년의 임기로 임명된다. 각료이사회는 각 회원국이 작성한 제안에 따라 위원 명단을 채택한다. 위원은 연임할 수 있다.

(2) 각료이사회의 조치는 집행위원회와의 협의를 거쳐야 한다. 각료이사회는 연합의 활동에 관계하는 다양한 경제·사회 분야 및 시민 사회의 대표자들로 구성된 유럽 기구들의 의견을 청취할 수 있다.

Article 302(ex Article 259 TEC)

(1) The members of the Committee shall be appointed for five years The Council shall adopt the list of members drawn up in accordance with the proposals made by each Member State. The term of office of the members of the Committee shall be renewable.

(2) The Council shall act after consulting the Commission. It may obtain the opinion of European bodies which are representative of the various economic and social sectors and of civil society to which the Union's activities are of concern.

제303조(ex Article 260 TEC)

○ 경제·사회 위원회에서는 위원 중에서 2년 6개월의 임기로 의장과 상무 위원을 선출한다.

○ 경제·사회 위원회는 절차규칙을 채택한다.

○ 경제·사회 위원회는 유럽 의회, 각료이사회 또는 집행위원회의 요청이 있는 경우 위원장이 소집한다. 또한 위원장은 직권으로 위원회를 소집할 수도 있다.

Article 303(ex Article 260 TEC)

○ The Committee shall elect its chairman and officers from among its members for a term of two and a half years.

○ It shall adopt its Rules of Procedure.

○ The Committee shall be convened by its chairman at the request of the European Parliament, the Council or of the Commission. It may also meet on its own initiative.

제304조(ex Article 262 TEC)

○ 창설조약에서 명시하고 있는 경우 유럽의회, 각료이사회 또는 집행위원회는 반드시 경제·사회 위원회와 협의를 거쳐야 한다. 위 기관들은 적절하다고 판단하는 경우 제반 사안을 위원회와 협의할 수 있다. 위원회는 적절하다고 판단하는 경우 자체 발의를 통해 의견을 제시할 수 있다.

○ 유럽의회, 각료이사회 또는 집행위원회는 필요하다고 판단하는 경우 경제·사회 위원회에 대하여 위원장이 통지 받은 날로부터 1개월 이상의 기간을 두고 그 의견 제출 기한을 정할 수 있다. 위 기한이 경과할 때까지 의견이 없더라도 이는 각 기관의 후속 조치에 영향을 미치지 아니한다.

○ 경제·사회 위원회의 의견은 의사록과 함께 유럽의회, 각료이사회 및 집행위원회에 송부되어야 한다.

Article 304(ex Article 262 TEC)

○ The Committee shall be consulted by the European Parliament, by the Council or by the Commission where the Treaties so provide. The Committee may be consulted by these institutions in all cases in which they consider it appropriate. It may issue an opinion on its own initiative in cases in which it considers such action appropriate.

○ The European Parliament, the Council or the Commission shall, if it considers it necessary, set the Committee, for the submission of its opinion, a time limit which may not be less than one month from the date on which the chairman receives notification to this effect. Upon expiry of the time limit, the absence of an opinion shall not prevent further action.

○ The opinion of the Committee, together with a record of the proceedings, shall be forwarded to the European Parliament, to the Council and to the Commission.

| 제2절 지역 위원회 |

Section2 The Committee of the Regions

제305조(ex Article 263, second, third and fourth paragraphs, TEC)

○ 지역 위원회의 위원은 350명을 초과할 수 없다.

○ 각료이사회는 집행위원회의 제안에 따라 만장일치로 지역 위원회 구성에 관한 결정을 채택한다.

○ 지역위원회의 구성원들 및 그와 동수로 이뤄진 예비 위원들은 5년의 임기로 임명된다. 위원과 예비 위원들은 연임할 수 있다. 각료이사회는 각 회원국이 작성한 제안에 따라 위원 및 예비 위원 명단을 채택한다. 임명 제안의 토대가 되는 제300조 제3항 소정의 권한이 종료되면 지역 위원회 위원으로서의 임기도 자동으로 종료되며 그 지위는 일한 절차에 의하여 임명된 후임자가 승계하여 잔여 임기를 채운다. 지역 위원회의 위원은 유럽의회의 의원을 겸직하여서는 아니 된다.

Article 305(ex Article 263, second, third and fourth paragraphs, TEC)

○ The number of members of the Committee of the Regions shall not exceed 350.

○ The Council, acting unanimously on a proposal from the Commission, shall adopt a decision determining the Committee's composition.

○ The members of the Committee and an equal number of alternate members shall be appointed for five years. Their term of office shall be renewable. The Council shall adopt the list of members and alternate members drawn up in accordance with the proposals made by each Member State. When the mandate referred to in Article 300(3) on the basis of which they were proposed comes to an end, the term of office of members of the Committee shall terminate automatically and they shall then be replaced for the remainder of the said term of office in accordance with the same procedure. No member of the Committee shall at the same time be a Member of the European Parliament.

제306조(ex Article 264 TEC)

○ 지역 위원회에서는 위원 중에서 2년 6개월의 임기로 의장과 상무 위원을 선출한다.

○ 지역 위원회는 절차규칙을 채택한다.

○ 지역 위원회는 유럽 의회, 각료이사회 또는 집행위원회의 요청이 있는 경우 위원장이 소집한다. 또한 위원장은 직권으로 위원회를 소집할 수도 있다.

Article 306(ex Article 264 TEC)

○ The Committee of the Regions shall elect its chairman and officers from among its members for a term of two and a half years.

○ It shall adopt its Rules of Procedure.

○ The Committee shall be convened by its chairman at the request of the European Parliament, the Council or of the Commission. It may also meet on its own initiative.

제307조(ex Article 265 TEC)

○ 창설조약에서 명시하고 있는 경우 유럽의회, 각료이사회 또는 집행위원회는 반드시 지역 위원회와 협의를 거쳐야 하며, 이들 기관이 적절하다고 판단하는 제반 사안, 특히 국경간 협력이 필요한 사안에 관하여 지역 위원회와 협의를 하여야 한다.

○ 유럽의회, 각료이사회 또는 집행위원회는 필요하다고 판단하는 경우 지역 위원회에 대하여 위원장이 통지 받은 날로부터 1개월 이상의 기간을 두고 그 의견 제출 기한을 정할 수 있다. 위 기한이 경과할 때까지 의견이 없더라도 이는 각 기관의 후속 조치에 영향을 미치지 아니한다.

○ 제304조에 따라 경제·사회 위원회와 협의를 하는 경우 유럽의회, 각료이사회 또는 집행위원회는 지역 위원회에 대하여 이를 통지하고 의견을 구하여야 한다. 특정한 지역적 이해와 연관된다고 판단하는 경우 지역 위원회는 당해 사안에 대하여 의견을 제시할 수 있다.

○ 위원회는 적절하다고 판단하는 경우 자체 발의를 통해 의견을 제시할 수 있다.

○ 지역 위원회의 의견은 의사록과 함께 유럽의회, 각료이사회 및 집행위원회에 송부되어야 한다.

Article 307(ex Article 265 TEC)

○ The Committee of the Regions shall be consulted by the European Parliament, by the Council or by the Commission where the Treaties so provide and in all other cases, in particular those which concern cross-border cooperation, in which one of these institutions considers it appropriate.

○ The European Parliament, the Council or the Commission shall, if it considers it necessary, set the Committee, for the submission of its opinion, a time limit which may not be less than one month from the date on which the chairman receives notification to this effect. Upon expiry of the time limit, the absence of an opinion shall not prevent further action.

○ Where the Economic and Social Committee is consulted pursuant to Article 304, the Committee of the Regions shall be informed by the European Parliament, the Council or the Commission of the request for an opinion. Where it considers that specific regional interests are involved, the Committee of the Regions may issue an opinion on the matter.

○ It may issue an opinion on its own initiative in cases in which it considers such action appropriate.

○ The opinion of the Committee, together with a record of the proceedings, shall be forwarded to the European Parliament, to the Council and to the Commission.

제4장 유럽투자은행

Chapter 4 The European Investment Bank

제308조(ex Article 266 TEC)

○ 유럽투자은행은 법인격을 가진다.

○ 유럽투자은행의 구성원들은 회원국들이다.

○ 유럽투자은행법은 창설조약 상의 의정서를 통해 제정한다. 각료이사회는 유럽투자은행의 요청이 있는 경우에는 유럽의회 및 집행위원회와 협의를 거친 뒤에, 집행위원회의 제안이 있는 경우에는 유럽의회 및 유럽투자은행과의 협의를 거쳐 특별입법절차를 통해 각 만장일치로 유럽투자은행법을 개정할 수 있다.

Article 308(ex Article 266 TEC)

○ The European Investment Bank shall have legal personality.

○ The members of the European Investment Bank shall be the Member States.

○ The Statute of the European Investment Bank is laid down in a Protocol annexed to the Treaties. The Council acting unanimously in accordance with a special legislative procedure, at the request of the European Investment Bank and after consulting the European Parliament and the Commission, or on a proposal from the Commission and after consulting the European Parliament and the European Investment Bank, may amend the Statute of the Bank.

제309조(ex Article 267 TEC)

○ 유럽투자은행의 임무는 자본시장을 수단으로 삼아 그 자원을 활용함으로써 연합의 이익을 위하여 역내 시장의 균형 있고 지속적인 발전에 기여함에 있다. 이를 위해 유럽투자은행은 비영리에 기반을 두고 운영하면서 제반 경제 분야에 걸쳐 아래와 같은 프로젝트의 자금 조달을 원활토록 하기 위한 대출과 지급보증을 실시한다.

(a) 상대적 낙후 지역의 개발 프로젝트

(b) 기업의 현대화 내지 구조 조정 프로젝트 또는 역내시장의 확립이나 운영을 위해 요구되는 신규 활동을 위한 프로젝트로서 그 규모나 성격상 개별 회원국이 동원할 수 있는 여러 수단들만으로는 충분한 재원 조달이 불가능 경우

(c) 여러 회원국들에게 공동의 이익을 가져오지만 그 규모나 성격상 개별 회원국들에 의해 동원 가능한 다양한 수단만으로는 충분한 재원 조달이 불가능한 프로젝트

○ 유럽투자은행은 임무를 수행함에 있어 구조조정기금 및 기타 연합 금융 수단의 지원과 연계하여 투자 계획에 따른 자금 조달을 촉진하여야 한다.

Article 309(ex Article 267 TEC)

○ The task of the European Investment Bank shall be to contribute, by having recourse to the capital market and utilising its own resources, to the balanced and steady development of the internal market in the interest of the Union. For this purpose the Bank shall, operating on a non-profit-making basis, grant loans and give guarantees which facilitate the financing of the following projects in all sectors of the economy:

(a) projects for developing less-developed regions;

(b) projects for modernising or converting undertakings or for developing fresh activities called for by the establishment or functioning of the internal market, where these projects are of such a size or nature that they cannot be entirely financed by the various means available in the individual Member States;

(c) projects of common interest to several Member States which are of such a size or nature that they cannot be entirely financed by the various means available in the individual Member States.

○ In carrying out its task, the Bank shall facilitate the financing of investment programmes in conjunction with assistance from the Structural Funds and other Union Financial Instruments.

제2편 재정조항

Title II Financial Provisions

제310조(ex Article 268 TEC)

(1) ○ 연합의 수입과 지출의 모든 항목들은 매 회계연도 별로 작성되는 추산서에 포함되고 예산을 통해 공개되어야 한다.

○ 연합의 연간 예산은 제314조에 따라 유럽의회와 각료이사회가 수립한다.

○ 예산 상의 수입과 지출은 균형을 이루어야 한다.

(2) 예산 상의 지출은 제322조 소정의 규정에 따른 회계연도 맞추어 승인되어야 한다.

(3) 예산 상의 지출 집행을 위해서는 당해 법령에서 달리 정하지 않는 한 사전에 제322조 소정의 규정에 의거하여 연합의 행위 및 그에 따른 대응 지출의 법적 근거를 제공하는 법적 구속력 있는 연합 행위를 채택할 것이 요구된다.

(4) 예산 원칙 준수를 위해 연합은 특정 행위에 수반되는 지출이 연합의 자체 재원의 범위 내에서 조달 가능하고 아울러 제312조 소정의 다년간 재정 계획과 부합된다는 확신이 없는 한 예산에 상당한 영향을 미칠 수 있는 어떠한 조치도 채택하여서는 아니 된다.

(5) 예산은 건전 재정 운용의 원칙에 따라 집행되어야 한다. 회원국들은 예산에 편성되는 세출이 이 원칙에 따라 책정되도록 연합과 협력하여야 한다.

(6) 제325조에 따라 연합과 회원국들은 연합의 재정적 이해관계에 영향을 끼칠 수 있는 재정 사기 및 기타 불법행위에 대처하여야 한다.

Article 310(ex Article 268 TEC)

(1) ○ All items of revenue and expenditure of the Union shall be included in estimates to be drawn up for each financial year and shall be shown in the budget.

○ The Union's annual budget shall be established by the European Parliament and the Council in accordance with Article 314.

○ The revenue and expenditure shown in the budget shall be in balance.

(2) The expenditure shown in the budget shall be authorised for the annual budgetary period in accordance with the regulation referred to in Article 322.

(3) The implementation of expenditure shown in the budget shall require the prior adoption of a legally binding Union act providing a legal basis for its action and for the implementation of the corresponding expenditure in accordance with the regulation referred to in Article 322, except in cases for which that law provides.

(4) With a view to maintaining budgetary discipline, the Union shall not adopt any act which is likely to have appreciable implications for the budget without providing an assurance that the expenditure arising from such an act is capable of being financed within the limit of the Union's own resources and in compliance with the multiannual financial framework referred to in Article 312.

(5) The budget shall be implemented in accordance with the principle of sound financial management. Member States shall cooperate with the Union to ensure that the appropriations entered in the budget are used in accordance with this principle.

(6) The Union and the Member States, in accordance with Article 325, shall counter fraud and any other illegal activities affecting the financial interests of the Union.

제1장 연합 자체 재원

Chapter 1 The Union's Own Resources

제311조(ex Article 269 TEC)

○ 연합은 그 목표를 달성하고 정책을 수행함에 있어 필요한 수단들을 조달하여야 한다.

○ 다른 수입에 영향을 미치지 아니하고 연합의 예산은 완전히 자체 재원으로부터 조달되어야 한다.

○ 각료이사회는 특별입법절차를 통해 유럽의회와의 협의를 거쳐 만장일치로 연합의 자체 재원 제도 관련 사항들을 정하는 결정을 채택하여야 한다. 이와 관련하여 각료 이사회는 자체 재원의 항목을 새로 도입하거나 기존 항목을 폐지할 수 있다. 이 결정은 각 회원국의 자국의 헌법적 요건에 따른 비준을 거치기 전까지는 발효되지 아니한다.

○ 각료이사회는 연합 자체 재원 제도를 위한 실행 수단이 제3단에 기초하여 채택된 결정에 명시되어 있는 경우에는 특별입법절차에 따라 규정의 형식으로 그 조달 수단에 관하여 정하여야 한다. 각료이사회가 이 규정을 채택함에 있어서는 유럽의회의 동의를 얻어야 한다.

Article 311(ex Article 269 TEC)

○ The Union shall provide itself with the means necessary to attain its objectives and carry through its policies.

○ Without prejudice to other revenue, the budget shall be financed wholly from own resources.

○ The Council, acting in accordance with a special legislative procedure, shall unanimously and after consulting the European Parliament adopt a decision laying down the provisions relating to the system of own resources of the Union. In this context it may establish new categories of own resources or abolish an existing category. That decision shall not enter into force until it is approved by the Member States in accordance with their respective constitutional requirements.

○ The Council, acting by means of regulations in accordance with a special legislative procedure, shall lay down implementing measures for the Union's own resources system in so far as this is provided for in the decision adopted on the basis of the third paragraph. The Council shall act after obtaining the consent of the European Parliament.

제2장 다년간 재정 계획

Chapter 2 The Multiannual Financial Framework

제312조

(1) ○ 다년간 재정계획은 연합의 세출이 일목요연하게 그리고 자체 재원의 한도 내에서 이뤄질 것을 담보하여야 한다.

○ 다년간 재정계획은 최소한 5년을 기한으로 하여 수립되어야 한다.

○ 연합의 연간 예산은 다년간 재정계획에 부합되어야 한다.

(2) ○ 각료이사회는 특별입법절차에 따라 다년간 재정계획을 수립하는 규정을 채택한다. 이 규정은 각료이사회가 재적 의원 과반수에 의한 유럽의회의 동의를 얻은 후 만장일치로 채택하여야 한다.

○ 유럽정상회의는 만장일치로 각료이사회가 전단의 규정을 가중다수결에 의해 채택할 수 있도록 하는 결정을 내릴 수 있다.

(3) ○ 재정계획에서는 지출 항목에 따른 약정 책정 금액의 연간 한도액 및 지급 지출의 연간 한도액을 정하여야 한다. 지출 항목들은 일정한 수 이내로 제한하여 연합 활동의 주요 분야별로 대응하여 작성하여야 한다.

○ 재정계획에는 연간 예산 절차의 원활한 운영을 위해 기타 제반 조항들이 포함되어야 한다.

(4) 직전 재정 계획 종료 시까지 새로운 재정계획에 관한 각료이사회 규정이 채택되지 않은 경우 당해 계획의 직전 년도에 해당하는 한도액 및 기타 조항들은 신(新)계획의 채택 시까지 연장된다.

(5) 재정계획 채택을 위한 절차 진행에 있어 유럽의회, 각료이사회 및 집행위원회는 계획 채택을 원활하게 하기 위해 필요한 제반 조치들을 취해야 한다.

Article 312

(1) ○ The multiannual financial framework shall ensure that Union expenditure develops in an orderly manner and within the limits of its own resources.

○ It shall be established for a period of at least five years.

○ The annual budget of the Union shall comply with the multiannual financial framework.

(2) ○ The Council, acting in accordance with a special legislative procedure, shall adopt a regulation laying down the multiannual financial framework. The Council shall act unanimously after obtaining the consent of the European Parliament, which shall be given by a majority of its component members.

○ The European Council may, unanimously, adopt a decision authorising the Council to act by a qualified majority when adopting the regulation referred to in the first subparagraph.

(3) ○ The financial framework shall determine the amounts of the annual ceilings on commitment appropriations by category of expenditure and of the annual ceiling on payment appropriations. The categories of expenditure, limited in number, shall correspond to the Union's major sectors of activity.

○ The financial framework shall lay down any other provisions required for the annual budgetary procedure to run smoothly.

(4) Where no Council regulation determining a new financial framework has been adopted by the end of the previous financial framework, the ceilings and other provisions corresponding to the last year of that framework shall be extended until such time as that act is adopted.

(5) Throughout the procedure leading to the adoption of the financial framework, the European Parliament, the Council and the Commission shall take any measure necessary to facilitate its adoption.

제3장 연합의 연간 예산

Chapter 3 The Union's Annual Budget

제313조(ex Article 272(1), TEC)

회계연도는 1월 1일부터 12월 31일까지로 한다.

Article 313(ex Article 272(1), TEC)

The financial year shall run from 1 January to 31 December.

제314조(ex Article 272(2) to (10), TEC)

유럽의회와 각료이사회는 특별입법절차에 의하여 아래와 같이 연합의 연간 예산을 수립한다.

(1) ○ 유럽중앙은행을 제외한 각 기관은 매년 7월 1일 전에 다음 회계연도의 지출 추산서를 작성하여야 한다. 집행위원회는 이 추산서들을 예산안으로 통합하는데, 예산안에 포함되는 추산서는 달라질 수 있다.

○ 예산안에는 수입 및 지출 추산서가 포함되어야 한다.

(2) ○ 집행위원회는 늦어도 당해 예산 시행 직전 년도 9월 1일까지 예산안을 포함한 제안서를 유럽의회와 각료이사회에 제출하여야 한다.

○ 집행위원회는 예산안 제출 후 제5항 소정의 조정위원회가 소집되기 전까지는 예산안을 수정할 수 있다.

(3) 각료이사회는 예산 시행 직전 년도 10월 1일까지 예산안에 대한 입장을 채택하여 유럽의회에 송부하여야 한다. 각료이사회는 유럽의회에 대하여 예산안 관련 입장을 정한 이유를 상세하게 통지하여야 한다.

(4) 위와 같은 의견 통지 후 42일 이내에, 각

(a) 유럽의회가 각료이사회의 입장을 승인하면 당해 예산안은 채택된다.

(b) 유럽의회가 여하한 결정도 내리지 않은 경우 당해 예산안은 채택된 것으로 간주된다.

(c) 유럽의회가 재적의원 과반수의 결의로 수정하는 경우 그 수정안은 각료이사회와 집행위원회로 송부된다. 유럽의회 의장은 각료이사회의 의장과 합의하여 즉시 조정위원회를 소집한다. 단, 각료이사회가 수정안을 받고 10일 이내에 유럽의회에 대하여 제반 수정안을 승인한다는 통지를 하는 경

우 조정위원회는 소집되지 아니한다.

(5) ○ 조정위원회는 각료이사회의 구성원이나 이들의 대표자 및 이와 동수인 유럽의회의 대표자들로 구성되며, 소집일로부터 21일 내에 유럽의회와 각료이사회가 제출한 입장에 기초하여 공동 문안 합의 도출을 목적으로 하되, 이 합의를 위한 의결정족수는 각료이사회의 경우에는 구성원이나 대표자들의 가중다수결에 의하여, 유럽의회는 대표자들의 과반수의 찬성으로 한다.

○ 집행위원회는 조정위원회의 진행 과정에 참여하여 유럽의회와 각료이사회의 입장들을 조율하는데 모든 필요한 발의를 하여야 한다.

(6) 제5항 소정의 21일 내에 조정위원회가 공동문안에 합의하게 되면 유럽의회와 각료이사회는 각 합의일로부터 14일의 공동문안 승인 기간을 갖는다.

(7) 제6항 소정의 14일의 기한 내에,

(a) 유럽의회와 각료이사회가 공동문안을 모두 승인하거나 양측 모두 어떠한 결정도 내리지 않은 경우, 또는 이들 중 한 기관은 공동문안을 승인하였으나 다른 한쪽은 결정을 내리지 않은 경우 경우, 예산은 공동문안에 따라 확실하게 채택된 것으로 간주된다.

(b) 공동문안이 유럽의회에서 재적의원 과반수의 결의에 의해 부결되고, 각료회의 역시 공동문안을 부결한 경우, 또는 어느 한 기관은 공동문안을 부결하고 다른 한 기관은 여하한 결정을 내리지 않은 경우 집행위원회는 새로운 예산안을 제출하여야 한다.

(c) 각료이사회는 공동문안을 승인하였으나 유럽의회는 재적의원 과반수의 결의로 이를 부결시킨 경우 집행위원회는 새로운 예산안을 제출하여야 한다.

(d) 유럽의회는 공동문안을 승인하였으나 각료이사회는 이를 부결한 경우 유럽의회는 각료이사회가 부결한 날로부터 14일 이내에 재적의원 과반수와 투표 참가 의원 5분의 3 이상의 찬성으로 제4항 (c)호 소정의 수정안 전부 또는 일부를 승인하는 결정을 내릴 수 있다. 유럽의회 수정안이 승인되지 않은 때에는 수정 대상이 되었던 예산 항목에 관한 조정위원회에서의 합의된 입장은 효력을 유지한다. 예산은 이를 토대로 확실하게 채택된 것으로 간주된다.

(8) 제5항 소정의 21일 내에 조정위원회가 공동문안 합의에 이르지 못한 경우 집행위원회는 새로운 예산안을 제출하여야 한다.

(9) 본 조 소정의 절차가 완료된 경우 유럽의회 의장은 예산의 최종 채택을 선포하여야 한다.

(10) 각 기관은 본 조에 의해 부여된 권한을 행사함에 있어 창설조약 및 창설조약에 기하여 채택된 법령들, 특히 연합의 자체 재원 및 수입·지출 균형에 따라야 한다.

Article 314(ex Article 272(2) to (10), TEC)

The European Parliament and the Council, acting in accordance with a special legislative procedure, shall establish the Union's annual budget in accordance with the following provisions.

(1) ○ With the exception of the European Central Bank, each institution shall, before 1 July, draw up estimates of its expenditure for the following financial year. The Commission shall consolidate these estimates in a draft budget, which may contain different estimates.

○ The draft budget shall contain an estimate of revenue and an estimate of expenditure.

(2) ○ The Commission shall submit a proposal containing the draft budget to the European Parliament and to the Council not later than 1 September of the year preceding that in which the budget is to be implemented.

○ The Commission may amend the draft budget during the procedure until such time as the Conciliation Committee, referred to in paragraph 5, is convened.

(3) The Council shall adopt its position on the draft budget and forward it to the European Parliament not later than 1 October of the year preceding that in which the budget is to be implemented. The Council shall inform the European Parliament in full of the reasons which led it to adopt its position.

(4) If, within forty-two days of such communication, the European Parliament:

(a) approves the position of the Council, the budget shall be adopted;

(b has not taken a decision, the budget shall be deemed to have been adopted;

(c) adopts amendments by a majority of its component members, the amended draft shall be forwarded to the Council and to the Commission. The President of the European Parliament, in agreement with the President of the Council, shall immediately convene a meeting of the Conciliation Committee. However, if within ten days of the draft being forwarded the Council informs the European Parliament that it has approved all its amendments, the Conciliation Committee shall not meet.

(5) ○ The Conciliation Committee, which shall be composed of the members of the Council or their representatives and an equal number of members representing the European Parliament, shall have the task of reaching agreement on a joint text, by a qualified majority of the members of the Council or their representatives and by a majority of the representatives of the European Parliament within twenty-one days of its being convened, on the basis of the positions of the European Parliament and the Council.

○ The Commission shall take part in the Conciliation Committee's proceedings and shall take all the necessary initiatives with a view to reconciling the positions of the European Parliament and the Council.

(6) If, within the twenty-one days referred to in paragraph 5, the Conciliation Committee agrees on a joint text, the European Parliament and the Council shall each have a period of fourteen days from

the date of that agreement in which to approve the joint text.

(7) If, within the period of fourteen days referred to in paragraph 6:

(a) the European Parliament and the Council both approve the joint text or fail to take a decision, or if one of these institutions approves the joint text while the other one fails to take a decision, the budget shall be deemed to be definitively adopted in accordance with the joint text; or

(b) the European Parliament, acting by a majority of its component members, and the Council both reject the joint text, or if one of these institutions rejects the joint text while the other one fails to take a decision, a new draft budget shall be submitted by the Commission; or

(c) the European Parliament, acting by a majority of its component members, rejects the joint text while the Council approves it, a new draft budget shall be submitted by the Commission; or

(d) the European Parliament approves the joint text whilst the Council rejects it, the European Parliament may, within fourteen days from the date of the rejection by the Council and acting by a majority of its component members and three-fifths of the votes cast, decide to confirm all or some of the amendments referred to in paragraph 4(c). Where a European Parliament amendment is not confirmed, the position agreed in the Conciliation Committee on the budget heading which is the subject of the amendment shall be retained. The budget shall be deemed to be definitively adopted on this basis.

(8) If, within the twenty-one days referred to in paragraph 5, the Conciliation Committee does not agree on a joint text, a new draft budget shall be submitted by the Commission.

(9) When the procedure provided for in this Article has been completed, the President of the European Parliament shall declare that the budget has been definitively adopted.

(10) Each institution shall exercise the powers conferred upon it under this Article in compliance with the Treaties and the acts adopted thereunder, with particular regard to the Union's own resources and the balance between revenue and expenditure.

제315조(ex Article 273 TEC)

○ 회계년도 개시일까지 예산이 확정되지 않은 경우 직전 회계연도 예산 책정액의 1/12을 넘지 아니하는 금액을 매월 제322조에 의해 제정된 규정의 조항에 있는 각 장(章)별로 지출할 수 있다. 다만, 동일한 항목 내의 집행이라도 (미채택된) 예산안의 동일 항목에서 예정하고 있는 금액의 12분의 1을 초과하여서는 아니 된다.

○ 집행위원회의 제안이 있는 경우 각료이사회는 전단의 기타 조건들을 준수하는 것을 전제로 제322조

소정의 규정에 따라 1/12을 초과하는 지출을 승인할 수 있다. 각료이사회는 이러한 결정을 즉시 유럽 의회에 송부하여야 한다.

○ 제2단의 결정에는 제311조 소정의 조치에 따라 본 조가 적용될 수 있도록 재원 조달 관련하여 필요한 수단이 명시되어야 한다.

○ 위 결정은 채택일로부터 30일 후 발효되나, 유럽의회가 그 때까지 재적의원 과반수의 결의로 지출 삭감 결의를 하면 그러하지 아니하다.

Article 315(ex Article 273 TEC)

○ If, at the beginning of a financial year, the budget has not yet been definitively adopted, a sum equivalent to not more than one twelfth of the budget appropriations for the preceding financial year may be spent each month in respect of any chapter of the budget in accordance with the provisions of the Regulations made pursuant to Article 322; that sum shall not, however, exceed one twelfth of the appropriations provided for in the same chapter of the draft budget.

○ The Council on a proposal by the Commission, may, provided that the other conditions laid down in the first paragraph are observed, authorise expenditure in excess of one twelfth in accordance with the regulations made pursuant to Article 322. The Council shall forward the decision immediately to the European Parliament.

○ The decision referred to in the second paragraph shall lay down the necessary measures relating to resources to ensure application of this Article, in accordance with the acts referred to in Article 311.

○ It shall enter into force thirty days following its adoption if the European Parliament, acting by a majority of its component Members, has not decided to reduce this expenditure within that time-limit.

제316조(ex Article 271 TEC)

○ 제322조에 명시된 요건에 따라 인건비와 관련되지 않은 그 밖의 지출 항목으로서 회계연도 말까지 집행되지 아니한 것은 다음 회계연도에 한하여 이월될 수 있다.

○ 지출 책정은 성격이나 목적에 따라 지출 항목들을 유형별로 묶어 각 장(章)별로 분류하고 제322조에 따라 제정하는 규정을 통해 세분한다.

○ 유럽의회, 유럽정상회의, 각료이사회, 집행위원회 및 유럽연합법원의 지출은 일정한 공동 지출 항목을 위한 특별 배정을 침해하지 않은 한도 내에서 별도 예산으로 편성되어야 한다.

Article 316(ex Article 271 TEC)

○ In accordance with conditions to be laid down pursuant to Article 322, any appropriations, other than those relating to staff expenditure, that are unexpended at the end of the financial year may be carried forward to the next financial year only.

○ Appropriations shall be classified under different chapters grouping items of expenditure according to their nature or purpose and subdivided in accordance with the regulations made pursuant to Article 322.

○ The expenditure of the European Parliament, the European Council and the Council, the Commission and the Court of Justice of the European Union shall be set out in separate parts of the budget, without prejudice to special arrangements for certain common items of expenditure.

제4장 예산 집행 및 책임 해제

Chapter 4 Implementation of the Budget and Discharge

제317조(ex Article 274 TEC)

○ 집행위원회는 회원국들과의 협력 하에 제322조에 따른 규정에 입각하여 건전재정운용의 원칙을 유념하여 그 독자적 책임으로 책정 예산 범위 내에서 예산을 집행하여야 한다. 회원국들은 책정된 예산이 건전재정운용의 원칙에 따라 사용될 수 있도록 집행위원회와 협력하여야 한다.

○ 규정들은 예산 집행에 있어서의 회원국들의 감독 및 회계 감사 의무, 그리고 이에 따른 책임을 포함하여야 한다. 위 규정들은 또한 각 기관들이 독자적 예산 집행 과정에서 져야 할 책임 및 그와 관련한 세칙이 포함되어야 한다.

○ 제322조에 의해 만들어 진 규정 소정의 한도와 조건 준수를 전제로 집행위원회는 장(章)에 다른 장(章)으로, 세부 항목에서 다른 세부 항목으로 책정 예산을 전용할 수 있다.

Article 317(ex Article 274 TEC)

○ The Commission shall implement the budget in cooperation with the Member States, in accordance with the provisions of the regulations made pursuant to Article 322, on its own responsibility and within the limits of the appropriations, having regard to the principles of sound financial management. Member States shall cooperate with the Commission to ensure that the appropriations are used in accordance with the principles of sound financial management.

○ The regulations shall lay down the control and audit obligations of the Member States in the implementation of the budget and the resulting responsibilities. They shall also lay down the responsibilities and detailed rules for each institution concerning its part in effecting its own expenditure.

○ Within the budget, the Commission may, subject to the limits and conditions laid down in the regulations made pursuant to Article 322, transfer appropriations from one chapter to another or from one subdivision to another.

제318조(ex Article 275 TEC)

○ 집행위원회는 매년 유럽의회와 각료이사회에 대하여 예산 집행과 관련하여 직전 회계연도 회계자료를 제출하여야 한다. 집행위원회는 또한 위 기관들에 대하여 연합 자산과 부채에 관한 재무제표를 송부하여야 한다.

○ 집행위원회는 유럽의회와 각료이사회에 대하여 달성된 성과를 토대로, 특히 제319조에 따라 유럽의회와 각료이사회가 표명한 사항과 관련하여 연합의 재정에 대한 평가보고서를 제출하여야 한다.

Article 318(ex Article 275 TEC)

○ The Commission shall submit annually to the European Parliament and to the Council the accounts of the preceding financial year relating to the implementation of the budget. The Commission shall also forward to them a financial statement of the assets and liabilities of the Union.

○ The Commission shall also submit to the European Parliament and to the Council an evaluation report on the Union's finances based on the results achieved, in particular in relation to the indications given by the European Parliament and the Council pursuant to Article 319.

제319조(ex Article 276 TEC)

(1) 유럽의회는 각료이사회의 권고에 따라 예산 집행과 관련하여 집행위원회에 대한 책임해제 결의를 한다. 이를 위해 각료이사회와 유럽의회는 차례로 회계자료, 재무제표 및 제318조 소정의 평가 보고서,

회계감사원의 연례보고서와 회계감사 피감기관들의 답변 내용, 제287조 제1항 제2단 소정의 확약서 및 회계감사원에 의하여 작성된 관련 특별보고서 등을 검토하여야 한다.

(2) 집행위원회에 대한 책임을 해제 하기 전 또는 기타 예산 집행에 관한 권한 행사 관련 기타 목적을 위하여 유럽의회는 집행위원회에 대하여 지출 집행이나 재정통제제도의 운영과 관련하여 제출하는 증거에 대한 심문을 요구할 수 있다. 집행위원회는 유럽의회의 요청에 대하여 필요한 정보를 제출하여야 한다.

(3) ○ 집행위원회는 유럽의회가 책임 해제 결정을 하면서 명시하였거나 기타 지출 집행과 관련하여 낸 의견, 그리고 각료이사회가 책임해제권고를 함에 있어서 첨부한 견해를 이행하는데 필요한 모든 적절한 조치들을 취하여야 한다.

○ 집행위원회는 유럽의회 또는 각료이사회의 요구가 있는 경우 위와 같은 의견과 견해, 특히 예산 집행에 관한 책임이 있는 부서들에 시달된 지시 사항과 관련하여 취한 조치들에 대하여 보고해야 한다. 이 보고서들은 회계감사원에 대하여도 송부되어야 한다.

Article 319 (ex Article 276 TEC)

(1) The European Parliament, acting on a recommendation from the Council, shall give a discharge to the Commission in respect of the implementation of the budget. To this end, the Council and the European Parliament in turn shall examine the accounts, the financial statement and the evaluation report referred to in Article 318, the annual report by the Court of Auditors together with the replies of the institutions under audit to the observations of the Court of Auditors, the statement of assurance referred to in Article 287(1), second subparagraph and any relevant special reports by the Court of Auditors.

(2) Before giving a discharge to the Commission, or for any other purpose in connection with the exercise of its powers over the implementation of the budget, the European Parliament may ask to hear the Commission give evidence with regard to the execution of expenditure or the operation of financial control systems. The Commission shall submit any necessary information to the European Parliament at the latter's request.

(3) ○ The Commission shall take all appropriate steps to act on the observations in the decisions giving discharge and on other observations by the European Parliament relating to the execution of expenditure, as well as on comments accompanying the recommendations on discharge adopted by the Council.

○ At the request of the European Parliament or the Council, the Commission shall report on the measures taken in the light of these observations and comments and in particular on the instructions given to the departments which are responsible for the implementation of the budget. These reports shall also be forwarded to the Court of Auditors.

제5장 공통조항

Chapter 5 Common Provisions

제320조(ex Article 277 TEC)

다년간 재정계획 및 연간 예산은 유로화로 편성되어야 한다.

Article 320(ex Article 277 TEC)

The multiannual financial framework and the annual budget shall be drawn up in euro.

제321조(ex Article 278 TEC)

○ 집행위원회는 창설조약 상의 목적에 활용하는데 필요한 범위 내에서, 당해 회원국의 관련 당국에 통지할 것을 전제로 보유하고 있던 특정 회원국 통화를 다른 회원국의 통화로 이체할 수 있다. 집행위원회가 필요한 현금이나 유동 자산을 보유하고 있을 때에는 위와 같은 이체는 가능한 한 피해야 한다.

○ 집행위원회는 관련 회원국들이 임명한 각 당국을 통해 개별적으로 업무를 진행하여야 한다. 재정 운용을 함에 있어서 집행위원회는 관련 회원국의 발권 은행 또는 그 회원국에 의하여 승인된 기타 금융기관이 제공하는 서비스를 이용하여야 한다.

Article 321(ex Article 278 TEC)

○ The Commission may, provided it notifies the competent authorities of the Member States concerned, transfer into the currency of one of the Member States its holdings in the currency of another Member State, to the extent necessary to enable them to be used for purposes which come within the scope of the Treaties. The Commission shall as far as possible avoid making such transfers if it possesses cash or liquid assets in the currencies which it needs.

○ The Commission shall deal with each Member State through the authority designated by the State concerned. In carrying out financial operations the Commission shall employ the services of the bank of issue of the Member State concerned or of any other financial institution approved by that State.

제322조(ex Article 279 TEC)

(1) 유럽의회와 각료이사회는 통상입법절차에 따라 회계감사원과의 협의를 거쳐 아래와 같은 내용을 규정의 형식으로 채택하여야 한다.

(a) 재정 규칙, 특히 예산 수립 및 집행, 회계 자료 제출과 감사 등을 위한 절차를 정하는 사항

(b) 재정 주체들, 특히 결재 임원 및 회계 직원의 책임 확인을 정하는 규칙

(2) 각료이사회는 집행위원회의 제안에 따라 유럽의회와 회계감사원과의 협의를 거쳐 집행위원회가 연합 자체 재원 관련 사항들에 명시된 수입 예산을 조달하는 방식과 절차를 정하고, 필요한 경우 현금 수요를 충족하기 위한 수단을 정하여야 한다.

Article 322(ex Article 279 TEC)

(1) The European Parliament and the Council, acting in accordance with the ordinary legislative procedure, and after consulting the Court of Auditors, shall adopt by means of regulations:

(a) the financial rules which determine in particular the procedure to be adopted for establishing and implementing the budget and for presenting and auditing accounts;

(b) rules providing for checks on the responsibility of financial actors, in particular authorising officers and accounting officers.

(2) The Council, acting on a proposal from the Commission and after consulting the European Parliament and the Court of Auditors, shall determine the methods and procedure whereby the budget revenue provided under the arrangements relating to the Union's own resources shall be made available to the Commission, and determine the measures to be applied, if need be, to meet cash requirements.

제323조

유럽의회, 각료이사회 및 집행위원회는 연합이 제3자와의 관계에 있어 법적 의무를 이행하도록 재정 수단이 활용될 수 있음을 보장하여야 한다.

Article 323

The European Parliament, the Council and the Commission shall ensure that the financial means are made available to allow the Union to fulfil its legal obligations in respect of third parties.

제324조

이 편(篇)에 정하는 예산 절차에 따라 집행위원회의 주도로 유럽의회 의장, 각료이사회 의장 및 집행위원회 위원장 간에는 정례적 회의가 소집되어야 한다. 위 기관의 장들은 이 편에서 정하고 있는 예산 관련 업무의 원활한 수행을 위해 각기 대표하는 기관들 간의 협의와 입장 조율을 용이하게 하기 위해 필요한 모든 조치들을 취하여야 한다.

Article 324

Regular meetings between the Presidents of the European Parliament, the Council and the Commission shall be convened, on the initiative of the Commission, under the budgetary procedures referred to in this Title. The Presidents shall take all the necessary steps to promote consultation and the reconciliation of the positions of the institutions over which they preside in order to facilitate the implementation of this Title.

제6장 재정 사기 범죄와의 전쟁

Chapter 6 Combatting Fraud

제325조(ex Article 280 TEC)

(1) 연합과 회원국들은 본 조에 따라 회원국들 및 연합의 기관, 기구, 부서 및 수탁자 내부에서 연합의 재정적 이해관계에 영향을 미칠 재정 사기 범죄 및 기타 불법행위들을 억제하고 이들로부터 효과적으로 보호할 수 있는 조치들을 취함으로써 이에 대처하여야 한다.

(2) 연합의 재정적 이해관계에 영향을 미치는 재정 사기 범죄에 대하여 각 회원국은 자국의 재정적 이해관계에 영향을 끼치는 사기 범죄에 대하여 취하는 조치와 동일한 조치를 취하여야 한다.

(3) 창설조약 상의 다른 조항들에 영향을 미치지 아니하는 한도 내에서 회원국들은 재정 사기 범죄로부터 연합의 재정적 이해를 보호하기 위한 목적으로 취한 조치들을 조율해야 한다. 이를 위해 회원국들은 집행위원회와 공동으로 관련 당국들 사이에 밀접하고도 정기적인 협조 체제를 구축하여야 한다.

(4) 유럽의회와 각료이사회는 통상입법절차에 따라 회계감사원과의 협의를 거쳐 회원국들 및 모든 연합의 기관, 기구, 부서 및 수탁자 차원에서 효과적이며 동등한 수준의 보호를 제공하기 위해 연합의 재정적 이해관계에 영향을 미치는 사기 범죄 예방 및 대처 분야에서 필요한 조치들을 취하여야 한다.

(5) 집행위원회는 회원국들과의 협조 아래 본 조의 이행을 위해 취한 조치들에 관하여 매년 유럽의회와 각료이사회에 보고서를 제출하여야 한다.

Article 325(ex Article 280 TEC)

(1) The Union and the Member States shall counter fraud and any other illegal activities affecting the financial interests of the Union through measures to be taken in accordance with this Article, which shall act as a deterrent and be such as to afford effective protection in the Member States, and in all the Union's institutions, bodies, offices and agencies.

(2) Member States shall take the same measures to counter fraud affecting the financial interests of the Union as they take to counter fraud affecting their own financial interests.

(3) Without prejudice to other provisions of the Treaties, the Member States shall coordinate their action aimed at protecting the financial interests of the Union against fraud. To this end they shall organise, together with the Commission, close and regular cooperation between the competent authorities.

(4) The European Parliament and the Council, acting in accordance with the ordinary legislative

procedure, after consulting the Court of Auditors, shall adopt the necessary measures in the fields of the prevention of and fight against fraud affecting the financial interests of the Union with a view to affording effective and equivalent protection in the Member States and in all the Union's institutions, bodies, offices and agencies.

(5) The Commission, in cooperation with Member States, shall each year submit to the European Parliament and to the Council a report on the measures taken for the implementation of this Article.

제3편 강화 협력 체제

Title III Enhanced Cooperation

제326조(ex Articles 27a to 27e, 40 to 40b and 43 to 45 TEU and ex Articles 11 and 11a TEC)

○ 모든 강화 협력 체제는 창설조약 및 연합의 법률에 따라야 한다.

○ 이러한 협력은 역내 시장 또는 경제, 사회 및 지역적 결속을 저해하여서는 아니 된다. 강화된 협력은 회원국들 사이의 무역 장벽이나 차별을 구성하거나 경쟁을 왜곡시켜서는 아니 된다.

Article 326(ex Articles 27a to 27e, 40 to 40b and 43 to 45 TEU and ex Articles 11 and 11a TEC)

○ Any enhanced cooperation shall comply with the Treaties and Union law.

○ Such cooperation shall not undermine the internal market or economic, social and territorial cohesion. It shall not constitute a barrier to or discrimination in trade between Member States, nor shall it distort competition between them.

제327조(ex Articles 27a to 27e, 40 to 40b and 43 to 45 TEU and ex Articles 11 and 11a TEC)

강화 협력 체제는 이에 참여하지 않은 회원국들의 권한, 권리 및 의무를 존중하여야 한다. 비 참여 회원국들은 참여 회원국들에 의한 강화 협력 체제의 실행을 방해하여서는 아니 된다.

Article 327(ex Articles 27a to 27e, 40 to 40b and 43 to 45 TEU and ex Articles 11 and 11a TEC)

Any enhanced cooperation shall respect the competences, rights and obligations of those Member States which do not participate in it. Those Member States shall not impede its implementation by the participating Member States.

제328조(ex Articles 27a to 27e, 40 to 40b and 43 to 45 TEU and ex Articles 11 and 11a TEC)

(1) ○ 설립 중에 있는 강화 협력 체제의 경우 연합에서 승인한 결정에 명시된 참여 조건을 충족시키는 회원국에게는 그 문호가 제한 없이 개방되어야 한다. 또한 이미 설립된 강화 협력 체제의 경우 위 조건들에 더하여 기존 틀 안에서 채택된 조치들을 준수할 것을 전제로 상시 개방되어야 한다.

○ 집행위원회와 참여 회원국들은 가능한 많은 회원국들의 참여 독려를 보장하여야 한다.

(2) 집행위원회와 필요한 경우 외교안보수석대표는 유럽의회와 각료이사회에 대하여 강화 협력 체제 내에서의 전개 상황을 정기적으로 통지하여야 한다.

Article 328 (ex Articles 27a to 27e, 40 to 40b and 43 to 45 TEU and ex Articles 11 and 11a TEC)

(1) ○ When enhanced cooperation is being established, it shall be open to all Member States, subject to compliance with any conditions of participation laid down by the authorising decision. It shall also be open to them at any other time, subject to compliance with the acts already adopted within that framework, in addition to those conditions.

○ The Commission and the Member States participating in enhanced cooperation shall ensure that they promote participation by as many Member States as possible.

(2) The Commission and, where appropriate, the High Representative of the Union for Foreign Affairs and Security Policy shall keep the European Parliament and the Council regularly informed regarding developments in enhanced cooperation.

제329조(ex Articles 27a to 27e, 40 to 40b and 43 to 45 TEU and ex Articles 11 and 11a TEC)

(1) ○ 연합의 배타적 권한에 속하는 영역과 공동외교안보정책 부문을 제외하고 창설조약이 다루는 어느 한 분야에서 강화 협력 체제를 수립하고자 하는 회원국들은 집행위원회에 대하여 그 범위와 목적을 특정하여 요청서를 제출하여야 한다. 집행위원회는 각료이사회에 대하여 위와 같은 취지의 제

안을 할 수 있다. 집행위원회가 각료이사회에 대하여 제안을 하지 않을 경우에는 관련 회원국들에게 그 이유를 통지하여야 한다.

○ 각료이사회는 집행위원회의 제안을 받아 유럽의회의 동의를 얻은 후 제1단 소정의 강화 협력 체제의 개시를 승인하여야 한다.

(2) ○ 공동외교안보정책의 틀 안에서 강화 협력 체제를 구성하고자 하는 회원국들의 요청은 각료이사회를 대상으로 하여야 한다. 위와 같은 제안은 외교안보수석대표와 집행위원회에 송부되고, 제안 내용에 대하여 외교안보수석대표는 연합의 공동외교안보정책과, 그리고 집행위원회는 연합의 여타 정책과 일관성을 갖는지 각각 의견을 제시하여야 한다. 이는 통지를 위해 유럽의회에도 송부되어야 한다.

○ 공동외교안보정책 상의 강화협력체제 개시 승인은 각료이사회에서 만장일치로 결정되어야 한다.

Article 329 (ex Articles 27a to 27e, 40 to 40b and 43 to 45 TEU and ex Articles 11 and 11a TEC)

(1) ○ Member States which wish to establish enhanced cooperation between themselves in one of the areas covered by the Treaties, with the exception of fields of exclusive competence and the common foreign and security policy, shall address a request to the Commission, specifying the scope and objectives of the enhanced cooperation proposed. The Commission may submit a proposal to the Council to that effect. In the event of the Commission not submitting a proposal, it shall inform the Member States concerned of the reasons for not doing so.

○ Authorisation to proceed with the enhanced cooperation referred to in the first subparagraph shall be granted by the Council, on a proposal from the Commission and after obtaining the consent of the European Parliament.

(2) ○ The request of the Member States which wish to establish enhanced cooperation between themselves within the framework of the common foreign and security policy shall be addressed to the Council. It shall be forwarded to the High Representative of the Union for Foreign Affairs and Security Policy, who shall give an opinion on whether the enhanced cooperation proposed is consistent with the Union's common foreign and security policy, and to the Commission, which shall give its opinion in particular on whether the enhanced cooperation proposed is consistent with other Union policies. It shall also be forwarded to the European Parliament for information.

○ Authorisation to proceed with enhanced cooperation shall be granted by a decision of the Council acting unanimously.

제330조(ex Articles 27a to 27e, 40 to 40b and 43 to 45 TEU and ex Articles 11 and 11a TEC)

○ 각료이사회의 모든 구성원들은 강화협력체제에 대한 심의권을 갖지만, 사안에 대한 표결권은 당해 협력 체제에 참여하고 있는 회원국들을 대표하는 구성원에게만 부여한다.

○ 만장일치 여부는 강화 협력 체제 참여 회원국들을 대표하는 대표자들에 의한 표결만으로 기준으로 삼는다.

○ 가중다수결은 제238조 제3항의 규정을 준용한다.

Article 330 (ex Articles 27a to 27e, 40 to 40b and 43 to 45 TEU and ex Articles 11 and 11a TEC)

○ All members of the Council may participate in its deliberations, but only members of the Council representing the Member States participating in enhanced cooperation shall take part in the vote.

○ Unanimity shall be constituted by the votes of the representatives of the participating Member States only.

○ A qualified majority shall be defined in accordance with Article 238(3).

제331조(ex Articles 27a to 27e, 40 to 40b and 43 to 45 TEU and ex Articles 11 and 11a TEC)

(1) ○ 제329조 제1항 소정의 어느 한 분야의 기존 강화 협력 체제에 참여하기를 희망하는 회원국은 각료이사회와 집행위원회에 그 뜻을 통지하여야 한다.

○ 집행위원회는 당해 통지를 수령한 날로부터 4개월 이내에 관련 회원국의 참여를 확인하는 절차를 밟아야 한다. 집행위원회는 필요한 경우 참여 조건들 이행되었다는 점을 천명하고 강화 협력 체제 안에서 이미 채택되어 있는 조치들의 적용과 관련하여 필요한 경과 조치들을 채택하여야 한다.

○ 그러나 참여 조건이 이행되지 않았다고 판단되는 경우 집행위원회는 참여 조건 이행을 위한 제반 조치들을 명시하여 요청에 대한 재심사 기한을 정해야 한다. 위 기한이 경과하면 집행위원회는 제2단과 같은 절차에 따라 요청을 재심사 한다. 참여 조건이 여전히 충족되지 않았다고 판단하는 경우 관련 회원국은 사안을 각료이사회에 회부할 수 있고, 각료이사회는 이에 따라 요청의 수용 여부를 결정하여야 한다. 각료이사회는 제330조에 따라 조치한다. 또한 각료이사회는 집행위원회의 제안에 따라 제2단 소정의 경과조치를 채택할 수 있다.

(2) ○ 공동외교안보정책 틀 안에서 강화 협력 체제 참여를 희망하는 회원국은 그 뜻을 각료이사회, 외교안보수석대표 및 집행위원회에 통지하여야 한다.

○ 각료이사회는 외교안보수석대표와 협의를 거쳐 필요한 경우 참여 조건이 이행되었음을 확인한 후 당해 회원국의 참여를 확인하여야 한다. 각료이사회는 외교안보수석대표의 제안에 따라 강화 협력 체제 안에서 이미 채택되어 있는 조치들의 적용과 관련하여 필요한 경과 조치들을 채택할 수 있다. 그러나 참여 조건이 이행되지 않았다고 판단되는 경우 각료이사회는 참여 조건 이행을 위한 제반 조치들을 명시하여 참여 요청에 대한 재심사 기한을 정해야 한다.

○ 본 항의 목적을 위한 각료이사회의 결의는 만장일치와 제330조에 따른다.

Article 331(ex Articles 27a to 27e, 40 to 40b and 43 to 45 TEU and ex Articles 11 and 11a TEC)

(1) ○ Any Member State which wishes to participate in enhanced cooperation in progress in one of the areas referred to in Article 329(1) shall notify its intention to the Council and the Commission.

○ The Commission shall, within four months of the date of receipt of the notification, confirm the participation of the Member State concerned. It shall note where necessary that the conditions of participation have been fulfilled and shall adopt any transitional measures necessary with regard to the application of the acts already adopted within the framework of enhanced cooperation.

○ However, if the Commission considers that the conditions of participation have not been fulfilled, it shall indicate the arrangements to be adopted to fulfil those conditions and shall set a deadline for re-examining the request. On the expiry of that deadline, it shall re-examine the request, in accordance with the procedure set out in the second subparagraph. If the Commission considers that the conditions of participation have still not been met, the Member State concerned may refer the matter to the Council, which shall decide on the request. The Council shall act in accordance with Article 330. It may also adopt the transitional measures referred to in the second subparagraph on a proposal from the Commission.

(2) ○ Any Member State which wishes to participate in enhanced cooperation in progress in the framework of the common foreign and security policy shall notify its intention to the Council, the High Representative of the Union for Foreign Affairs and Security Policy and the Commission.

○ The Council shall confirm the participation of the Member State concerned, after consulting the High Representative of the Union for Foreign Affairs and Security Policy and after noting, where necessary, that the conditions of participation have been fulfilled. The Council, on a proposal from the High Representative, may also adopt any transitional measures necessary with regard to the application of the acts already adopted within the framework of enhanced cooperation. However, if the Council considers that the conditions of participation have not been fulfilled, it shall indicate the arrangements to be adopted to fulfil those conditions and shall set a deadline for re-examining the request for participation.

○ For the purposes of this paragraph, the Council shall act unanimously and in accordance with Article 330.

제332조(ex Articles 27a to 27e, 40 to 40b and 43 to 45 TEU and ex Articles 11 and 11a TEC)

각료이사회의 전 구성원들이 유럽의회와의 협의를 거쳐 만장일치로 달리 정하지 아니하는 한, 강화 협력 체제의 실행에 따른 비용은 기관들의 활동에 수반되는 행정 비용을 제외하고는 그 참여 국가들의 부담으로 한다.

Article 332 (ex Articles 27a to 27e, 40 to 40b and 43 to 45 TEU and ex Articles 11 and 11a TEC)

Expenditure resulting from implementation of enhanced cooperation, other than administrative costs entailed for the institutions, shall be borne by the participating Member States, unless all members of the Council, acting unanimously after consulting the European Parliament, decide otherwise.

제333조(ex Articles 27a to 27e, 40 to 40b and 43 to 45 TEU and ex Articles 11 and 11a TEC)

⑴ 강화협력체제와 관련하여 적용될 수 있는 창설조약 상의 조항이 각료이사회로 하여금 만장일치에 의하여 결정하도록 명시하고 있는 경우라도, 각료이사회는 제330조에 정한 방식에 따라 만장일치를 통해 결의 요건을 가중다수결에 의하기로 한다는 내용의 결정을 채택할 수 있다.

⑵ 강화 협력 체제와 관련하여 적용될 수 있는 창설조약 상의 조항이 각료이사회로 하여금 특별입법절차에 의하여 법령을 채택할 수 있도록 명시하고 있는 경우라도, 각료이사회는 제330조에 정한 방식에 따라 만장일치를 통해 통상입법절차에 따를 수 있도록 하는 내용의 결정을 채택할 수 있다. 각료이사회는 이 결정의 채택 전에 유럽의회와의 협의를 거쳐야 한다.

⑶ 제1항 및 제2항은 군사 또는 방위 정책 관련 사안에는 적용하지 아니한다.

Article 333 (ex Articles 27a to 27e, 40 to 40b and 43 to 45 TEU and ex Articles 11 and 11a TEC)

(1) Where a provision of the Treaties which may be applied in the context of enhanced cooperation stipulates that the Council shall act unanimously, the Council, acting unanimously in accordance with the arrangements laid down in Article 330, may adopt a decision stipulating that it will act by a qualified majority.

(2) Where a provision of the Treaties which may be applied in the context of enhanced cooperation stipulates that the Council shall adopt acts under a special legislative procedure, the Council, acting unanimously in accordance with the arrangements laid down in Article 330, may adopt a decision stipulating that it will act under the ordinary legislative procedure. The Council shall act after consulting the European Parliament.

(3) Paragraphs 1 and 2 shall not apply to decisions having military or defence implications.

제334조(ex Articles 27a to 27e, 40 to 40b and 43 to 45 TEU and ex Articles 11 and 11a TEC)

각료이사회와 집행위원회는 강화 협력 체제 내의 활동의 일관성을 담보하는 한편 그러한 일관성이 연합의 정책과 부합하도록 하여야 하며, 이를 위해 협력하여야 한다.

Article 334 (ex Articles 27a to 27e, 40 to 40b and 43 to 45 TEU and ex Articles 11 and 11a TEC)

The Council and the Commission shall ensure the consistency of activities undertaken in the context of enhanced cooperation and the consistency of such activities with the policies of the Union, and shall cooperate to that end.

제7부 일반 및 최종조항

PART SEVEN General and Final Provisions

제335조(ex Article 282 TEC)

각 회원국 내에서 연합은 당해 회원국의 국내법이 법인에 허용하는 가장 포괄적인 법적 능력을 향유한다. 연합은 특히 동산 및 부동산의 취득·처분할 수 있으며 소송 당사자 능력을 가질 수 있다. 연합의 권리 능력은 집행위원회에 의해 대표된다. 다만, 자율 행정의 견지에서 연합의 각 기관의 활동과 관련된 사안에서는 그 기관이 각 연합을 대표하여야 한다.

Article 335 (ex Article 282 TEC)

In each of the Member States, the Union shall enjoy the most extensive legal capacity accorded to legal persons under their laws; it may, in particular, acquire or dispose of movable and immovable property and may be a party to legal proceedings. To this end, the Union shall be represented by the Commission. However, the Union shall be represented by each of the institutions, by virtue of their administrative autonomy, in matters relating to their respective operation.

제336조(ex Article 283 TEC)

유럽의회와 각료이사회는 집행위원회의 제안을 받아 여타 관련 기관들과의 협의를 거쳐 통상입법절차에 따라 규정의 형식으로 〈유럽연합 공무원복무규정〉 및 〈연합의 기타 직원 고용 조건〉을 제정하여야 한다.

Article 336(ex Article 283 TEC)

The European Parliament and the Council shall, acting by means of regulations in accordance with the ordinary legislative procedure on a proposal from the Commission and after consulting the other institutions concerned, lay down the Staff Regulations of Officials of the European Union and the Conditions of Employment of other servants of the Union.

제337조(ex Article 284 TEC)

창설조약 상의 조항에 따른 단순과반수에 의거 각료이사회가 제정한 한계와 요건 하에 집행위원회는 부여된 업무를 수행함에 있어 요구되는 제반 정보를 수집하고 통제할 수 있다.

Article 337(ex Article 284 TEC)

The Commission may, within the limits and under conditions laid down by the Council acting by a simple majority in accordance with the provisions of the Treaties, collect any information and carry out any checks required for the performance of the tasks entrusted to it.

제338조(ex Article 285 TEC)

(1) 〈유럽중앙은행제도 및 유럽중앙은행에 관한 법에 관한 의정서〉 제5조에 영향을 주지 아니하는 범위 내에서 필요한 경우 유럽의회와 각료이사회는 통상입법절차에 따라 연합의 활동 수행을 위한 통계 자료를 작성하기 위한 조치를 채택한다.

(2) 연합 통계 작성은 중립성, 신뢰성, 객관성, 과학적 독립성, 비용 효율성 및 통계적 기밀성에 부합하여야 하며, 경제 주체들의 과도한 부담을 수반하여서는 아니 된다.

Article 338(ex Article 285 TEC)

(1) Without prejudice to Article 5 of the Protocol on the Statute of the European System of Central Banks and of the European Central Bank, the European Parliament and the Council, acting in accordance with the ordinary legislative procedure, shall adopt measures for the production of statistics where necessary for the performance of the activities of the Union.

(2) The production of Union statistics shall conform to impartiality, reliability, objectivity, scientific independence, cost-effectiveness and statistical confidentiality; it shall not entail excessive burdens on economic operators.

제339조(ex Article 287 TEC)

연합 기관의 구성원, 각종 위원회의 위원, 연합의 공직자들 및 기타 종사원들은 퇴임 이후에도 직무상 비밀 유지 의무가 있는 유형의 정보, 특히 사업자들 및 이들의 사업 관계나 비용 요소 등에 관한 정보를 누설하여서는 아니 될 의무를 진다.

Article 339(ex Article 287 TEC)

The members of the institutions of the Union, the members of committees, and the officials and other servants of the Union shall be required, even after their duties have ceased, not to disclose information of the kind covered by the obligation of professional secrecy, in particular information about undertakings, their business relations or their cost components.

제340조(ex Article 288 TEC)

○ 연합의 계약상 책임은 당해 계약에 적용되는 법률에 의해 규율 된다.

○ 비계약상 책임의 경우 연합은 그 기관 또는 기관 소속 직원이 업무 수행과 관련하여 초래한 손해를 회원국들의 법률에 공통적인 일반 원칙에 따라 전보한다.

○ 제2단에도 불구하고 유럽중앙은행은 자신이나 그 소속 직원이 직무 수행 과정에서 야기한 손해에 대하여 회원국들의 법률에 공통적인 일반 원칙에 따라 전보한다.

○ 소속 직원들이 연합에 대하여 지는 개인적인 책임은 공무원복무규정 또는 기타 구성원 고용 조건에 명시된 바에 따라 규율 된다.

Article 340(ex Article 288 TEC)

○ The contractual liability of the Union shall be governed by the law applicable to the contract in question.

○ In the case of non-contractual liability, the Union shall, in accordance with the general principles common to the laws of the Member States, make good any damage caused by its institutions or by its servants in the performance of their duties.

○ Notwithstanding the second paragraph, the European Central Bank shall, in accordance with the general principles common to the laws of the Member States, make good any damage caused by it or by its servants in the performance of their duties.

○ The personal liability of its servants towards the Union shall be governed by the provisions laid down in their Staff Regulations or in the Conditions of Employment applicable to them.

제341조(ex Article 289 TEC)

연합 기관들의 소재지는 회원국 정부들의 공동 합의에 의하여 결정된다.

Article 341(ex Article 289 TEC)

The seat of the institutions of the Union shall be determined by common accord of the governments of the Member States.

제342조 (ex Article 290 TEC)

연합 기관들의 언어에 관한 규칙은 유럽연합법원조직법 상의 조항들에 영향을 미치지 아니하는 범위 내에서 규정의 형식으로 각료이사회가 만장일치로 정하여야 한다.

Article 342 (ex Article 290 TEC)

The rules governing the languages of the institutions of the Union shall, without prejudice to the provisions contained in the Statute of the Court of Justice of the European Union, be determined by the Council, acting unanimously by means of regulations.

제343조(ex Article 291 TEC)

연합은 〈유럽연합의 특권 및 면책에 관한 1965년 4월 8일자 의정서〉 소정의 요건에 따라 회원국들 영토 내에서 직무를 수행함에 있어 필요한 특권과 면책을 향유한다. 이는 유럽중앙은행 및 유럽투자은행에 동일하게 적용된다.

Article 343(ex Article 291 TEC)

The Union shall enjoy in the territories of the Member States such privileges and immunities as are necessary for the performance of its tasks, under the conditions laid down in the Protocol of 8 April 1965 on the privileges and immunities of the European Union. The same shall apply to the European Central Bank and the European Investment Bank.

제344조(ex Article 292 TEC)

회원국들 창설조약들의 해석이나 적용과 관련한 분쟁이 있는 경우 이를 창설조약에 정한 것 외에 다른 수단에 호소하지 않기로 하는 책임을 진다.

Article 344(ex Article 292 TEC)

Member States undertake not to submit a dispute concerning the interpretation or application of the Treaties to any method of settlement other than those provided for therein.

제345조(ex Article 295 TEC)

창설조약은 어떤 형태로건 재산소유제도를 규율하는 회원국들의 법규에 영향을 주어서는 아니 된다.

Article 345(ex Article 295 TEC)

The Treaties shall in no way prejudice the rules in Member States governing the system of property ownership.

제346조(ex Article 296 TEC)

(1) 창설조약의 조항들은 다음 법규의 적용을 배제하여서는 아니된다.

(a) 어떠한 회원국도 공개될 경우 자국 안보의 본질적 이익에 반한다고 여기는 정보를 제공할 의무를

져서는 아니 된다.

(b) 모든 회원국은 자국 안보상의 본질적 이익 보호를 위해 필요하다고 간주되는 무기, 군수품 및 전쟁 물자 등의 생산이나 교역에 관련된 조치를 취할 수 있다. 다만 이런 조치들은 구체적으로 군사 목적을 위해 의도되지 않은 상품들의 역내 시장에서의 경쟁에 불리한 영향을 끼쳐서는 아니 된다.

(2) 각료이사회는 집행위원회의 제안에 따라 만장일치로 1958년 4월 15일에 작성된 제1항 (b)의 적용 대상 물자 목록을 변경할 수 있다.

Article 346(ex Article 296 TEC)

(1) The provisions of the Treaties shall not preclude the application of the following rules:

(a) no Member State shall be obliged to supply information the disclosure of which it considers contrary to the essential interests of its security;

(b) any Member State may take such measures as it considers necessary for the protection of the essential interests of its security which are connected with the production of or trade in arms, munitions and war material; such measures shall not adversely affect the conditions of competition in the internal market regarding products which are not intended for specifically military purposes.

(2) The Council may, acting unanimously on a proposal from the Commission, make changes to the list, which it drew up on 15 April 1958, of the products to which the provisions of paragraph 1(b) apply.

제347조(ex Article 297 TEC)

회원국들은 어느 회원국이 자국 법·질서 유지에 영향을 미치는 심각한 소요 사태, 전쟁 내지 전쟁 위험을 가져올 심각한 국제적 긴장 상태에서 특정 조치를 취하거나, 평화와 국제 안보 유지의 목적을 위해 수용한 의무를 이행하기 위해 일정한 조치를 취함으로써 야기되는 역내 시장 작동에 대한 영향을 방지하기 위하여 필요한 수단들을 상호 협의하여야 한다.

Article 347(ex Article 297 TEC)

Member States shall consult each other with a view to taking together the steps needed to prevent the functioning of the internal market being affected by measures which a Member State may be called upon to take in the event of serious internal disturbances affecting the maintenance of law and order, in the event of war, serious international tension constituting a threat of war, or in order to carry out obligations it has accepted for the purpose of maintaining peace and international security.

제348조(ex Article 298 TEC)

○ 제346조 및 제347조에서 예정하는 상황 하에서 취한 조치들이 역내 시장의 경쟁 여건을 왜곡하는 효과를 가져오는 경우 집행위원회는 관련 회원국과 공동으로 위와 같은 조치들이 창설조약에 명시된 규칙에 부합될 수 있도록 조정 방안을 모색하여야 한다.

○ 제258조 및 제259조 소정의 절차에 대한 예외로서 집행위원회 또는 각 회원국은 어느 회원국이 제346조 및 제347조에 명시된 권한을 남용한다고 판단하는 경우 사안을 유럽연합 최고법원에 직접 제소할 수 있다. 최고법원의 심리와 판결은 비공개로 한다.

Article 348 (ex Article 298 TEC)

○ If measures taken in the circumstances referred to in Articles 346 and 347 have the effect of distorting the conditions of competition in the internal market, the Commission shall, together with the State concerned, examine how these measures can be adjusted to the rules laid down in the Treaties.

○ By way of derogation from the procedure laid down in Articles 258 and 259, the Commission or any Member State may bring the matter directly before the Court of Justice if it considers that another Member State is making improper use of the powers provided for in Articles 346 and 347. The Court of Justice shall give its ruling in camera.

제349조(ex Article 299(2), second, third and fourth subparagraphs, TEC)

○ 격지성, 도서로서의 고립, 규모의 협소, 험준한 지형과 기후, 부족한 산물에 의존해야 하는 경제 등 제반 요인들이 영구적으로 복합되어 발전이 심각하게 저해되고 있는 과들루프, 프랑스령 기아나, 마르티니크, 레위니옹, 세인트 바털러미, 세인트 마틴 섬, 아조레스 제도, 마데이라 및 카나리아 제도의 구조적인 사회·경제 상황을 고려하여, 각료이사회는 집행위원회의 제안을 받아 유럽의회와의 협의를 거쳐 공동정책을 포함하여 이들 지역에 대한 창설조약 적용 요건을 정할 것을 목적으로 하는 특별조치

들을 채택하여야 한다. 특별조치들을 특별입법절차에 따라 채택할 경우에도 각료이사회는 집행위원회의 제안을 토대로 유럽의회와의 협의를 거쳐야 한다.

○ 제1단에서 언급하는 조치들에는 특별히 관세·교역정책, 재정정책, 자유지대, 농·어업정책, 원자재 및 생필품 공급 조건, 국가보조, 구조조정기금 및 수평적 연합 프로그램 이용이 포함된다.

○ 각료이사회는 제1단 소정의 조치들을 채택함에 있어 원방지역이 가지는 특수성과 각종 제약요인들을 고려하되, 역내 시장 및 공동정책을 포함한 연합의 법질서의 온전성과 일관성을 해하지 아니하는 범위 내에서 하여야 한다.

Article 349(ex Article 299(2), second, third and fourth subparagraphs, TEC)

○ Taking account of the structural social and economic situation of Guadeloupe, French Guiana, Martinique, Réunion, Saint-Barthélemy, Saint-Martin, the Azores, Madeira and the Canary Islands, which is compounded by their remoteness, insularity, small size, difficult topography and climate, economic dependence on a few products, the permanence and combination of which severely restrain their development, the Council, on a proposal from the Commission and after consulting the European Parliament, shall adopt specific measures aimed, in particular, at laying down the conditions of application of the Treaties to those regions, including common policies. Where the specific measures in question are adopted by the Council in accordance with a special legislative procedure, it shall also act on a proposal from the Commission and after consulting the European Parliament.

○ The measures referred to in the first paragraph concern in particular areas such as customs and trade policies, fiscal policy, free zones, agriculture and fisheries policies, conditions for supply of raw materials and essential consumer goods, State aids and conditions of access to structural funds and to horizontal Union programmes.

○ The Council shall adopt the measures referred to in the first paragraph taking into account the special characteristics and constraints of the outermost regions without undermining the integrity and the coherence of the Union legal order, including the internal market and common policies.

제350조(ex Article 306 TEC)

벨기에와 룩셈부르그 양자의, 혹은 벨기에, 룩셈부르그 및 네델란드 3자 간의 기존의 지역적 통합이라는 목표가 창설조약 적용으로 이루어지지 않는 경우에는 창설조약의 조항들이 이들의 동맹의 기존 질서나 완성을 불가능하게 하여서는 아니된다.

Article 350(ex Article 306 TEC)

The provisions of the Treaties shall not preclude the existence or completion of regional unions between Belgium and Luxembourg, or between Belgium, Luxembourg and the Netherlands, to the extent that the objectives of these regional unions are not attained by application of the Treaties.

제351조(ex Article 307 TEC)

○ 1958년 1월 1일 이전 또는 후발 가입국들의 경우 그 가입일 이전에 하나 이상의 회원국 및 하나 이상의 제3국 사이에 체결된 협정 상의 권리의무는 창설조약에 의하여 영향을 받지 아니한다.

○ 위와 같은 협정이 창설조약과 양립되지 않는 경우 당해 회원국은 그 불일치를 해소하기 위하여 모든 적절한 조치를 취하여야 하며, 필요하다면 회원국들은 상호협력하며 적절한 경우 공동보조를 취하여야 한다.

○ 제1단 소정의 협정을 적용함에 있어 회원국들은 저마다 창설조약에 따라 제공하는 이익이 연합 창설의 필수불가결한 부분을 이루며, 이 요소들이 상호 불가분적으로 공동기관의 형성, 이 기관들에 대한 권한의 부여, 그리고 다른 모든 회원국들에 의한 동일한 이익의 제공과 맞물려 있다는 사실을 감안하여야만 한다.

Article 351(ex Article 307 TEC)

○ The rights and obligations arising from agreements concluded before 1 January 1958 or, for acceding States, before the date of their accession, between one or more Member States on the one hand, and one or more third countries on the other, shall not be affected by the provisions of the Treaties.

○ To the extent that such agreements are not compatible with the Treaties, the Member State or States concerned shall take all appropriate steps to eliminate the incompatibilities established. Member States shall, where necessary, assist each other to this end and shall, where appropriate, adopt a common attitude.

○ In applying the agreements referred to in the first paragraph, Member States shall take into account the fact that the advantages accorded under the Treaties by each Member State form an integral part of the establishment of the Union and are thereby inseparably linked with the creation of common institutions, the conferring of powers upon them and the granting of the same advantages by all the other Member States.

제352조(ex Article 308 TEC)

(1) 창설조약에 의해 예정된 정책 틀 안에서 창설조약 상의 목표 중의 하나를 실현하기 위해 연합 차원의 행동 필요성이 인정되나, 창설조약에 필요한 권한을 정해두고 있지 않은 경우 각료이사회는 집행위원회의 제안에 터잡아 유럽의회의 동의를 얻은 뒤 만장일치로 적절한 조치들을 취한다. 해당 조치들이 각료이사회에 의하여 특별입법절차에 따라 채택되는 경우에도 각료이사회는 집행위원회의 제안에 따라 유럽의회의 동의를 얻은 뒤 만장일치로 결정하여야 한다.

(2) 집행위원회는 유럽연합조약 제5조 제3항 소정의 보충성의 원칙 준수를 위한 절차를 통해 본 조에 바탕을 둔 각종 제안에 회원국 의회의 관심을 이끌어 내야 한다.

(3) 창설조약이 회원국들의 법령 정합을 배제하고 있는 경우 본 조에 따른 조치들 역시 이를 포함하여서는 아니 된다.

(4) 본 조는 공동외교안보정책에 속하는 목표 달성을 위한 근거 조항으로 원용될 수 없으며, 본 조에 따라 채택된 모든 조치들은 유럽연합조약 제40조 후단에서 정하는 한계를 벗어나서는 아니 된다.

Article 352(ex Article 308 TEC)

(1) If action by the Union should prove necessary, within the framework of the policies defined in the Treaties, to attain one of the objectives set out in the Treaties, and the Treaties have not provided the necessary powers, the Council, acting unanimously on a proposal from the Commission and after obtaining the consent of the European Parliament, shall adopt the appropriate measures. Where the measures in question are adopted by the Council in accordance with a special legislative procedure, it shall also act unanimously on a proposal from the Commission and after obtaining the consent of the European Parliament.

(2) Using the procedure for monitoring the subsidiarity principle referred to in Article 5(3) of the Treaty on European Union, the Commission shall draw national Parliaments' attention to proposals based on this Article.

(3) Measures based on this Article shall not entail harmonisation of Member States' laws or regulations in cases where the Treaties exclude such harmonisation.

(4) This Article cannot serve as a basis for attaining objectives pertaining to the common foreign and security policy and any acts adopted pursuant to this Article shall respect the limits set out in Article 40, second paragraph, of the Treaty on European Union.

제353조

유럽연합조약 제48조 제7항은 다음 각 조에는 적용되지 아니한다.
- 제311조 제3단 및 제4단
- 제312조 제2항 제1단
- 제352조
- 제354조

Article 353

Article 48(7) of the Treaty on European Union shall not apply to the following Articles:
- Article 311, third and fourth paragraphs,
- Article 312(2), first subparagraph,
- Article 352, and
- Article 354.

제354조(ex Article 309 TEC)

○ 연합 회원 자격상의 특정 권리 정지에 관한 유럽연합조약 제7조의 목적을 위하여 당해 회원국을 대표하는 유럽정상회의의 구성원 또는 각료이사회의 구성원은 표결에 참여할 수 없으며 당해 회원국은 동조 제1항 및 제2항에 소정의 회원국들의 3분의 1 또는 5분의 4의 산정시 산입하지 아니한다. 출석 본인 또는 본인의 대리인으로 출석한 자의 기권은 동조 제2항 소정의 결정의 채택에 영향을 미치지 아니한다.

○ 유럽연합조약 제7조 제3항 및 제4항 소정의 결정 채택은 동 조약 제238조 제3항 (b)호의 가중다수결에 의한다.

○ 유럽연합조약 제7조 제3항에 의해 채택된 의결권 정지 결정에 따라 각료이사회가 창설조약의 조항에 근거하여 가중다수결로 결의할 경우 그 의결정족수는 본 조약 제238조 제3항 (b)에 따라 산정하되,

다만 각료이사회가 집행위원회 또는 외교안보수석대표의 제안에 따라 결의할 경우엔 제238조 제3항 (a)에 의한다.

○ 유럽연합조약 제7조의 목적을 위하여 유럽의회의 의결정족수는 투표 참여자의 3분의 2의 다수와 재적의원 과반수의 다수로 하여야 한다.

Article 354(ex Article 309 TEC)

○ For the purposes of Article 7 of the Treaty on European Union on the suspension of certain rights resulting from Union membership, the member of the European Council or of the Council representing the Member State in question shall not take part in the vote and the Member State in question shall not be counted in the calculation of the one third or four fifths of Member States referred to in paragraphs 1 and 2 of that Article. Abstentions by members present in person or represented shall not prevent the adoption of decisions referred to in paragraph 2 of that Article.

○ For the adoption of the decisions referred to in paragraphs 3 and 4 of Article 7 of the Treaty on European Union, a qualified majority shall be defined in accordance with Article 238(3)(b) of this Treaty.

○ Where, following a decision to suspend voting rights adopted pursuant to paragraph 3 of Article 7 of the Treaty on European Union, the Council acts by a qualified majority on the basis of a provision of the Treaties, that qualified majority shall be defined in accordance with Article 238(3)(b) of this Treaty, or, where the Council acts on a proposal from the Commission or from the High Representative of the Union for Foreign Affairs and Security Policy, in accordance with Article 238(3)(a).

○ For the purposes of Article 7 of the Treaty on European Union, the European Parliament shall act by a two-thirds majority of the votes cast, representing the majority of its component Members.

제355조(ex Article 299(2), first subparagraph, and Article 299(3) to (6) TEC)

창설조약의 영토 범위와 관련한 유럽연합조약 제52조의 조항에 다음과 같은 조항들을 추가 적용한다.

(1) 창설조약의 조항들은 제349조에 따라 과달루프, 프랑스령 기아나, 마르티니크, 레위니옹, 세인트 바텔러미, 세인트 마틴 섬, 아조레스 제도, 마데이라 및 카나리아 제도에 적용된다.

(2) 제4부에 명시된 특별 제휴 협정 조항들은 부속서2에 열거된 해외국가 및 영토에 적용된다. 창설조약은 위 부속서2에 포함되어 있지 않은 대영제국 및 북아일랜드와 특별한 관계가 있는 해외 국가들 및

영토에는 적용되지 아니한다.

(3) 창설조약상의 조항들은 그 대외적 관계를 회원국이 대리하는 유럽의 영토에도 적용된다.

(4) 창설조약상의 조항들은 〈오스트리아, 핀란드 및 스웨덴의 가입조건에 관한 조약 상의 제2 의정서〉 소정의 조항에 따라 올란드 제도에도 적용된다.

(5) 유럽연합조약 제52조 및 본 조 제1항 내지 제4항에도 불구하고

(a) 창설조약은 페로스 제도에는 적용되지 아니한다.

(b) 창설조약은 〈체코, 에스토니아, 키프러스, 라트비아, 리투아니아, 헝가리, 몰타, 폴란드, 슬로베니아, 슬로바키아의 유럽연합 가입 조건에 관한 조약에 첨부된 키프러스 내의 아크로티리와 더켈리아 영국 주권지역에 관한 의정서〉에 명시된 협의 및 위 협정 조건에 따른 협의 이행을 담보하기 위하여 필요한 경우를 제외하고는 아크로티리와 더켈리아 지방의 영국 주권 영역에는 적용되지 아니한다.

(c) 창설조약은 1972년 1월 22일 서명된 〈유럽경제공동체 및 유럽원자력에너지공동체 신규 회원국 가입에 관한 조약〉에 정해진 채널제도 및 맨 섬을 위한 협정 이행을 담보하는데 필요한 범위 내에서만 위 군도(群島)에 적용된다.

(6) 유럽정상회의는 관련 회원국의 발의에 따라 제1항과 제2항 소정의 덴마크, 프랑스, 네델란드의 국가 또는 영토의 연합에 대한 지위를 변경하는 결정을 내릴 수 있다. 유럽정상회의는 집행위원회와의 협의를 거친 후 만장일치로 결정하여야 한다.

Article 355(ex Article 299(2), first subparagraph, and Article 299(3) to (6) TEC)

In addition to the provisions of Article 52 of the Treaty on European Union relating to the territorial scope of the Treaties, the following provisions shall apply:

(1) The provisions of the Treaties shall apply to Guadeloupe, French Guiana, Martinique, Réunion, Saint-Barthélemy, Saint-Martin, the Azores, Madeira and the Canary Islands in accordance with Article 349.

(2) ○ The special arrangements for association set out in Part Four shall apply to the overseas countries and territories listed in Annex II.

○ The Treaties shall not apply to those overseas countries and territories having special relations with the United Kingdom of Great Britain and Northern Ireland which are not included in the aforementioned list.

(3) The provisions of the Treaties shall apply to the European territories for whose external relations a Member State is responsible.

(4) The provisions of the Treaties shall apply to the Åland Islands in accordance with the provisions set

out in Protocol 2 to the Act concerning the conditions of accession of the Republic of Austria, the Republic of Finland and the Kingdom of Sweden.

(5) Notwithstanding Article 52 of the Treaty on European Union and paragraphs 1 to 4 of this Article:

(a) the Treaties shall not apply to the Faeroe Islands;

(b) the Treaties shall not apply to the United Kingdom Sovereign Base Areas of Akrotiri and Dhekelia in Cyprus except to the extent necessary to ensure the implementation of the arrangements set out in the Protocol on the Sovereign Base Areas of the United Kingdom of Great Britain and Northern Ireland in Cyprus annexed to the Act concerning the conditions of accession of the Czech Republic, the Republic of Estonia, the Republic of Cyprus, the Republic of Latvia, the Republic of Lithuania, the Republic of Hungary, the Republic of Malta, the Republic of Poland, the Republic of Slovenia and the Slovak Republic to the European Union and in accordance with the terms of that Protocol;

(c) the Treaties shall apply to the Channel Islands and the Isle of Man only to the extent necessary to ensure the implementation of the arrangements for those islands set out in the Treaty concerning the accession of new Member States to the European Economic Community and to the European Atomic Energy Community signed on 22 January 1972.

(6) The European Council may, on the initiative of the Member State concerned, adopt a decision amending the status, with regard to the Union, of a Danish, French or Netherlands country or territory referred to in paragraphs 1 and 2. The European Council shall act unanimously after consulting the Commission.

제356조(ex Article 312 TEC)

본 조약은 종기를 두지 아니하고 체결한다.

Article 356(ex Article 312 TEC)

This Treaty is concluded for an unlimited period.

제357조(ex Article 313 TEC)

○ 본 조약은 회원국들 각자의 헌법적 질서에 따라 최고의 체약 주체들에 의하여 비준되어야 한다. 비준 문서들은 이태리 정부에 기탁한다.

○ 본 조약은 최종 비준 국가가 비준서를 기탁한 날이 속하는 달의 다음 달 1일부터 발효된다. 그러나 비준서 기탁일로부터 다음 달 1일까지의 기간이 15일 이내인 경우 조약은 기탁한 날 이후 두 번째 달의 첫째날부터 발효된다.

Article 357(ex Article 313 TEC)

○ This Treaty shall be ratified by the High Contracting Parties in accordance with their respective constitutional requirements. The Instruments of ratification shall be deposited with the Government of the Italian Republic.

○ This Treaty shall enter into force on the first day of the month following the deposit of the Instrument of ratification by the last signatory State to take this step. If, however, such deposit is made less than 15 days before the beginning of the following month, this Treaty shall not enter into force until the first day of the second month after the date of such deposit.

제358조

유럽연합조약 제55조의 조항은 본 조약에 준용한다.

Article 358

The provisions of Article 55 of the Treaty on European Union shall apply to this Treaty.

이상을 증하기 위하여 전권 대사들은 본 조약에 서명하다.
IN WITNESS WHEREOF, the undersigned Plenipotentiaries have signed this Treaty.

1957년 3월 25일 로마에서 체결하다.
Done at Rome this twenty-fifth day of March in the year one thousand nine hundred and fifty-seven.

완역

유럽연합창설조약

초 판 발 행	2019년 12월 16일
저 자	이호선
발 행 인	임홍재
발 행 처	국민대학교 출판부
주 소	서울시 성북구 정릉로 77
전 화	02-910-4242
팩 스	02-910-4240
등 록	1975년 6월 17일 제6-33호
인쇄 · 편집	㈜상지피앤아이
전 화	02-2275-2500

ⓒ ISBN 978-89-7812-453-9(93360)

가격 24,000원

이 도서의 국립중앙도서관 출판예정도서목록(CIP)은
서지정보유통지원시스템 홈페이지(http://seoji.nl.go.kr)와
국가자료종합목록 구축시스템(http://kolis-net.nl.go.kr)에서
이용하실 수 있습니다. (CIP제어번호 : CIP2019049020)